Raymond V. Schoder, S. J.

Das antike Griechenland aus der Luft

Raymond V. Schoder, S. J.

Das antike Griechenland aus der Luft

Gustav Lübbe Verlag

© 1975 für die deutsche Ausgabe
Gustav Lübbe Verlag GmbH,
Bergisch Gladbach
© 1974 Thames and Hudson, London
Titel der Originalausgabe
»Ancient Greece from the Air«
Aus dem Englischen übertragen
von Dr. Joachim Rehork
Satz: Friedrich Pustet, Regensburg
Druck: Smeets, Weert/Holland
Einband: Hunke & Schröder, Iserlohn
Alle Rechte vorbehalten.
Printed in the Netherlands
ISBN 3-7857-0149-7

Mit 140 Farb-Aufnahmen
von Raymond V. Schoder, S. J.

138 Planskizzen, gezeichnet
von Sarah Lillywhite

1 Übersichtskarte, gezeichnet
von John Woodcock

Inhaltsverzeichnis

Einführung

Leser dieses Buches genießen ein einzigartiges Vorrecht: Sie sehen Griechenland wie es die alten Götter sahen, wenn sie vom Olymp herabstiegen.

Aus der Vogelschau zeigt sich eine archäologische Stätte in völlig neuem Licht. Man begreift sie als Ganzes, erfährt sie nicht mehr nur stufenweise, wie man dies auf der Erde gewohnt ist. Klar zeichnen sich die Wechselbeziehungen zwischen ihren Bauten ab, der Zusammenklang von Bergen, Wasserläufen und Meer wird erkennbar. Oft werden dem Betrachter erst jetzt die natürlichen Lagevorteile klar, und man beginnt zu verstehen, warum gerade dieser Ort einst für die Gründung einer Stadt oder eines Heiligtums ausersehen wurde.

Unser Buch verfolgt den Zweck, alle bedeutenden Grabungsstätten Griechenlands – auf dem Festland wie auf den Inseln, von minoischer bis hin zu römischer Zeit – aus schwindelerregendem Blickwinkel vorzustellen: Zum Nutzen gleicherweise für Archäologen und Historiker wie für künftige Besucher »am Boden«. Das Luftbild wird eine ganz neue Perspektive für das Verständnis Altgriechenlands eröffnen.

Dieses Buch umfaßt nur antike Stätten, obwohl ich auch manchen mittelalterlichen Ort aus der Luft fotografiert habe. Außerdem liegt der Hauptakzent auf der Archäologie, nicht auf der Topographie.

Obwohl ich Griechenland durch viele ausgedehnte Studienreisen gut kenne, lernte ich aus der Vogelschau so manches hinzu, und diese Erfahrung möchte ich auch anderen vermitteln. Meine Begeisterung wird von hervorragenden Kennern der Archäologie Griechenlands geteilt. Dies veranlaßte mich, mein Material allen zugänglich zu machen, die Altgriechenland lieben, Laien ebenso wie Kennern. Ich kann nur hoffen, das Buch möge wirklich Nutzen bringen und weites Interesse finden.

Durchführbar war mein Plan nur dank großzügiger Kooperationsbereitschaft der griechischen Luftwaffe, für deren Hilfe ich hier wärmstens danken möchte. Seit ich vor Jahren dem griechischen Luftwaffen-Stabschef mein Anliegen vortrug und auf seine Bedeutung hinwies, wurde mir jede Förderung zuteil.

Für sämtliche Aufnahmen verwendete ich eine Kleinbildkamera mit 35 mm Film – keine Rede von regelrechter Luftbildtechnik. Die meisten Aufnahmen zeigen Schrägaufsichten, nicht Senkrecht-Aufsichten für die Kartenherstellung. Dies entsprach meinem Zweck besser. Mir ging es ja nicht um Grundrisse, sondern um eine anschauliche Perspektive.

Mit der archäologischen Bedeutung der einzelnen Stätten ebenso vertraut wie mit der Aufnahmetechnik, konnte ich den Piloten so dirigieren, daß sich Winkel, Entfernung und Flughöhe ergaben, die die Ruinen in ihrem Zusammenspiel mit der Landschaft am besten zur Geltung brachten. Das war nicht immer einfach und setzte auch voraus, daß man vorher für den richtigen Lichteinfall die passende Tageszeit aussuchte. Da es bei jedem Flug möglichst viele Stätten aufzunehmen galt, plante ich die Abfolge der anzufliegenden Motive unter dem Gesichtspunkt der optimalen Lichtverhältnisse. Doch immer ließ sich dies nicht bewerkstelligen, und es wären noch weit mehr Flüge notwendig gewesen, als man mir bewilligen konnte. Schließlich ging es nicht ohne das eine oder andere Zugeständnis. Hier und da hätte das Wetter besser sein können – sogar im Juni war es oft bewölkt oder unbeständig.

Abgesehen von einigen Aufnahmen aus Zivilmaschinen, waren 13 jeweils fünf- bis siebenstündige Tagesflüge mit der Luftwaffe erforderlich. Der erste Flug fand im August 1962 statt, die weiteren August 1967 und Juni 1968. Trotz des sprichwörtlich guten griechischen Klimas behinderten mich oft Bewölkung oder Dunst, so daß ich mindestens ein dutzendmal bereits angesetzte Flüge wieder absagen oder verschieben mußte. Mitunter war es zwar klar genug, aber für gewagte Tiefanflüge zu windig. Zweimal mußten wir, bereits gestartet, wieder umkehren und auf besseres Wetter warten.

Meist schoß ich die Aufnahmen durch die offene Tür einer betagten DC 3 (»Dakota«). Die Tür montierten wir einfach ab und ließen sie zurück. Ich wurde mit einem knapp 2 m langen Seil am Kabinenboden gesichert, so daß ich zwar an der Tür stehen oder knien, aber nicht vom Fahrtwind in die Tiefe gerissen werden konnte. Vom photographischen Standpunkt war dies erstklassig: Kein Fensterglas war im Wege, keine Tragfläche und kein zu enger Fensterrahmen. In der Regel flogen wir etwa 300 m hoch, doch wo es ging, auch tiefer, und natürlich auch höher, wenn Berge oder Windverhältnisse es erforderten.

Da wir recht nah mit einer Geschwindigkeit von rund 200 km/h an meinen Motiven vorüberrasten, blieb mir wenig Zeit, mich auf den günstigsten Blickwinkel zu konzentrieren. Ich mußte dies möglichst im voraus planen und bereit sein, genau im richtigen Augenblick auf den Auslöser zu drücken. Ich wählte $1/500$ Sekunde, um Verwackeln auszuschließen. Damit ich möglichst vielfältige Aspekte festhalten und auch Details heranholen konnte, hatte ich vier Objektive zur Hand: Standard-, Weitwinkel-, Langbrennweiten- und Teleobjektiv, und oft mußte ich die Linsen in rasender Eile auswechseln, während wir eine Stätte überflogen oder für einen zweiten und dritten Anflug eine Schleife zogen. Da jedes Objektiv eine andere Einstellung bedingt und anders zu befestigen ist, war diese Prozedur bei dem Minimum an Zeit, das mir blieb, oft recht mühselig. Außerdem mußte ich laufend den Belichtungsmesser kontrollieren, da Anflugswinkel und -höhe sowie das Vorhanden- bzw. Nichtvorhandensein von Vegetation bei einer Ruine die Meßwerte erheblich veränderten.

Häufig war die Ortung der Grabungsstätten ein Problem. Griechenland ist ein Bergland, und die meisten Berge sehen einander von oben sehr ähnlich – ganz wie die meisten Dörfer mit ihren gleichförmig roten Ziegeldächern. Zwar plante ich die Tagesroute im voraus und besprach sie mit dem Piloten (oft war es jeden Tag ein anderer), ja er und ich hatten je eine Karte, auf der ich die Tagesziele eingezeichnet hatte. Manchmal hatte ich sogar Sonderskizzen angefertigt, die die Lage unseres Motivs zu bekannteren

Orten oder Landmarken kenntlich machten, desgleichen auch die von mir erwünschte Anflugsrichtung. Dennoch blieb es mühsam genug, sich die Augen nach einem zwischen Bergen und Tälern versteckten Punkt auszuschauen, der sich womöglich kaum von der Farbe seiner Umgebung abhob. Meine Anweisungen gab ich dem Piloten bisweilen durch Handsignal zum Kopiloten (während der Pilot ein Auge auf die Gipfel ringsum hatte!) oder durch einen Boten, der meine mündlichen oder schriftlichen englischen oder neugriechischen Angaben ins Cockpit übermittelte, später auch über Sprechfunk, obwohl ich dann neben der Kamera und dem Belichtungsmesser auch noch dieses Gerät zu halten hatte und es wegen des Motorenlärms und des Fahrtwindes kaum Verständigung gab (wenn die Anlage nicht überhaupt ausfiel). Einmal gefunden, umkreisten wir einen Platz, um Anflugswinkel und Entfernung festzustellen, und dann überflogen wir ihn mehrmals zum Photographieren. Dabei wurde mir wegen des dauernden Fluglagenwechsels schwindelig und übel, und auch der Luftstrom, dem ich ausgesetzt war, sowie der Sauerstoffmangel in größeren Höhen (besonders über dem Olymp!) blieben nicht ohne Folgen für meine Ohren und meinen Blutdruck. Unseren mittäglichen Imbiß verschlangen wir zwischen zwei Photozielen, und oft war der Streß erheblich: Angefangen von der unbequemen Haltung stundenlang auf dem Kabinenboden oder einer Bank, vom endlosen Knien bis hin zu Muskelkrämpfen durch das Ausbalancieren der Fluglage und zum Luftdruck- und Sauerstoffmangel hoch über den Bergen. Doch Erfahrungen und Photos, die ich machte, lohnten jede Mühe.

Die Grabungsstätten sind alphabetisch nach der Umschrift der neugriechischen Namensform geordnet. Dies ergab sich aus dem technischen Erfordernis, die Grundlage für eine einheitliche Bildfolge auch bei der Übersetzung in fremde Sprachen zu schaffen. In England gibt es für die Umschreibung dieser Namen keine festen Regeln, und die von mir angewandte Nomenklatur bedeutet einen Kompromiß zwischen den verschiedenen Namensformen und Schreibweisen, die heute auf griechischen Karten und Straßenschildern zu finden sind. Gewiß ist das Resultat oft bizarr und anfechtbar, es dient aber einem guten Zweck und dürfte

Reisenden angesichts heute zweisprachiger Ortsschilder behilflich sein*. Jeder Aufnahme ist eine Skizze beigegeben, auf der die Hauptstrukturen durch Ziffern gekennzeichnet sind, die anhand der zugehörigen Listen die Identifikation ermöglichen. Allgemeinverständliche Angaben zur Geschichte und Kulturgeschichte sollen dem Leser die Bedeutung der Stätten nahebringen. Diese Begleittexte enthalten kurze Angaben über die sichtbaren Hauptbauten sowie charakteristische oder sonstwie interessante Einzelheiten oder Aspekte. Keineswegs wurde Vollständigkeit angestrebt, vielmehr möge man sich in den angeführten Quellen (s. Literaturverzeichnis im Anhang!) weiter informieren.

Fachleuten werden die Begleittexte nichts Neues bringen. Andere Leser werden sie allerdings wohl als nützliche Hintergrundinformation betrachten: Als kurzgefaßte Topographie Griechenlands. Tatsächlich enthalten diese Bemerkungen bei aller Kürze eine ganze Reihe von Details. Durchweg auf dem neuesten Stand, wollen sie redliche Kurzinformation sein und zu weiterer Lektüre hinführen. Dabei vergesse man nicht: Noch immer besteht zwischen den Gelehrten so manche Meinungsverschiedenheit über Daten, über den Zweck eines Baus und andere Einzelheiten. Meine Notizen geben in solchen Fällen lediglich meine persönliche Ansicht wieder.

Wegen der hohen Kosten für Farbtafeln konnten von jeder Stätte nur wenige Aufnahmen Verwendung finden. Oft fiel die Wahl schwer. Ausschlaggebend war stets der Informationsgehalt der Aufnahme. Gewöhnlich erhielten Gesamtansichten Vorrang, doch auch Details wurden, wenn nötig, nicht verschmäht. Leider wurde nichts aus meinen Bemühungen, das Bildmaterial während der herrlichen Herbsttage im Oktober und November 1972 zu vervollständigen, obwohl die Luftwaffe wieder bereit war und Dr. Platon sowie Dr. Orlandos mir liebenswürdigerweise gestattet hatten, ihre bedeutenden, erst jüngst erweiterten Grabungen in Zakro und Messene aus der Luft aufzunehmen. Dennoch war es mir unmöglich, und gleiches gilt für die von mir so ersehnten Luftaufnahmen von Lykosura und der Stadt Korfu. Ich bin sicher, daß meine Leser mich verstehen und mein Bedauern teilen werden.

Der Text dieses Buches entstand Herbst und Winter 1972 in der *American School of Classical Studies* in Athen. Ihr bewundernswert umfassender Bestand an Monographien und Zeitschriften war mir bei meiner Arbeit von großem Nutzen. Es ist mir ein Bedürfnis, den Mitgliedern, besonders aber dem Direktor dieses Instituts, Dr. James McCredie, und den Bibliothekaren zu danken. Wertvolle Hinweise bei Fragen der Topographie und der Interpretation erteilte stets bereitwillig aus dem Schatz eines reichen Wissens Eugene Vanderpool.

Vorliegendes Buch will alle bedeutenden Grabungsstätten Griechenlands aus einem neuen Blickwinkel zeigen. Es geht nicht um verborgene Ruinen, die am Boden schlechter erkennbar sind. Ich möchte einfach demonstrieren, was man aus der Luft sieht, wie interessant das ist und was man dabei an neuen Erkenntnissen gewinnt. Wenn das Buch darüber hinaus noch Freude bereitet und Begeisterung für Griechenland erweckt – umso besser für Leser und Autor!

Raymond V. Schoder S. J.
Loyola University, Chicago

* Leider läßt sich das Transkriptionsverfahren des Verfassers nicht auf den deutschen Sprachraum übertragen. Daher hält sich, obwohl damit die alphabetische Ordnung durchbrochen wird, die Namensschreibung der deutschen Ausgabe an die *Griechenlandkunde* von Kirsten/Kraiker (5. Aufl., 2 Bde., Heidelberg 1967 [*Anm. d. Übers.*]).

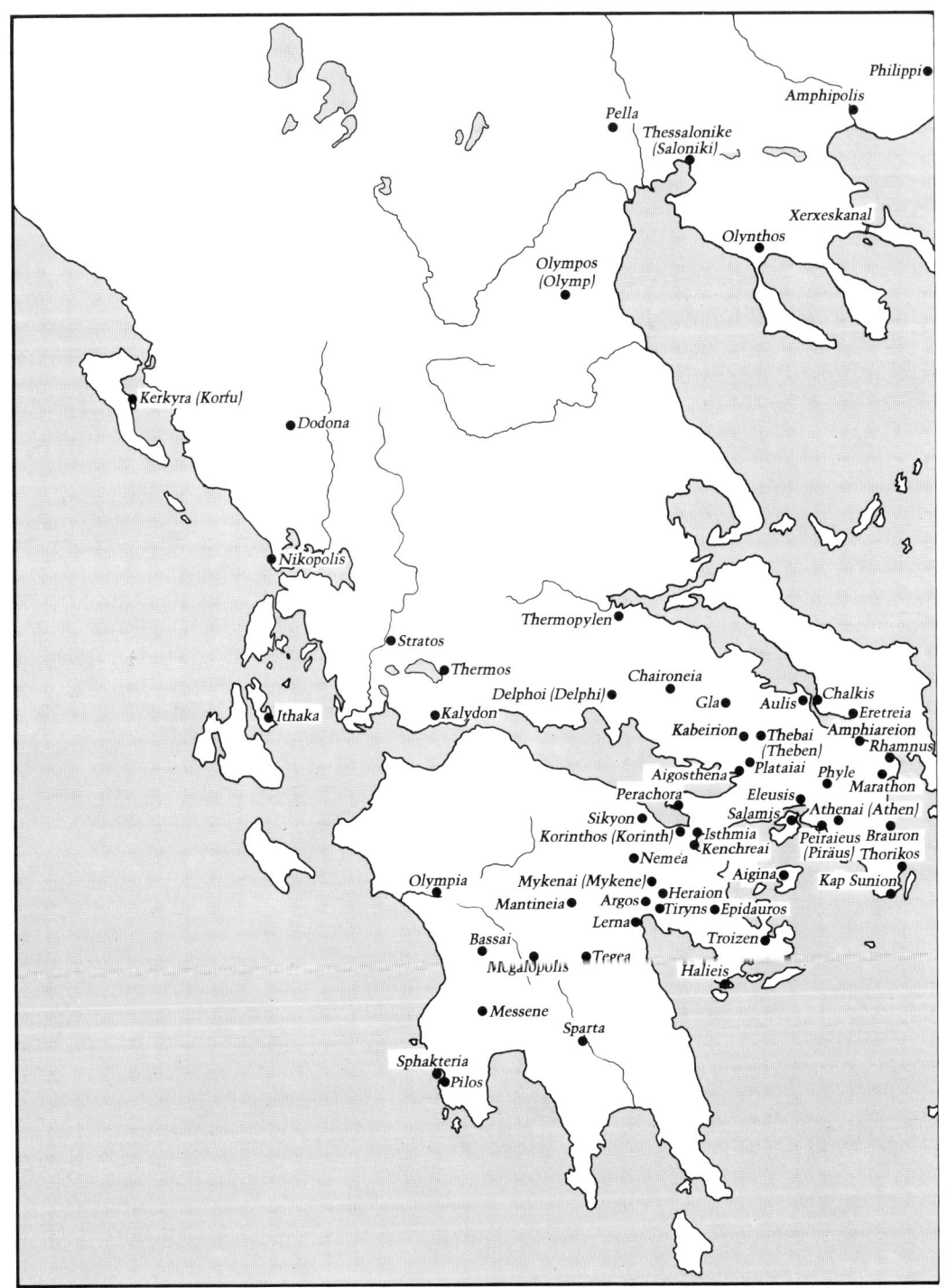

Karte der im Text erwähnten Stätten

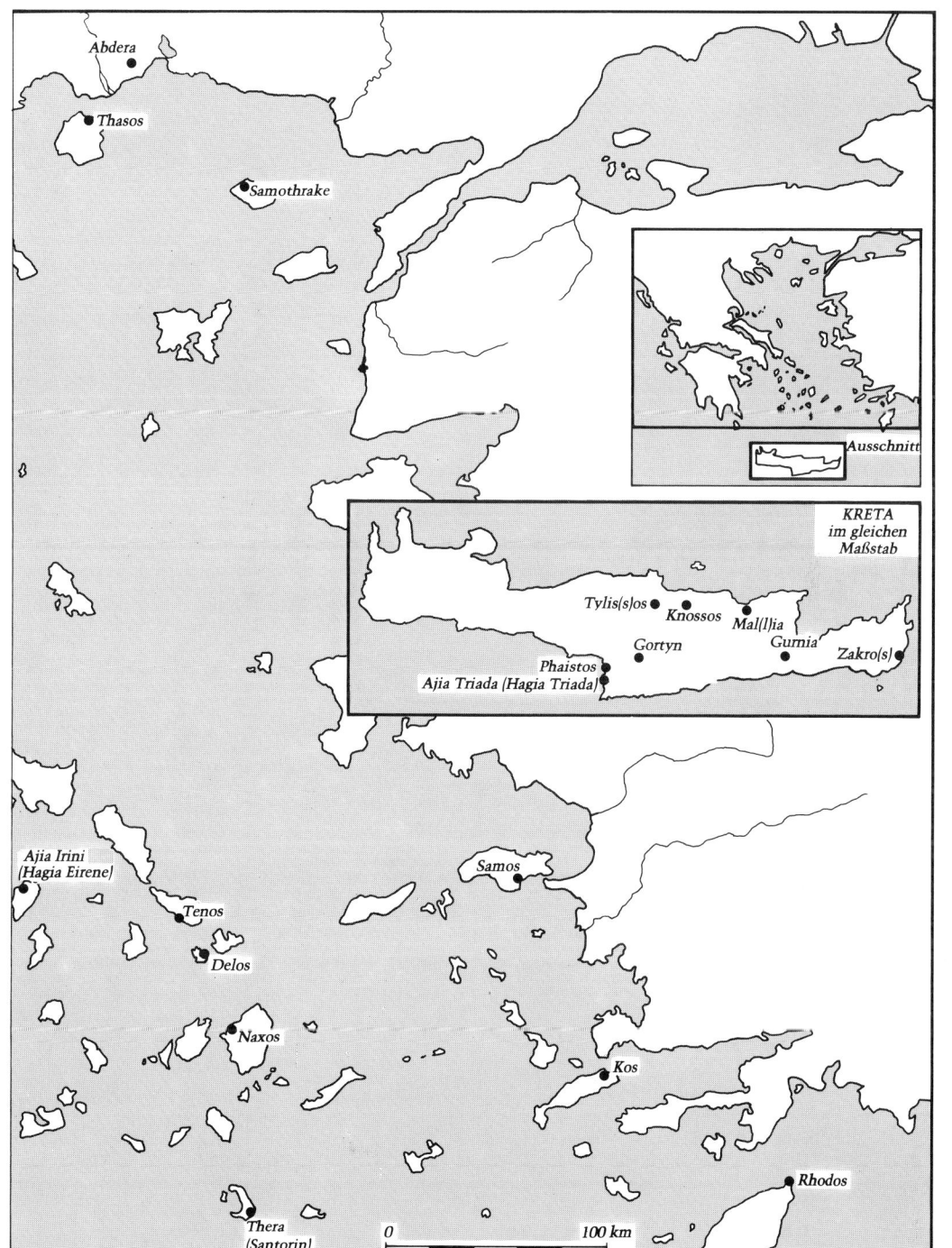

Abdera

Thasos

Samothrake

Ausschnitt

KRETA
im gleichen
Maßstab

Tylis(s)os   Knossos   Mal(l)ia
       Gortyn   Gurnia
Phaistos   Zakro(s)
Ajia Triada (Hagia Triada)

Ajia Irini
(Hagia Eirene)

Samos

Tenos

Delos

Naxos

Kos

Rhodos

Thera
(Santorin)

0   100 km

Lindos

*Äjina (Aejina)/*Aigina: Aphaia-Tempel

Aigina liegt ca. 19 km vor der Küste im Zentrum des Saronischen Golfs, südlich von Salamis und Eleusis. Die reizvolle Insel spielte eine bedeutende historische Rolle. Zwischen 1826 und 1828 bildete sie das Verwaltungszentrum Griechenlands. Schon in der Jungsteinzeit (4. Jt. v. Chr.) besiedelt, war sie auch in spätminoischer und mykenischer Zeit bewohnt. Im 10. Jh. v. Chr. von Doriern aus Epidauros neubevölkert, wuchs Aigina in archaischer Zeit zu einer bedeutenden Handelsmacht heran. Es war Kunst-, Keramik- und Bronzeindustriezentrum und wohl der erste griechische Stadtstaat mit Münzwährung (Münzbild: Seeschildkröte). Bei Salamis und Plataiai spielten Aigineten eine bedeutende Rolle, doch Mitte des 5. Jh.s warf die neue Rivalin, Athen, Aigina zu Boden. Nach Athens Niederlage 404 v. Chr. führten die Spartaner heimatvertriebene Aigineten wieder auf die Insel zurück, doch der alte Glanz kehrte nie wieder. Nur bescheidene Stadtreste aus archaischer und klassischer Zeit sind am Hafen erhalten. Die bedeutendste Ruine ist der Aphaiatempel bei der Insel-Nordostspitze. Aphaia wurde nur hier verehrt. Mindestens seit dem 7. Jh. v. Chr. hatte sie eine Kultstätte auf einem hoch über die See ragenden Hügel. Neuerbaut wurde dieses Heiligtum im 6. Jh. sowie um 490, am Ende der archaischen Periode. Eine Inschrift weist auf den Kult hin, und Pindar widmete Aphaia einen Hymnos (Frg. 89b [Pausanias 2, 30,3]).

Die Lage dieses Tempels mitten in einem duftenden, grünen Pinienwald über dem Meer mit großartigem Blick auf die Argolis, Salamis und Athen gehört zu den reizvollsten Szenerien Griechenlands. Seit 1900 von Furtwängler und anderen durchgeführte Grabungen brachten bedeutende Giebelskulpturen ans Licht (heute meist in der Münchener Glyptothek), legten jedoch auch bedeutende Tempelüberreste frei.

Der Tempel ist das herrlichste Beispiel spätarchaischer Architektur. Er weist erstmals Proportionen, Neigungsverhältnisse und Mauertechniken auf, die man später beim Bau des Parthenon anwandte. Trotz seiner Kleinheit beherrscht er die gesamte Umgebung. Sein stuckverkleideter Bau aus lokalem Kalkstein erhebt sich auf einer Plattform über einer äußeren Terrasse. Ungewöhnlich ist das Zahlenverhältnis seiner Säulen (6 zu 12). Im Cella-Innern trug eine doppelte Säulenreihe (hier vielleicht erstmals) das Dach. An der Rückwand befand sich Aphaias elfenbeinernes Kultbild. Die westlichen Giebelskulpturen (zw. 500 u. 490 v. Chr.) sind typischer archaisch als die der

1 Tempelplattform
2 Äußere Terrasse
3 Aphaiatempel
4 Graben (mit Rundbau)
5 Rampe
6 Platz des archaischen Altars
7 Altar (6. Jh. v. Chr.)
8 Altar (klassische Zeit)
9 Votivsäule
10 Priesterhäuser (archaisch)
11 Priesterhäuser (klassisch)
12 Propylon (klassische Zeit)
13 Propylon (6. Jh. v. Chr.)

Ostseite (die wohl nach einer Beschädigung um 480 v. Chr. erneuert wurden). Zu den Bildwerken gehört ein kniender Herakles, eine der frühesten Skulpturen der beginnenden Klassik.

Ein Propylon vor der Tempel-Südostecke gewährt seltsamerweise von der Seite her Zugang. Südöstlich davon weitere Bauten (wohl Verwaltungsräume und Priesterwohnungen).

Ägosthena/**Aigosthena**

An der Nordostspitze des Golfs von Korinth schützte am Südhang des Kithairon die Festung Aigosthena den Zugang zu Megara und damit indirekt auch zum entfernteren Athen. Sie ist ein Musterbeispiel griechischen Festungsbaus aus dem 4. Jh. bzw. Anfang des 3. Jh.s v. Chr. Ihr Südostturm stellt dem Können griechischer Festungsbaumeister das denkbar beste Zeugnis aus. Vollkommen regelmäßig sind die Lagen seiner behauenen Kalksteinblöcke. Mehr als 9 m überragt dieser Turm die hohe Mauer. Untergliedert ist er in mehrere Stockwerke. Kleine Öffnungen gewähren Ausblick und spenden Licht. Weitere Türme erheben sich in 48 m-Abständen längs des doppelten Mauerzugs, der die Akropolis im Osten bogenförmig umgibt und westwärts als Sperrmauer zum Meer hinabführt. Reste einer seeseitigen Mauer fanden sich nicht, auch kam nichts von einer zur Nordmauer parallel (und zur See hinab) verlaufenden Südmauer zum Vorschein. Dennoch nimmt man deren Existenz an – sie lag als Ergänzung der Wehranlagen auf der Hand. Der Akropolis-Durchmesser beträgt 183 m, und die Nordmauer verläuft über das Dreifache dieser Strecke vom Akropolisrand hinab zur See. An den meisten Stellen ist das Mauerwerk raffiniert polygonal, doch hier und da findet man auch regelmäßige Blöcke (91,5 × 45,75 cm). Diese Wehranlagen stellen noch immer ein Kunstwerk dar. In Aigosthena gab es ein Heiligtum des Melampos, des angeblich der Vogel- und Tiersprache kundigen Kultstifters (Dionysos-Kult). 371 v. Chr. fand hier das spartanische Heer Zuflucht. Neu-»gegründet« von Kaiser Hadrian (Büste).

17

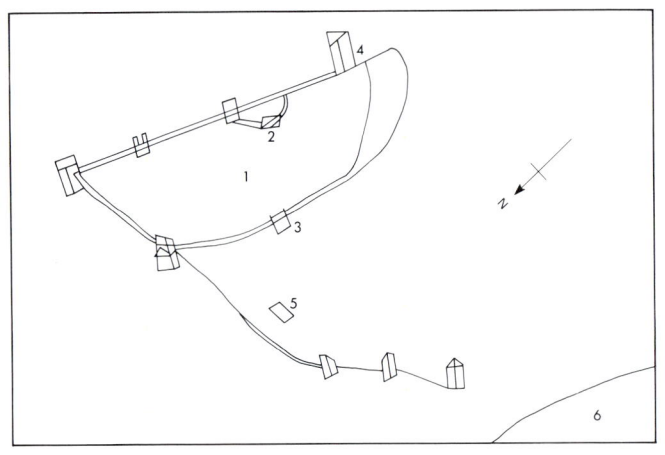

1 Akropolis
2 Byzantinische Kirche
3 Tor
4 Südost-Turm
5 Byzantinische Basilika
6 Golf von Korinth

Ajia Triada/**Hagia Triada (Kreta)**

Außergewöhnlicher Gebäudekomplex rund 3 km im Westen des großen minoischen Palastes von Phaistos. Name nach einer nahen, zweischiffigen venezianischen Dreifaltigkeitskirche. Verbindung mit Phaistos über eine antike Pflasterstraße. Zwar fehlen einige Charakteristika minoischer Paläste, doch verrät der Zierrat dieser Ruinen größeren Reichtum als gewöhnliche Wohnbauten aus damaliger Zeit. Es handelt sich wohl um einen Landsitz der Fürsten von Phaistos in herrlicher Seelage. Vielleicht regierten hier einige Könige sogar, wenn der reguläre Phaistos-Palast renoviert wurde. Hauptbauphase 16. Jh. v. Chr. (Spätminoikum I), doch rege Neubautätigkeit nach einem Erdbeben, das um 1450 v. Chr. sämtliche kretischen Paläste zerstörte. Bis in geometrische Zeit blieb Hagia Triada bewohnt, ja schon frühminoische, sogar neolithische Besiedlung wurde nachgewiesen. Italienische Grabungen brachten Anfang des Jahrhunderts neben Beweisen einer hochentwickelten, eindrucksvollen Architektur auch reiche Kunstschätze ans Licht: Keramik, Specksteinvasen, Fresken und einen bemalten Sarkophag (Bestattungsritus am Grab eines Fürsten oder Edlen).

Im Westabschnitt der L-förmigen Ruinenstätte die königl. Villa (bzw. der Palast). Wohn- und Empfangsräume im Mittel- und Westtrakt waren prächtig mit erlesenen Fresken geschmückt. Der Südwestflügel diente hauptsächlich als Magazintrakt, im Südostflügel wohnten wohl die Diener. Dazwischen ein offener Hof mit Altären, ja es gab auch einen kleinen Schrein. Unter den Wohnräumen eine Schatzkammer mit 19 Ochsenhaut-Kupferbarren zu je 29,030 kg, also offensichtlich eine Art Währung. In den Archiven daneben Siegel und Aktenregale. Stufen führten im Norden hinab. Im Westen lief eine gepflasterte Rampe bis hin zum Meer.

Der Nordkomplex bestand aus mehreren Häusern, einige ebenso alt wie die Villa, andere aus dem Spätminoikum III und im 14./13. Jh. v. Chr. erneuert. Ein langgezogener Hof erinnert an die Agora (den Markt) späterer Städte. An seiner Ostseite wohl Läden und Magazine (8 Räume). Davor eine lange Reihe quadratischer Pfeiler, nach Ausweis der Basen mit Rundsäulen abwechselnd: Ein Unikum minoischer Architektur (in Phaistos und Mallia trennt bei ähnlichen Bauten stets eine Mauer Räume und

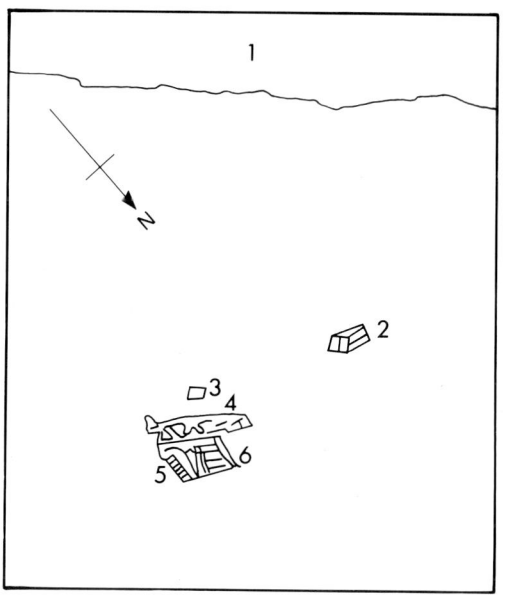

1 Meer
2 Hagia Triada-Kirche (Dreifaltigkeitskirche [zweischiffig])
3 Hosios Jeorjios-Kapelle (St. Georgskapelle)
4 Königliche Villa
5 Magazine/Läden mit Säulengang
6 Häuser

Säulengang). Vielleicht wurde der junge Bau in mykenischer Zeit umgestaltet (z. B. könnte man die nicht unähnliche ›Stoa‹ in Gla zum Vergleich heranziehen). Ein weiterer mykenischer Zug ist der jüngere, große, rechteckige Raum (wohl ein Megaron) genau über dem Zentrum der Villen-Überreste.

Nicht weit nordöstlich vom Wohn- und Markt-›Viertel‹ gelangt man zu minoischen Begräbnisstätten und Rundgräbern.

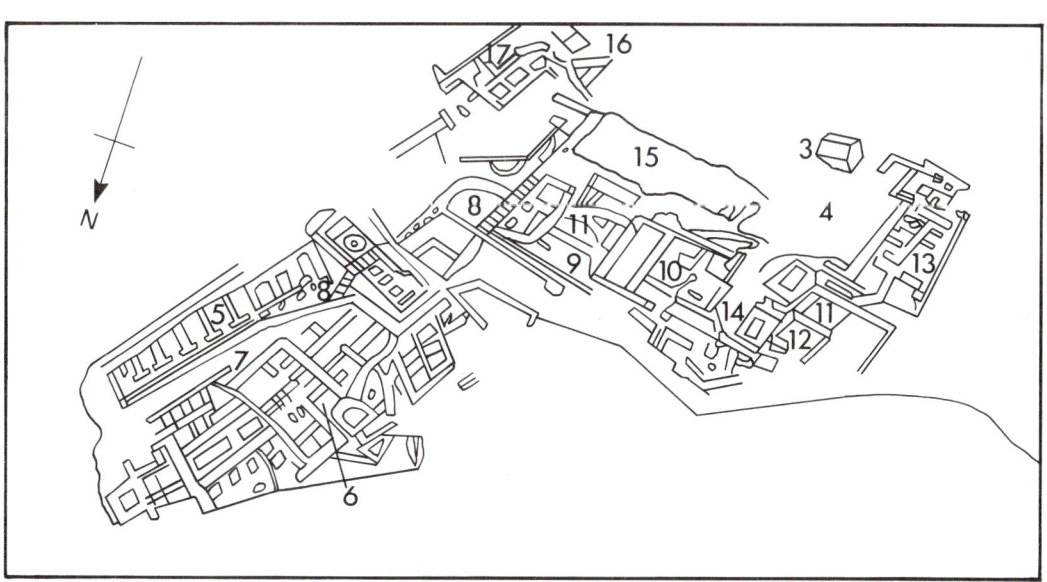

1 (s. Seite 19)
2 (s. Seite 19)
3 Hosios Jeorjios-Kapelle
  (St. Georgskapelle)
4 Königliche Villa
5 Magazine/Läden mit Säulengang

6 Häuser
7 Agora (›Markt‹)
8 Stufen
9 Rampenweg zum Meer
10 Megaron
11 Wohnräume

12 Archive
13 Magazine
14 Schatzkammer (mit Barren)
15 ›Platz der Heiligtümer‹
16 Kultschrein
17 Wohnhaus (Dienerschaft?)

*Amfiarion/*Amphiareion

Amphiaraos war ein König von Argos, der die Gabe der Zukunftsschau besaß. Er nahm am Kampf der Sieben gegen Theben teil und versank unweit von Theben in der Erde. Sein Kult aber entfaltete sich bei Oropos im Grenzgebiet zwischen Boiotien (Böotien) und Attika gegenüber Eretreia an einer heiligen Quelle, wo man von seinem Geist Weissagung und Heilung erhoffte.

Die Kultstätte und das Ritual hatten manche Berührung mit dem berühmten Asklepieion von Epidauros. Nach Herodot (8, 133 f.) befragte sogar der persische Feldherr Mardonios dieses Orakel, bevor er sich bei Plataiai zur Schlacht stellte (479 v. Chr.).

Wer hier Rat und Heilung suchte, hatte auf dem Altar vor dem Tempel einen Widder zu opfern, dann, in das Widderfell gehüllt, in Hoffnung auf einen Wahrtraum in einem Säulengang zu schlafen.

Drei Tage durfte der Heilungsuchende keinen Wein trinken, einen Tag nichts essen. Wer einen Wahrtraum hatte, der mußte in den heiligen Brunnen vor der Tempelfront unterhalb des Altares Gold- oder Silbermünzen werfen. Das Brunnenwasser floß in eine Schlucht (Revma). Man fand dort viele Muscheln. Kranke tranken hier den heilenden Quell.

Ungewöhnlich der Tempelplan. Es gab keine Säulen ringsum, dafür je zwei Fünfer-Säulenreihen im Cella-Inneren sowie an deren Nordseite sechs, an ihrer Südseite dagegen zwei Säulen, durch die man vom *adyton* (Allerheiligsten) zu den Priesterwohnungen hinter dem Tempel gelangte. Noch immer befindet sich an der Cella-Rückwand die Kultbild-Basis, und in der Mitte erkennt man einen Opfertisch. Der Tempel ist dorisch (4. Jh. v. Chr.).

Westlich des Altars erheben sich auf einer niedrigen Plattform mehr als 30 Statuenbasen meist aus hellenistisch-römischer Zeit. Vor ihnen läuft eine Steinbank entlang.

Die Tempelschlaf- oder Wahrtraum-Stoa liegt im Nordosten dieser Plattform. Um 387 v. Chr. erbaut, bildet sie ein langgezogenes Rechteck mit 41 dorischen Front- und 17 ionischen Innensäulen, die die Halle in zwei Längsschiffe teilen.

Eine Bank säumte die Rückwand. Hier schliefen die Gläubigen in Erwartung des Heil- oder Orakeltraums. Man fand noch 35 Marmorfüße dieser Bank. Kleinere Räume an beiden Gebäudeenden waren vielleicht für die Frauen bestimmt. Unklar ist der Zweck eines weiter nördlich gelegenen, kleineren Baus. In römischer Zeit gab es hier ein Mineralbad.

Das kleine Theater über der Stoa diente wohl kultischen Aufzügen; seit 332 v. Chr. fanden hier an den Kulthochfesten auch alle fünf Jahre musische Wettspiele statt. Typisch hellenistisch das steinerne Bühnenhaus. Fünf marmorne Ehrenthrone zeigen Volutenornamente. Überreste jenseits des Bachs stammen wohl hauptsächlich von Pilgerherbergen (darunter

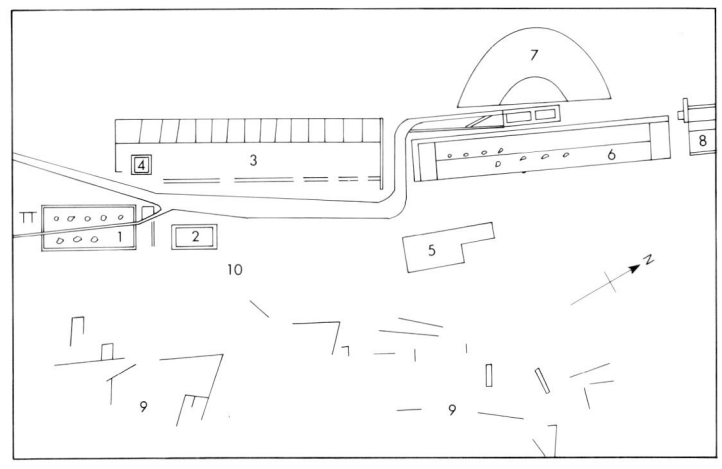

1 Tempel
2 Altar
3 Statuen-Plattform
4 Wasserreservoir
5 Museum
6 Stoa der Wahr- und Heilträume
7 Theater
8 Griech. Bauwerk/ Römerbad
9 Herbergen, Häuser usw.
10 Heiliger Quell (auf dem Bild durch Bäume verdeckt)

befindet sich eine [klepsydra] Wasseruhr).
Ausgrabungen wurden von Leonardos
(1884–1930) und Petrakos (1958–1960) vorge-

nommen. Außergewöhnlich reizvoll sind Lage
und Zugangswege (wohl wichtig für den Kur-
ort-Charakter der Stätte!).

Amfipolis/**Amphipolis**

Als Xerxes 480 v. Chr. auf seinem Marsch nach
Zentralgriechenland hier durchzog, hieß das
spätere Amphipolis noch *Ennea Hodoi* (=
›neun Wege‹) und gehörte dem Thrakerstamm
der Edoner (bzw. Edonen [*Herodot* 7, 114]). Andere Mächte strebten nach dem Besitz der
Stadt, denn im Norden, Westen und Süden
durch eine große ‚Schleife des Strymon (der
Struma) geschützt, hatte die Stelle ca. 5 km
landeinwärts vom Meer eine ausgezeichnete
Höhenlage. Sie beherrschte den Weg von der
Ägäis zur Strymonebene und den westl. Zugang
zu den reichen Gold- und Silberminen sowie zu
den Wäldern des Pangaios-Gebirges. Milet und
Athen machten Kolonisationsversuche, Athen

schließlich (437 v. Chr.) mit Erfolg. Als sich 424
v. Chr. Amphipolis kampflos den Spartanern
unter Brasidas ergab, sandten die erbitterten
Athener eine Expedition aus, die Thukydides
kommandierte. Thukydides gewann nur Eion,
die Hafenstadt, Amphipolis nicht. Dafür ver-
bannte man ihn, und im Exil schrieb er seine
berühmte *Geschichte des Peloponnesischen
Krieges*.
Bei einem gleichfalls erfolglosen späteren Versuch, Athens Vormacht dennoch wiederherzustellen, fielen 421 v. Chr. sowohl der athenische Demagoge Kleon als auch Brasidas.
Philipp von Makedonien eroberte die Stadt 358,
und nach ihrem Sieg bei Pydna (168 v. Chr.)

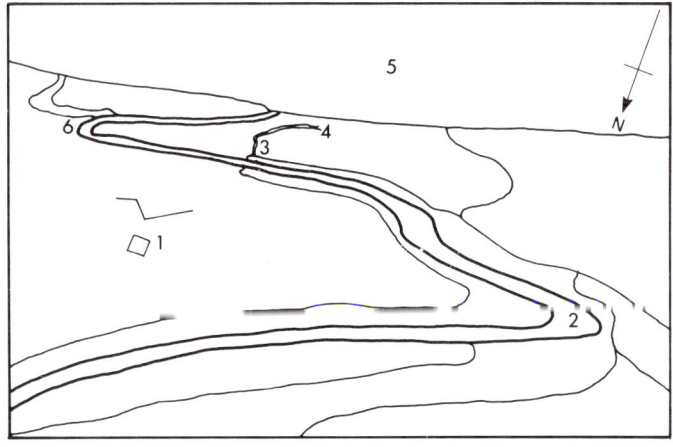

1 Lage der antiken Stadt,
 christliche Basiliken
2 Strymon (Struma)
3 Löwendenkmal
4 Heutige Straße nach
 Saloniki
5 Meer (Strymonischer Golf)
6 Lage von Eion
 (antiker Hafen)

machten die Römer Amphipolis zur Hauptstadt von *Macedonia Prima*, einer ihrer griechischen Nordprovinzen. Es war die wichtigste Station auf der *Via Egnatia* zwischen Adria und Byzanz. Nur wenig ist noch von der so glänzend gelegenen Festung zu sehen. Ausgrabungen (Pelekides nach 1920 und später Lazarides) haben Teile der ausgedehnten Wehrmauern an der Nord-, Ost- und Südkante des Hochplateaus freigelegt. Es besaß polygonale Verkleidung sowie Türme in Schlüsselpositionen. Die Agora (der Markt), das antike Stadtzentrum, befand sich wohl im höherliegenden Plateau-Nordabschnitt, wo auch christliche Basiliken zum Vorschein kamen. Eine antike Brücke querte den Strymon im Westen. An der Ostseite gab es ein Heiligtum der Klio sowie Gräber aus verschiedenen Perioden.

Jenseits der heutigen Strymon-Brücke erhebt sich an der Straße nach Saloniki ein kolossaler Löwe, 1936–1937 von Oscar Broneer aus authentischen antiken Fragmenten rekonstruiert. Mit majestätischer, aber keineswegs furchterregender Miene sitzt er aufrecht auf den Hinterpfoten. Möglicherweise handelt es sich um ein Denkmal Laomedons, eines Seemanns aus Mytilene, der einige Jahre hier lebte, sich mit Alexander dem Großen anfreundete, dann dessen Flottenoffizier in Indien und später Statthalter in Syrien wurde. Der Löwe ähnelt sehr stark dem thebanischen Löwen von Chaironeia, wurde jedoch wohl erst Ende des 4. Jh.s aufgestellt. Nach einigen Gelehrten war für Laomedon auch der berühmte ›Alexandersarkophag‹ aus Sidon (heute in Istanbul) bestimmt (gleichfalls Löwenjagd!).

Argos/ **Argos: Die Stadt**

Vor den Griechen von Pelasgern bewohnt, wurde Argos von den frühgriechischen Danaern zum Zentrum erwählt, und nach der Mykenerzeit war es die mächtigste Stadt der nördlichen Peloponnes. Jahrhundertelang stritt es gegen Sparta, teils allein, teils zusammen mit Athen, Korinth und dem Achäischen Bund, doch nie erlangte es die Oberhoheit über den Süden. Einer seiner frühen Könige, Adrastos, führte die Sieben gegen Theben, und im 7. Jh. führte der energische, phantasievolle Tyrann Pheidon in Argos das Münzwesen sowie neue Standardmaße und -gewichte ein. Argos beherbergte eine bedeutende Schule der archaischen und klassischen Kunst. Aus ihr gingen Meister wie Hageladas und Polyklet hervor, aber auch hervorragende Keramik schuf man hier. Die Römer förderten Argos. Sie bauten Teile der Stadt neu, und zwar sowohl vor als auch nach dem Gotenangriff des Jahres 395 n. Chr. Holländische und französische Grabungen (1902–1930 sowie nach 1952) legten zahlreiche Gräber aus verschiedensten Perioden frei, desgleichen einige Stadtreste im Bereich der *Agora*, an den Hängen und auf dem Gipfel der *Larisa*, auf dem niedrigeren Hügel *(Aspis)* sowie dem Sattel *(Deiras)*, der *Larisa* und *Aspis* verbindet. Im Altertum umgaben Wehrmauern das gesamte Stadtgebiet und die Zitadellen auf beiden Hügeln. Auf der *Larisa*, einem hohen Kegel im Nordwesten des Stadtzentrums, identifizierte man innerhalb des massiven byzantinisch-fränkisch-venezianischen Forts, das die Anhöhe krönt, Reste von polygonalem Mauerwerk (mykenisch und 6. Jh. v. Chr.), desgleichen jüngere Befestigungsreste und die Fundamente zweier Tempel der Athene und des Zeus Larissaios.

Mehrere bedeutende Bauten standen am *Larisa*-Südostfuß. Ein großes, geräumiges Theater schneidet mit seinem Zuschauerrund den Felsen an. Hervorragend erhalten sind 81 Sitzreihen. Mit 2 Rangumgängen *(diazomata)* und 20000 Zuschauerplätzen ist es eines der größten Griechenlands. Ende 4./Anfang 3. Jh. errichtet, wurde sein Bühnenhaus von den Römern weitgehend umgestaltet, und man richtete die Anlage zur Vorführung sogenannter ›Seeschlachten‹ her. Unterhalb des Theaters lagen ein wenig weiter südlich weitläufige römische Thermen mit großer Apsishalle, zentralem Kaltwasserbecken und drei Heißwasserbädern an der Ostseite. Im Süden liegt das Odeion der Römerzeit am Platz des spätklassisch-griechischen Volksversammlungs-Raums, dessen gerade, aus dem Felsen gehauene Sitzreihen man noch oberhalb der 14 aus dem Fels gebrochenen Odeion-Ränge sieht. Das Odeion (aus dem 1. Jh. n. Chr.) ist einige Jahrhunderte älter als die Thermen. Im Norden fand man innerhalb der antiken Stadtgrenzen ein spätrömisches Haus (5. Jh. n. Chr.). Es enthielt bemerkenswerte Mosaiken: Sie geben die Monate des Jahres wieder und befinden sich zusammen mit hervorragender Keramik und mit Skulpturen im Museum. Noch keiner der 18 Tempel wurde gefunden, die Pausanias erwähnt. Doch grub man jüngst einen Teil des alten *Agora*-Gebiets aus, dazu zahlreiche Gräber. Unweit der Thermen eine große Säulenhalle: Vielleicht das *Bouleuterion* (›Rathaus‹). Im Süden eine lange *Stoa* mit Flügeln an beiden Enden, nördlich davon ein *Nymphaion*. Nach dem Goteneinfall wurde beides weitgehend umgestaltet. Den Rest des antiken Argos deckt die heutige Stadt.

1 Theater
2 Römische Thermen
3 Römisches Odeion

4 Säulenhalle (Bouleuterion?)
5 Süd-Stoa
6 Nymphaion

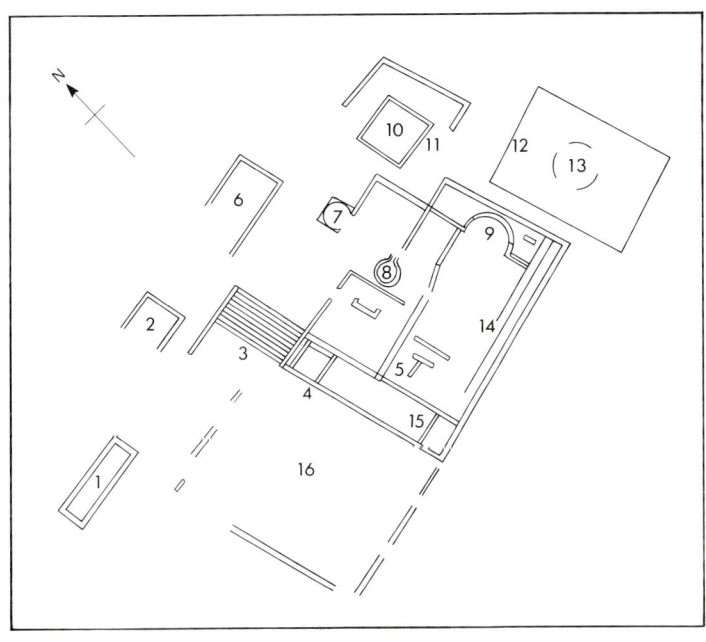

Argos: Aspis

1 Zisterne
2 Stoa
3 Treppe
4 Altarplatz
5 Standort des
  Apollontempels (?)
6 Orakelstätte (?)
7 Frühchristliche Taufkapelle
8 Byzantinische Taufkapelle
9 Standort des
  Apollontempels (?)
10 Zisterne
11 Stätte des
  Athene-Heiligtums
12 Terrasse (der Leto?)
13 Rundbau (Tholos)
14 Byzantinische
  Kirchenmauern
15 Eingang zum
  Apollonheiligtum
16 Hof der byzantin. Kirche

*Argos/*Argos: Aspis

Im Nordosten befindet sich ein etwas niedrigerer Hügel als die *Larisa*. Er wird *Aspis* (›Schild‹) genannt, weil er an einen auf dem Boden liegenden Rundschild erinnert. Hier erhob sich Argos' älteste Burg. Schon mindestens um 2000 v. Chr. müssen nachweislich Menschen hier gelebt haben. Unten am Südwesthang fand man mykenische Gräber, und auf dem Hügel gab es eine Festung. Noch immer erblickt man hier Mauerwerk aus dem 6. Jh. v. Chr.

Weiter im Norden lag am Westhang des *Deiras*-Sattels ein antikes Heiligtum Apolls und Athenes, die hier lokal als ›Apoll von der Höhe‹ (also: pythischer Apoll) und ›Athene, die Scharfblickende‹ verehrt wurden. Es erhob sich auf einer Terrasse: Im Zentrum der *Temenos* Apolls, der Athene-Tempel nordöstlich, und südlich davon ein dritter, vielleicht der Göttermutter Leto geweiht. Die Bauten sind schlecht erhalten, und die über ihnen liegenden Reste einer frühchristlichen Kirche aus dem 5. Jh. sowie einer jüngeren byzantinischen Kirche aus dem Mittelalter trugen ihrerseits zur Verwirrung bei.

Am Ostrand der unteren Terrasse betritt man die Apoll geweihte Zentral-Terrasse über eine breite Treppe von 10 Stufen. Am Fuß dieser Terrasse stand ein großer Altar, seinen Resten nach zu urteilen wohl etwa 15 m lang und 4,6 m breit.

Auch Dreifüße und Steine gab es hier. Der Altar stammt wohl aus spätklassischer Zeit. Der eigentliche Zugang zum *Temenos* Apolls befand sich anscheinend oberhalb des Altars im Süden. Umstritten ist, ob der Tempel im westlichen (unteren) oder im oberen *Temenos*-Abschnitt lag, wenn nicht sogar weiter westlich der Stufen und des Altars, dort, wo man heute eine Zisterne findet. Nach Nordosten hin lag das Athene-Heiligtum. In seinem Zentrum erblickt man eine große Zisterne. Auf der Terrasse südöstlich davon Überreste eines Rundbaus in weiträumiger rechteckiger Umfriedung. Im 6. Jh. v. Chr. errichtet, gehörte diese *Tholos* vielleicht zum Athene-Hain.

Ein weiteres Bauwerk war vielleicht ein *Manteion* (eine Orakelstätte). Unweit davon gab es eine Stoa.

*Afinä/*Athenai (Athen): Allgemeines

Seit 5000 Jahren ist Athen ununterbrochen bewohnt. Knapp 5 km landeinwärts gelegen, bietet vor allem der Akropolishügel einen einzigartigen Geländevorteil. Mehr als 300 m lang und knapp 130 m breit, bildet diese Anhöhe fast ein Oval. Ihr Gipfel liegt 156 m über dem Meer und 91 m über dem Gelände ringsum. Dieser begünstigte Platz lud zur Besiedlung ein. Spuren jungsteinzeitlicher Bewohner fanden sich am Südhang, und auch für eine Stadt des Mittleren Helladikums gibt es Beweise. In mykenischer Zeit erhielt die Akropolis Festung und Palast. Nach der Überlieferung begann die griechische Herrscherdynastie mit Kekrops (Anfang 16. Jh. v. Chr.). Um 1300 v. Chr. soll Theseus mehrere umliegende Gemeinden zu einem einzigen Gemeinwesen vereint haben. Dies war der Beginn des Wachstums der Stadt, deren Größe schon Homer hervorhebt. Zweimal scheint Athen die eindringenden Dorier abgeschlagen zu haben, die Ende des 2. Jt.s v. Chr.

einen großen Teil Griechenlands unterwarfen, und auch während der geometrischen Zeit bewahrte es seine Lebenskraft. Anfang des 8. Jh.s beherrschte Athen ganz Attika und war ein bedeutendes Kunstzentrum. Allgemeine Bewunderung fand in archaischer Zeit seine protoattische Keramik, ebenso später seine schwarzfigurigen Vasen und sein strenger Skulpturenstil. Mitte des 6. Jh.s bekräftigte Peisistratos Athens kulturelle Führerrolle durch Stiftung der Großen Dionysien, aus denen das griechische Drama hervorging, durch Schaffung eines ›kanonischen‹ Homer-Textes und die Erhebung der Panathenäen zum allgriechischen Nationalfest. Verfassungsreformen Drakons, Solons und Kleisthenes' begründeten eine Demokratie, die Athens Selbstbewußtsein ihrerseits stärkte. Endgültig festigte sich dann Athens Ruhm durch seine Führerrolle in den Perserkriegen, und insbesondere unter Perikles (5. Jh. v. Chr.) machten geniale Dichter, Künstler und

1 Stadion	7 Pansgrotte (Panshöhle)	12 Agora
2 Olympieion	8 Nike-Tempel	13 Gymnasionhof
3 Akropolis	9 Odeion des Herodes	14 Odeion Agrippas
4 Parthenon	Atticus	15 Tholos
5 Erechtheion	10 Areopag	16 Hephaisteion
6 Propyläen	11 antike Häuser	17 Standort des
		Ares-Tempels
		18 Attalos-Stoa
		(rekonstruiert)
		19 Sogenannte
		Hadrians-Bibliothek
		20 Römischer Markt
		21 Turm der Winde

Denker die Stadt zu einem kulturellen Kraftzentrum ohnegleichen. Voller Stolz nannte Perikles Athen ›Hellas von Hellas‹. Er führte das gewaltige Bauprogramm durch, das die Akropolis für Jahrtausende zum architektonischen Weltwunder machte.

Doch obwohl Athen eine Handels- und Seemacht ersten Ranges geworden war, endete seine Auseinandersetzung mit Sparta im Peloponnesischen Krieg mit einer Katastrophe. Es erholte sich aber bald, vernichtete Spartas Flotte bei Knidos und riß erneut die Herrschaft über die Inselstaaten an sich. In der Schlacht von Chaironeia (338 v. Chr.) fiel es an Philipp von Makedonien, doch Alexander behandelte es ehrenhaft, ebenso die Römer, die Griechenland im 2. Jh. v. Chr. unterwarfen, nur Sulla plünderte die Stadt 86 v. Chr. Kaiser Hadrian beschenkte Athen mit Neubauten, doch Athens Bedeutung sank. Goten (Heruler) plünderten es 267 n. Chr., und ein Jahrhundert später eroberte es Alarich.

Im Byzantinischen Reich war Athen bedeutungslos. Franken und Venezianer beherrschten es im Mittelalter, dann bis 1833 die Türken. 1834 wurde Athen Hauptstadt Griechenlands. Heute leidet es unter Verkehrschaos und Luftverschmutzung.

An der Nordwestflanke der Akropolis liegt der Areopag-Hügel mit Grotte der Rachegöttinnen am Nordost-Hang, die, von Athene besänftigt, Patroninnen des Gerichts wurden (Aischylos, Ende der Orestie).

Hier tagte der Blutgerichtshof, und hier fanden sich mykenische Gräber sowie griechische und römische Häuser.

Afinä/ Athenai (Athen): Akropolis

Glanzstücke der Akropolis sind der Parthenon und das Erechtheion: Bauten von ungewöhnlicher Vollendung in Plan und Ausführung. Auch die Bauten daneben waren glanzvoll, und der Gesamteindruck muß einst unvergleichlich gewesen sein. Als die Bauwerke 500 Jahre alt waren, schrieb Plutarch (*Perikles* 12–13): Sie wurden »in kurzer Zeit für die Ewigkeit gebaut . . . Vom Alter unberührt, scheinen sie den Geist ewiger Jugend zu atmen . . .« Perikles ließ den Parthenon anstelle eines älteren Tempels (›Prä-Parthenon‹) errichten, der 480 v. Chr., noch unfertig, von Persern zerstört worden war und seinerseits einen archaischen Kalksteintempel aus dem 6. Jh. (wohl das ›Hekatompedon‹ alter Quellen) ersetzt hatte, der kurz nach Marathon zerstört worden war. Phidias war für Planung und Ausschmückung hauptverantwortlich, Iktinos war der Architekt, Kallikrates oblag die Ausführung. 447 v. Chr. begonnen, war das Werk 9 Jahre später im Rohbau fertig. 432 besaß es seinen Skulpturenschmuck. Ungewöhnlich ist das Verhältnis von 8 Säulen an der Fassade zu 17 an den Längsseiten. Stylobat und Architrave sind leicht geneigt, desgleichen die Säulen, der Säulen-Zwischenraum verengt sich zunehmend, und auch anderes Raffinement läßt sich nachweisen. Pentelischer Marmor war das Baumaterial sogar für die Dachplatten. Trotz dorischer Ordnung lief ein durchgehender ionischer Fries rings um die äußere Cellawand. Er stellte den Panathenäenzug dar. Das östliche Giebelfeld zeigt Athene unter den Göttern, das westliche Athenes Kampf mit Poseidon um Attika. Im Innern stand die prächtige Kultstatue (fast 12 m hoch) aus Gold und Elfenbein, ein Werk des Phidias.

Das Erechtheion ist ein vollkommenes Muster ionischen Stils, ein glanzvoller Rahmen alter Kulte (aus mykenischer Zeit) der Athena Polias und des Erechtheus (Poseidon). Es gibt zwei Bauebenen: Die Nordportikus mit ihren hohen Säulen liegt ca. 1,85 m tiefer als die Südvorhalle mit ihren berühmten Karyatiden – weiblichen Figuren mit Säulenfunktion, die dem Ganzen etwas Menschliches geben. Unter dem Dach lief rings um das ganze Gebäude ein Fries aus weißen Marmorfiguren vor graublauem Hintergrund. Farbe belebte die oberen Partien: Blauer, roter und goldener Zierat schmückte schneeige Marmorkapitelle und Geisa. Zu diesem Tempel mehrerer Götter gehörten das angebliche Grab Kekrops', Athenes heiliger Ölbaum und ein ›Meer‹ für Poseidon. Unmittelbar im Süden Fundamente eines Baus aus dem 6. Jh. – vielleicht anstelle eines älteren aus geometrischer Zeit (›alter Athenetempel‹ früher Quellen oder Verwaltungsbau der Peisistratos-Zeit?). Unweit davon lag der mykenische Palast, Stufen führten den Nordhang hinab, und im Westen gab es eine weitere Treppe.

Man betrat die Akropolis von Westen durch die Propyläen. Die Säulen längs der Zentralrampe sind ionisch, so wollte man Höhe erreichen, ohne zu massiv bauen zu müssen. Im Nordflügel (Pinakothek) bewahrte man Pinakes (Tafelbilder) auf. Südwestlich der Propyläen überragt das Kleinod des Nike-Tempels (vollendet 424 v. Chr.) den Höhenrand (vier schlanke Säulen an Vorder- u. Rückfront, Fries mit Schlachtendarstellungen). Gegenüber erhob sich später ein Monument des röm. Feldherrn Agrippa. Am Fuß des Südhangs baute Herodes Atticus ein geräumiges Odeion (heute, restauriert, als Freilichtbühne dienend). Daneben eine lange Stoa mit weitgehend intakten Rückwandbögen. Über ihr zwei Asklepiosheiligtümer, jedes mit Tempel, Altar, Heiltraumhalle und heilender Quelle. Das westliche ist von 420 v. Chr., das andere 100 Jahre jünger.

Um 330 v. Chr. entstand das steinerne Dionysostheater anstelle eines älteren Holzbaus der Sophokleszeit. In der Römerzeit Neugestaltung der Bühne und Orchestra nach Wünschen Neros. Dahinter eine nach Süden hin offene Stoa und Dionysostempel aus dem 5. u. 6. Jh. v. Chr. sowie im Osten das Odeion des Perikles (quadrat. Halle mit 81 Dach-Stützpfeilern im Innern).

Afinä/**Athenai (Athen): Die Agora**

Wegen ihres Verfalls und der über ihr errichteten jüngeren Bauten wirft die Agora große archäologische Probleme auf. Seit 1932 haben Amerikaner weitgehend das Gelände freigelegt, doch bleiben Fragen offen, und der Nordabschnitt ist noch teilweise unerforscht. Nach Ausweis von Gräbern und Brunnen vom 11.–7. Jh. v. Chr. war dieser Bezirk nördlich der Akropolis seit spätmykenischer Zeit sowie während der gesamten geometrischen und archaischen Periode bewohnt. Ursprünglich lag die Agora wohl westlich der Akropolis, doch spätestens seit Anfang des 5. Jh.s v. Chr. entstand dieses Zentrum weiter nördlich auf tiefergelegenem Terrain, an dessen Westseite es wohl schon zumindest ein paar Wohnbauten gab. Man brauchte bessere Straßen nach Eleusis und Piräus. Sie berührten hier das Stadtgebiet, dies war Anlaß genug, hier öffentliche Bauten zu errichten. Ein Gesamtkonzept gab es nicht. Die Heruler verwüsteten 267 n. Chr. auch dieses Viertel, und seit dem 6. Jh. n. Chr. besteht die Agora nicht mehr. Ihr eindrucksvolles Monument ist heute die 1953–1956 wiedererrichtete Attalos-Stoa, teils ein Museum, teils einfach Muster ihres Bautyps. Um 145 v. Chr. von einem pergamenischen König und Bewunderer Athens gestiftet, ist sie 116 m lang und ca. 20 m breit. Im rückwärtigen Teil des doppelstöckigen Baus gab es 21 quadratische Räume, die als Läden dienten. Die Außenkolonnade nach der Agora hin besitzt im Erdgeschoß 45 dorische Säulen, darüber doppelt so viele ionischen Typs. Innen tragen 22 Säulen das Dach; die des Obergeschosses haben eigene pergamenische Kapitelle. Vor der Mitte erhob sich zu Attalos' Ehre ein mächtiger Sockel mit einem Streitwagen, davor stand ein Rednerpult (die Bema). Andere Säulenhallen älteren und jüngeren Datums schlossen sich beiderseits an. An der Südwestecke errichtete um 100 n. Chr. Titus Flavius Pantainos eine Bibliothek. Gegenüber, wo heute eine byzantinische Kirche ist, stand ein halbrundes Nymphaion (Quellenhaus), östlich davon ein kleiner Tempel und im Süden die Prägestätte, die Athens berühmte Münzen schlug.

Zur Römerzeit bezog man das weite, langgestreckte Terrain zwischen der mittleren und der (jüngeren) Süd-Stoa in ein riesiges Gymnasion ein. Es wurde errichtet, nachdem die Heruler den größten Teil der Agora zerstört hatten. Am Westrand grenzte die quadratische Tagungsstätte der Heliaia, des Volksgerichtshofs, an. Sie bot Platz für 1500 Richter (Mitte d. 5. Jh.s v. Chr. – 3. Jh. n. Chr.). Daneben Brunnenhaus und Wasseruhr (Klepsydra). Im Norden der westlichen Mittel-Stoa: römische Verwaltungsbauten. Östlich davon ein kleiner Tempel unbekannter Bestimmung, nördlich

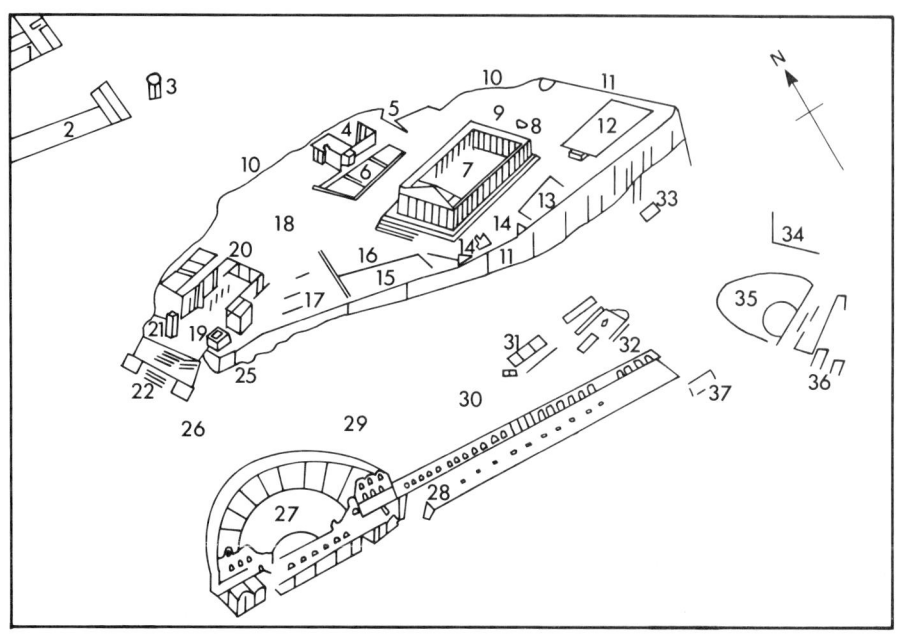

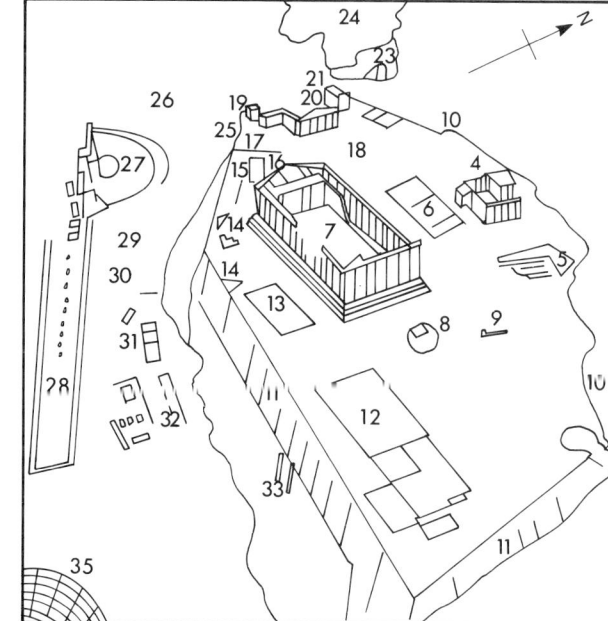

Die Akropolis

1 Hadriansbibliothek
2 Römischer Markt
3 ›Turm der Winde‹
4 Erechtheion
5 Mykenische Treppe
6 Alter Athene-Tempel
7 Parthenon
8 Tempel der Roma und
  des Augustus
9 Heiligtum des Zeus Polieus
10 Themistokles' Mauer
11 Kimonische Mauer
12 Akropolismuseum
13 Werkstatt des Phidias (?)
14 Stützmauergräben des
  Prä-Parthenon (sog.
  ›Pelasgische Mauer‹)
15 Chalkothek
16 Heiligtum der Athena Ergane
17 Heiligtum der Artemis
  Brauronia
18 Stätte der Athena Promachos
19 Nike-Tempel (Tempel der
  Athena Nike)
20 Propyläen
21 Agrippa-Monument
22 Beulé-Tor
23 Eumeniden-Grotten
24 Areopag
25 Aigeion

26 Aphrodite Pandemos
27 Odeion des Herodes Atticus
28 Stoa des Eumenes
  (römisch?)
29 Bezirk der Aphrodite
30 Bezirk der Themis
31 Älteres Asklepieion

32 Jüngeres Asklepieion
33 Thrasyllos-Grotte mit
  Choregensäulen
34 Odeion des Perikles
35 Dionysos-Theater
36 Dionysos-Tempel
37 Nikias-Monument

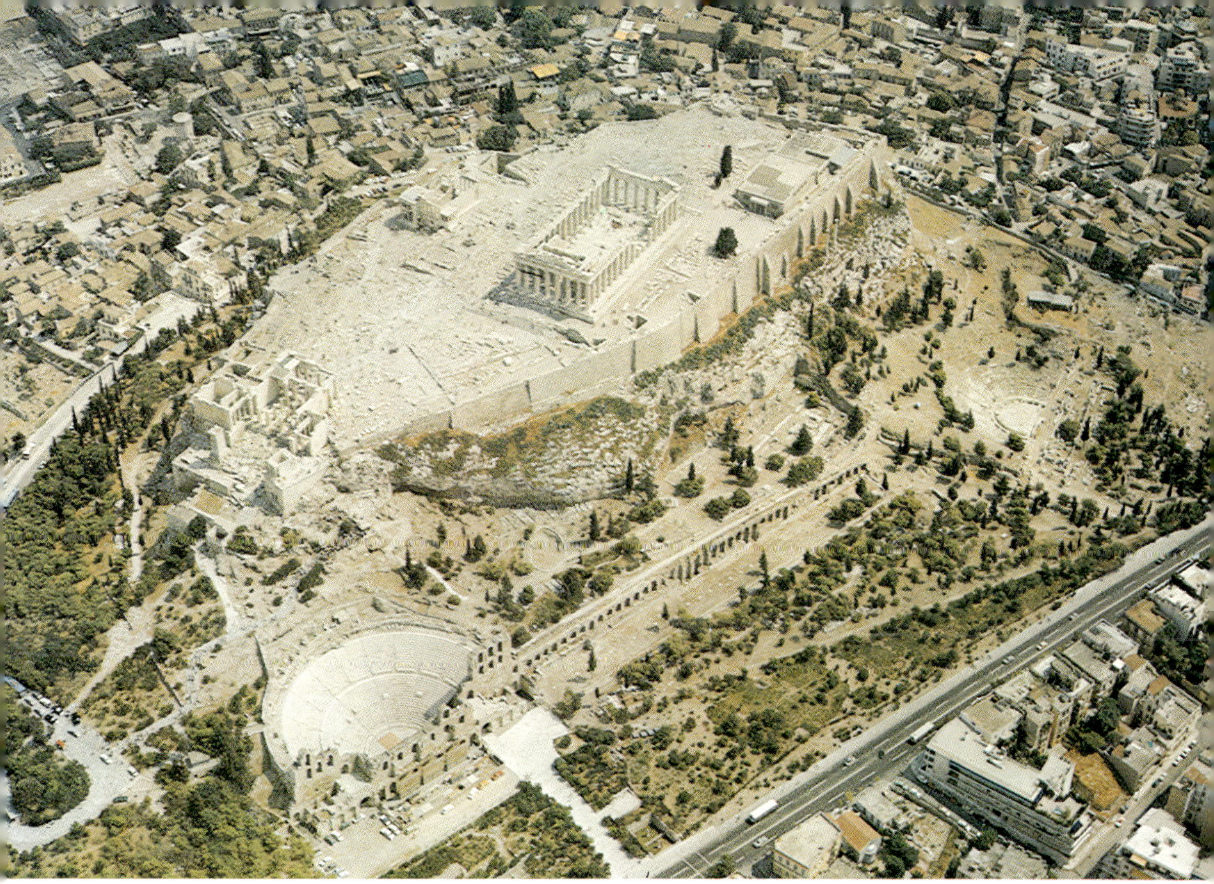

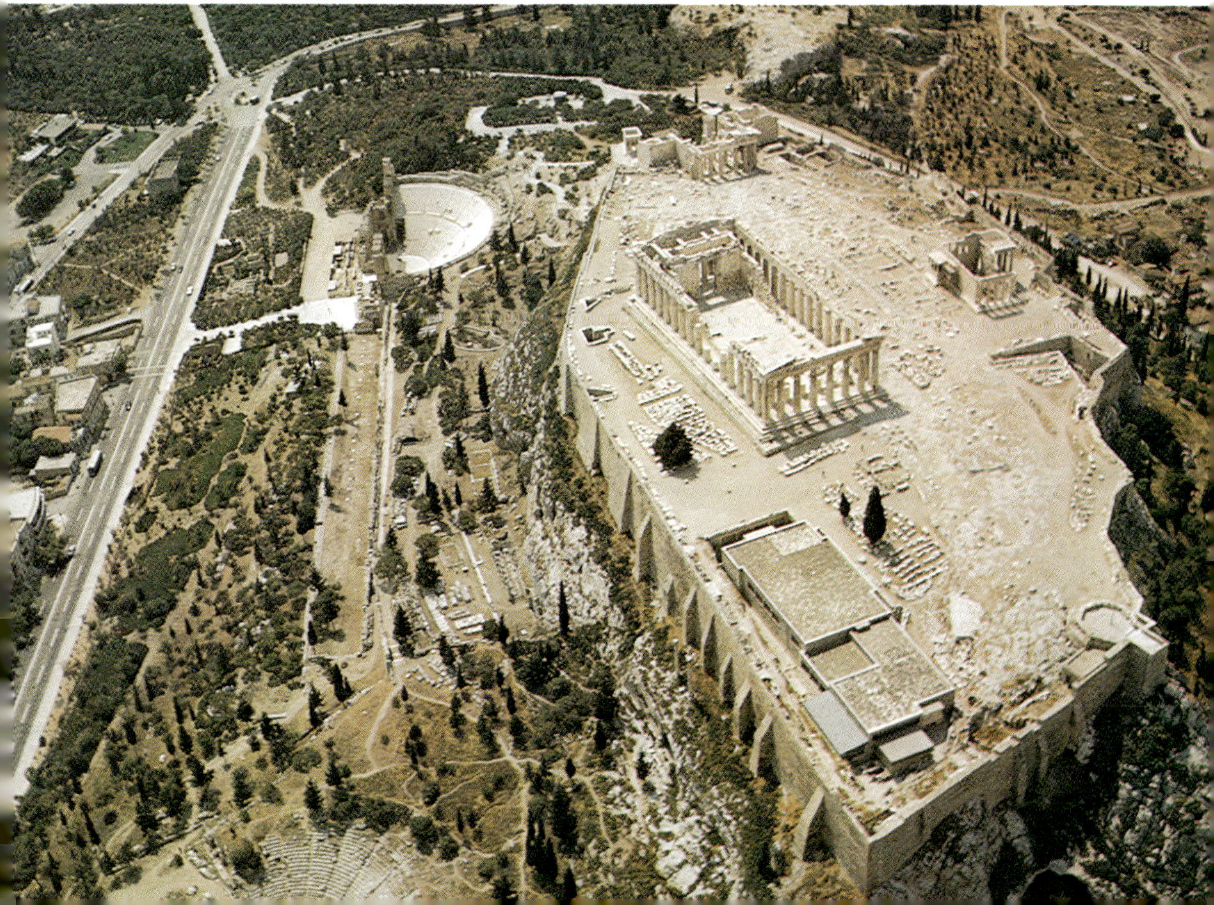

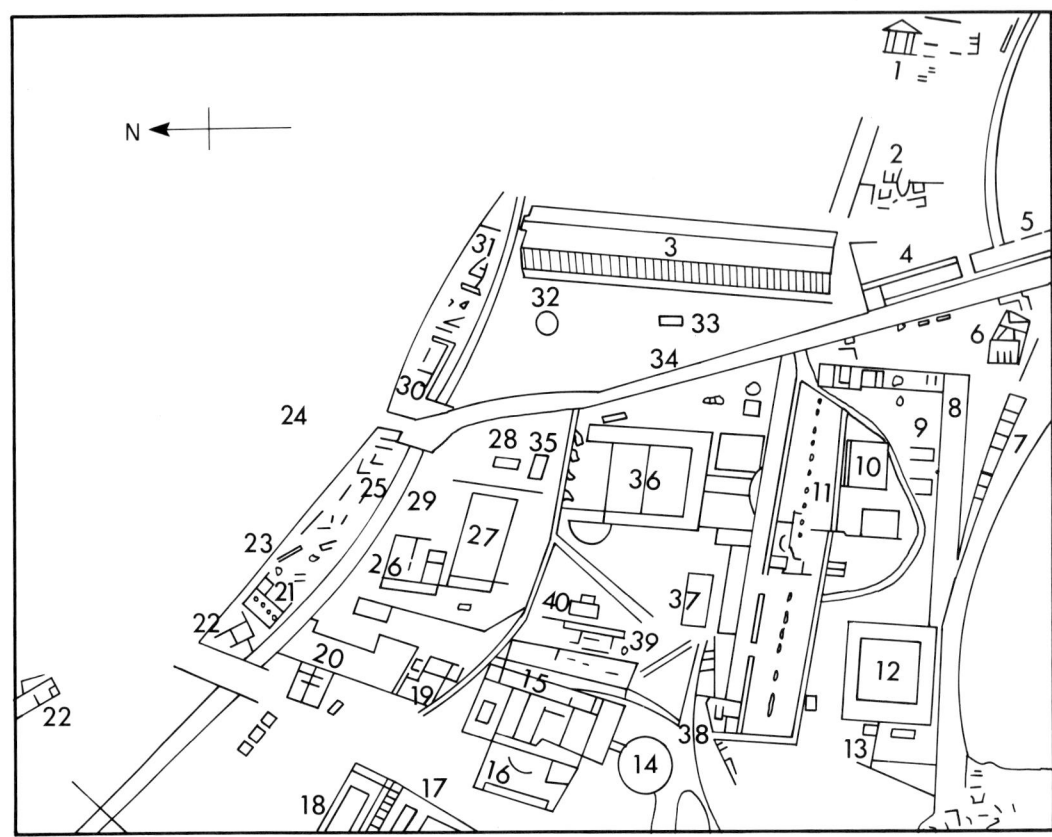

Die Agora

1 Römischer Markt
2 Neue Ausgrabungen an der Straße zum röm. Markt
3 Attalos-Stoa
4 Bibliothek des Pantainos
5 Südost-Stoa
6 Byzantinische Kirche der Hl. Apostel (11. Jh.)
7 Alte Südstoa (Südstoa I)
8 Jüngere Südstoa (Südstoa II)
9 Südplatz
10 Hof des röm. Gymnasions
11 Mittelhalle
12 Heliaia (? [von H. A. Thompson 1965 als Theseion gedeutet])
13 SW-Brunnenhaus
14 Tholos
15 Metroion
16 Bouleuterion
17 Hephaisteion-Garten
18 Hephaisteion ›Theseion‹
19 Tempel des Apollon Patroios
20 Stoa des Zeus Eleutherios

21 Königshalle
22 Stoai am Panathenäen-Weg zum Dipylon
23 Stätte der Hermen-Halle
24 Stätte der Stoa Poikile
25 Unidentifizierte spätere Ruinen
26 Römisches Bauwerk
27 Arestempel
28 Aresaltar
29 Stätte des Altars der 12 Olympischen Götter
30 Augusteische Kolonnade
31 Handriansbasilika
32 Brunnen
33 Bema (Rednertribüne)
34 Panathenäenstraße (zur Akropolis)
35 Basis des Denkmals der Tyrannenmörder Harmodios und Aristogeiton (?)
36 Odeion des Agrippa (später Gymnasion)
37 (Römischer) Südwest-Tempel
38 Verwaltungsgebäude
39 Basis der eponymen Heroen
40 Altar des Zeus Agoraios (?)

wohl ein Altar des Zeus Agoraios (vielleicht vom Versammlungsplatz *Pnyx* hierher übergeführt). Daneben eine lange, schmale Plattform für Statuen eponymer Heroen (Gründer) der Phylen Athens. An den Plattformwänden veröffentlichte man Dekrete. Eine Steineinfassung umgab das Ganze. Daneben das Metroion (= Heiligtum der Muttergöttin Meter) diente gleichzeitig als Staatsarchiv. Manche meinen, es stehe über dem alten Bouleuterion (Rathaus) aus der Zeit des Kleisthenes, einem der ältesten Bauten hier, das seinerseits die Stelle eines Solonischen Baus einnahm. Das spätere Rathaus (Ende d. 5. Jh.s v. Chr.) lag westlich dahinter (halbrunder Zuhörerraum). Um 470 v. Chr. baute man die kreisrunde Tholos für den Ratsausschuß (die Prytanen), der hier ständig ›tagte‹. Es gab hier eigene Küchenräume. Nördlich vom Metroion ein Tempel des Zeus Patroios (Patron

der Athener und aller Ionier). Gegenüber ein Ares-Tempel (augusteische Zeit), nördlich davon (seit d. 6. Jh. v. Chr.) der steineingefaßte Altar der 12 Olympischen Götter. Sokrates sprach oft in der Stoa des Zeus Eleutherios. Wie die kleinere Königshalle daneben (der Sitz des *Archon Basileus*, dem gewisse religiöse und juristische Funktionen geblieben waren), hatte sie vorspringende Seitenflügel. Augustus' ›Minister‹ Agrippa errichtete das riesige, überdachte Odeion (200 J. später umgebaut und um 400 n. Chr. durch Gymnasion ersetzt). Im Westen auf einem flachen Hügel: Der Hephaistos-Tempel. Besterhaltener griechischer Tempel, noch vor dem Parthenon begonnen, galt lange als Heiligtum für Athens Gründer Theseus (Theseion).

Das noch unentdeckte wirkliche Theseion lag wohl im Südosten der Agora.

Afinä/Athenai (Athen): Römischer Markt und Olympieion

Abgesehen von dem kleinen Geschäftsviertel an der nordwestlichen Einmündung der Panathenäenstraße in die Agora, lag Alt-Athens wichtigstes Handelszentrum im Osten der At- talosstoa am ›Römischen Markt‹ (so wegen seines Ausbaus zur Römerzeit, Athener selbst betrachteten ihn wohl nur als Ostabschnitt ih- rer *einen* Agora).

Der römische Markt

1 ›Turm der Winde‹
   (Uhrturm des Andronikos)
2 Agoranomion (Sitz des
   ›Marktpolizisten‹ [?])
3 Öffentliche Bedürfnisanstalt
   (Latrinen)

4 Moschee (Fethiye Djami)
5 Östliches Propylaion
6 Römischer Marktplatz
7 Säulenumgang
8 Läden

9 Westtor (mit Weihinschrift
   an Athena Archegetis)
10 Hadriansbibliothek
11 Spätere Apsidenhalle
12 Westfassade der Hadrians-
    bibliothek (Nordhälfte)
13 Basar-Moschee

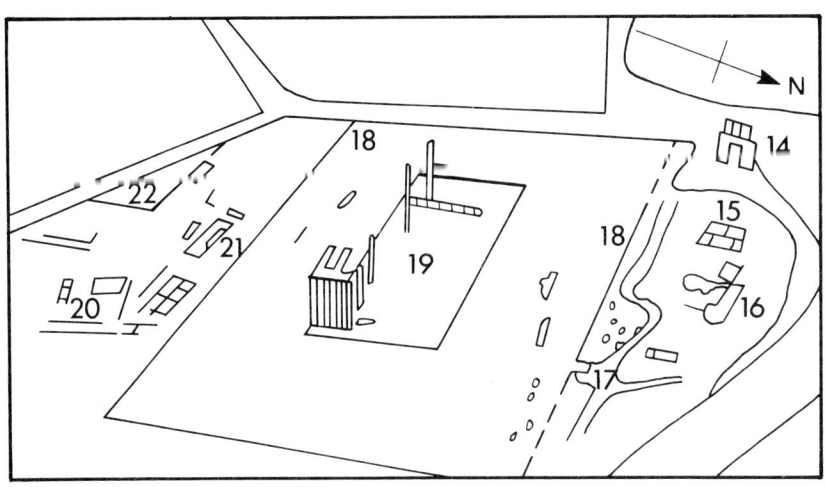

Olympieion

14 Hadriansbogen
15 Griechisches Haus
16 Römische Thermen
17 Propylon zum Olympieion

18 Mauer des Heiligen Bezirks
   (Temenosmauer)
19 Olympieion (Tempel des
   Olympischen Zeus)
20 Heiligtum des Kronos
   und der Rhea

21 Heiligtum des Delphischen
   Apoll
22 Tempel der Hera und des
   panhellenischen Zeus

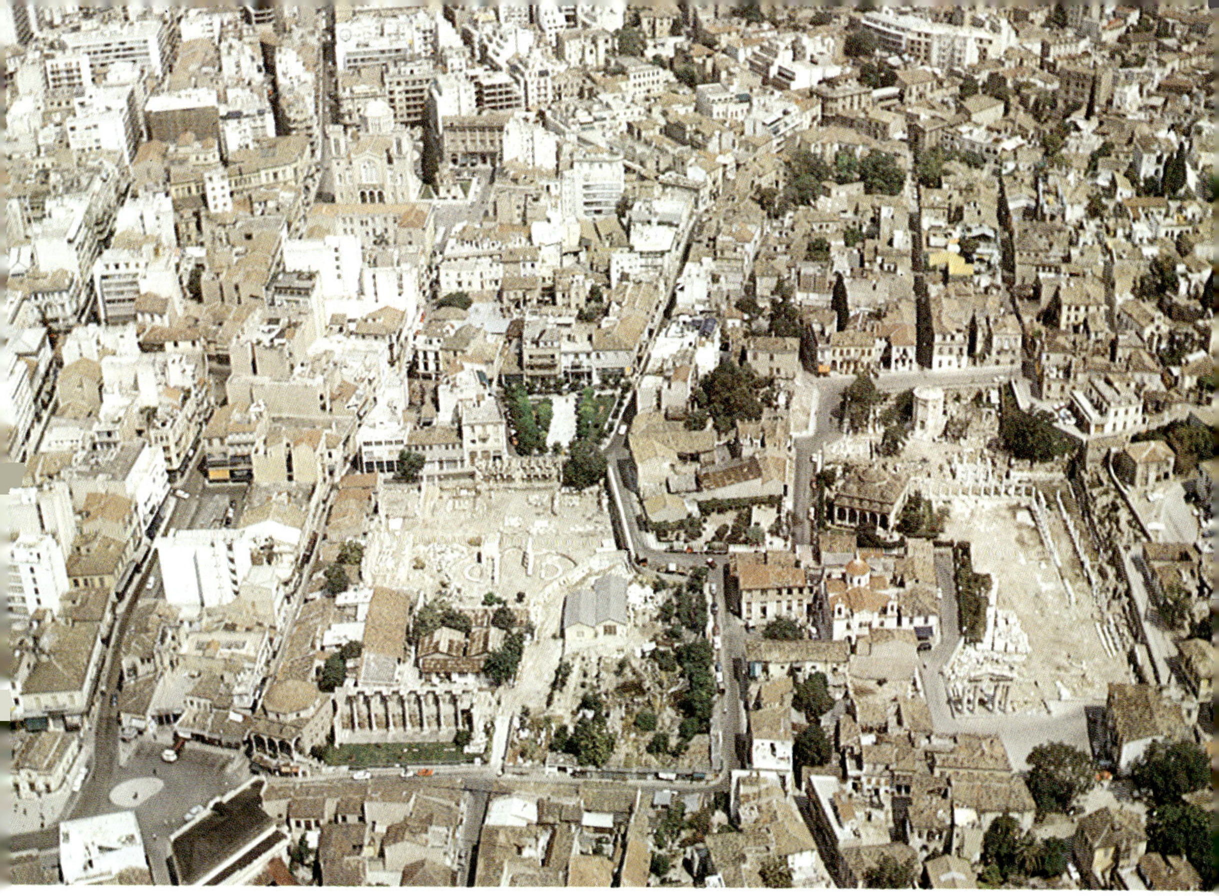

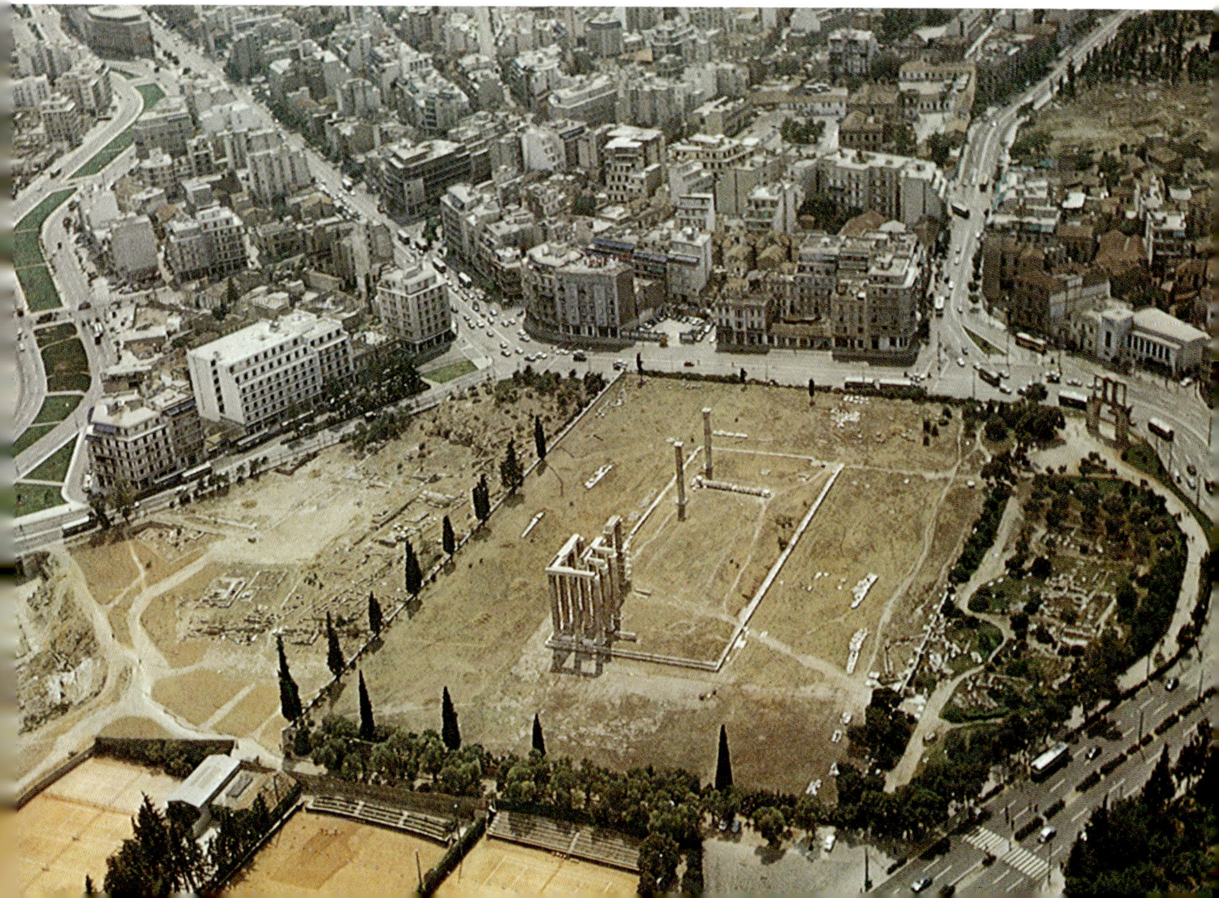

Man betrat diese Anlage durch ein der Athena Archegetis (›Führerin‹) geweihtes Westtor, Stiftung Iulius Caesars und Kaiser Augustus'. Vier dorische Säulen trugen Gebälk und Giebel. Eine der drei Giebelstatuen stellte Augustus' Adoptivsohn Lucius Caesar dar.

Drei Torgänge waren für Wagen (Mitte) und Fußgänger (Seiten) bestimmt. Vom gepflasterten Vorhof hinter dem Tor führten weitere Säulen zum Markt, der schließlich, unter Traian oder erst Hadrian, rundum Säulengänge erhielt. Hinter den Säulengängen lagen an der Süd- und Ostseite Läden.

Das Osttor selbst bestand aus einer Säulenhalle und einem quadratischen Binnenhof. Östlich davor das Agoranomion, Sitz der Marktaufseher, sowie öffentliche Latrinen. Erwähnenswert der weiter im Osten gelegene ›Turm der Winde‹, im 1. Jh. v. Chr. von dem Astronomen Andronikos von Kyrrhos (wohl einem Syrer) als ›Wetterfahne‹ und ›Normaluhr‹ erbaut. Man las die Zeit außen an Sonnenuhren ab, im Innern am Wasserstand einer genial erdachten Wasseruhr (Klepsydra). Die 8 Außenwände sind nach den Himmelsrichtungen orientiert und tragen Namen sowie Symbole der jeweils zugeordneten Winde: Zephyros (Westwind), ein hübscher, blütenstreuender Knabe mit flatterndem Gewand; Boreas (Nordwind), grimbärtig und warm vermummt; der regenspendende Notos (Südwind) schüttet ein Gefäß aus, auch die anderen Darstellungen zeigen ähnliche Thematik. Das Dach bildet eine achtseitige Pyramide aus Marmorplatten rings um einen Deck-, bzw. Schlußstein.

Nördlich vom Markt befindet sich ein weiteres ummauertes Rechteck gleicher Größe: die (sogenannte) Hadriansbibliothek. Einziger Zugang (einfache, leicht vorspringende Torvorhalle): an der Westseite oberhalb einer sechsstufigen Treppe, deren 7 unkannelierte Marmorsäulen beiderseits des Tors vor der Mauer stehen, mit ihr aber durch Architrave verbunden sind (der Nordteil davon ist erhalten). Im Innern befand sich, von Leseräumen umgeben, ein weiter Gartenhof.

Die eigentlichen Regale für die Buchrollen waren in einem Bibliotheksraum an der Ostseite untergebracht (dies ermöglichte eine großartige Isolierung gegenüber dem Stadtlärm). Pausanias erwähnt 100 prachtvolle Marmorsäulen im Hof, in dessen Mitte sich lange Zeit ein Teich befand.

Später entstanden hier eine Apsidenhalle und im 6. Jh. eine byzantinische Kirche (einige Innensäulen stehen noch).

Etwa 500 m im Südosten der Akropolis liegt der Bezirk des Olympischen Zeus, seit Urzeiten besiedelt; unweit davon der Stadtbrunnen Kallirhoe, Athens reichste Quelle, und das heute größtenteils überbaute Ilissos-Bett. Schon Deukalion, der ›Noah‹ der griechischen Sage, soll hier nach der großen Flut, die in einem nahen Erdspalt versickerte, einen Zeustempel errichtet haben. Reste einer primitiven Kultstätte fand man unter einem um 515 v. Chr. von den Peisistratiden begonnenen, bald aber wieder aufgegebenen Bau. 174 v. Chr. ließ der Seleukide Antiochos IV. Epiphanes die Arbeiten wieder aufnehmen (die Leitung hatte der röm. Architekt Cossutius, der zu pentelischem Marmor und zur korinthischen Ordnung überging).

Doch erst Kaiser Hadrian vollendete 650 Jahre nach Baubeginn das Werk. Es war der größte Tempel Griechenlands (fast 108 m lang, ca. 41 m breit, mit einer Doppelreihe von 20 Säulen längs, sowie Dreierreihen von 8 Säulen an den Schmalseiten, Höhe: mehr als 18 m). Er enthielt ein prachtvolles Kultbild aus Gold und Elfenbein.

An der Südseite mehrere erst jüngst freigelegte Tempel, an der Nordseite hinter der Peribolosmauer römische Thermen und griechische Häuser (4. Jh. v. Chr.). Ein Stück weiter erhebt sich der Hadriansbogen.

Afinä/Athenai (Athen): Stadion und Kerameikos

Das schimmernde Marmorstadion am Fuß des Ardettos-Hügels (wo einst die Heliaia-Richter ihren jährlichen Eid leisteten) ist eine genaue Rekonstruktion seines antiken Vorbildes (vorwiegend auf Kosten von Georgi Averoff aus Alexandrien für die ersten Olympischen Spiele der Neuzeit 1896 neuerrichtet). Ebenso wie 144 n. Chr. Herodes Atticus ließ er Sitze und Stütz-

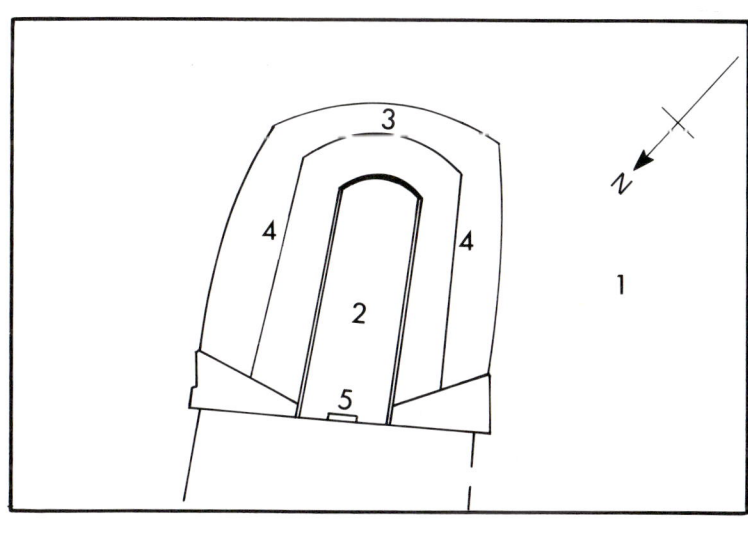

Das Stadion

1 Ardettoshügel
2 Stadion-*dromos*
3 *Sphendone*
4 *Diazoma*
5 Propylon

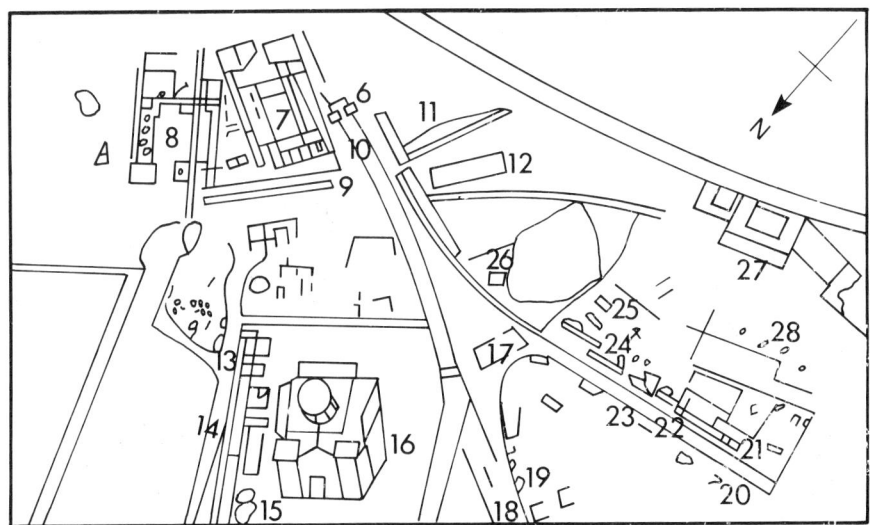

Kerameikos

6 Hierai Pylai (Heiliges Tor)
7 Pompeion
8 Dipylon
9 Mauer Konons
10 Eridanos (Bach)
11 Themistokles' Mauer
12 Reservoir
13 Lakedaimoniergrab
14 Straße zur Akademie,
   nach Piräus (zur
   Thriasischen Ebene)

15 Griechisches Bad
16 Dreifaltigkeitskirche
   (neu)
17 Tritopatreis-Monument
18 Heilige Straße nach
   Eleusis
19 Grab der Eukoline
20 Hegeso-Stele
21 Grab des Dionysios
22 Grab des Lysimachides
23 Gräberstraße

24 Dexileos-Grab
25 Grab der Demetria
26 Grab des Pythagoras
27 Museum
28 Hekate-Heiligtum mit
   Altar und Herd

mauern in pentelischem Marmor erneuern (ursprünglich hatte Lykurg hier 331 v. Chr. für die Athleten-Wettkämpfe bei den Panathenäen Steinfundamente für hölzerne Zuschauer-Sitzreihen legen lassen). Die Bahn (*dromos*) maß ein attisches Stadion (wenig über 183 m; heute 204 m). In der Mitte gab es eine Reihe von Säulen, einige in Form doppelter Hermen. Ein einfacher Lauf endete am geschlossenen Südende (der halbrunden *sphendone*). Für die doppelte Strecke mußte der Läufer anhalten und umkehren. Die Sitze für 60000 oder mehr Zuschauer sind in 47 Reihen eingeteilt (hinter Reihe 24 der Umgang, *diazoma*). Ehrensitze befanden sich ganz unten an den Enden der Rundung. An der Rangkrümmung gab es 5 Aufgänge, an den Längsseiten je 12. Ein dorischer Säulengang schirmte die *sphendone* oben ab,

das *propylon* am Nordende war korinthisch. Mosaikbödige Wettkämpferräume lagen unter dem Nordteil des Ostflügels. Seine mathematisch-harmonischen Proportionen geben diesem Stadion besonderen Reiz, den das Schimmern des Marmors verstärkt.

Im Nordwesten der Agora liegt an der Panathenäenstraße der Kerameikos-Bezirk, das alte Zentrum der Keramik- und Ziegelproduktion. Sein innerer, industrieller Abschnitt wurde Anfang des 5. Jh. v. Chr. von der Themistokleischen Mauer umgeben. Der äußere Kerameikosabschnitt war dagegen vor allem Hauptfriedhof Alt-Athens. Seit 1863 haben griechische und deutsche Ausgräber die bedeutenden Torbauten, andere Bauwerke und vor allem wertvolle Stücke antiker Keramik ans Licht gebracht. Die Heilige Straße nach Eleusis führte

40

hier durch das kleine Heilige Tor, hier floß, teilweise durch Mauerwerk überwölbt, der kanalisierte Eridanos-Bach.

Seit ihrer Erweiterung zur Zeit des Themistokles hatte die Tor-Innenmauer zwei Türme. Knapp 46 m im Nordosten lag das Haupttor, wenn man von Piräus auf der Straße kam, die schließlich zur Panathenäenstraße wurde. Ein älteres Tor an diesem verkehrsreichen Punkt wurde um 330 v. Chr. von Lykurg durch das *Dipylon* ersetzt. Seine Außentürme traten ein wenig hinter der Mauer zurück. Zwischen ihnen lag eine weite Torgasse. An der Stadtseite gab es ein Innentor hinter gepflastertem Torhof mit seitlichen Wehrgängen.

Zwischen Dipylon und Heiligem Tor lag das Pompeion (Aufbewahrungsort für heilige Geräte religiöser Umzüge). Es enthielt eine So-

phokles-Statue und Porträts griechischer Komödiendichter (86 v. Chr. durch Sulla zerstört, von Hadrian neuerbaut). Im Nordosten der Tore und der Mauer: ein Friedhof, seit submykenischer Zeit (12. Jh. v. Chr.) und während der gesamten geometrischen Periode benutzt. Hier fand man die feinen ›Dipylon-Vasen‹ (8. Jh. v. Chr.). Weiter im Westen (und vollständiger erforscht) spätere Gräber (einige noch an Ort und Stelle, andere heute in verschiedenen Museen). Bedeutende Beispiele (teils Originale, teils Repliken): das Monument der Eukoline (Eukoline im Familienkreis, einen Vogel in der Hand, einen Hund bei Fuß), die berühmte Hegeso-Stele, das Grab von 14 spartanischen Offizieren, die Athen von den 30 Tyrannen befreien halfen, das Stiermonument des Dionysios, ein Molosserhund, der das Grab des Lysimachos bewacht, das Relief des Reiters Dexileos, Pamphile, die vor ihrer Mutter (Schwester?) Demetria sitzt, und ein Monument der Tritopatreis (Urgroßeltern). Perikles hielt hier seine berühmte Leichenrede für die Gefallenen des Peloponnesischen Krieges.

Avdira/**Abdera**

An der thrakisch-makedonischen Küste im Nordosten von Thasos erhob – von Sümpfen umgeben – Abdera den Anspruch, zu Ehren des von Diomedes' berühmten Rossen getöten Abderos von Herakles gegründet worden zu sein. Nach historischem Befund waren es kleinasiatische Griechen (vor allem aus Klazomenai), die den Ort um die Mitte des 7. Jh.s v. Chr. besiedelten. Später dehnte er sich durch Zuwanderung von Griechen aus, die vor den persischen Eroberern aus ihrer Heimat Teos bei Klazomenai (westl. v. Smyrna) flohen. Nach den Perserkriegen schloß Abdera sich dem Delisch-Attischen Bund an. Abdera wurde Zentrum berühmter, einflußreicher Philosophen- u. Gelehrtenschulen. Um 480 v. Chr. wurde Protagoras, der spätere Bahnbrecher der Sophistik, hier geboren. Leukipps eigenwilliges philosophisches Denken machte Abdera berühmt, desgleichen die geniale Atomlehre Demokrits, der gleichfalls im 5. Jh. v. Chr. in Abdera zur Welt kam. Aristoteles bestritt zwar seine Auffassung von der Natur der Dinge, doch wenigstens einige seiner Grundanschauungen blieben von dauerndem Einfluß. Auch Anaxagoras, ein Ratgeber Alexanders d. Gr., stammte aus Abdera. Die Stadt überdauerte die Eroberung durch die Römer, ging jedoch – wohl aus klimatischen Gründen – nach und nach ein.

Ausgrabungen Lazarides' (1950–1965 u. 1966/67) haben einen Teil der antiken Stadt freigelegt und bedeutende Vasen sowie Terrakotten zutagegebracht. Von besonderer Feinheit sind die Silbermünzen. Die Lage der Stadt auf einer Landzunge an einer guten Hafenbucht, ringsum Felder, trug zu Abderas Wohlstand bei. An einem seeabgelegenen Hang blieben ein Stück Stadtmauer sowie ein schlechterhaltenes Theater übrig. Die Aufnahme zeigt Details des Westabschnitts der Stadt (klassische, hellenistische u. römische Bauten). In der Römerzeit war das Westtor (a. d. 5. Jh., unter den Römern neuerbaut) von Häusern, öffentlichen Bauten und Gräbern umgeben. Häuser im Osten davon stammen aus sämtlichen Phasen der Stadtgeschichte. Öffentliche Bauten aus griechischer und römischer Zeit harren noch des Ausgräbers.

Avlis/**Aulis**

Als Helena von Sparta mit ihrem hergelaufenen Prinzen Paris nach Troja durchbrannte, riefen ihr betrübter Gatte Menelaos und ihr Bruder Agamemnon, König des mächtigen Mykene, die anderen Griechenfürsten auf, sich mit Schiffen und Männern zum gemeinsamen Zug gegen Troja in Aulis zu versammeln. Hier also, unmittelbar südlich der Enge zwischen Euboia und dem Festland, stachen – nach Marlowes Worten – »tausend Schiffe in See und brannten Ilions ragende Türme nieder«. Hier auch mußte (nach Homer und Euripides) Agamemnon seine Tochter Iphigenie opfern, um von den Göttern günstigen Wind für die Trojafahrt zu erlangen.

Den hügligen, kleeblattförmigen Landvorsprung umgeben zwei Buchten. Die im Norden ist klein, doch relativ tief und gut geschützt. Die südliche ist offener und flacher. Keine erfüllt ganz alle Anforderungen für einen Sammelplatz der griechischen Flotte. Vermutlich benutzte man beide, und wer zuerst kam, hatte den besten Ankerplatz. Am Nordsaum der kleineren Bucht wurde eine mykenische Nekropole nachgewiesen. 1941 entdeckte man einen (lt. Inschrift) Artemistempel. Zwischen

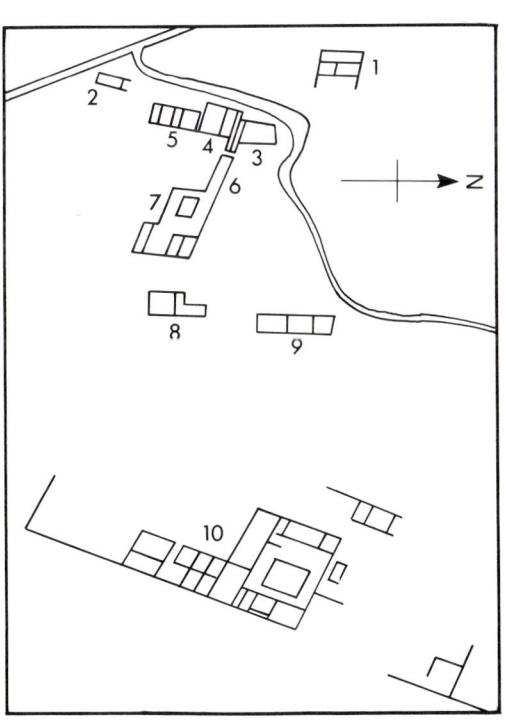

1 Römische Häuser
2 Römische Bäder (?)
3 Westtor
4 Römische Gräber
5 Römische Häuser
6 Straße
7 Griechische und römische Häuser (4. Jh. v. Chr. bis 3. Jh. n. Chr.)
8 Häuser
9 Hellenistische Häuser (3.–2. Jahrhundert v. Chr.)
10 Römische Häuser

1 Landzunge
2 Südbucht

3 Nordbucht
4 Artemistempel usw.

5 heutige Zementfabrik
6 mykenische Nekropole

1956 und 1961 wurde er von Threpsiades ausgegraben, dazu Nachbarhäuser und eine Art Pilgerhospiz. Zum Vorschein kamen auch Töpfer- und Vasenmaler-Werkstätten sowie eine heilige Quelle vor der Tempelfront. Weitere Grabungen werden fraglos noch mehr enthüllen.

Ungewöhnlich ist der Plan des Artemistempels: Ein Langschiff mit 8 Innensäulen, an der Rückseite das Allerheiligste (adyton) mit Statuenbasen und Altären, vor der Front eine sehr weite Vorhalle (4 Säulen quer über ihre Länge). Dies scheint ein hellenistischer Umbau einer älteren, einfacheren Zweisäulen-Vorhalle zu sein. Das Schiff selbst stammt aus dem 5. Jh. v. Chr. In der Römerzeit wurde der Tempel teilweise erneuert und umgebaut. In der Nähe schuf man ein Thermalbad. Pausanias sah 2 Marmorstatuen im Tempel. Die eine trug Fackeln, die andere stellte Artemis mit Pfeil und Bogen dar. Im Innern gab es auch Reste des großen, unbehauenen Baumklotzes, den die *Ilias* im Zusammenhang mit Iphigenies Opferung erwähnt. Auf dem Hügel zeigte man Pausanias »die bronzene Schwelle von Agamemnons Zelt«. Außerdem erwähnt Pausanias Palmen, die hier wuchsen, und die ortsansässigen Töpfer.

Delfi/**Delphoi (Delphi): Lage und Orakel**

Keine antike Stätte Griechenlands hat eine dramatischere Umgebung als Delphi. Hier erweckt die Landschaft Ehrfurcht und hinterläßt unauslöschliche Eindrücke. Das Heiligtum horstet hoch oben am nördlichen Steilhang der Pleistosschlucht, noch Hunderte von Metern von den Parnaß-Vorbergen überragt. Orange- und lohfarben spiegeln die Phaidriaden (die »leuchtenden, flammenden Felsen«) ehrfurchtgebietend Apolls Strahlenglanz. Klein fühlt der Mensch sich in dieser Umgebung, klein und unbedeutend vor dem Göttlichen. Kein Wunder, daß sich hier der bedeutendste Orakelkult Alt-Griechenlands entwickelte. Sein Ruhm strahlte bis nach Italien, Kleinasien, Ägypten. Votivgaben und Gedächtnismale zu Ehren Apolls füllen dessen heiligen Bezirk und wetteifern um den günstigsten Platz, um am besten zur Geltung zu kommen. Viele spätere Monumente dienten in der Tat mehr der größeren Ehre ihrer Stifter als frommen Zwecken, doch jedenfalls unterstrichen auch sie die einzigartige Bedeutung dieses Orakels und die Internationalität seiner Befrager. In vorgriechischer Zeit befand sich hier beim heiligen Omphalos, der als ›Nabel der Welt‹ galt, ein Kult der Erdmutter Gaia und ihres schlangengestaltigen Sohnes Python. Um 1000 v. Chr. verdrängte Apoll den ursprünglichen Kult, der freilich Spuren hinterließ. Der Gott kam wohl aus dem dorischen Kreta (früher hier ansässige Mykener jedenfalls schafften die Urzeit-Gottheit noch nicht ab). In heroischem Zweikampf soll Apoll den Drachen getötet haben, weshalb man ihn später als pythischen Apoll feierte. Homer nennt Delphi Pytho. Der seit dem 7. Jh. v. Chr. übliche Name Delphi hat wohl mit Apolls Attributen zu tun. Auch Dionysos wurde hier neben Apoll verehrt. Während Apolls winterlicher Abwesenheit war er Herr des Heiligtums. Auch Poseidon besaß einen kleinen Hain. Obwohl Dodona als Orakel noch älter war, lag Delphi vom 7. Jh. v. Chr. an in Führung. Selbst die Römer begehrten sehr viel später hier zu wissen, wie sie sich nach der Niederlage von Cannae von Hannibal befreien könnten. Fragesteller sandte König Kroisos aus Lydien, und Amasis schickte aus Ägypten Weihgeschenke, obwohl ihm das Ammonsorakel näher lag. Als sich Bauten und Schreine häuften, trennte man im 6. Jh. einen offiziellen Heiligen Bezirk durch eine Mauer ab. Er war so voll von Denkmälern, daß noch Plinius hier mehr als 3000 Statuen zählte, obwohl Sulla, Nero und die Phoker schon viel geraubt hatten. Das benachbarte Krisa mit dem Hafen Kirrha (beim heutigen Itea) schröpfte die Pilger, bis Athen, Sikyon und andere griechische Staaten es um 590 v. Chr. in Trümmer legten. Zahlreiche Städte schlossen sich zu einer Amphiktyonie zusammen, um das Heiligtum zu schützen, dennoch wurde Delphi oft erobert, so von Phokern (die 356 v. Chr. einen Großteil der Schätze raubten), Aitolern und Römern. Xerxes' Truppen (480 v. Chr.) und Brennus' Kelten (279 v. Chr.) wurden durch von den Phaidriaden herabdonnernde Steinlawinen zurückgeschlagen. Seit dem 4. Jh. n. Chr. ist Delphi verlassen. Ab 1924 haben französische Archäologen es restauriert und ihm den Glanz eines Weltwunders zurückgegeben. Lange hatte das Delphische Orakel inner- und außerhalb Griechenlands absoluten Vorrang. Nur selten verlegte es sich auf Enthüllung künftiger oder verborgener Geheimnisse. Eher erteilte es unter Berufung auf Apolls göttliches Wissen Rat bei wichtigen Entscheidungen von Einzelpersonen oder Stadtstaaten, bei Hochzeiten ebenso wie bei riskanten Geschäften, Rechtsstreitigkeiten, Koloniegründungen oder Kriegserklärungen.

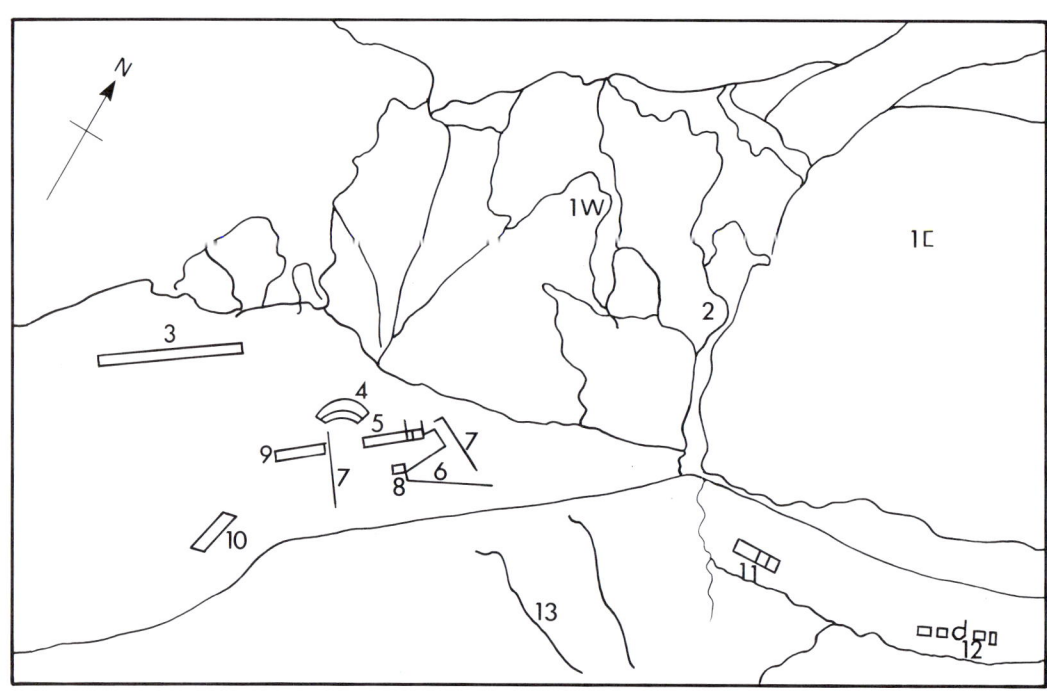

1 Phaidriaden-Felsen
  (W.: Nauplia, Rhodini;
  O.: Hyampeia, Phlemboukos)
2 Kastalische Schlucht
  (Schlucht der Kastaliaquelle)
3 Stadion

4 Theater
5 Apollontempel
6 Heilige Straße
7 Heiligtumsmauer
8 Schatzhaus der Athener
9 Hellenistische Stoa

10 Museum
11 Gymnasion-Bereich
12 Marmaria: Heiligtum der
   Athena Pronaia
13 Nordwand der
   Pleistosschlucht

Gab es mehrere Alternativen, fällte das Los den Entscheid. Wörtliche Bescheide, die ihr in mystischer Verzückung auf dem goldenen Dreifuß im Tempel-*adyton* zuteilgeworden waren, erteilte die Pythia in holprigen Versen, die der Deutung bedurften.

Delfi/**Delphoi (Delphi): Das Apollonheiligtum**

Delphis Kernstück war der große Apollontempel auf hochgelegener Terrasse am Ende der Heiligen Straße. Die erhaltenen Ruinen sind aus dem 4. Jh. v. Chr. Nach fast 40 Wiederaufbaujahren wurde er 329 v. Chr. vollendet. Trotz spätklassischen Raffinements hielt dieser Bau sich doch an den Plan des berühmten archaischen Tempels, der zwischen 536 und 505 v. Chr. aus Spenden vieler Städte errichtet worden war. Athens Alkmaionidenfamilie beaufsichtigte den Bau und stiftete den marmornen *Pronaos* sowie Antenors Giebelskulpturen. 373 v. Chr. stürzte dieser Tempel bei einem Erdbeben ein. Sein Vorgänger – wohl ein Holzbau mit bronzeverkleideten Wänden – war 548 niedergebrannt. Er hatte mindestens ein Jahrhundert gehalten. Der Alkmaionidenbau und der des 4. Jh.s bestanden überwiegend aus konrinthischem Kalkgestein. Der Stil ist dorisch, die Proportionen sind archaisch: 15 Säulen längs zu 6 Säulen quer. Sie erhoben sich auf einer sorgfältig eingeebneten Terrasse, die man von dem endgültigen Bau mit einer Stützmauer absicherte. Die Pronaos-Vorhalle enthielt Inschriften wie »Erkenne dich selbst« und »Nichts übertreiben« sowie eine Statue Homers. In der Cella ein Altar Poseidons, Statuen des Zeus und der Moiren sowie der Sessel Pindars. Nichts blieb vom heiligen *Adyton* übrig, wo die Pythia weissagte. Es lag wohl versteckt an der Rückseite und enthielt den ›Weltnabel‹ sowie das ›Dionysosgrab‹. Vor der Ostfront lag eine Rampe, davor stand der große Altar von Chios, zu dem Stufen hinanführten. An der Nordwestecke befand sich eine weite Nische mit Lysipp'schen Bronzeplastiken. Sie zeigten, wie Krateros bei einer Löwenjagd Alexander das Leben rettet. Unweit davon stand die herrliche Wagenlenker-Statue in einem vierspännigen Wagen, ein Geschenk des Polyzalos von Gela (Sizilien) um 475. Weiter oben das Theater (großartiger Blick über das gesamte Heiligtum!). Im 4. Jh. erbaut, wurde es 159 v. Chr. von Eumenes II. (und später auch von den Römern) erneuert. Nordöstlich des Tempels ein Pfeiler (früher mit Standbild des Bithynierkönigs Prusias). Daneben einst eine Kolossalstatue des Apollon Sitalkas (›Schützer der Nahrung‹), in antiken Quellen beschrieben, seither verloren. Auch das Denkmal des Sieges, den Aemilius Paullus bei Pydna erfocht, war eine Säule, und unweit davon feierte die Nike der Messenier deren und der Athener Sieg über die Spartaner bei Sphakteria. Im Norden eine rechtwinklige Exedra, einst mit Statuen thessalischer Edler (heute z. T. im Museum), von Daochos aus Pharsalos etwa zu der Zeit gestiftet, als Alexander in Asien einfiel. Am Nordrand des Temenos lag das Versammlungshaus (Lesche) der Knidier, dessen Malereien (von Polygnotos) Pausanias beschreibt. Im Südosten eine Stoa des Attalos von Pergamon. Östlich des Altars der Chier trugen verschlungene Bronzeschlangen einen goldenen Kessel (Denkmal für den Sieg über die Perser bei Plataiai, heute z. T. in Istanbul). Dahinter stand ein von den Rhodiern gestifteter Sonnenwagen (nach Ausweis der Hufeindrücke möglicherweise die Bronzerosse auf dem Markusdom in Venedig!). An der Ostecke des Polygonal-Mauerwerks liegt unterhalb der Tempelterrasse die Stoa der Athener (7 weiträumig verteilte Säulen). Sie enthielt Beute von Salamis und Kabel der Xerxes-Brücke über den Hellespont. Südlich davon Heiligtum und Quell der Gaia (Erdmutter), die lange vor Apoll hier verehrt wurde, und der Sibyllenfels. Auf 10 m hoher Säule bewachte eine Sphinx der Naxier die Stätte. Von 20 Schatzhäusern griechischer Städte ist das der Korinther (um 640 v. Chr.) am ältesten, das der Athener bewahrt an seinen Mauern Text und Noten von Apollonhymnen. Auch ein Modell des Trojanischen Pferdes (von Argos errichtet) fehlte nicht. Neben dem Denkmal der Athener für den Sieg bei Marathon gab es auch eines der Spartaner für deren Sieg über Athen.

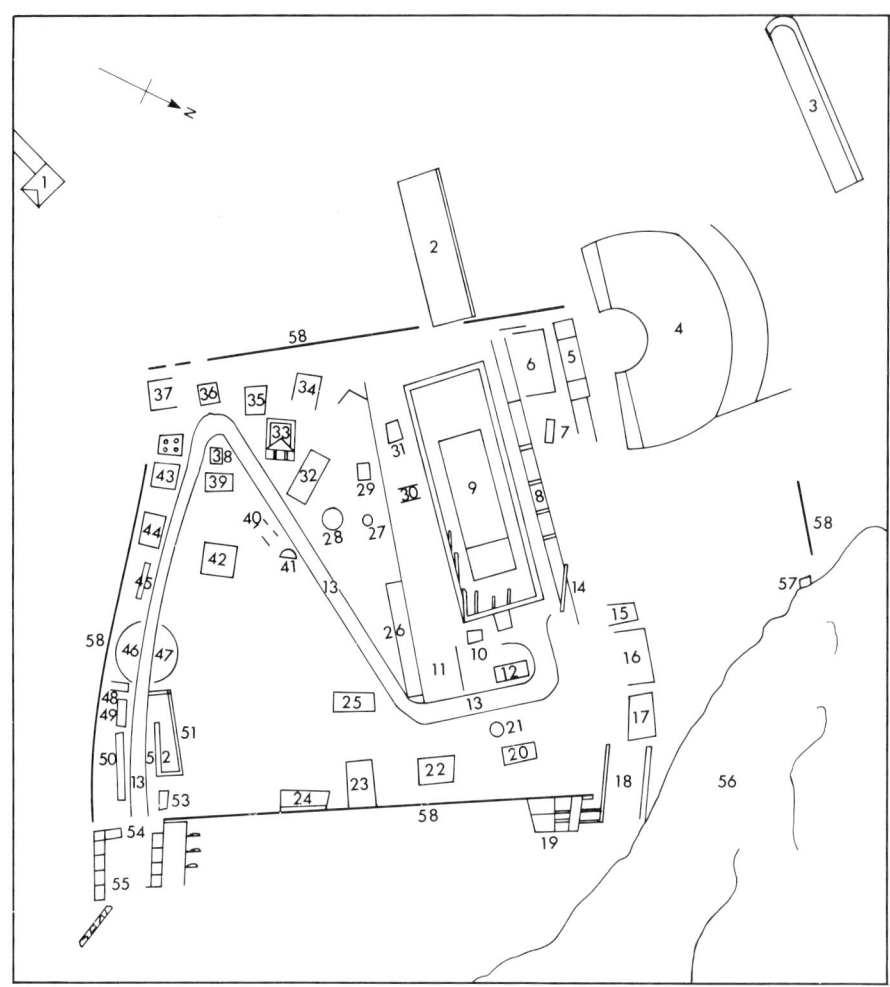

Das Apollonheiligtum

Delfi/Delphoi (Delphi): Stadion, Gymnasion und Marmaria

Das besterhaltene griechische Stadion schneidet in Delphi 640 m über NN oberhalb des weiter im Südosten gelegenen Heiligtums in den Berg ein. Seine Länge (ca. 175 m) bildete ein ›pythisches Stadion‹, etwas kürzer als das in Olympia. Start- und Zielschwellen an beiden Enden sind aus Marmor, Fußrillen ermöglichten sicheren Start.

Diese ganze aus dem 5. Jahrhundert v. Chr. stammende Anlage wurde in der Römerzeit umgestaltet, Herodes Atticus stiftete neue Zuschauerränge an der Nordseite (wo es noch jetzt 12 guterhaltene Sitzreihen gibt). Zahlreiche Treppen unterteilen diese Ränge in rechteckige Abschnitte. Insgesamt faßte das Stadion 7000 Zuschauer (sehr viel weniger als Olympia mit seinen 40000 Plätzen). Noch immer sieht man Ehrensitze mit besonderern Lehnen. Der Eingang lag an der Südost-Ecke, dem Heiligtum

zu. Herodes Atticus ließ u. a. auch ein kunstvolles Dreibogentor römischen Stils errichten.

Ursprünglich hielt man die Pythischen Spiele alle 8 Jahre ab, doch nach 582 v. Chr. beging man sie im Spätsommer jedes 4. Jahres. In der Römerzeit kehrte man wieder zum Achtjahresrhythmus zurück. In erster Linie waren es musische Wettspiele, wie es sich zu Ehren Apolls gehörte – Wettkämpfe mit Leier, Flöte, Hymnen u. Chorgesang. Ein besonderer Chor-Aufzug gehörte dazu, der Apolls Sieg über den Python-Drachen darstellte. Von Rang waren literarische und rhetorische Darbietungen, später kamen Tragödien- und Komödienaufführungen hinzu. Die athletischen Wettkämpfe fanden im Stadion statt, die anderen Agone wohl im Theater. An Aufwand standen die Pythischen Spiele zwar hinter den Olympischen

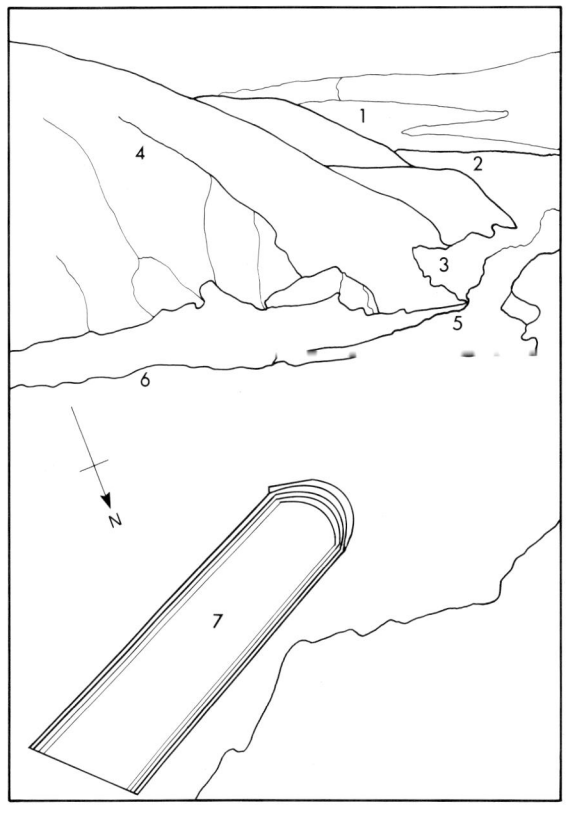

Das Stadion

1 Golf von Korinth
2 Itea (beim antiken Kirrha)
3 Heilige Ebene
4 Kirphys (ein Berg gegenüber Delphi)
5 Pleistosschlucht
6 Heutiger Ort Delphi
7 Stadion

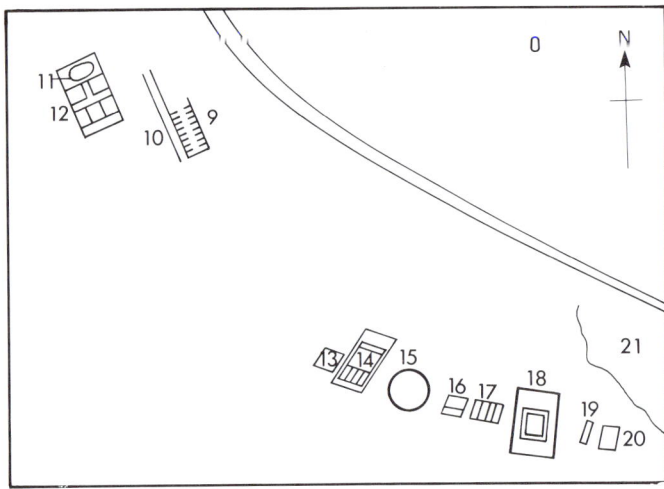

Gymnasion und Marmaria

8 Phlemboukos-Fuß
9 Rennbahn (Xystos)
10 Offene Bahn (Paradromos)
11 Kaltwasserbecken
12 Palaistrahof
13 Priesterhaus (?)
14 Jüngerer Tempel der
   Athena Pronoia
15 Tholos
16 Schatzhaus von Massilia
17 Dorisches Schatzhaus
18 Älterer Tempel der
   Athena Pronoia
19 Altar
20 Tor zum Heiligen Bezirk
21 Terrasse der Heiligtümer
   des Phylakos u. Pyrrhos

zurück, doch zählte man sie zu den 4 Hauptfesten dieser Art. Pindar verfaßte Siegeslieder für die Gewinner. Seine *Erste Pythische Ode* ist vielleicht das glänzendste Chorlied, das je entstand. Die Wagenrennen fanden tief unten in der Ebene bei Krisa statt. Die fruchtbare ›Heilige Ebene‹ dort sollte den Unterhalt für das Heiligtum liefern, wurde aber oft durch Phoker und Amphissa ausgeplündert. An ihrem Südrand lag beim heutigen Itea der Golf-Hafen, den viele Pilger zum Orakel benutzten. Zur anderen Seite hin liegt ca. 1,5 km im Südosten des Heiligtums das Gymnasion. Zum Palaistra-Abschnitt gehörte ein peristyler Hof, im Norden ein großer, runder Teich. In der Römerzeit kamen Thermen dazu. Höher (und weiter östlich) lagen zwei Trainingsbahnen zu je einem pythischen Stadion. Die untere – *paradromos* – war offen, die obere – *xystos* – überdacht.

Folgt man der Terrasse weiter, so gelangt man zum *Marmaria*-(›Marmor-)Abschnitt, der ursprünglich besonders dem Kult der Athena Pronoia geweiht war. Mykenische Reste deuten hier auf einen uralten Kult hin. Während der Perserkriege zerstörte 480 v. Chr. ein Felsrutsch einen archaischen Tempel aus dem 7. Jh. v. Chr. Auch den rasch neu errichteten Bau des 5. Jh.s vernichtete Steinschlag während eines Erdbebens im 4. Jh. v. Chr., daraufhin verlegte man den Tempel etwas nach Westen. Zwischen den beiden Tempelstätten liegen ein Schatzhaus in dorischem Stil und ein vom fernen Massilia (Marseille) errichteter, eleganter äolischer Bau. Bemerkenswert die schöne Tholos (Rundbau, Anfang des 4. Jh.s v. Chr. von Theodorus aus Phokaia errichtet, 20 dorische Säulen, zylindrische Cella mit innerem korinth. Säulenumgang).

Dilos/Delos: Allgemeines und Nordabschnitt

Delos – im Mittelpunkt der Kykladen: Die kleinste und doch berühmteste, archäologisch bedeutendste Insel dieses Archipels. Als mythischer Geburtsort des Apoll und der Artemis wurde es eines der religiösen Hauptzentren Griechenlands. Prähistorischen Resten auf dem Kynthos-Gipfel zufolge muß die Insel schon früher als 2000 v. Chr. bewohnt gewesen sein. Bemerkenswert wohlhabend und behäbig nimmt sich dann eine mykenische Siedlung am Hafen aus. Im 10. Jh. v. Chr. führten ionische Kolonisten den Kult der Leto ein, während nach Ausweis von Funden aus geometrischer Zeit (unter dem Artemision) später die Dorier Artemis verehrten. Seit dem 7. Jh. trat Apolls Kult in den Vordergrund, doch dann hielten auch andere Götter Einzug: Hera, Zeus, Athene, Poseidon, Aphrodite, die Kabiren aus Samothrake sowie ägyptische Gottheiten. In archaischer Zeit unterhielt und verwaltete ein Inselbund unter dem Vorsitz von Naxos das sich ausdehnende Heiligtum, bald aber übernahm Athen die Regie und betrachtete Delos (ebenso wie auch Eleusis) als seine ureigenste Domäne. Zur Zeit des Peisistratos und dann wieder 426 v. Chr. reinigten die Athener Delos von allen

Gräbern. Niemand durfte hier geboren werden oder sterben. Seit 478/477 v. Chr. war Delos Zentrum des von Athen beherrschten Seebundes, doch 454 überführte man die Bundeskasse nach Athen, um aus ihr die glanzvollen Akropolis-Neubauten zu finanzieren. Im Jahre 426 v. Chr. belebte Athen die alten Apollon-Feste neu: die Delien. Sie wurden alle 4 Jahre im Februar mit musischen und athletischen Wettkämpfen sowie mit kultischen Feiern begangen. Ein Staatsschiff (angeblich das des Theseus) segelte eigens zum Auftakt des Festes von Marathon ab.

Im übrigen stand Delos meist unter der Kontrolle Athens, später unter der Herrschaft von Makedonen, Ptolemäern und Römern. Unabhängig war es nur selten. Rom machte es zum Freihafen, von Rhodos übernahm es die Rolle des wichtigsten Warenumschlagplatzes für die Ägäis, und sein Wohlstand wuchs. Überdies war es Griechenlands bedeutendster Sklavenmarkt. Kaufleute aus Rom, Alexandrien, Beirut und Tyros hatten hier Vertretungen. 88 v. Chr. plünderten die Truppen Mithridates' VI. die Insel, ermordeten ihre Bewohner oder schleppten sie in die Sklaverei. Rom baute Delos rasch

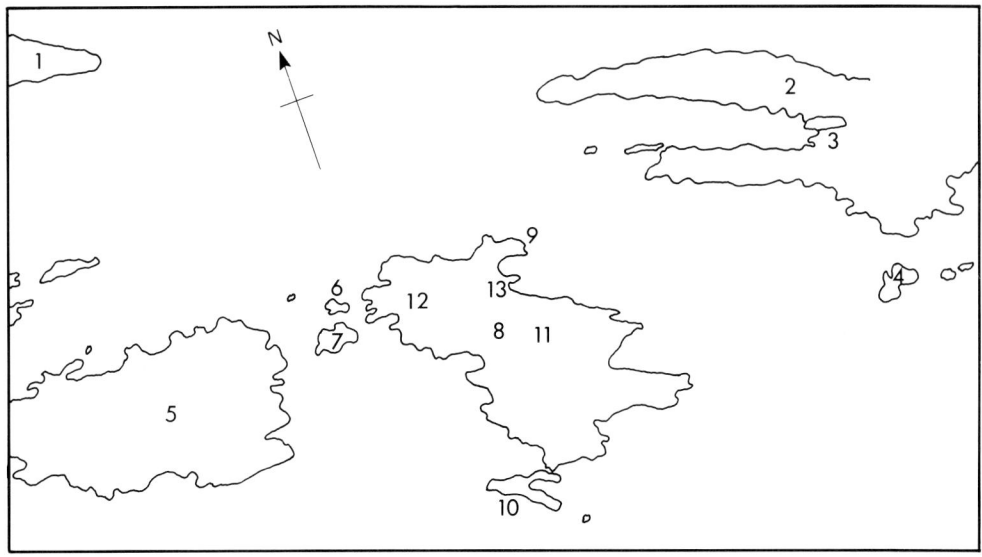

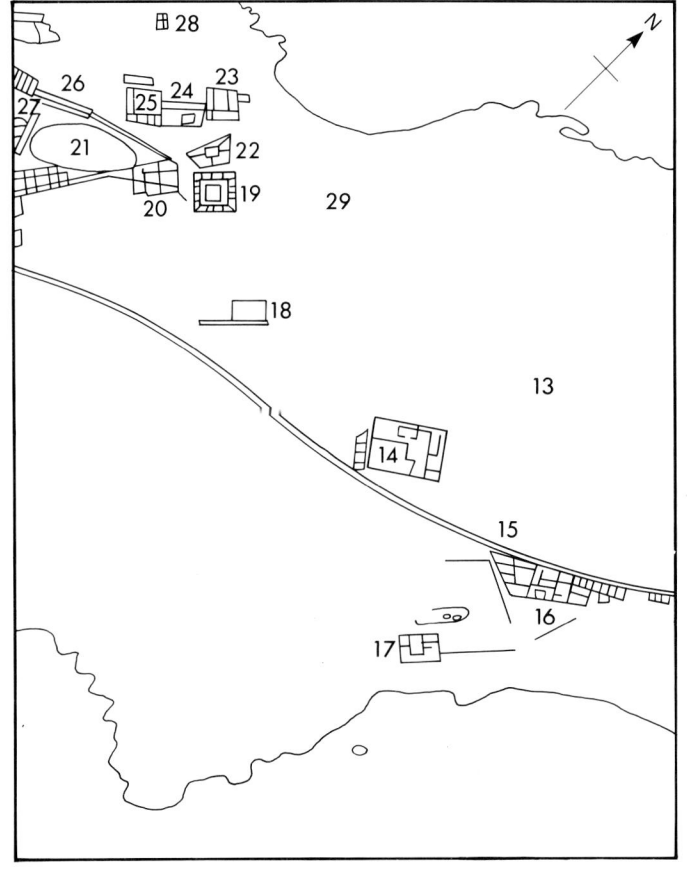

1 Insel Tinos (Tenos)
2 Insel Mykonos
3 Stadt Mykonos
4 Insel Praso (Prasonisi)
5 Insel Rheneia
6 Klein-Rhevmatiari
7 Revmatiari
  (Hekate-Inselchen)
8 Delos
9 Landzunge Patiniotis
10 Chironision (Choironesion)
11 Kynthos-Kegel
12 Apollonheiligtum
13 Nordostabschnitt
14 Gymnasion
15 Einstiges Stadion
16 Häuser im Stadionbereich
17 Synagoge (?)
18 Archegetes-Heiligtum
19 Granit-Palaistra
20 See-Palaistra
21 Heiliger See
22 Haus am See
23 Haus der Komödianten
24 Haus des Diadoumenos
25 Haus der Poseidoniasten
  von Berytos
26 Terrasse der Naxischen
  Löwen
27 Agora der Italiker
28 Haus auf dem Hügel
29 Einstiges Hippodrom

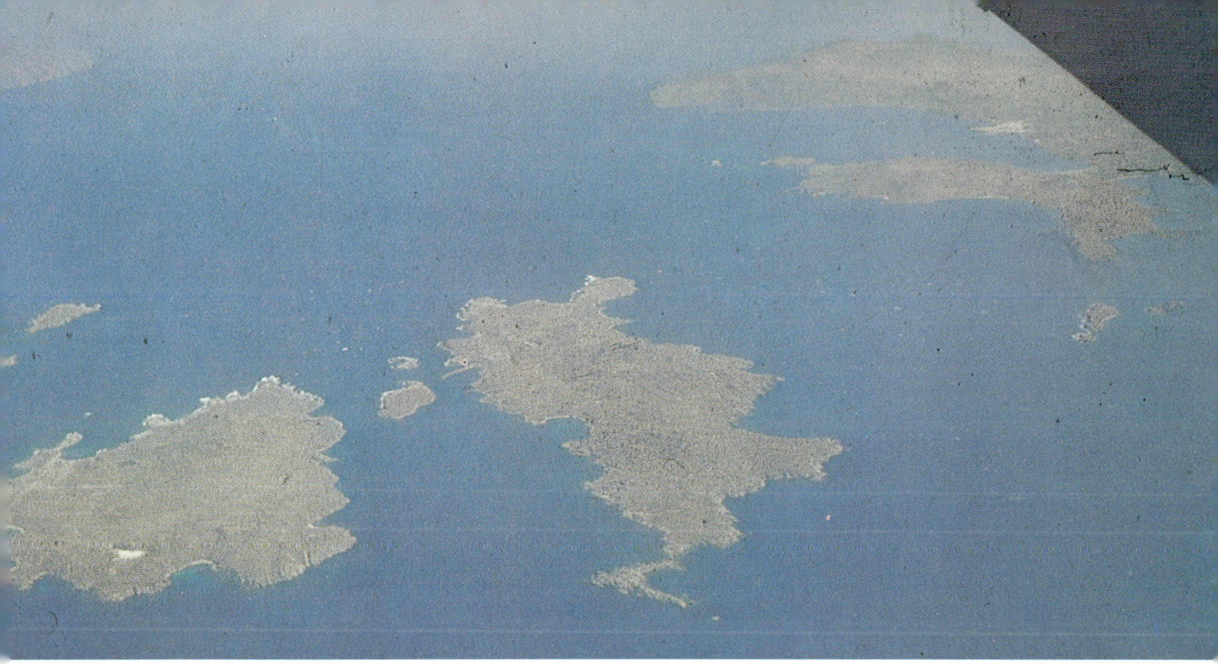

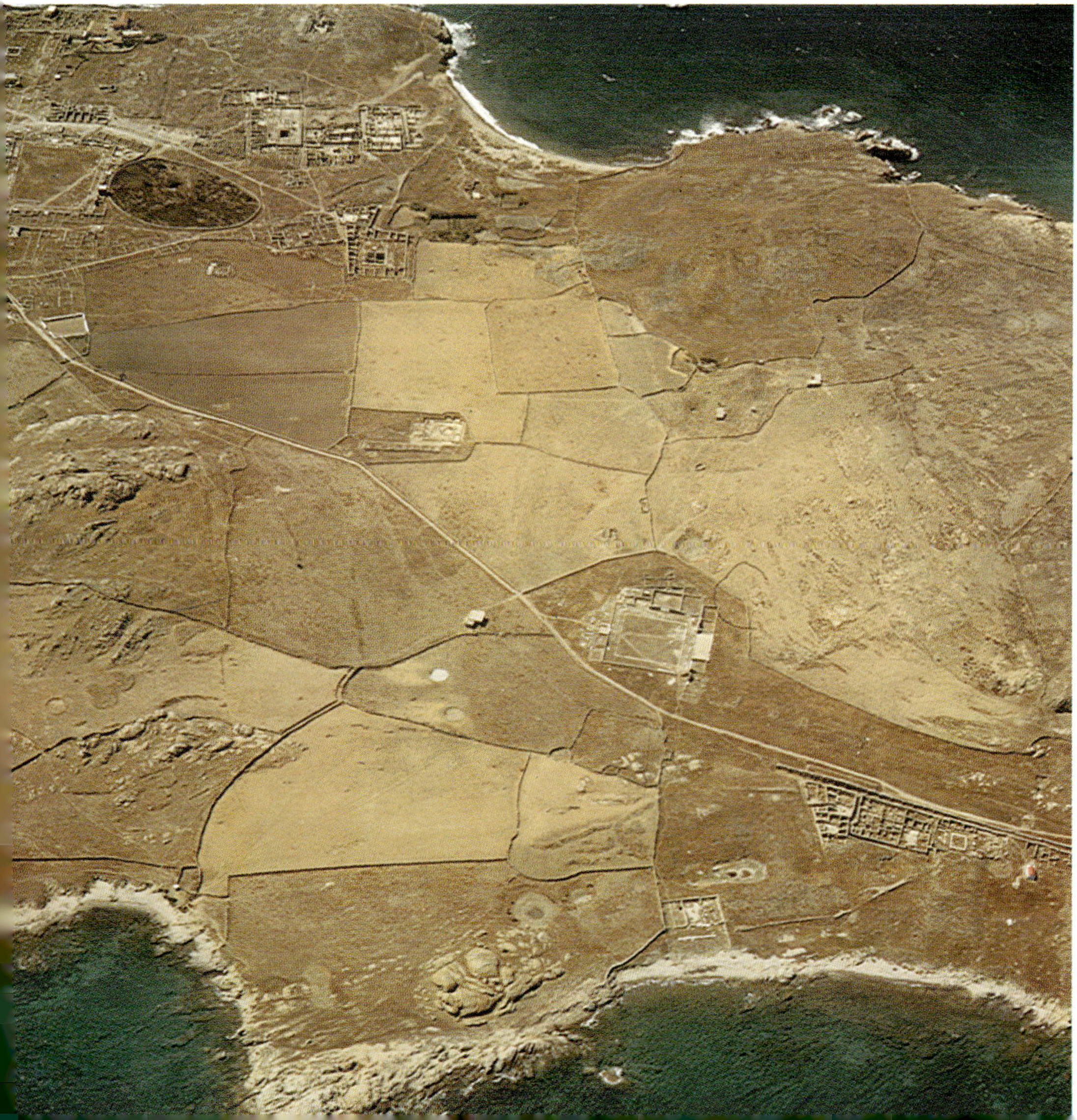

wieder auf, doch 69 v. Chr. suchten es abermals Piraten heim, und Delos' Bedeutung sank nun rapide. Rom versuchte sogar – vergeblich – die Insel durch Verkauf loszuwerden. Venezianer und Türken benutzten später die Ruinen als Steinbruch. Seit 1873 führen Franzosen Ausgrabungen durch.

An der Bucht von Gournia am Nordostufer, durch die Patiniotis-Landzunge vor den unaufhörlichen Kykladenwinden geschützt, lagen eine Sportstätte und ein Wohnbezirk. Leicht läßt sich das Stadion lokalisieren: An seiner Westflanke lief ein hallenähnlicher überdach-

ter Bau *(xystos)* entlang. Weiter im Osten gab es Häuser, noch weiter eine Synagoge (? 1. Jh. v. Chr.) mit Vorhalle zum Meer hin. Das von Athen neuerbaute Gymnasion hatte einen quadratischen Innenhof mit 13 Säulen an jeder Seite und rechteckigen Bänken. Das Archegetes-Heiligtum (nach Westen hin) stammt mindestens aus dem 6. Jh. v. Chr. und war Kultzentrum des legendären Gründers der Inselsiedlung. Westlich davon lagen das Hippodrom für die Delischen Spiele, zwei Palaistren an einem Heiligen See und ein schönes Haus von trapezförmigem Grundriß mit Säulenhof.

Dilos/**Delos: Heiligtümer und Theaterbereich**

Zumindest seit mykenischer Zeit lag das Kultzentrum von Delos beim Heiligen Hafen der ›Klassischen‹ Ära. In geometrischer Zeit verehrte man hier Artemis, später entstand daneben das Apollonheiligtum, das schließlich alles in den Schatten stellte. Das um 175 v. Chr. auf einer Granitplattform erbaute ionische *Artemision* umschließt Reste eines archaischen

Heiligtums, das seinerseits über einem langen, schmalen Schrein protogeometrischen oder mykenischen Ursprungs liegt. Ein anstoßendes Bauwerk athenischen Stils war wohl das *Keraton* mit dem Hörneraltar für das primitive Ritual des Kranichtanzes, den Theseus eingeführt haben soll, nachdem er den Minotauros getötet hatte. Im Norden und Osten schirmte eine L-

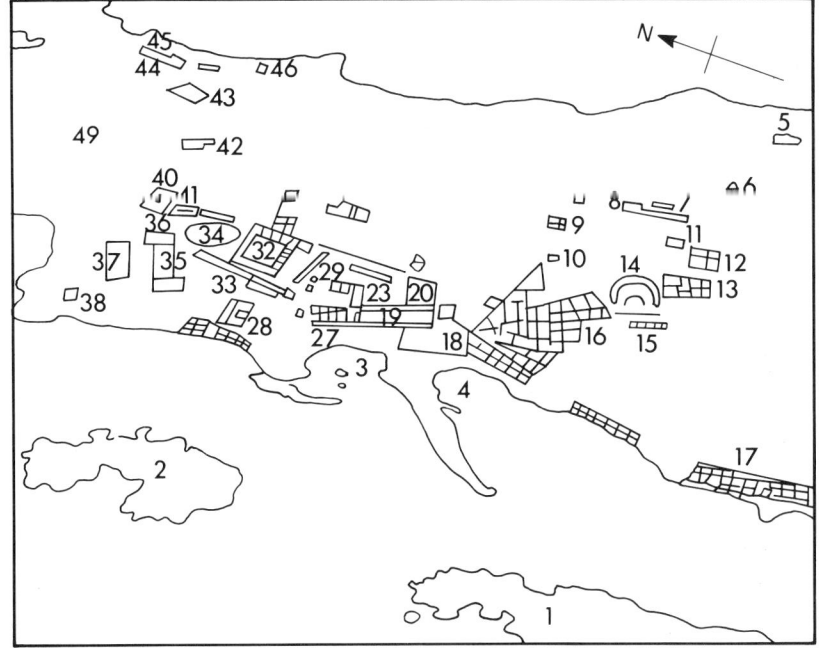

56

förmige ionische Halle diesen Komplex ab. Nach Osten hin umgeben 5 Schatzhäuser im Bogen die 3 ungewöhnlicherweise auf den Kultplatz nach Westen hin orientierten Apollontempel. Im Norden liegt der Poros-Tempel aus dem 6. Jh. – wohl auf Geheiß des Peisistratos errichtet. Säulen waren nur an seiner Westfront. Eine riesige archaische Apollon-Statue, Werk naxischer Künstler, beherrschte die kleine Cella. Doppelt so groß war der ›Große Apollontempel‹ im Süden, der einzige Peripteros (6 × 13 dorische Säulen) auf Delos. Vom Delischen Bund um 478 v. Chr. begonnen, bis Ende des 4. Jh. v. Chr. unvollendet. In der Mitte liegt der zwischen 425–417 v. Chr. von Athener Spezialisten mit pentelischem Marmor errichtete Tempel der Athener. Sein hervorragender Architekt stimmte ihn stilistisch auf die Nachbarbauten ab. Statt Pfeiler oder Säulen hatte er einfach Seitenmauern wie der Poros-Tempel, doch vorn und hinten je 6 dorische Säulen. Wie beim Nike-Tempel auf der Athener Akropolis gab es zwischen den Anten hinter den westlichen Stirnsäulen dünne, rechteckige Pfeiler, und Fenster beiderseits der zentralen Westtür vermittelten den Eindruck von flutendem Licht. Eine halbrunde Plattform im Innern der Cella trug 7 Statuen. Der Skulpturenschmuck des Dachs war einmalig, darunter eine Darstellung der Dämmerung und des Nordwindes. Unmittelbar im Süden der 3 Apollontempel lag die seltsame Naxierhalle, ein länglicher Bau aus dem 7. oder frühen 6. Jh. v. Chr. über einem viel älteren vor einem primitiven Schrein, dem ältesten hier am Platze. Die Halle hatte Türen an der Nordflanke sowie an der Ost- und Westfront. Im Innern trug eine Reihe außergewöhnlich schlanker Säulen das Dach. Den Pronaos zierten 2 Säulen zwischen den Anten. Später kam eine viersäulige Ostportikus hinzu. Im Norden ragte vor dem Bau eine riesige Apollonstatue 9 m empor: ein Werk aus naxischem Marmor, von dem noch immer gigantische Fragmente erhalten sind. Im Süden der 3 Apollontempel lief die Prozessionsstraße von der Agora der Kompeteliasten an der Südstoa entlang, an deren Ostseite die große Agora der Delier lag. Ein nach seiner Dekoration als ›Stierhalle‹ bezeichnetes großes Bauwerk östlich der Tempel war wohl die Schiffshalle, wo Antigonos Gonatas (?) zum Andenken an einen Seesieg über die Ptolemäer ein Seeschiff aufgestellt hatte. Antigonos baute auch eine lange Stoa nördlich des Heiligtums bei der antiken

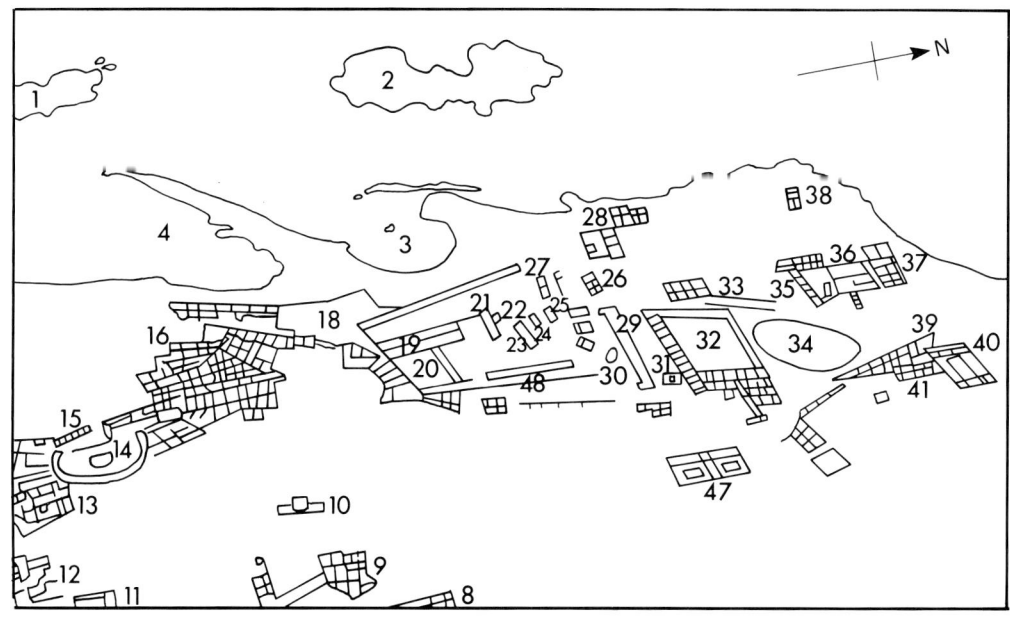

Minoe-Quelle und der halbrunden Theke (Grab der Arge und der Opis, hyperboreischer Mädchen, Dienerinnen der Leto und Apolls). Westlich der Stoa diente eine große Säulenhalle mit 44 dorischen und ionischen Pfeilern und Säulen als Börse. Mit der großen Agora der auf Delos lebenden Italiker begann der Nordabschnitt. Dahinter der heute trockene Heilige See, westlich die Terrasse der naxischen Löwen, finsterer archaischer Bestien, die in langer Reihe das Gelände bewachen. Im Westen des Sees gab es schöne Häuser und einen Poseidon (bzw. Baal) geweihten Versammlungsplatz der Schiffshändler aus Beirut. Weitere große, oft mit Mosaiken geschmückte Häuser lagen beim Theater. Dort gab es eine Zisterne und wohl ein ›Hotel‹. An den Hängen darüber bis auf den Kynthosgipfel weitere Tempel.

Dodoni/**Dodona**

Tief in den epeirotischen Bergen befand sich unweit der Grenze Thesprotiens Griechenlands ältestes (vielleicht noch prägriechisches, ›pelasgisches‹) Orakel. Homer schildert Dodona als eine Gegend mit harten Wintern, wo Priester-Seher, die man *Selloi* nannte, die Ratschlüsse des pelasgischen Zeus deuten. Die *Selloi* schliefen auf der Erde und wuschen ihre Füße nie, um sich ihr Gefühl für Eingebungen aus der Erde zu bewahren. Achill betete zum Gott von Dodona (*Ilias* 16, 233 ff.), u. Odysseus forschte nach seinem Willen (*Odyssee* 14, 327 ff.), den Zeus in seiner hochragenden heiligen Eiche zu Dodona kundtat. Anderen Quellen zufolge wurde Zeus hier Naios genannt und war mit der Göttin Dione verbunden, die von ihm Mutter Aphrodites wurde. Nach *Herodot* 2, 54 ff. soll sich eine Taube aus dem ägypti-

1 Akropolismauer mit Wehrtürmen	6 Tempel (einer unbekannten Gottheit)
2 Theater	7 Weihegaben
3 Stadion	8 Tempel der Aphrodite
4 Bühnenfundamente	9 Zeusheiligtum (Orakelstätte)
5 Hypostyle Halle/Bouleuterion (=Säulenhalle/Rathaus)	10 Weihgeschenk-Basen

11 Jüngerer Dione-Tempel
12 Älterer Dione-Tempel
13 Christliche Basilika
14 Herakles-Tempel

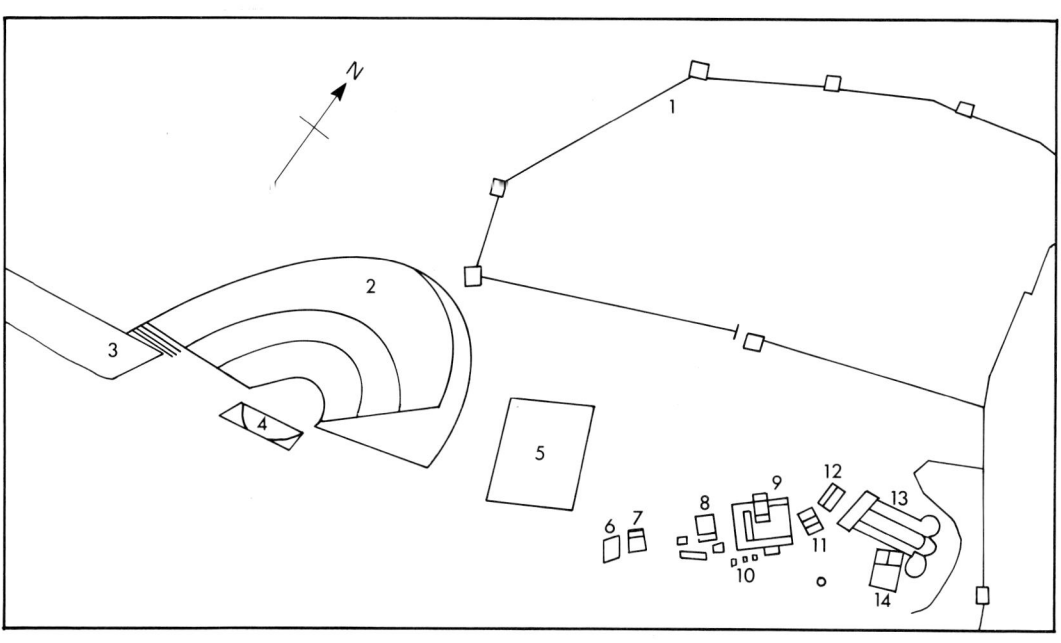

schen Theben auf der Eiche von Dodona niedergelassen und plötzlich mit vernehmbarer Stimme die Orakelgründung angeordnet haben. Zeus offenbarte sich im Rauschen der Eichenblätter, im Gurren und im Flug von Tauben, im Plätschern einer Quelle, im Losorakel und im Dröhnen eines erzenen Kessels, bzw. Beckens, der (bzw. das) von einer vom Wind bewegten Bronzepeitsche angeschlagen wurde. Die *Selloi* wurden wohl auch *Helloi* genannt, und möglicherweise hängt dies mit dem griechischen Namen Griechenlands (Hellas) und der Griechen (Hellenen) zusammen.

Fragesteller schrieben ihr Anliegen auf Erz- (Bronze- oder Blei-)Täfelchen, die in großer Zahl gefunden wurden. Im 5. Jh. hatte Delphi Dodona als Orakelstätte überrundet, doch später wurde Dodona wieder sehr oft befragt, und noch in der Römerzeit kannte man es. Später (5.–6. Jh. n. Chr.) war es christlicher Bischofssitz. Die Aitoler zerstörten 219 v. Chr. im Kampf gegen den Achäischen Bund die Stadt auf dem Hügel hinter dem Heiligtum und die angrenzenden Sakralbauten, doch Philipp V.

baute Ende des 3. und Anfang des 2. Jh.s v. Chr. alles wieder auf. Erneute Zerstörung brachte das 7. Jh. n. Chr. (vermutlich durch eindringende Goten). Dodonas Theater ist eines der größten in Griechenland. Es bot 18 000 Zuschauern Platz. Seine *cavea* hat einen doppelten Rangumgang *(diazoma)*; 15 Sitzreihen bildeten den unteren Rang, 16 den mittleren und 21 den oberen. Ursprünglich gab es hier wohl ein älteres Theater im Hügelhang, das Pyrrhos Anfang des 3. Jh.s v. Chr. durch den vorhandenen Steinbau ersetzen ließ, der nach Verwüstung durch die Aitoler (219 v. Chr.) von Philipp V. wieder instandgesetzt wurde. 1960–1963 richtete man ihn wieder für Aufführungszwecke her. Neben dem Theater baute Philipp V. ein Stadion (20 Ränge). Ihm gegenüber das hypostyle Rathaus (mit 2 inneren Säulenreihen). Zum Zeusheiligtum gehörten die heilige Eiche, ein Tempel mit ionischer Vorhalle (Neubau nach 219 v. Chr.) sowie Tempel für die Dione, Aphrodite und Herakles. Die (christliche) Basilika stammt aus der Zeit Kaiser Iustinians (um 550 n. Chr.).

Elefsis/**Eleusis**

Eleusis (ca. 22 km im Nordwesten von Athen) war seit prähistorischer Zeit bewohnt. Hierher ›kam‹ (*Eleusís* ermöglicht im Griechischen ein Wortspiel mit ›Ankunft‹ = *éleusis*) Demeter auf der Suche nach ihrer Tochter Persephone, die in die Unterwelt entführt worden war, um dort neben Hades-Pluto zu herrschen. Demeter schenkte Triptolemos, dem Königssohn von Eleusis, Ähren und sandte ihn aus, die Men-schen weit und breit im Ackerbau zu unterrichten. Seit mykenischer Zeit erinnerten regelmäßig abgehaltene Zeremonien an Persephones Entführung nach der Sommerernte und ihre Wiederkehr mit dem belebenden Herbstregen. In den eleusinischen Mysterien erreichte antike Religiosität ihre höchste Stufe. Sie vermittelten ihren Anhängern Hoffnung auf ein Leben nach dem Tode und auf ein glücklicheres

1 Häuser
2 Stadttor
3 Häuser (viell. Prytaneion [?])
4 Große Propyläen
5 Halle (Stoa)
6 Artemis- und Poseidon-Tempel
7 Kallichoros-Brunnen
8 Römischer Triumphbogen
9 Römische Thermen
10 Römische Halle
11 Innere (»Kleine«) Propyläen

12 Hadestempel (sog. ›Plutonium‹ [mit angeblichem ›Eingang in die Unterwelt‹])
13 Kirche der Panajia (Panhagia [= Marienkirche])
14 Römisches Megaron
15 Tempel der Demeter (bzw. Kore)?
16 Altar
17 Heilige Straße
18 Aus dem Fels gehauene Terrasse
19 Telesterion

20 Älteres Telesterion des Peisistratos
21 Philons Vorhalle (Stoa des Philon)
22 Römische Umfassungsmauer
23 Perikles' Mauer
24 Lykurgs Mauer
25 Bouleuterion (Rathaus)
26 Halle (Portikus)
27 Heiliges Haus
28 Museum

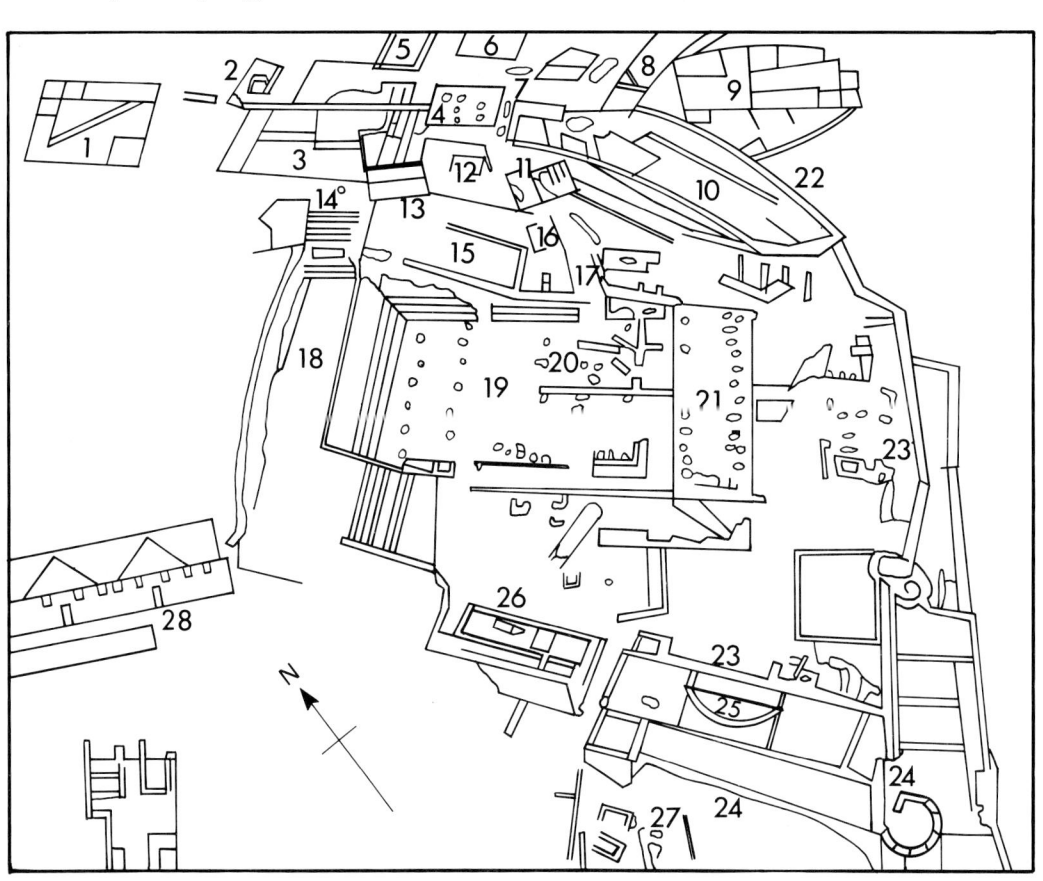

Los nach dem Grabe als das der Uneingeweihten. Das Geheimnis dieser Mysterien wurde nie
ganz gelüftet, doch stellte man wohl in einer
Art Mysterienspiel oder einem Aufzug den Mythos (und damit Tod und Wiedergeburt in der
Natur) dramatisch dar, bis schließlich schauer-
volle Riten in der dunklen Telesterionhalle in
einem plötzlichen Einbruch von Licht durch
eine Deckenöffnung gipfelten. Es gab eine
Heilige Straße, auf der die Prozessionen aus
Athen herbeizogen. Einst rivalisierte Eleusis
lange mit Athen, doch im 7. Jh. v. Chr. kam es
fest in athenische Hand. Dank unaufhörlicher
Neu- und Umbauten von mykenischer bis in
römische Zeit haben die Bauten im Heiligtum
der großen Göttinnen eine denkbar kompli-
zierte Stratigraphie (seit 1882, insbesondere
aber nach 1930 und später, haben griechische

Ausgrabungen einige Klarheit in das Durcheinander gebracht). Da Uneingeweihten der Zu-
tritt zu den Mysterien bei Todesstrafe verboten
war, umgab eine massive Wehrmauer das Heiligtum. Ein Teil geht auf Perikles (5. Jh.) zurück, ein Teil entstand ein Jahrhundert später
unter Lykurg. Der Nordost-Abschnitt ist römischen Ursprungs. Außerhalb der Wälle umfaßte
im Südwesten das ›Heilige Haus‹ einen archaischen Tempel an der Stelle des Kultzentrums
der geometrischen Zeit. Ältester Brennpunkt
scheint ein mykenischer ›Palast‹ (anaktoron)
der Göttinnen gewesen zu sein, der in die verschiedenen Versionen des Telesterion (archaisch, klassisch, römisch) einbezogen wurde,
das später das Haupheiligtum darstellte. Es
maß 52 × 53 m, besaß in seiner Glanzzeit 42 In-
nenpfeiler und war einer der größten überdach-

ten Räume der altgriechischen Welt. An den Wänden innen 8 Stufenreihen für 3000 Eingeweihte, im Westen und Osten in den Fels gehauen. An der Telesterion-Südflanke ein schöner Hallenbau aus weißem Marmor: die Stoa des Philon. Im 4. Jh. fügte man sie dem Telesterion-Neubau hinzu, den Iktinos, der Parthenon-Erbauer, für Perikles errichtet hatte. Im Nordosten der großen Halle lagen wohl ein Tempel für Kore und ein weiterer für Hades – und zwar dort, wo er nach der Überlieferung Persephone geraubt hatte und wo sie jeden Herbst lebensspendend neuerschien. Das Bouleuterion (Rathaus) der klassischen Zeit lag an der südwestl. Einfriedungsecke, das Prytaneion wohl im Nordosten. Der römische Prokonsul Appius Claudius Pulcher ließ um 54 v. Chr. die Inneren Propyläen errichten. Mitte des 2. Jh.s n. Chr. fügte Antoninus Pius die kunstvolleren Großen Propyläen aus pentelischem Marmor (nach dem Vorbild des Athener Akropolis-Tors) hinzu. Vor ihrem großartigen Pflastervorhof ein Tempel der Artemis Propylaia und des Poseidon, davor je ein Altar. Im Osten der Propyläen der Kallichoros-Brunnen (schon in Homers Demeterhymnos erwähnt). Die Stadtmauer lief im Westen des Heiligtums um die Akropolis; am Nordost-Hügelfuß: mykenische Gräber.

Epidavros/**Epidauros: Das Heiligtum**

Er galt als Sohn Apolls und der Koronis: Asklepios. Die Heilkunst lernte er von dem Kentaur Chiron (der Achill in Musik und Kriegskunst unterwies). Später erhob man ihn zum Gott. Aus Trikka (Trikkala) in Thessalien verbreitete sich sein Kult seit dem 6. Jh. v. Chr. besonders nach Kos, Korinth, Athen, Pergamon und Epidauros, das im 4. Jh. v. Chr. sein bedeutendstes Kultzentrum wurde. Das Heiligtum liegt hier, reizvoll von Bäumen umgeben, zwischen flachen Hügeln und weiten Tälern ca. 8 km landeinwärts vom Meer und der kleinen Stadt Epidauros entfernt. Die meisten Bauten stammen aus der Phase der großen Ausdehnung des Heiligtums im 4. Jh. v. Chr. Alle 4 Jahre fanden hier kurz nach den Isthmien sportliche und musische Wettkämpfe statt. Der Asklepiostempel ist überraschend klein (24×13 m). Es ist ein dorischer Bau mit je 6 Säulen vorn und hinten sowie je 11 an den Seiten. Der ortsansässige Architekt Theodoros schuf ihn Anfang des 4. Jh.s (anscheinend auf älteren Fundamenten). Timotheos aus Epidauros war verantwortlich für die Dach- und Giebelfiguren, Thrasymedes aus Paros schuf in Anlehnung an Phidias' Kolossalstatue des Olympischen Zeus aus Gold und Elfenbein das Kultbild des thronenden Asklepios mit Stab, Schlange und Hund. Die Türen aus Holz und Elfenbein waren mit Goldnägeln verziert. Der Boden zeigte ein Muster aus schwarzem und weißem Marmor. Die Statue war in einer Bodenvertiefung verankert, vermutlich gehörte es zum Ritual, daß fromme Beter hinabstiegen. An der Ostseite führte eine Rampe zum Tempel hinauf, im Süden ein großer Altar. Nach noch vorhandenen schriftlichen Quellen dauerte der Bau 4 Jahre und 8 Monate. Die Kosten beliefen sich auf 24 Talente (entspr. dem Wert von 628,704 kg Edelmetall, damals Gegenwert für 140000 Tagelöhne). Der Tempel besteht aus korinthischem Kalkstein und dekorativem Marmor aus Attika. Bei Nichteinhaltung vertraglich vereinbarter Termine konnte eine Buße bis zu 50% auferlegt werden. Im Norden des Tempels lag das *Abaton*, eine lange Halle, in 2 Abschnitte unterteilt. Infolge der Geländeneigung lag der Boden des Westabschnitts tiefer. An der Wand befanden sich Bänke, innen Pfeiler und Säulen. Hier lagen die Kranken in Hoffnung auf Heilung oder ärztliche Behandlung. Im Fall ihrer Genesung stellten sie Votivtafeln am Brunnen im Osten der Liegehalle auf. Eine ältere Liegehalle (a. d. 6. Jh. v. Chr.) stand wohl im Südosten des Tempels. Später diente sie als Priesterhaus. Die *Tholos* hinter dem Tempel hielten seinerzeit viele für das schönste Bauwerk überhaupt. Von Polykleitos aus Argos entworfen und zwischen 360 und 320 v. Chr. für die doppelte Bausumme des Tempels errichtet, war sie größer und prunkvoller als der ältere Rundbau zu Delphi. Knapp 23 m betrug ihr größter Durchmesser (an der untersten Stufenreihe), und knapp 15 m noch immer der Durchmesser ihrer Cella. Ein äuße-

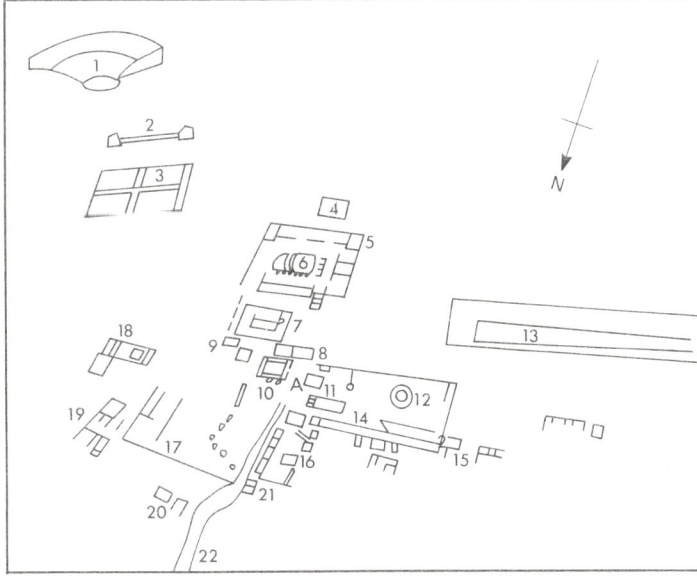

1 Theater
2 Museum
3 Katagogion (Gästehaus)
4 Griechisches Bad
5 Gymnasion
6 römisches Odeion im Gymnasion
7 Palaistra (Kotys-Halle)
8 Artemis-Tempel
9 Themis-Tempel
10 Priesterhaus (ältere Liegehalle?)
11 Asklepios-Tempel (A = Altar)
12 Tholos
13 Stadion
14 Abaton (Liegehallen)
15 Brunnenhaus
16 Römische Bibliothek und Thermen
17 Nordhalle
18 Heiligtum der ägyptischen Götter
19 Römische Thermen
20 Römische Häuser
21 Aphrodite-Heiligtum
22 Straße (z. Propyläen u. z. Stadt)

rer Ring von 26 dorischen Kalksteinsäulen umgab die Cella, deren Decke von 14 korinthischen Marmorsäulen getragen wurde. Ihre Kapitelle zählten zum Schönsten, das man kannte. Der Boden zeigte ein Spiralmuster aus rautenförmigen schwarzen und weißen Marmorplatten, reicher Mäander-, Akanthus- und Profilleistenzierat sowie Rosetten schmückten die Kasettendecke. Das niedrige, konische Dach war vergoldet, und erstmals schmückten nicht Skulpturen, sondern leuchtendfarbige Rosetten außen die Metopen. Unter dem Boden ein dreifacher Mauerkreis. Schmale Durchlässe und Blenden zwangen zu dreifacher Richtungsänderung nach der Mitte zu: Irgendein seltsames Labyrinth für kultische Zwecke (vielleicht für die dem Gott heiligen Schlangen). Weitere Anlagen: s. d. Erläuterung der Skizze.

Epidavros/**Epidauros: Das Theater**

Pausanias, der die Meisterwerke altgriechischer Architektur noch unversehrt kannte, war von besonderer Bewunderung für die ebenmäßige Schönheit des Theaters von Epidauros erfüllt. Zahllosen anderen vor und nach ihm ging es ebenso. Zum Glück ist dieser schönste aller antiken Theaterbauten vorzüglich erhalten. Seine wundervolle Lage an den baumbestandenen Kynortionhängen, der Ausblick über ein anmutiges Tal auf fernere Bodenwellen – all dies verstärkt den Eindruck der Ruhe, die dieser in seinen Proportionen genial erdachte Bau ausstrahlt. Steingewordenes Maß, steingewordene Verbindung von Intellekt und Raumgefühl, trägt dieses Theater selbst zur Heilung der Seele bei, das so sehr die Würde einer Dionysos heiligen Stätte zum Ausdruck bringt, die der Deutung des Lebensrätsels geweiht war. Seine ästhetisch vollendete Form lag ebenso in der Absicht seines Architekten wie seine akustische Perfektion. Polykleitos aus Argos war nach Pausanias auch Schöpfer der glanzvollen *Tholos.* Beide Bauwerke verraten einen ungewöhnlich entwickelten Sinn für ausgewogene Proportionen, innere Geschlossenheit und die Mystik der Kreisform. Die Orchestra ist ein Vollkreis – praktisch eine Einmaligkeit bei griechischen Theaterbauten –, und die Luftaufnahme weist den Sitzraum einwandfrei als Kugelsegment aus. Gleich breit sind die drei Ringe: Orchestra-Einfassung, Rangumgang und oberer Umgang – je 4 argivische Ellen, und auf dem Grundmaß dieser »pheidonischen« Elle (3/2 argivische Fuß = 49 cm) beruht dieser gesamte Bau ebenso wie der Parthenon. Z. B. mißt die Steineinfassung der Orchestra 1 Elle, der Radius des unteren Sitzraums (bis zum Rangumgang) 80 Ellen, der obere 40, die Bühnenfront ist 40 Ellen breit und 7 Ellen hoch usw. Besonders geglückt ist die Unterteilung des Zuschauerraums in 12 Sitz-›Keile‹ (unten) und jeweils doppelt so viele oberhalb des Rangumgangs – außer an den beiden Wangen, wo oben je ein Keil fehlt, um unmittelbaren Zugang zum Rangumgang zu haben und das untere Muster auszubalancieren, bei dem ein Keil über den verlängerten Orchestra-Durchmesser hinausschwang. Ein unsichtbares Fünfeck im Orchestra-Rund scheint Zahl und Lage der 13 Treppengänge zu bestimmen, so daß sich jede der 3 Orchestra-Hauptachsen (Durchmesser, dessen rechter Winkel) in einem Treppen-Aufgang fortsetzt. Dabei sind alle Abstände gleich. Blickfang ist das dem Auge so wohltuende Orchestra-Rund. Der Stein in seiner Mitte ist nicht zuletzt Orientierungshilfe für den Chor (kein Altar, wie oft behauptet). Überdies spielen Zahlenverhältnisse wie der Goldene Schnitt und Euklids Vierersystem bei diesem Theaterbau eine große Rolle. So ergibt sich die Zahl der oberen Sitzreihen (21) ebenso, wenn man die der unteren (34) durch 0,618 teilt, wie sich die der unteren (34) bei einer Teilung der Gesamt-Sitzreihenzahl (55) durch 0,618 ergibt (übrigens ist 55 die Quersumme der Zahlen 1–10; 21 die der Zahlen 1–6 u. 34 die der restlichen 4 [7–10]). Einzelheiten in meinem Artikel über dieses Theater als Kunstwerk (s. Bibliographie). Höher oben auf dem Kynortion lagen ein kleines Höhenheiligtum des Apollon Maleatas (wohl älter als der Asklepioskult), mit einem bis zum 7. Jh. zurückgehenden Altar und

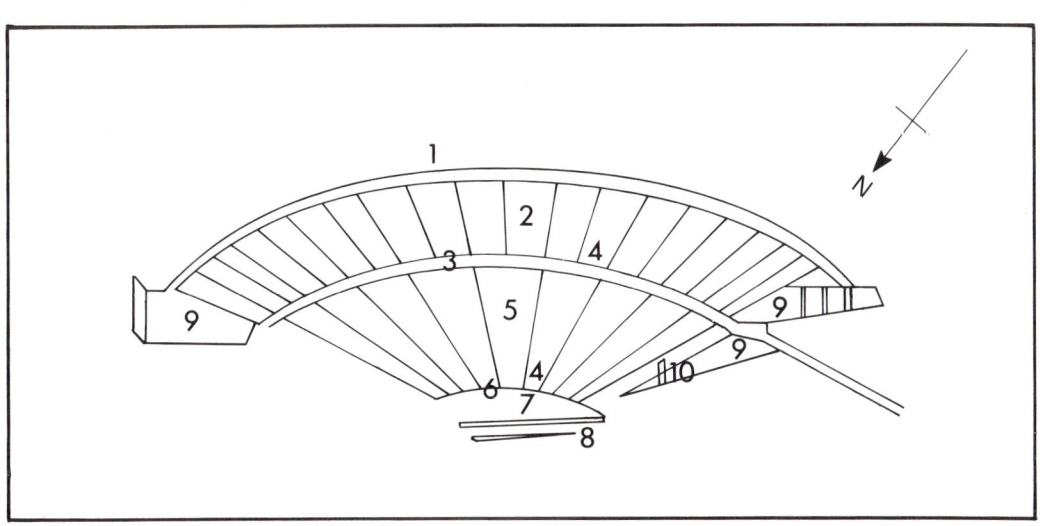

1 Oberer Umgang
2 Oberes Koilon (obere Cavea)
3 Rangumgang (Diazoma)
4 Ehrensitze (Prohedriai)

5 Unteres Koilon (untere Cavea)
6 Orchestra-Einfassung
7 Orchestra
8 Bühnenbauten (Proskenion u. Skene)

9 Parodos-Mauern
10 Parodos-Tore

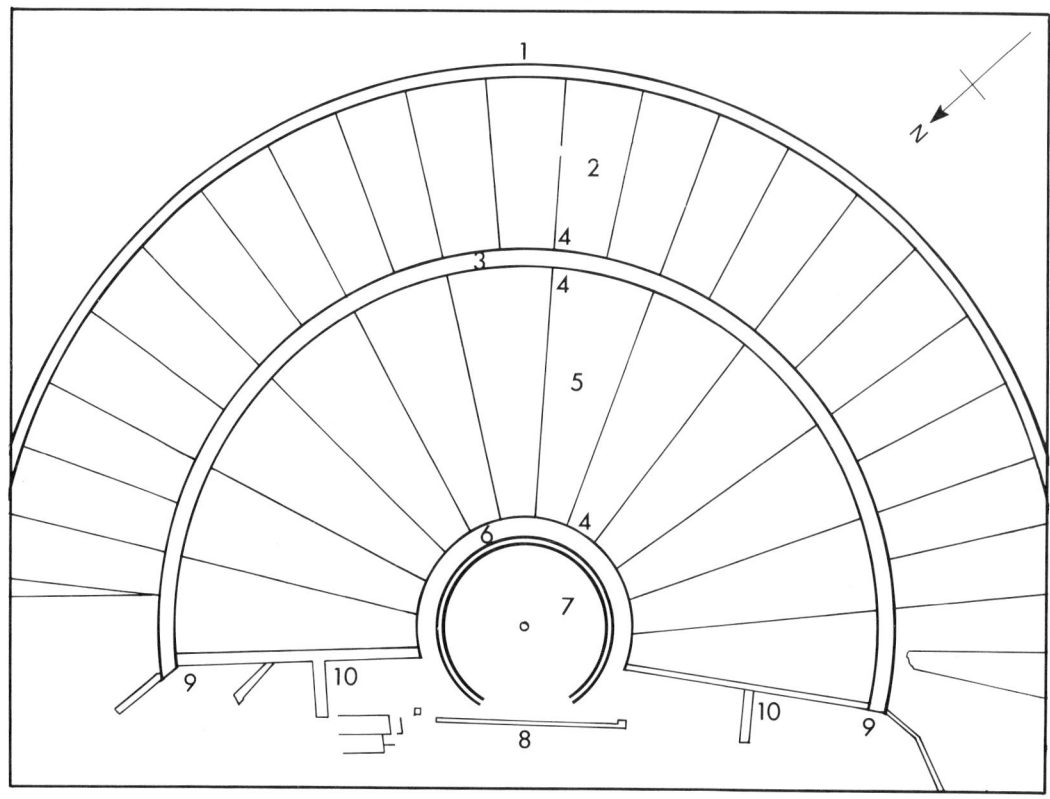

Epidauraus: Das Theater	4 Ehrensitze (Prohedriai)	8 Bühnenbauten
1 Oberer Umgang	5 Unteres Koilon (untere Cavea)	(Proskenion u. Skene)
2 Oberes Koilon (obere Cavea)	6 Orchestra-Einfassung	9 Parodos-Mauern
3 Rangumgang (Diazoma)	7 Orchestra	10 Parodos-Tore

Beweisen für eine mykenische Kultstätte, ein Tempel aus dem 4. Jh. und eine jüngere Halle. Noch in der Römerzeit existierte dieses Heiligtum.

Nachtrag d. Übers.: A. v. Gerkan hat (1961) der Zuweisung des Theaters an Polykleitos widersprochen, es ist auf jeden Fall in mehreren Phasen entstanden (die oberen Ränge erst im 2. Jh.)!

Eretria/**Eretreia**

Weil es die ionischen Griechenstädte – besonders Milet – bei ihrem Aufstand gegen die Perser unterstützt hatte, verwüstete Dareios Eretreia, als er 490 v. Chr. der Niederlage von Marathon entgegenmarschierte. Allerdings erholte sich die Stadt einigermaßen und zahlte es 10 Jahre später an der Seite Athens den Persern bei Salamis und Plataiai heim. 377 v. Chr. trat sie dem Zweiten Attischen Seebund bei, einige

Jahre später fiel sie an Theben, dann wieder an Athen. 349 v. Chr. nahmen die Makedonen sie ein, und seit Anfang des 2. Jh.s v. Chr. war sie in römischer Gewalt. Ihre Glanzzeit aber lag lange zurück: das 8. u. 7. Jh. v. Chr. Damals konkurrierte Eretreia mit Chalkis und gründete zahlreiche Kolonien. Hervorragend die Qualität der Vasen, die es in spätgeometrischer und archaischer Zeit produzierte. Weit verstreut

sind die Ruinen der Stadt. Zum großen Teil liegen sie unter dem heutigen Eretreia am Meeresufer.

Das Gelände, das die Aufnahme zeigt, liegt rund 1,6 km landeinwärts am Fuß des Akropolishügels. Zu amerikanischen Grabungen (ab 1886) kamen in Ufernähe ergänzende Grabungen von Kuruniotis und Petrakos hinzu (ab 1910). Zuletzt legten Schweizer unter Karl Schefold zahlreiche Häuser frei (seit 1936) und erweiterten die Grabung erheblich. So sehr das Theater auch geplündert wurde – es verrät doch noch deutlich seinen Plan und läßt mehrere Umbauten erkennen. Der Bau stammt aus den Jahren um 440–411 v. Chr. Anfang des 3. Jh.s senkte man den Orchestra-Raum und setzte ein neues, hellenistisches Bühnenhaus vor das ursprüngliche, das fortan den Hintergrund abgab. Ein Rangumgang *(diazoma)* fehlt. Ein gewölbter Gang unter den Bühnenbauten gewährte Zugang zu dem öffentlichen Gelände dahinter. Beachtenswert ein unterirdischer Gang, der unter der Bühne beginnt und schräg zur Orchestra-Mitte führt. Vermutlich handelt es sich hier um sogenannte ›Charonische Stufen‹ (bzw. eine ›Acherontische Stiege‹) für den Auftritt von Unterwelts-Wesen. Unweit vom Theater ein Tempel (wohl für Dionysos). Dahinter dann das Westtor (Richtung Chalkis), das besterhaltene aus archaischer Zeit. Die Stadtmauer lief kilometerlang rings um Stadt und Akropolis bis zum Meer. Reste pelasgischer Bauten auf der Akropolis sind sehr viel älter als die Türme aus klassischer Zeit. Einige Häuser – so beim Westtor – ähneln an Größe und Ausstattung Palästen. Östlich des Theaters ein hellenistisches Gymnasion, weiter nach Südosten ein Brunnenhaus, eine kreisrunde Tholos wie auf der

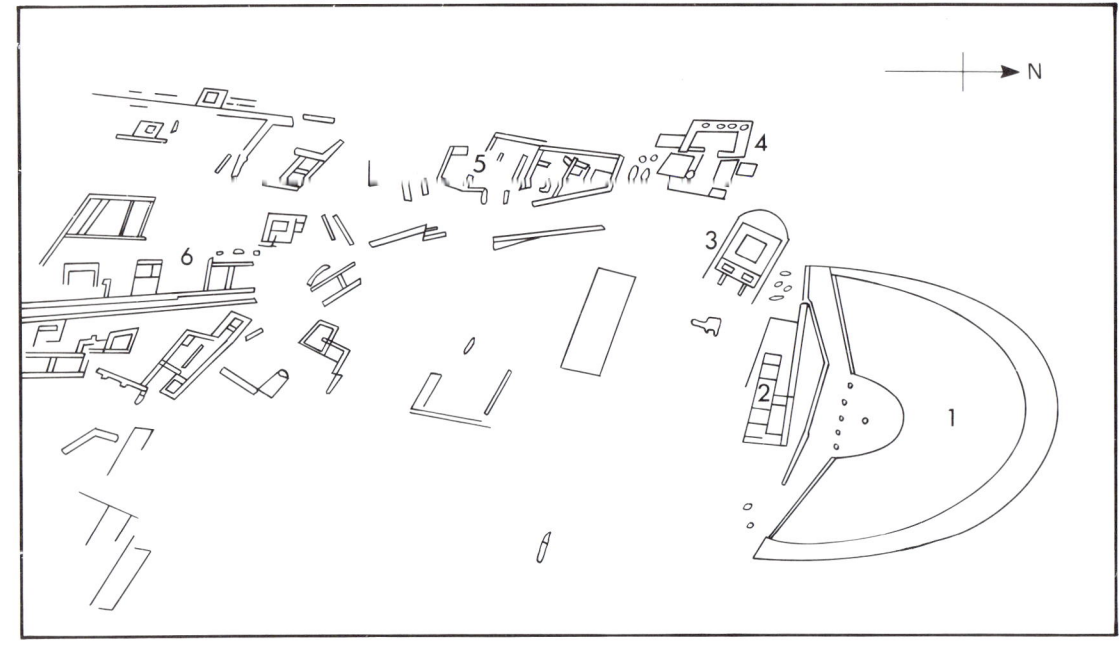

1 Theater 3 Dionysos-Tempel 5 Heroon über Gräbern
2 Bühnenbau 4 Westtor 6 Häuser

Athener Agora sowie ein Isisheiligtum, Palaistra und Bäder. Ein reichdekoriertes Heroon erhob sich über Gräbern aus geometrischer Zeit. In den Hügeln westlich vom Theater ein Makedonengrab mit Marmorliegen und gemalter Dekoration. Im Zentrum der Grabungsstätte befand sich der bedeutende, archaische Tempel des Apollon Daphnephoros über einem Apsisbau der geometrischen Zeit. In seiner Frühphase war der Apollontempel ionisch und länglich (100×20 ionische Fuß) mit 19 hölzernen Seiten- sowie 6 Vorder- und Rückfrontsäulen. Beim Neubau (dorisch um 510 v. Chr.) verringerte man die Seitensäulen auf je 14. Zwei Säulen-Achterreihen trugen nun das Cella-Dach. Zu den archaischen Skulpturen dieses Tempels gehört eine reizvolle Theseus- und Antiope-Gruppe. Eretreia war Heimat des Philoxenos, des Malers der berühmten Alexanderschlacht bei Issos.

Fästos/Phaistos

Ein paar Monate nach Sir Arthur Evans' ersten Entdeckungen im Palast von Knossos führten italienische Grabungen in Phaistos unweit vom Zentrum Südkretas zur Freilegung eines in Größe, Plan und architektonischer Brillanz ganz ähnlichen Palastes. Später (1950–1965) ergrub Doro Levi die Ruinen einer noch älteren Anlage, die – wie der 1. Palast in Knossos – auf das Mittelminoikum I zurückging, um 1900 v. Chr. errichtet worden war und drei Bauphasen erkennen ließ. Sie war größer als der 2. Palast und erstreckte sich weiter nach Südwesten und Nordosten. Um 1700 wurde sie zerstört. Ihre Ruinen ebnete man mit einer Zementfüllung ein und errichtete darauf den neuen Bau mit einem geräumigeren Westhof vor der Hauptfassade. Als auch dieser um 1450 zerstört wurde, blieb die Stätte ein Jahrhundert unbewohnt.

Doch wenigstens die zugehörige Stadt war dann wieder bis in hellenistische Zeit besiedelt. Einen Teil der Palastruinen-Südwest-Ecke überlagerte ein anders orientierter archaisch-griechischer Tempel. Einmalig schön ist Phaistos' Lage am Südost-Rand eines langen Höhenzuges etwa 70 m über der weiten Messara-Ebene, 6 km im Osten einer Bucht des bis nach Ägypten hin offenen Libyschen Meeres mit großartigem Nordblick zum Ida und weit nach Osten hin zum Dikte-Massiv. Neben der Landschaft schätzte man auch die Kunst. Zahlreiche Funde zeugen davon. Man betrat den Palast von Westen über einen breiten Pflasterhof mit erhöhten Gehsteigen. Das ›Theater‹ im Norden dieses Hofes besitzt mehrere gerade Sitzränge für Zuschauer bei kultischen Tänzen, Prozessionen usw. – es ist ausgereifter als die entsprechende Anlage in Knossos. Eine 14 m breite Monumentaltreppe führte hinauf zu den ›Großen Propyläen‹ mit ihrem geräumigen Vestibül und einer inneren Propylon-Halle mit Lichthof dahinter. Die rückwärtige Halle hatte eine große Säule an der Mittel- und drei an der Rückfront. Wahrscheinlich waren das zweite oder dritte Geschoß darüber, die sich aus Treppen erschließen lassen, ein großes Staatsgemach mit einem Balkon nach ägyptischem Muster über der Tür, von wo aus man den Westhof überblickte. Nach Süden kann sich dieser Staatsraum über eine ganze Reihe angrenzender Magazine im Untergeschoß ausgedehnt haben, und auf jeden Fall war er wohl von königlichem Zuschnitt.

Zu den unteren Räumen im Süden gehörten Kultstätten, Krypten und Reinigungsbäder, die auf einen Kultbereich hindeuten. Der große Zentralhof besaß Kolonnaden an seiner Ost- und Westseite. Wie anderswo auch, diente er wohl als Stierkampfarena mit unten aus Sicherheitsgründen verschlossenen Türen (die Zuschauer blickten aus den oberen Räumen herab). Ein quadratischer Raum mit bis über die Höhe des 2. Stocks hinausragenden Pfeilern, mit gegipstem Boden und Wandfundament, spielte wohl hierbei eine Rolle: Vielleicht opferte man hier den eingefangenen Stier. Halbsäulen ragten beiderseits des Zentralhof-Nordeingangs bis über das 3. Stockwerk hinauf – vielleicht ganz ähnlich wie die Flaggenmaste an den Pylonen ägyptischer Tempel. Nördlich vom Zentralhof liegt – einmalig in der minoischen Architektur – ein vielleicht Staatsanläs-

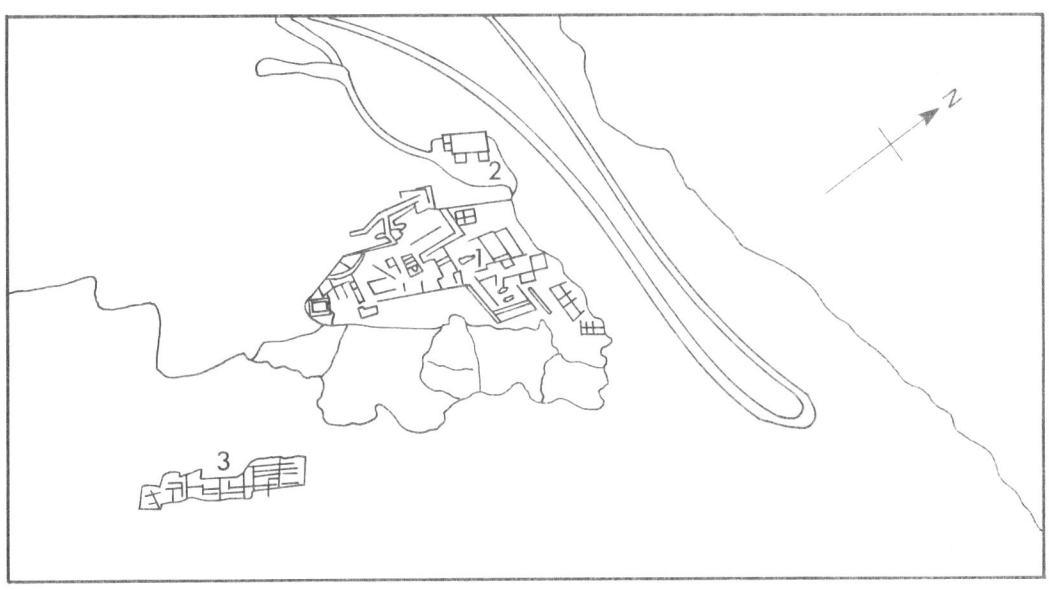

1 Palast
2 Modernes Gästehaus
3 Stadthäuser (minoisch bis hellenistisch)
4 ›Theater‹
5 Treppe

6 Westhof
7 ›Große Propyläen‹
8 Magazine
9 Reste des Ersten Palastes
10 Kultbereich
11 Zentralhof (und Stierkampfplatz)

12 Säulenhof
13 Königliche Wohngemächer
14 Werkstätten
15 Weitere Wohnräume (›Prinzengemächer‹?)
16 Kultraum für Stieropfer?

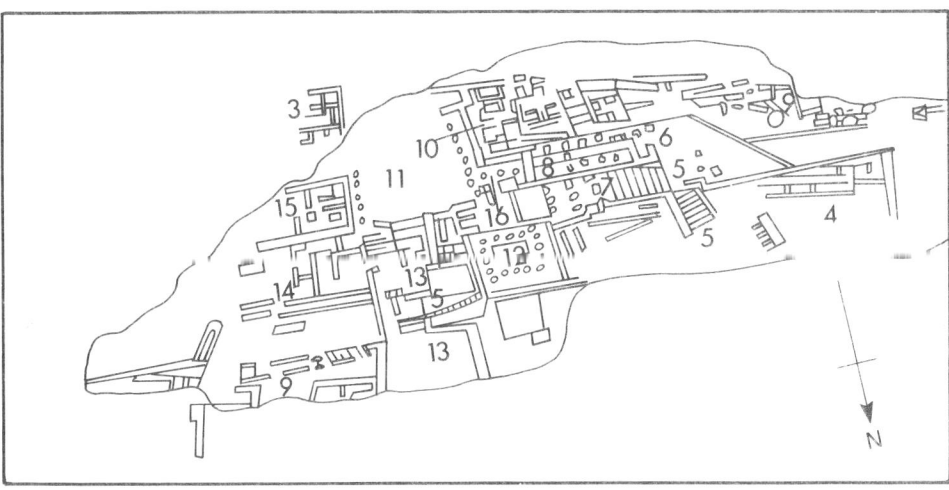

sen vorbehaltener Säulenhof. Darüber befand sich wohl der königliche Speisesaal. König und Königin wohnten im Norden und Osten davon. Ihre Gemächer hatten eigene Bäder, Terrassen mit Portikus und Treppen zu höheren Geschossen. Großartig war der Blick nach Norden auf das Ida-Gebirge, von dem eine kühlende Brise herabwehte. Weitere Wohnräume (wohl für jüngere Mitglieder der Königsfamilie) lagen im Osten des Zentralhofs. Dieser fraglos vollendete Palastbau dürfte erstklassig möbliert gewesen sein.

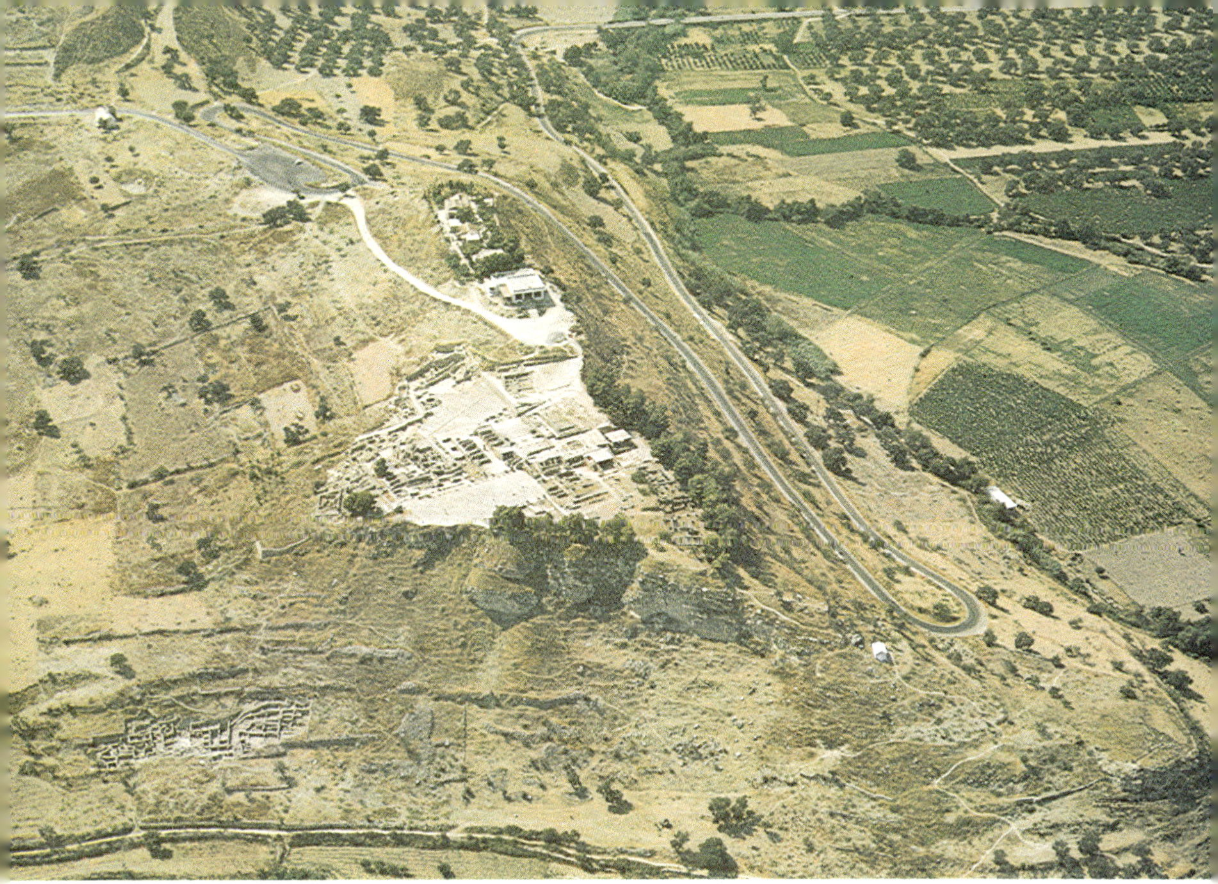

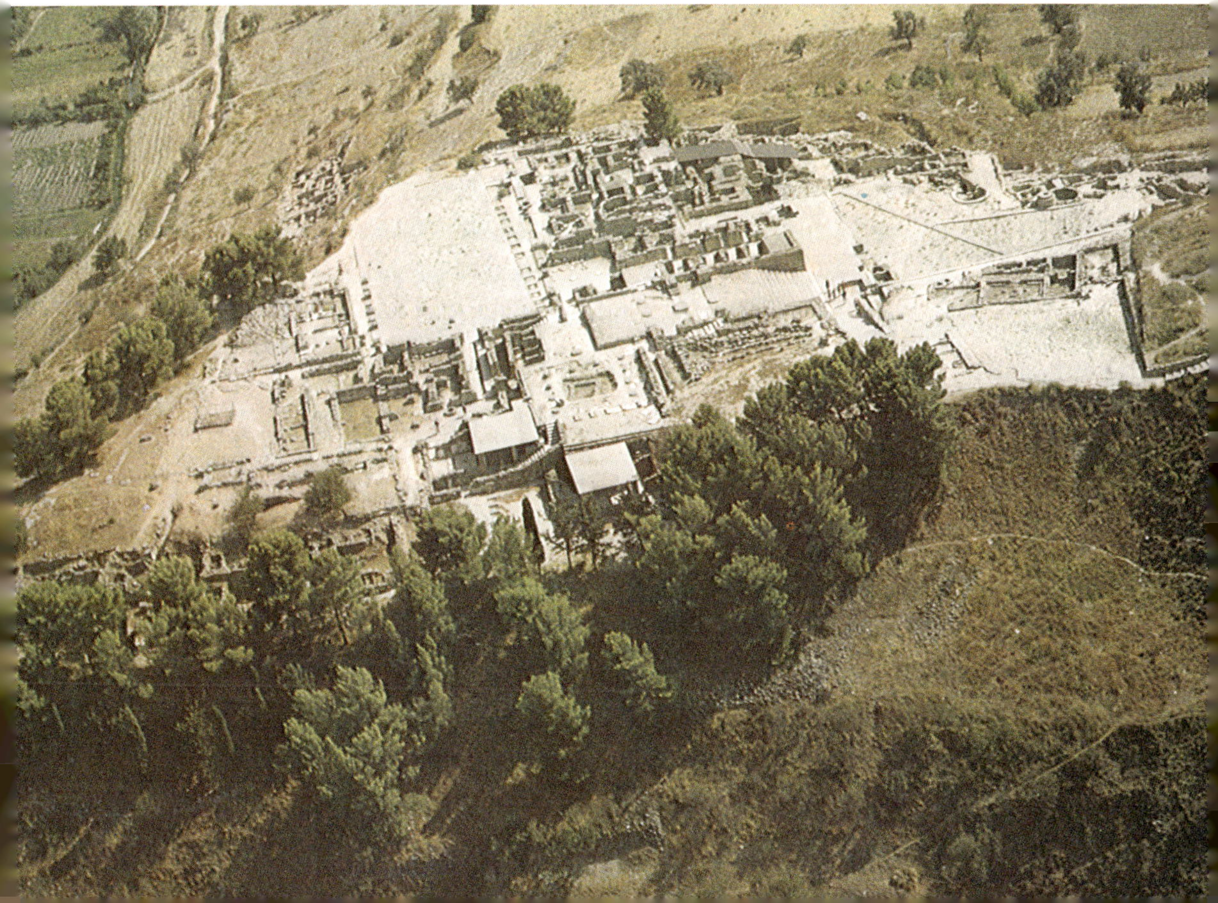

1 Türme
2 Rundturm

Fili/**Phyle**

Athen besaß in verschiedenen Richtungen zum Schutz seiner Landzugänge eine Reihe befestigter Außenposten. Phyle bietet ein gutes Beispiel dafür. Es liegt auf einer überall, besonders nach Westen und Norden steil abstürzenden, dreieckigen Plattform 640 m hoch in einem Gewirr von Tälern am Parnass-Südhang, ist kilometerweit sichtbar, und man überblickt von hier aus fast die gesamte Ebene Attikas. Das Kastell beherrscht die kurze Straße Athen-Theben (nach Nordwesten) und Athen-Tanagra (in Böotien, im Norden). Fraglos war der Platz für kleinere Kontingente von unschätzbarem strategischem Wert. Peisistratos' Gegner behaupteten sich hier gegen den Autokraten, und Thrasybulos nahm den Paß im Frühjahr 403 v. Chr. mit 70 Flüchtlingen, die von Theben gekommen waren, um nach Athens Niederlage im Peloponnesischen Krieg gegen die 30 Tyrannen zu kämpfen. Seine Schar wuchs hier auf 700 Mann an, und von Phyle aus errang er die Kontrolle über Piräus, um Athens Demokratie wiederherzustellen. Der Makedonenkönig Kassandros unterhielt hier eine Garnison, doch dann schleifte Demetrios Poliorketes die Festung zum Vorteil für Athen. Später stürzten bei Erdbeben im Westen und Südwesten Mauerteile in den Abgrund, Wurzeln sprengten weitere Steine ab. Die mächtigen Reste wurden 1900 von Skias ausgegraben. Wrede und andere untersuchten sie gründlich, da sie einen hervorragenden Einblick in attische Befestigungstechniken gewähren.

Die meisten Experten datieren die noch vorhandenen Mauern auf die Zeit um 400 v. Chr., andere schreiben sie erst den etwas später hier garnisonierten makedonischen Besatzern zu. Der Grundriß ist annähernd ein Fünfeck mit 2 Toren und 5 Türmen (einer davon ein Rundturm)

Angreifende Feinde mußten den Verteidigern ihre ungedeckte rechte Flanke bieten. Die Wälle bestanden aus sorgfältig behauenen rechteckigen Blöcken, 2,75 m dick und ca. 48 cm hoch. In einzelnen Abschnitten stehen davon noch 6–20 Lagen. Die oberen Partien hatten – vielleicht erstmals bei einer griechischen Festung – Streben und Wehren, um dem Stoß neuartiger Belagerungsmaschinen gewachsen zu sein. Bedeckt waren die Wälle von einer Steinplattenlage. Sie bot zusätzlich Verstärkung und erleichterte die Verteidigung. Das etwa 91 m breite Innere wies mehrere Räume auf (wohl Waffenkammern, Vorratsräume und Unterkünfte). Unterhalb der Festung gibt es einige Hausruinen, und nach Nordosten lag an einer Quelle ein kleines Städtchen.

Umstritten ist, ob sich Thrasybulos in dieser Festung verschanzte oder einer älteren anstelle des heutigen Kastells, das aber auf jeden Fall bereits makedonische Garnison war.

Unweit der Festung liegt eine Pansgrotte, wo Skias zahlreiche antike Votivgaben fand. Hier spielt die Eröffnungsszene von Menanders Lustspiel ›Der Nörgler‹ *(Dyskolos)*, dessen Text man auf einem Papyros in Ägypten fand.

Filippi/**Philippi**

Hier hielt das Christentum in Europa Einzug, als 49 n. Chr., von der Troas kommend, der Apostel Paulus in der Hafenstadt Neapolis (heute: Kawalla) eintraf. Sein Brief an die Philipper zeigt, wie er den Neuchristen hier zugetan war, und 6 Jahre später besuchte er die Stadt erneut. Bei Philippi hatte sich schon einmal eine Geschichtswende zugetragen: 42 v. Chr. siegten hier Antonius und Octavian über die Caesarmörder Brutus und Cassius. Dies war das Ende der römischen Republik. Octavian wurde

später Alleinherrscher (Augustus). Horaz war auf seiten der Verlierer und floh, worauf er gelegentlich anspielt (vgl. *Oden* 2, 7, 9 f.). Später bekam die Stadt römisches Gepräge und viele Neubauten. Im 6. Jh. von Thasos gegründet, war Philippi (das ursprünglich Krenides hieß) 361 v. Chr. erneut kolonisiert worden. 5 Jahre später fiel es an Alexanders Vater, Philipp II. von Makedonien, der es als Bollwerk gegen die Thraker benutzte und in Philippi umtaufte. Quellen des Wohlstandes waren die Goldmi-

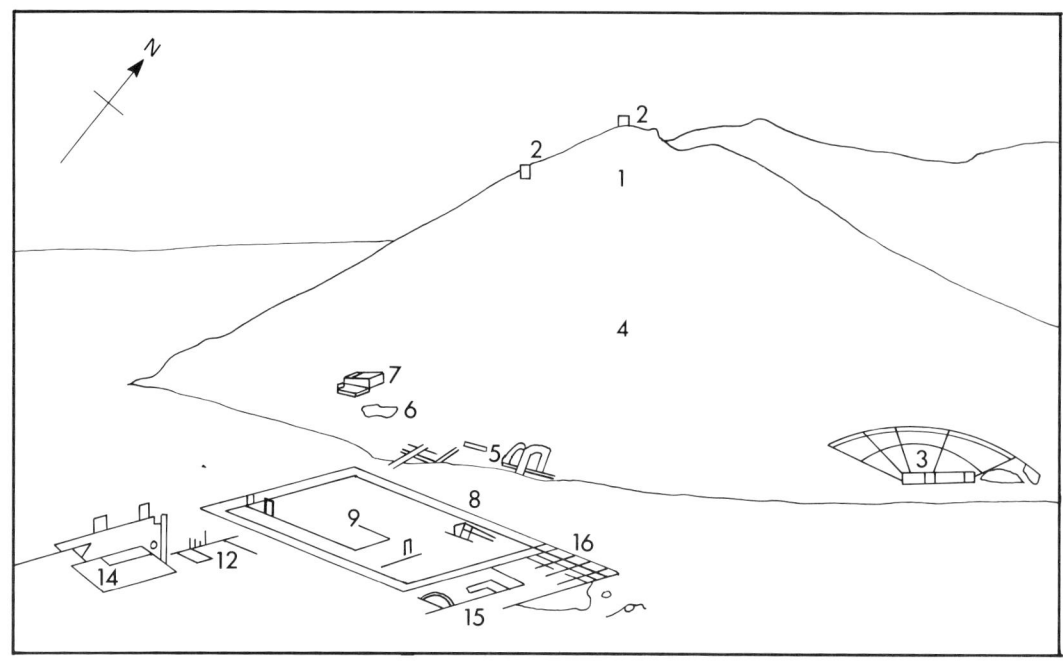

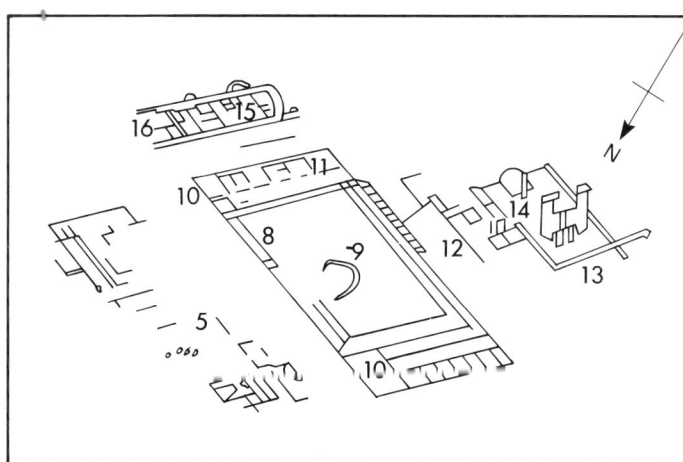

1 Akropolis (Bergfestung)
2 Byzantinische Türme
3 Theater
4 Heiligtum der ägyptischen Gottheiten
5 Basilika A
6 Basilika
7 Museum
8 Via Egnatia
9 Römisches Forum
10 Tempel an den Forumsecken
11 Bibliothek
12 Teil der griechischen Agora
13 Rest der Palaistra
14 Basilika (direkler)
15 Oktogon-Kirche
16 Bäder

nen des nahen Pangaios-Massivs und das reiche Kulturland der Umgebung (besonders nach dem Bau der Italien mit Asien verbindenden *Via Egnatia* durch die Römer). Die vorhandenen Bauten sind meist römischen und frühchristlichen Ursprungs. Ausgegraben wurden sie erst seit 1920 von Franzosen und Griechen.
Ursprünglich griechisch war das große Theater, doch im 2. und 3. Jh. n. Chr. baute man es für Tierhatzen und Gladiatorenspiele radikal um.

Es trägt Reliefwidmungen an Mars, an die Siegesgöttin und an die Gladiatoren-Patronin Nemesis. Oberhalb vom Theater lag ein spätzeitliches Heiligtum ägyptischer Gottheiten. Eine makedonische Mauer (die einer byzantinischen als Fundament diente) verwandelte die Anhöhe in eine Festung. Das Römerforum ist ein riesiges Rechteck, an dessen Nordrand die *Via Egnatia* entlanglief. Portici nahmen die 3 anderen Seiten ein; Marmorpflaster zierte den wei-

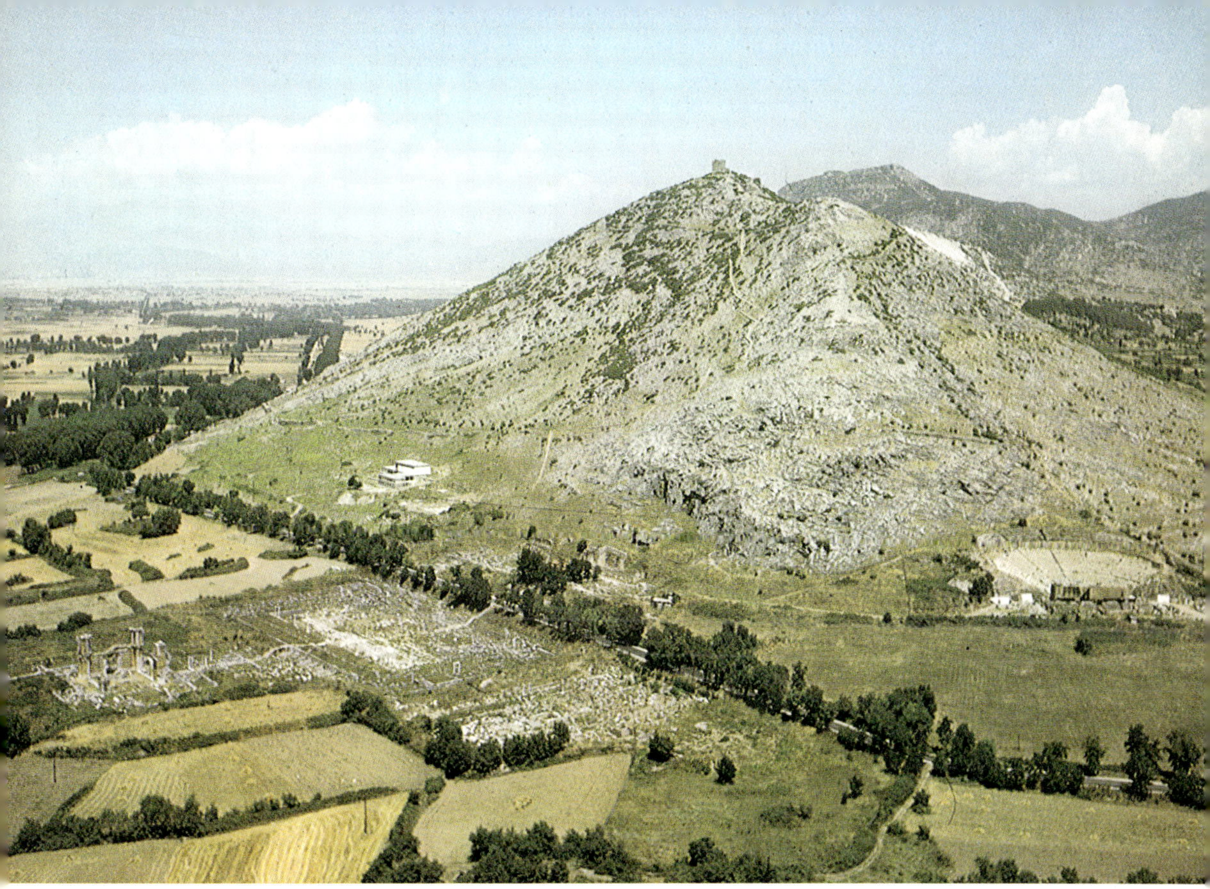

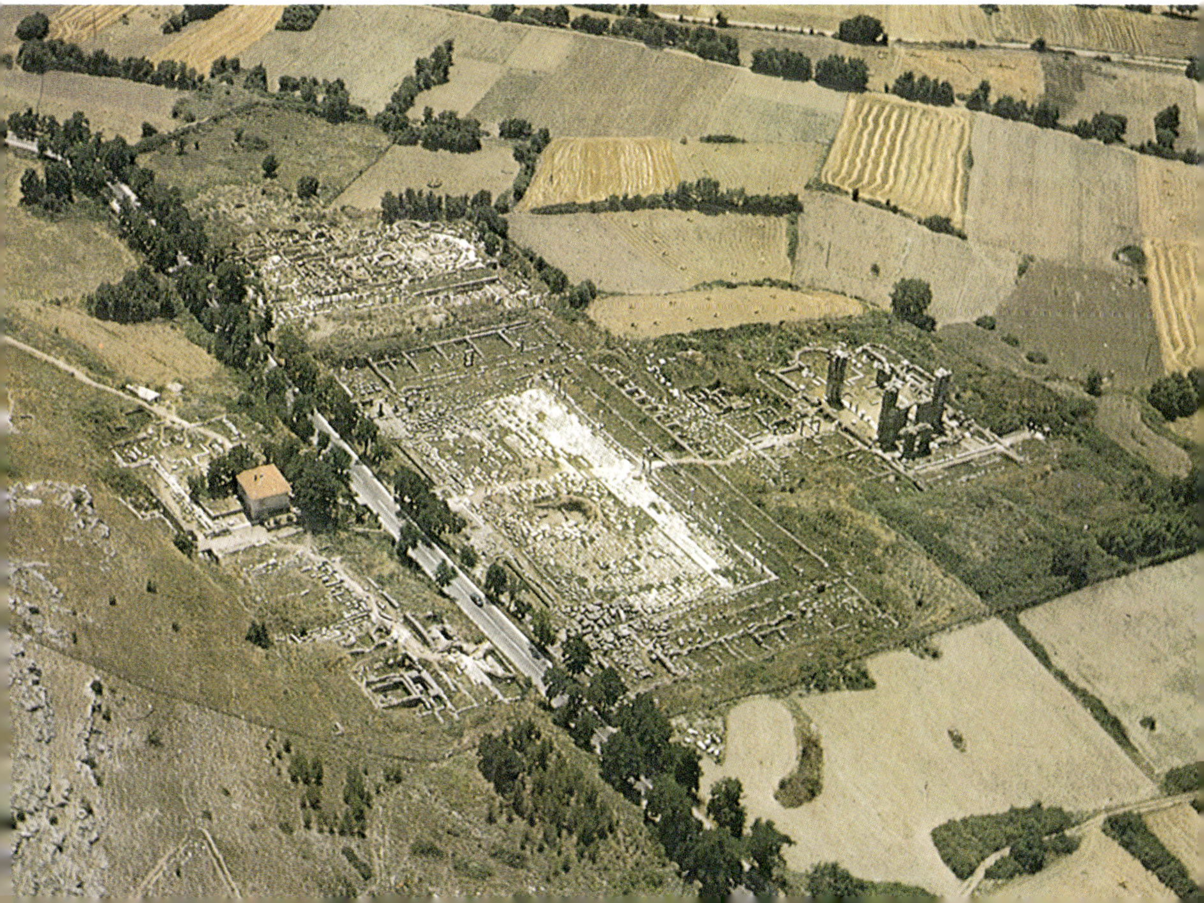

ten Hof. An der Nordost- und Nordwestecke lagen je ein Tempel, und hinter der Oststoa befand sich eine Bibliothek. Diese Ausgewogenheit geht auf Mark Aurels Zeit (161–180 n. Chr.) zurück. Die Südhalle war wohl Teil einer älteren, griechischen Agora (oder stand an deren Stelle). Den Rest verschlang ebenso wie den größten Teil einer römischen Palaistra weiter südlich) die Basilika B (deren noch lange sichtbare Reste ihr den türkischen Namen *direkler* = ›Pfeiler‹ eintrugen). Diese riesige Kirche des 6. Jh.s stürzte vor ihrer Vollendung ein. Die zu weit gespannte Kuppel war zu schwer. Doch noch immer sind ihre erhaltenen Pfeiler und Kapitelle außerordentlich eindrucksvoll.

Eine zweite Kirche mit einem Oktogon innerhalb eines Quadrats und Säulen an 7 Oktogonseiten wurde erst jüngst aufgedeckt. Darunter kamen in einem Makedonengrab hervorragende Goldarbeiten ans Licht. Im Norden der Kirche: das Baptisterion (Taufkapelle) und Bäder mit kunstvollem Propylon an der *Via Egnatia*. Eine weitere große Basilika liegt nördlich vom Forum jenseits der Straße, Reste einer vierten fand man weiter im Westen. Sie bekunden die Bedeutung des Christentums in Philippi während der spätrömischen und frühbyzantinischen Zeit. Der Oktogon-Bau ist das erste bekannte Beispiel dieser Kirchenbauweise in Griechenland.

Gla/**Gla**

Der ausgefallene Name der mächtigen Festung Gla ist möglicherweise durch Verballhornung des albanischen Wortes für ›Burg‹ (*goulas*) entstanden. Gla ist einzig in seiner Art: Eine ehemalige Insel im heute ausgetrockneten Kopais-See. Den gesamten Hügelrand krönte eine 5,50 m dicke und fast 3,2 km lange, massive Wehrmauer, zehnmal so groß wie die in Tiryns, siebenmal so groß wie die in Mykene. Der Festungsboden liegt 67 m über der Ebene (dem antiken Seegrund) ringsum. 3 km vom ehemaligen See-Ostufer entfernt, war Gla wohl eine Festung der Minyer, eines von Homer und anderen Quellen wiederholt erwähnten Volksstamms, der in mykenischer Zeit im benachbarten Orchomenos gewohnt haben soll. Mauern und Gebäude stammen wohl aus dem 14. Jh. v. Chr., in Gebrauch waren sie mindestens bis zum Zusammenbruch der mykenischen Welt (Anfang des 12. Jh.s). Offensichtlich regelten die Gla-Leute den Wasserstand ihres Sumpf-Sees mit Deichen und Drainagekanälen, die sich auch heute noch nachweisen lassen. Vier Tore durchbrechen den mächtigen Stadtwall.

Das Südtor ist das raffinierteste. Anscheinend war es der Haupteingang. Man erreicht es über eine lange, gepflasterte Rampe; es besitzt auch einen gepflasterten Innenhof. Zwei Türme schützen den Torweg. Erhalten sind noch Bronzebeschläge der schweren hölzernen Tür-

flügel. Am Fuß des Westturms gab es eine Wächterkammer. Entsprechende ›Wachlokale‹ und Pflasterhöfe findet man auch in allen anderen Torbauten, und das Nordosttor besaß zusätzlich doppelte Viereckstürme. Die Mauer besteht überwiegend aus riesigen, rechteckigen Steinblöcken, die in horizontalen Lagen übereinandergeschichtet sind – ganz anders als die Kyklopenmauern von Mykene und Tiryns. Am Nordrand der ehemaligen Insel lag ein L-förmig geknickter Palast. Sein Nordschenkel bildete einen Teil der Wehrmauer, sein Ostflügel erhob sich auf einer massiven Steinterrasse. Vermutlich handelt es sich eigentlich um 2 gleichartige Paläste. Jeder besaß eine Megaron-Halle und einen länglichen ›Warteraum‹ am äußeren Ende sowie Wohnräume zur Mitte hin. Bei jedem gab es Anhaltspunkte für ein Obergeschoß aus luftgetrockneten Ziegeln. Nach Westen liegt ein langer, schmaler Bau unbekannter Bestimmung und zwischen den Palastflügeln ein offener Hof. Im Süden der Paläste liegt ein großes Rechteck, das an die Agorai späterer Städte erinnert. Es besaß eine eigene Mauer, im Norden mit einem Tor zu den Palästen hin, im Süden mit einem ausgereiften Torbau, den eine Straße mit dem Festungs-Südtor verband. Innerhalb dieser Mauern lagen zwei längliche Bauten – fast wie Stoai klassischer und hellenistischer Märkte. Der Westbau besaß Innensäulen in seiner Südhälfte. Bei jeder ›Stoa‹ lagen

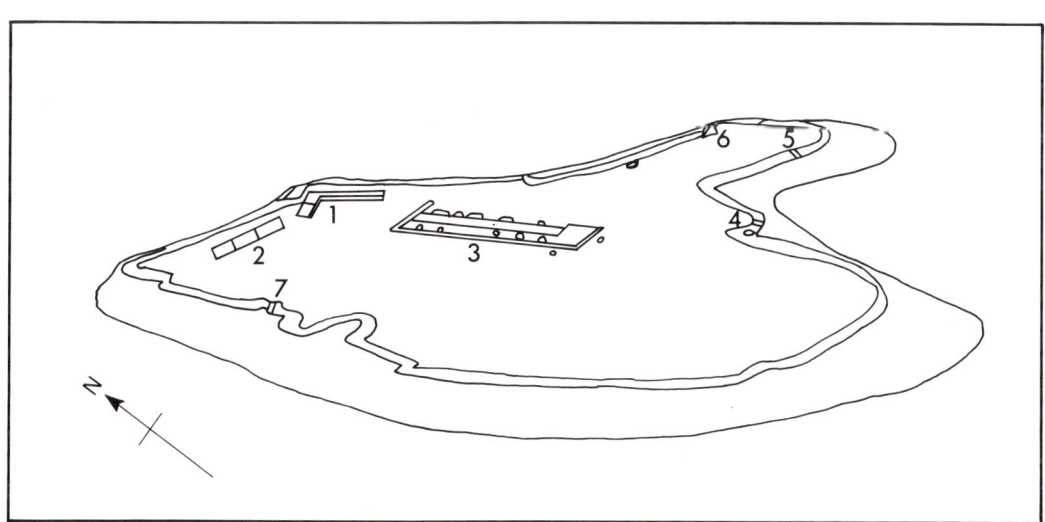

1 Palast
2 Nordwestgebäude
3 Sogenannte ›Agora‹

4 Südtor
5 Südosttor

6 Nordosttor
7 Westtor

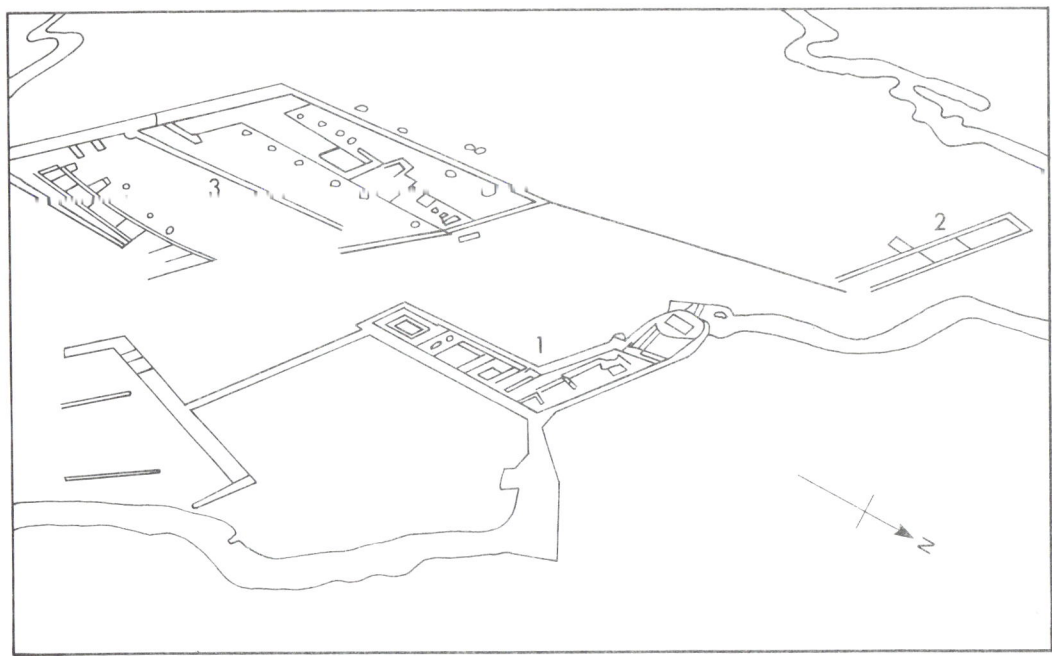

1 Palast
2 Nordwestgebäude
3 Sogenannte ›Agora‹

am Südende vier Räumlichkeiten, im Norden dagegen zwei. Die Ost-›Stoa‹ ist sehr viel schmaler als ihr westliches Gegenstück. Die Räume dienten wohl als Magazine oder Werkstätten (oder, wie andere meinen, als Pferde- und Wagen-Boxen). Auf dem offenen Raum dazwischen versammelte man sich. Da jeder Hinweis auf Wohnstätten im Festungsgelände fehlt, war diese Zitadelle wohl Fluchtburg und Vorratslager mehrerer Seeufersiedlungen. Grabungen: De Ridder (1883); Threpsiades (1955–1961).

Gortyn/**Gortyn**

Das antike Gortyn (im südlichen Mittelkreta und etwa 16 km vom Meer entfernt) wurde Kretas größte Stadt und war zur Römerzeit sogar Hauptstadt der Insel. Homer nennt es »ummauert«, doch fanden sich keinerlei Spuren eines Wehrmauerrings. Auf der Akropolis gibt es neolithische Reste und Beweise für eine postmykenische Besiedelung. Weiter entdeckte

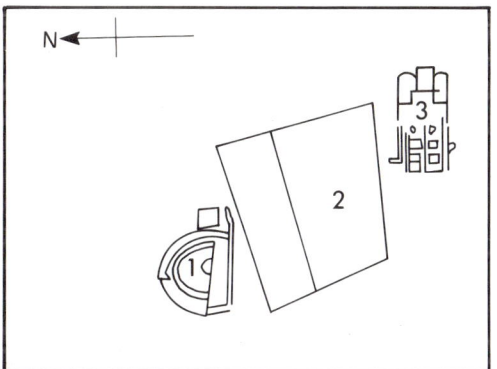

1 Odeion mit Rechtsinschrift (›Recht von Gortyn‹)
2 Ehemalige Agora
3 Titusbasilika (6. Jh.)

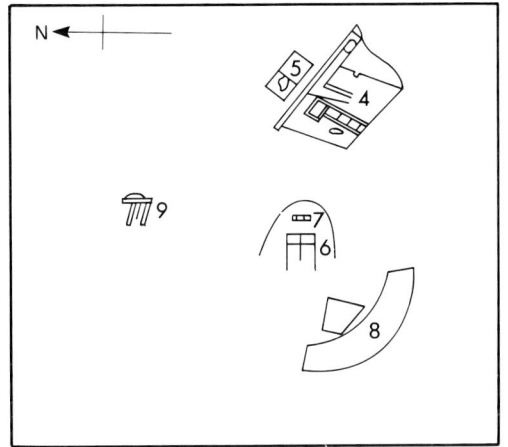

1–3 *(s. Seite 81)*
4 Praetorium (röm. Statthalterresidenz)
5 Nymphaeum (Brunnenhaus)
6 Pythion (Apollotempel)
7 Altar
8 Römisches Theater
9 Heiligtum der ägyptischen Gottheiten

man einen Tempel aus dem 8. oder 7. Jh. v. Chr. über einem Megaron aus geometrischer Zeit. Eine spätminoische Villa oder ein Bauerngut hielt sich am Südrand des weiten Stadtgebietes. Höhepunkt der Stadtgeschichte waren jedoch Griechen- und Römerzeit. Viele der bedeutenderen Bauten stammen aus dem 2. Jh. n. Chr. Das Ende brachte dann die Araberinvasion im 9. Jh. n. Chr. Italienische und griechische Grabungen (seit 1884) haben erst einen Teil des Geländes freigelegt. Besondere Beachtung verdient das römische Odeion im Südosten des Akropolishügels. Es stammt aus der Zeit Traians (um 100 n. Chr.). Man errichtete es über einem archaischen *Tholos*-Rundbau, an dessen Wand sich eine große Rechtsinschrift befand (»Recht von Gortyn«, Regelung der sozialen Verhältnisse, Eigentumsrecht, Schenkungen, Verfügungen, Erbrecht, Scheidung, Straf- und Blutrecht). Dieses bedeutende antike Rechtsdokument wurde um 450 v. Chr. in dorischem Dialekt aufgezeichnet (*Bustrophedon*-Schrift, d. h. ›ochsenwendige‹ Schreibweise: wie Pflugfurchen abwechselnd rechts- und linksläufig). Die Römer bezogen die Blöcke dieser Inschrift sorgfältig in ihren Odeions-Bau ein. Die Orchestra vor den gekrümmten Sitzreihen ist mit schwarzem und weißem Marmor ausgelegt. Vor dem Odeion die antike Agora, dahinter liegt die aus dem 6. Jh. n. Chr. stammende Basilika des Paulusschülers und ersten Bischofs von Kreta: Titus, dem Paulus aus Nikopolis seinen Titusbrief schrieb. Im Südosten der Agora mehrere Bauwerke verschiedener Perioden. Das Heiligtum der ägyptischen Gottheiten (Isis und Serapis) war eine Stiftung der römischen Dame Flavia Philyra und ihrer Söhne. Südlich davon das Pythion: Tempel und Altar Apolls aus archaischer Zeit über einem noch älteren minoischen Bau. In hellenistischer Zeit kam eine Vorhalle, später eine Säulen-Doppelreihe in der Cella (2. Jh. n. Chr.) und eine Apsis hinzu. Eine Schatzkammer liegt in der Nordostecke, und ein hellenistisches Heroon grenzte an den Tempel an. Römisch ist das zerstörte Theater südwestlich davon (ein Ziegelbau). Es hatte wohl mit dem Kult im Pythion zu tun (ein anderes Theater für dramatische Aufführungen lag am Südhang des Akropolishügels; heute gleichfalls zerstört). Der römische Statthalterpalast (Praetorium [Zeit Hadrians]) stand östlich vom Pythion. Im 4. Jh. erhielt er eine mit Steinfliesen ausgelegte Halle. Neben ihm ein Nymphaeum (Brunnenhaus; spätes 2. Jh. n. Chr.). Weiter im Südosten liegt ein Amphitheater, am Stadtrand gab es ein Stadion und römische Bäder. Plinius und Varro erwähnen einen Baum in Gortyn, der nie seine Blätter verlor. Vielleicht fand Hannibal 189 v. Chr. hier Zuflucht.

Gournia/**Gurnia**

Alles Wissen über Gurnia beruht auf archäologischen Befunden. Nicht einmal den alten Namen kennen wir. Dennoch ist Gurnia von besonderem Interesse: Es ist die einzige Siedlung seiner Art, die bisher vollständig freigelegt wurde. Ausgegraben wurde sie 1901–1904 von Amerikanerinnen unter Leitung von Harriet Boyd Hawes und mit Hilfe von Richard Seager. Die Fundpublikation enthält auch Betrachtungen über allgemeine Aspekte der minoischen Kultur, Kunst, Religion und des Alltagslebens. Jüngst hat man die Ruinen teilweise rekonstruiert.

Reizvoll ist die Lage auf einem ovalen Hügel über der heiteren Mirabellobucht. Gurnia war wohl Fischerei-, Handels- und Industriezentrum einiger Bauerngemeinden, die keinen eigenen König hatten, sondern einem Verwalter unterstanden. Die ältesten Baureste stammen aus dem Frühminoikum (vor 2000 v. Chr.), doch die meisten Bauten gehören dem Mittel- und dem beginnenden Spätminoikum (17.–15. Jh. v. Chr.) an und waren teilweise im Spätminoikum III (nach 1400 v. Chr.) erneut bewohnt. Der Plan paßt sich den Gegebenheiten des Hügels an. Zwei gepflasterte Hauptstraßen laufen in Nordsüdrichtung an den Zentralkamm-Flanken entlang; Parallel- und Quergassen sind oft winkelig. Es muß in Gurnia ein wahres Gedränge gegeben haben! Die unteren Häuserpartien bestanden meist aus Kalkstein, darüber gab es dürftige Ziegel- und Holzkonstruktionen. Viele hatten 5–6 meist längliche Räume zu ebener Erde, doch Korridore sind selten. Treppengänge in einigen Häusern deuten auf Obergeschosse hin, und in einigen Fällen gab es hierzu einen Separateingang von einer höheren Gasse aus. Die Tragpfeiler der oberen Räume

1 ›Agora‹-Hof
2 Sogenannter ›Palast‹
3 Kultschrein (›Kapelle‹)
4 Straßen
5 Häuser jüngeren Datums mit Handwerkzeugfunden (›Handwerkerhäuser‹)

waren anfangs meist rechteckig, später dann rund. Ein paar jüngere Häuser ander Westseite lassen eine spätere Teil-Neubesiedlung des Ortes nach einem Erdbeben vermuten – vielleicht nach der Katastrophe, der etwa Mitte des 15. Jh.s v. Chr. so viele minoische Siedlungen zum Opfer fielen. In diesen Häusern gefundene Gegenstände – Teile von Töpferscheiben, Tischlereizubehör (Bronzesägen, Beile, Bohrer und Ahlen), Schmiedewerkzeuge, Ölpressen, Fischhaken usw. – lassen schließen: Es waren Handwerker, die hier wohnten. Der sog. ›Palast‹ oben auf der Höhe ist nur ein Zehntel des Pala-

stes von Knossos, hat mit diesem aber gewisse architektonische Züge gemein: Einen abwechselnd von Säulen und viereckigen Pfeilern umsäumten Haupthof, eine Quaderfassade, die an Mallia erinnert, ein kleines ›Theater‹ und ringsherum Vorratsräume, an die sich im Süden ein großer, öffentlicher Hof (wie die Vorwegnahme einer späteren Agora) anschließt. Eine Stufenreihe führt von hier zum Palast. Direkt nördlich vom Palast liegt auf dem Gipfel ein kleines Kapellchen ohne Vorhalle. Hier fand man ein Gipsidol einer Schlangengöttin und einen Dreifußaltar.

Halieis/**Halieis**

An der Argolis-Südspitze liegt die Bucht von Portochelion. Ihre Ufer krönte das antike Halieis (bewohnt 8.-Ende 4. Jh. v. Chr.). Seine Glanzzeit hatte Halieis im 5. Jh. v. Chr. als Sammelpunkt zahlreicher Flüchtlinge aus Ti-

ryns, nachdem Argos Tiryns erobert und zerstört hatte. Die Athener brannten darauf, Halieis als Bollwerk gegen Sparta zu besitzen, doch ihr Versuch, 460 v. Chr. die Stadt zu erobern, scheiterte. Sparta unterwarf Halieis 435

Akropolis

1 Rundturm
2 Burgräume
3 Ehemalige Turmtreppe

4 Wehrmauer
5 Speisesaal
6 Terrassen-Stützmauer

7 Altar
8 ›Industrie-Terrasse‹
9 Färberei-Ruinen

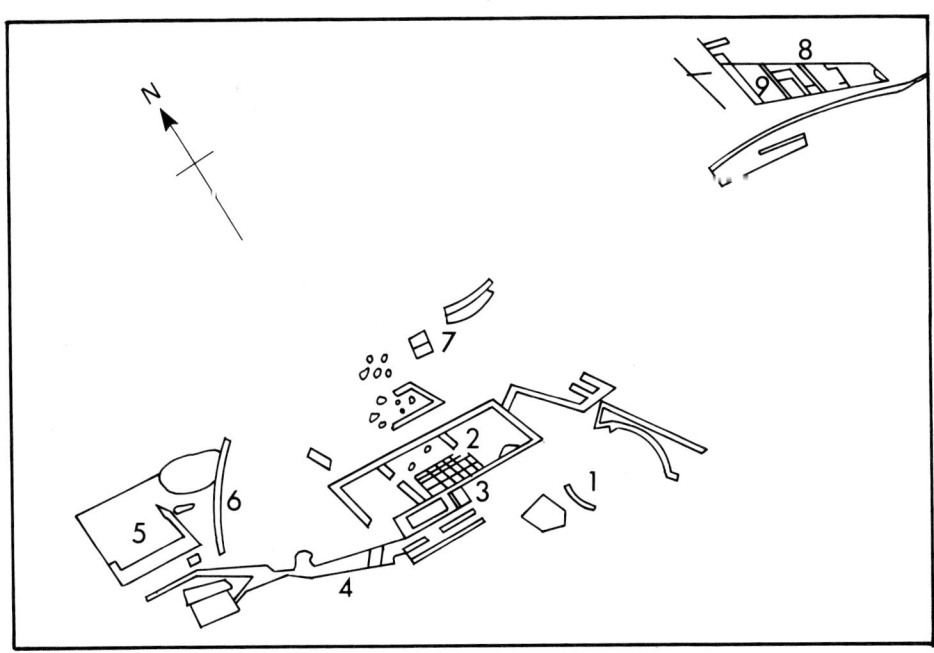

v. Chr. und behauptete sich hier 430 und 425 gegen Überfälle der Athener. Schließlich besetzte Athen 423 die Festung doch, aber nach Athens Niederlage am Ende des Peloponnesischen Krieges war Halieis im 4. Jh. wieder auf Seiten Spartas. Später baute man ausgedehnte Wehrmauern, und die Stadt breitete sich von der Akropolis weit über die gesamte Bucht aus. Seit 1962 haben amerikanische Archäologen ein Stück der Oberstadt aufgedeckt und auch einen guten Teil heute überfluteten ehemaligen Stadtgeländes an der Küste erforscht. Deutlich erkennt man aus der Luft, daß das Meer

hier bedeutende Ruinen überspült. Die wohl im 4. Jh. v. Chr. erbauten Wehrmauern, die in die älteren Wehranlagen einbezogen sind, liefen in weitem Bogen vom Ost- und Westrand der Akropolis nach Norden, um hier bei einem genial erdachten Seetor aufeinanderzutreffen, das nur nach Westen offen war und Zugang zum befestigten Hafen gewährte. Ein massives Tor im Nordosten schützte die Straße nach Hermione, dem zweiten Knotenpunkt der Süd-Argolis. Dieses Tor und die Nachbarhäuser liegen heute (wie auch andere Abschnitte an der Küste) metertief unter Wasser. Vor dem Her-

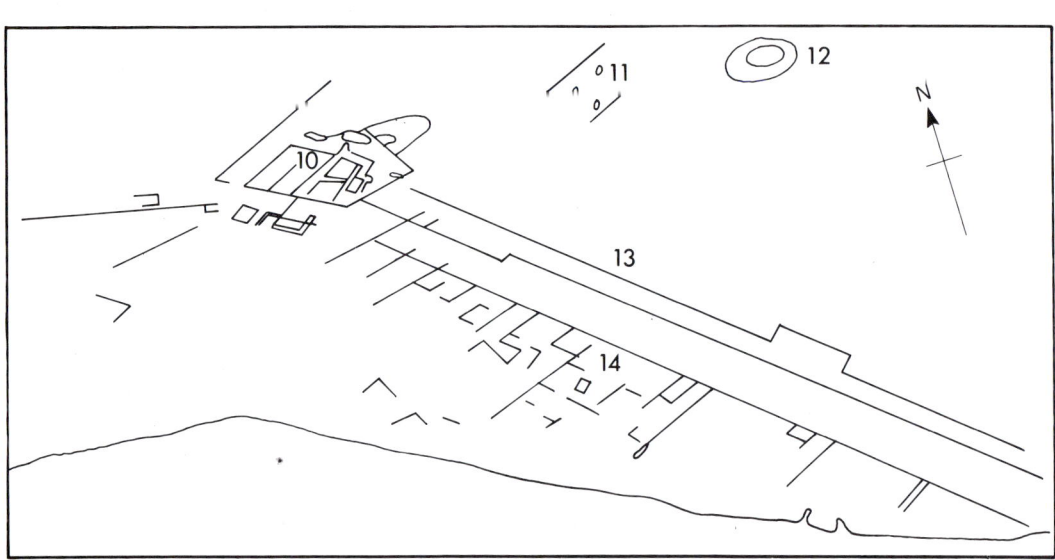

Nordostviertel

10 Hermione-Tor (Tor an der Straße nach Hermione)   13 Stadtmauer (Nordostabschnitt)
11 Stoa   14 Häuser
12 Bombenkrater aus dem 2. Weltkrieg

mione-Tor gab es ein rechteckiges Bauwerk wie eine kleine Stoa mit 2 Reihen von je 3 viereckigen Pfeilern. Noch weiter davor lagen ein Stadion, Bäder und ein Apollonheiligtum. Bei den Mauern bestanden die untersten Lagen aus horizontalen Steinblöcken, die oberen Abschnitte dagegen aus mit Dachziegeln abgedeckten Luftziegeln. Der Akropolishügel diente vor allem der Verteidigung. Grabungen haben hier ein beachtliches Mauerstück und einen Rundturm ans Licht gebracht, dagegen einen dreigeteilten Langbau (wohl Unterkünfte und Magazine). Auch Reste einer Turmtreppe wurden gefunden. Den westlichen Hügelrand hatte man in eine Terrasse mit Stützmauer verwandelt. Dahinter lag ein quadratischer Raum (den Keramikfunden nach wohl ein Speisesaal). Nördlich vom Akropolis-Zentrum ein Altar. Sein Kernstück bilden 2 hochgestellte Porosblöcke (vermutl. 6. Jh. v. Chr.). Auf einem Hügel im Nordosten liegt eine Art Industrie-Terrasse (Werkstätten, Häuser, Magazine). An den schäbigen Wänden haben sich dennoch rote und weiße Farbspuren gehalten. Becken und andere Reste am Westrand deuten auf eine Färberei hin. Reste in der nicht fernen Franchthi-Höhle (um 7500 v. Chr.) gehören zu den ältesten Siedlungsspuren auf griechischem Boden.

Chalkis/**Chalkis**

Die zweitgrößte griechische Insel (nach Kreta), Euboia, zieht sich mehr als 160 km vor der Küste der Opuntischen Lokris, Boiotiens und Attikas hin und stößt bei ihrer Hauptstadt Chalkis fast an das Festland. Seit dem 5. Jh. v. Chr. gab es hier eine Brücke über die berühmte, nur 42 km breite Eurypos-Meerenge, deren rätselhafte, mächtige Strömung mehrmals täglich die Richtung wechselt – schon Aristoteles zerbrach sich darüber den Kopf, und auch heute noch hat man keine befriedigende Erklärung dafür. Aulis liegt nur wenig weiter südlich, und Eretreia knapp 20 km im Osten an der Insel-Südküste.

Dank seiner hervorragenden Lage an der Kreuzung mehrerer Handelswege, gelangte Chalkis rasch zum Wohlstand. Sein Name, entweder von *chalkos* (Erz, Bronze) oder *chalke* (die purpurproduzierende Stachelschnecke), spiegelt seinen Ruf. Im 8. Jh. v. Chr. gründete es viele Kolonien, so in Nordgriechenland auf der dreigeteilten Halbinsel Chalkidike, aber auch in entlegenen Gebieten: Cumae und Rhegion in Süditalien, Naxos und Zankle (Messina) auf Ostsizilien. Nach früher Übernahme des (phönikischen) Alphabets übermittelte es Europa dieses hervorragende Instrument des Handels und der Bildung über Cumae, die älteste Griechenstadt im Westen: einen wahren ›Brückenkopf‹ europäischer Kultur. Unablässig kämpften Chalkis und Eretreia um die Kontrolle der zwischen ihnen liegenden Lelantos-Ebene (›Lelantisches Feld‹). Nach dem 7. Jh. v. Chr. besaß Chalkis die Vormacht. 506 v. Chr. wurde es von Athen unterworfen und unterstützte es 480 mit Schiffen und Besatzungen gegen Xerxes. Schwere Schäden erlitt es beim Einmarsch der Römer (146 v. Chr.). Heute sieht man von der antiken Stadt praktisch nichts mehr. Sie liegt völlig unter dem sehr lebendigen heutigen Chalkis. Das Museum birgt Funde aus ganz Euboia. Es ist die dramatische Grundlage, der Chalkis seine Aufnahme in diesem Luftbildband verdankt.

Isthmia/**Die Stätte der Isthmischen Spiele**

An einem Berghang, wenige Kilometer östlich von Argos und südöstlich von Mykene, lag früher ein gemeinsames Heiligtum aller Argiver: das ihrer Patronin Hera, Götterfürstin des Olymp. Auch unter dem Namen Prosymna bekannt, hat es Gräber aus dem Neolithikum und der (vorgriechischen) Bronzezeit. Seit mykenischer Zeit muß es hier eine Kultstätte gegeben haben. Bäche führten das Wasser für rituelle Bäder herbei. Hier versammelten sich die Fürsten der Griechen, um Agamemnon ihrer Treue beim großen Zug gegen Troja zu versichern,

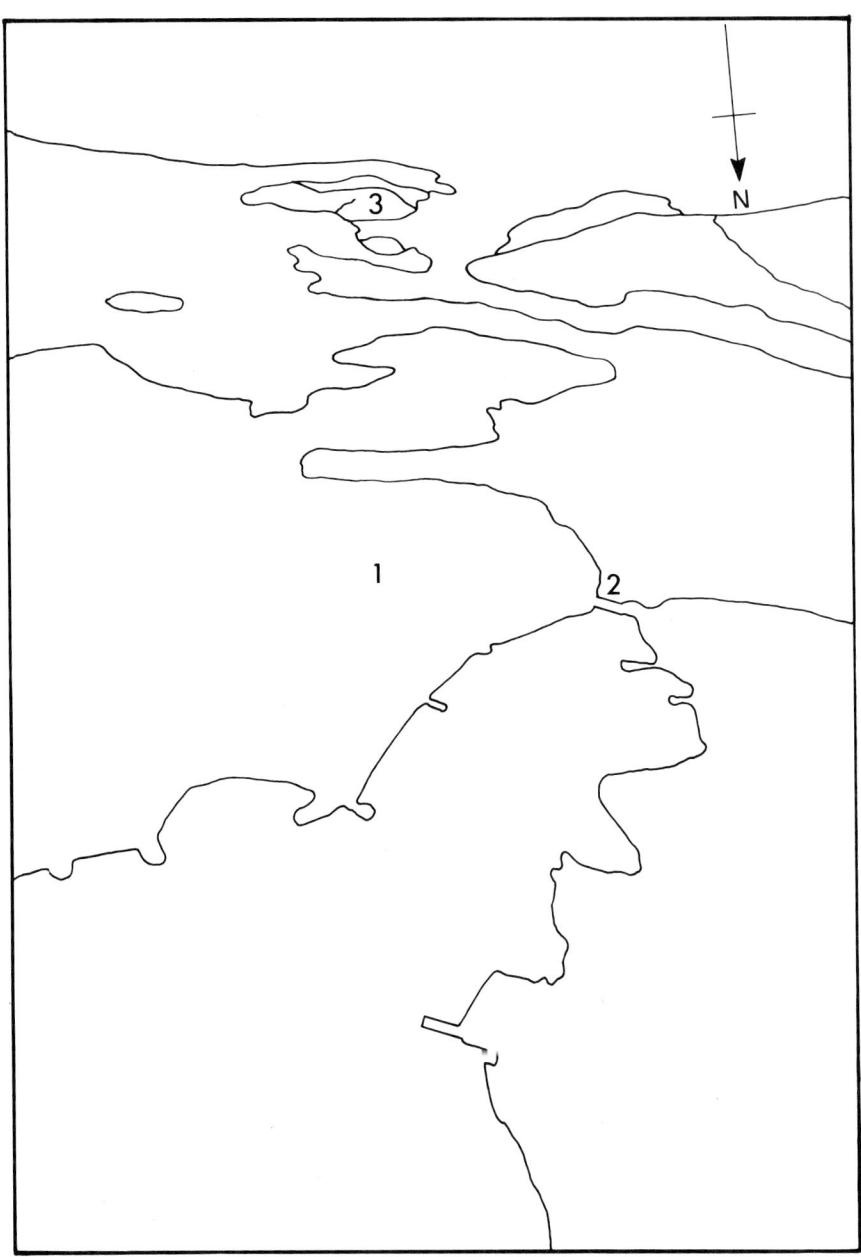

1 Lage des antiken Chalkis
2 Eurypos-Straße (Meerenge)
3 Aulis

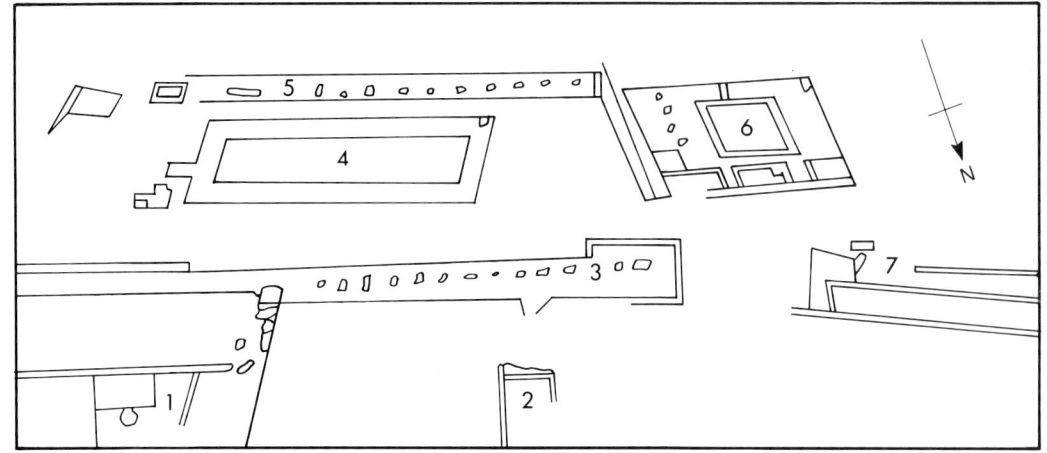

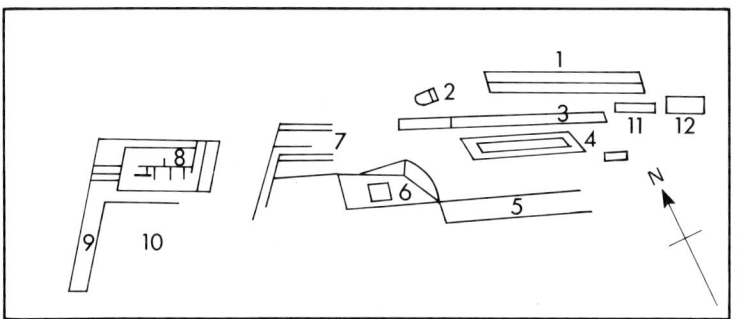

1 Alter Tempel
2 Altar (zum alten Tempel)
3 Nordstoa
4 Neuer Tempel
5 Südstoa
6 Westgebäude
   (Banketträume)
7 Alter Eingang (Propylon?)
8 Römische Bäder
9 Weststoa
10 Palaistra/Gymnasion
11 Nordostbau (Stoa?)
12 Ostgebäude
   (Versammlungshalle?)

und hier zogen nach Herodot Kleobis und Biton ihre Mutter auf einem Wagen beim Festzug und wurden dafür mit rascher Erlösung von der irdischen Mühsal belohnt. Das Heraion der archaischen und klassischen Zeit ist ein Gebäudekomplex auf 3 Terrassen. Entdeckt 1831, wurde es 1836, 1892–1895 und später ausgegraben (insbesondere von Charles Waldstein; Blegen untersuchte die prähistorischen Überreste). Der archaische Tempel liegt auf der obersten Terrasse. Sie ist sorgfältig eingeebnet und wird von einer massiven Stützmauer gehalten, die mykenisches Mauerwerk nachahmt. Der alte Tempel (der zweifellos noch ältere Hera-Heiligtümer abgelöst hat) stammt wohl aus der 1. Hälfte des 7. Jh.s und ist auf der Peloponnes das älteste Beispiel für Stein- neben Holzbauweise. Sein Stylobat ruht ohne Fundament auf dem Terrassen-Felsboden. Es hat 6 × 14 dorische Säulen. Die oberen Baupartien bestanden wohl aus leuchtend bemaltem Holz. Wie es scheint, lag die Fassade im Westen (d. h. wenn

eine dortige Struktur, die manche für eine Zisterne halten, ein Altar war). 432 v. Chr. brannte der Tempel nieder. Chryseis, eine betagte Priesterin, war eingeschlafen und hatte eine brennende Lampe fallen lassen (sie floh anschließend in das Heiligtum von Tegea). Archaisch sind auch weiter unten die abgestuften Stützmauern. Im 6. Jh. v. Chr. entstanden 2 oder mehr Stoai auf der Mittelterrasse – die ältesten bekannten (dorischen) Beispiele eines später im griechischen Raum äußerst verbreiteten Bautyps. Eine Pioniertat ist auch das große, quadratische ›Westgebäude‹ mit Säulenumgang um den Innenhof. Es hat 3 Räume an seiner Nordseite: Vielleicht eine Banketthalle für prominente Heiligtumsbesucher. Mitte des 5. Jh.s errichtete man auf der untersten Terrasse die Südstoa und zu ihrer Rechten das ›Ostgebäude‹ mit 3 inneren Säulenreihen – eine hypostyle Halle, in der man sich wohl aus kultischem Anlaß versammelte. Der neue Tempel auf der Mittelterrasse entstand im Peloponne-

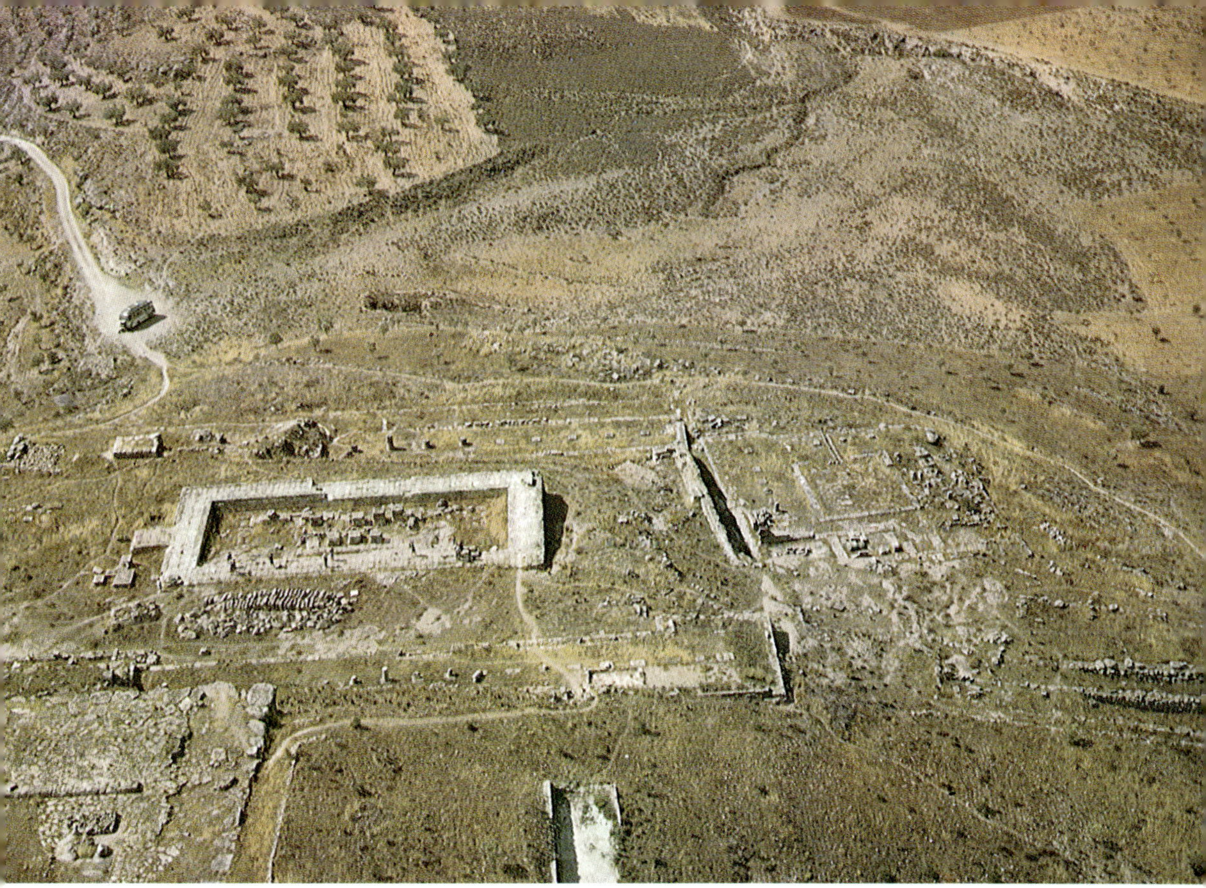

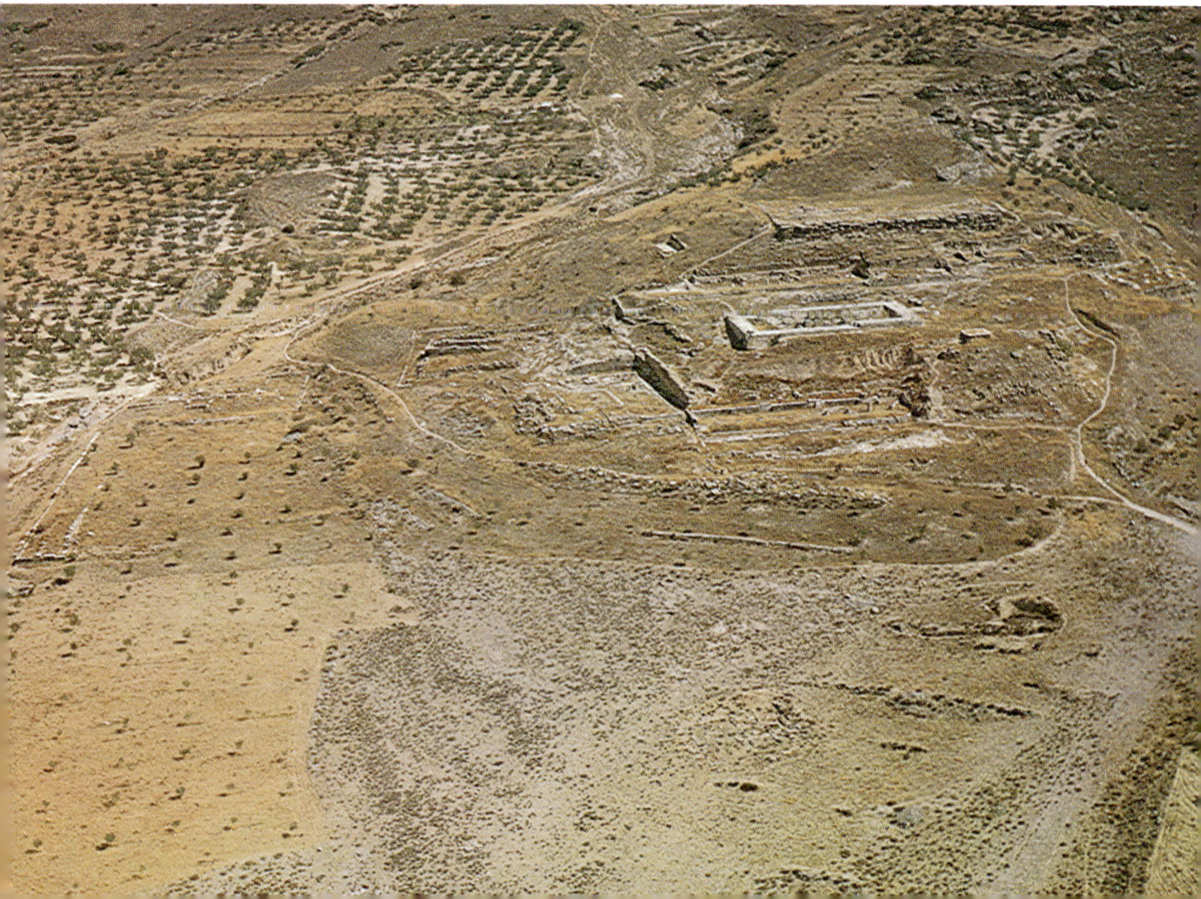

sischen Krieg, nach 420 v. Chr. Architekt war Eupolemos aus Argos. Der Tempel ist dorisch, jedoch mit dem ungewöhnlichen Zahlenverhältnis von 6×12 Säulen. Einiges vom Skulpturen-Zierat ist hervorragend. Innen eine große Herastatue aus Gold und Elfenbein – Werk des großen Polyklet. In einer Hand hielt die gekrönte Göttin einen Granatapfel, in der anderen ein Szepter mit einem Kuckuck, Heras

heiligem Vogel. Nero stiftete dem Götterbild eine purpurne Robe und Hadrian steuerte einen goldenen Pfau mit juwelengeschmückten Federn bei.
Auch ein altes Herastandbild aus Birnenholz bewahrte man hier auf. Im Westen liegt eine L-förmig geknickte Stoa, darunter römische Bäder. Sie zeigen, von wie langer Dauer diese uralte Kultstätte war.

Chaeronea/**Chaironeia**

Chaironeia in Nordwestboiotien liegt auf einer fruchtbaren Ebene inmitten sanft gewellter Hügel. Schon früh müssen nach Ausweis neolithischer Funde hier Menschen gewohnt haben. In der Nähe floß der Kephissos – nicht zu verwechseln mit dem gleichnamigen Bach in Athen. Die alte Akropolis lag auf dem Doppelgipfel der Petrachoshöhe, man sieht noch ihre Mauerreste. Nichts außer dem in den Nordfuß des Hügels eingeschnittenen Theater ist von der antiken Stadt mehr übrig. Und das Theater ist das kleinste Griechenlands, ein recht bescheidener Bau, bot aber einen ausgezeichneten Blick über den Kopaissee. Es stammte wohl aus dem späten 5. Jh. v. Chr., doch die höheren

Sitzreihen waren z. T. erheblich jünger. Oben in der Felswand befand sich ein Weiherelief für Apollon Daphnephoros und Artemis. Bekannt war Chaironeia durch die Herstellung duftender Salben. An der Akropolis-Nordspitze befand sich ein Heiligtum der Musen und des Apollon Thurios. Etwas entfernt liegt auf ebenem Gelände am Haimon-Bach ein kleines dorisches Tempelchen mit wenigstens 2 korinthischen Säulen. Etwa 1,5 km im Osten fand am Haimon-Bach beim Kareta-Paß eine berühmte Schlacht statt, die Griechenlands Geschichte radikal veränderte: 338 v. Chr. schlug hier Philipp von Makedonien, tatkräftig unterstützt von seinem damals 18jährigen Sohn Al-

1 Akropolis auf dem Petrachos-Hügel
2 Theater

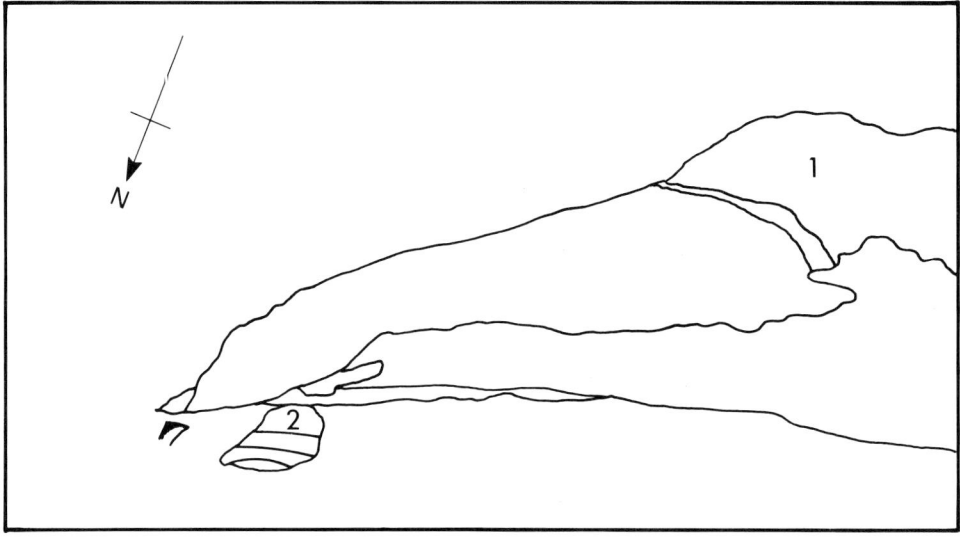

94

Das Löwendenkmal ist weiter links, hier nicht im Bild (s. Seite 96)

exander, ein 30000 Mann starkes Bundesheer der Städte Athen, Theben, Megara, Korinth und anderer Stadtstaaten, das Demosthenes zusammengerufen hatte, indem er ganz Griechenland beschwor, seine Freiheit gegen Philipps Machtanspruch zu verteidigen. Demosthenes nahm an der Schlacht teil und erlebte die vernichtende Niederlage mit. Alexander sammelte hier seine ersten größeren Kriegserfahrungen. Sein Vater herrschte anschließend über ganz Griechenland, und Alexander versuchte in 10 Jahren voller Kriege, den größten Teil der damals bekannten Welt zu unterwerfen. Die bei Chaironeia gefallenen Makedonen bestattete man unter einem großen Hügel (*Polyandreion,*

Grabhügel 2) am Bach. Die Asche der getöteten Athener schickte Philipp nach Athen. Die tapfere ›Heilige Schar‹, die sich bis zum letzten Mann gegen Alexander gewehrt hatte, begrub man unter einem Löwendenkmal (heute außerhalb des Dorfes). Es wurde in 3 Abschnitten aus boiotischem Marmor errichtet, und der Löwe erhebt sich, etwa 5,5 m über einer rechteckigen Plinthe. Eine niedrige Mauer bildete die geweihte Umfriedung (heute rekonstruiert). 86 v. Chr. schlug an der gleichen Stelle Sulla die Armee des Königreichs Pontos unter Mithridates' Befehlshaber Archelaos. Dies war einer der Glanzpunkte in Sullas bewegter Karriere. Für die Menschheit ergiebiger war wohl die Geburt

von Chaironeias berühmtestem Sohn: Plutarch (um 46 n. Chr.). Er war ein gebildeter Verfechter humanitärer philosophischer und religiöser Ideale, Biograph bedeutender Männer und unermüdlicher Essayist. Er war Priester zu Delphi, doch an seinem Lebensende kehrte er nach Chaironeia zurück. In der Renaissance übte er einen gar nicht hoch genug einzuschätzenden Einfluß auf Denker und Dichter (u. a. auf Shakespeare) aus.

Heraion/**Heiligtum der Argivischen Hera**

Eine 6 km breite Landbrücke, der Isthmos von Korinth, verbindet die Peloponnes mit dem übrigen Griechenland. In der Antike grub man hier eine Passage (*diolkos*), über die die damaligen Holzschiffe mühsam gezogen werden konnten, weil man die lange und gefährliche Umsegelung der Halbinsel vermeiden wollte. Nero versuchte, hier einen Kanal anzulegen, doch das gelang erst 1893. Quer über die Landenge führte eine Sperrmauer. Vielleicht planten die Spartaner hier die Perser 480 v. Chr. aufzuhalten. Später – vor allem unter Iustinian (um 550 n. Chr.) – erweiterte man das Bauwerk. Der besterhaltene Abschnitt liegt östlich von Theater und Tempel. Zu ihm gehört ein Festungsring. Beim Bau verwendete man viele Blöcke aus den alten Heiligtümern. Ganz Griechenland kannte das Poseidon-Heiligtum unweit vom Isthmos-Ostufer. Seit 582 v. Chr. hielt man alle 2 Jahre hier im Frühling Spiele und Wettkämpfe ab, die an Bedeutung und Ausstattung nur von den Olympischen Spielen übertroffen wurden. Das benachbarte Korinth war für diese Spiele verantwortlich; nachdem die Römer Korinth zerstört hatten (146 v. Chr.), war es Sikyon, bis Caesar 44 v. Chr. Korinth neugründete. Pindar schrieb seine Isthmischen Oden zu Ehren der Sieger bei diesen Wettkämpfen. Während der Spiele von 336 v. Chr. wurde Alexander zum Rächer Griechenlands an Persien proklamiert, und damit begann der schwindelerregendste Teil seiner Laufbahn. 196 v. Chr. verkündete Titus Quinctius Flamininus nach seinem Sieg über die Makedonen bei Kynoskephalai hier die Freiheit Griechenlands, und Nero bestätigte dies 67 n. Chr. überschwenglich, nachdem er zuvor hier im Theater als Sänger aufgetreten war. Das bedeutendste Baudenkmal war der große Poseidontempel (über einem eigenartigen älteren Bau). Er besaß wohl 7 × 19 Säulen mit einer inneren Reihe von 9 plus 3 weiteren im Pronaos. Ungewöhnlich die Malereien an der äußeren Cellamauer hinter dem Säulengang. Jüngst gefundene Fragmente deuten auf geometrische und figürliche Muster in durch vertikale Bänder getrennten Feldern hin (Farben: Purpur, Grau, Orange, Gelb, Blau und Braun). Dieser Tempel brannte 475 v. Chr. nieder. Der Nachfolgebau wies die klassische dorische Ordnung auf (6 × 13 Säulen mit einer doppelten Sechser-Säulenreihe in der Cella sowie einem mit der Mauer verbundenen Pilaster am Ostende jeder Reihe hinter der Pronaos-Vorhalle. Nach einem weiteren schweren Brand (394 v. Chr.) erhielt auch dieser Tempel ein neues Dach. Die Römer fügten im 2. Jh. n. Chr. eine Umfassungsmauer hinzu und umgaben den heiligen Bezirk im Osten, Westen und Süden mit Stoai. In vorrömischer Zeit erstreckte sich ein riesiger Altar quer vor der gesamten Ostfassade; ein kleinerer (jüngeren Datums) befand sich in der Temenos-Ostecke unweit vom Propylon. Hinter der Stoa befand sich ein römisches Heiligtum für Palaimon, zu dessen Ehre die Isthmischen Spiele abgehalten wurden. Das Stadion erstreckte sich, nahe der Südostecke des Tempels beginnend, anfangs nach Südosten. Seine Startschwelle wurde gefunden. Sie hatte Kerben für die Seile, die hier ein ›Offizieller‹ zog, um die Schranken der ›Startmaschine‹ stürzen zu lassen und so die Bahn freizugeben. Das spätere Stadion lag weiter südöstlich in einem Wäldchen am Hügelhang und in rechtem Winkel zum früheren Stadion-Bau. Kümmerlich sind die Reste des Theaters, doch ist noch immer die Struktur erkennbar. In seiner Nähe lagen künstlich ausgeweitete Grotten im Berghang. Sie waren wohl für kultische Begehungen der Schauspieler vor einer Aufführung bestimmt. Auch eine große Grube oder einen großen Brunnen südlich des Tempels legte man frei. Grabungen: Oscar Broneer (1952 bis nach 1960), P. Clement (Mauerbereich).

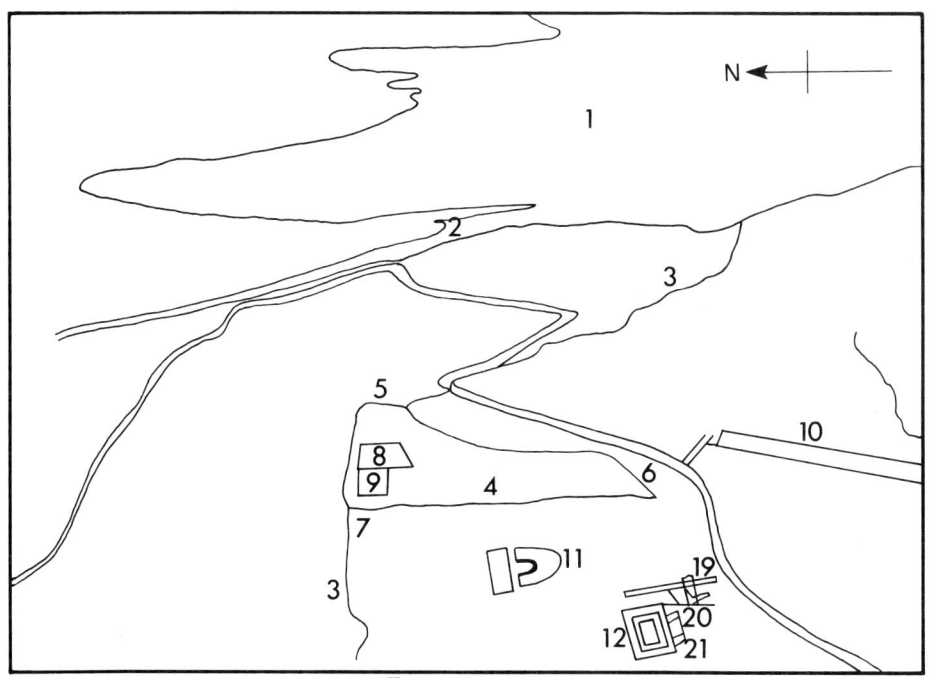

1 Saronischer Golf
2 Kanal von Korinth
3 Isthmos-Sperrmauer
4 Iustinian'sche Festung
5 Nordost-Tor
6 Südtor
7 Tor 15
8 Johannis-Kapelle

9 Heutiger Friedhof
10 Platz des späteren
     Stadions
11 Theater
12 Poseidontempel
13 Temenos-Mauer
14 Stoai
15 Grube

16 Museum
17 Großer Altar
18 Zweiter Altar
19 Propylon
20 Start des älteren
     Stadions
21 Palaimon-Heiligtum
22 Tor 14

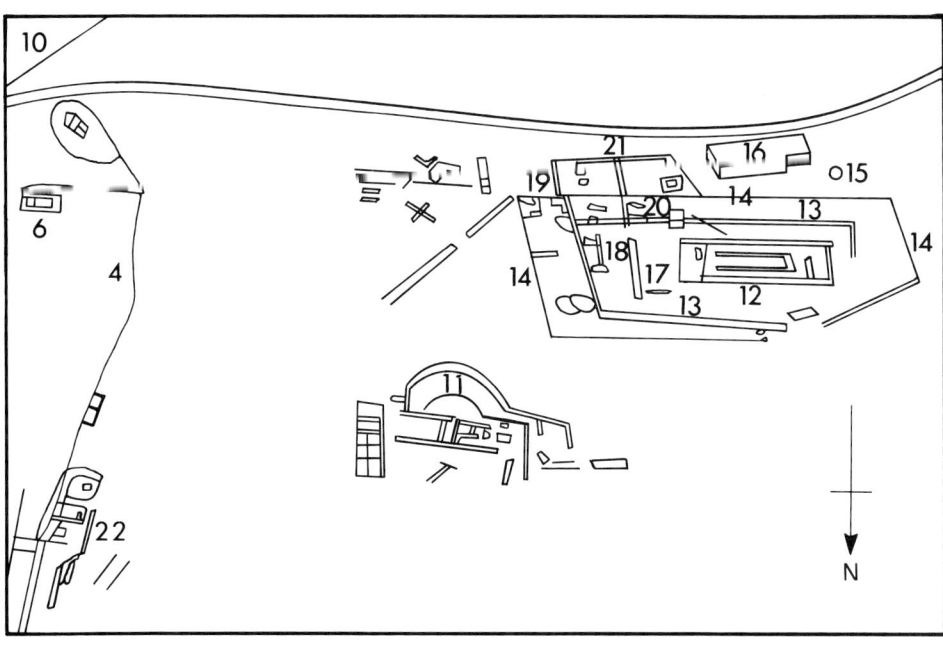

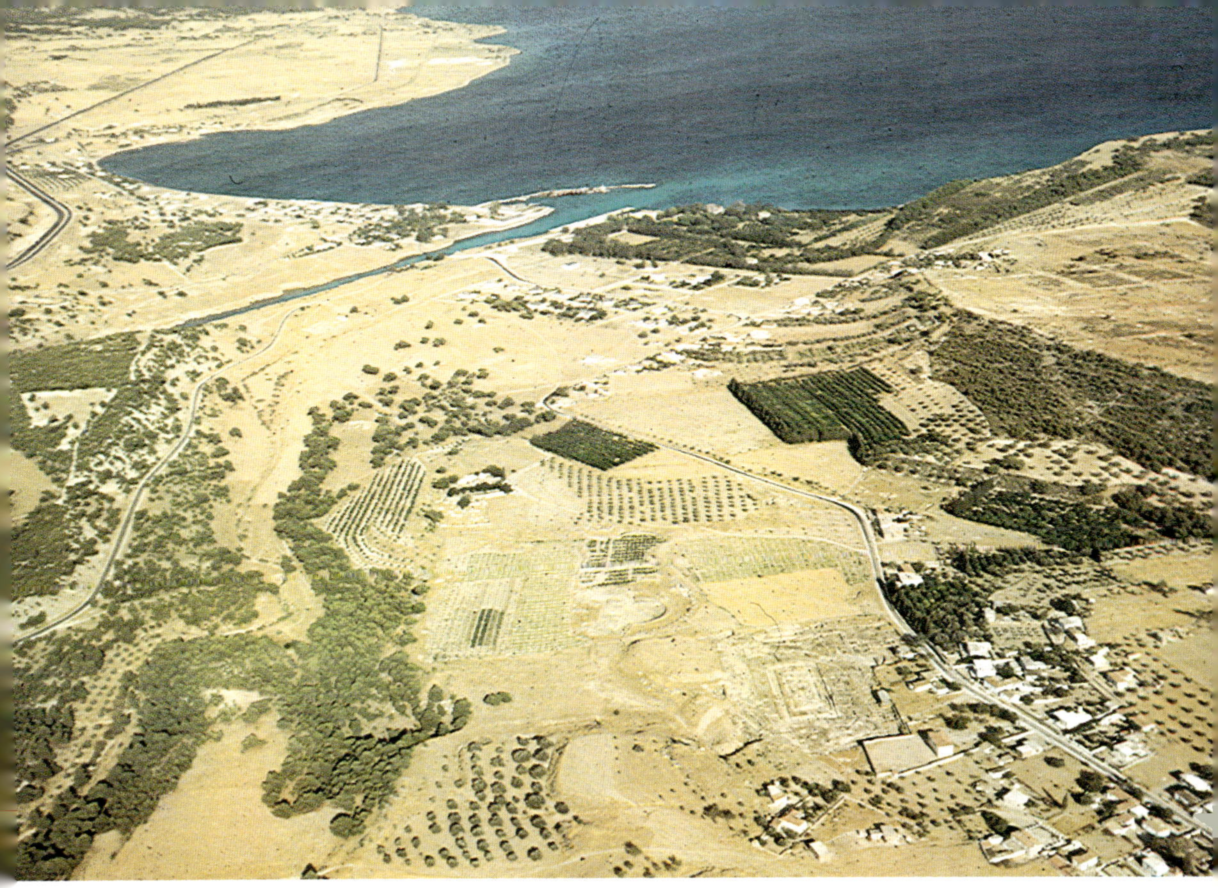
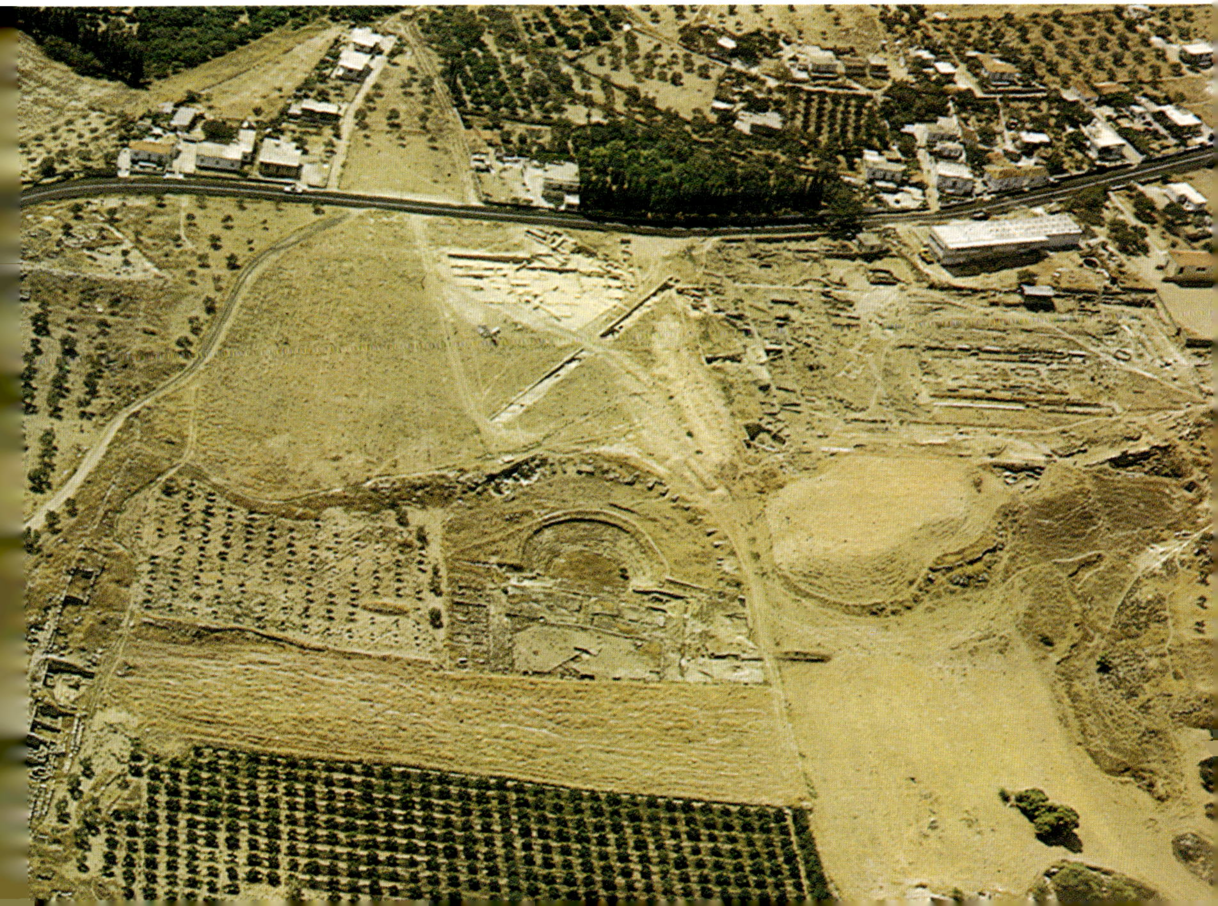

Ithaki/**Ithaka**

Odysseus' Heimat ist Ithaka, von der er so weit entfernt war: in Troja und überall dort, wohin es ihn auf der Rückreise verschlug. Die Odyssee schildert Ithaka als Insel längs der griechischen Nordwestküste, als rauh, steil, buchtenreich, ungeeignet für Pferde, doch gut für Ziegen und Weinbau, ohne große Ebenen oder Weidegründe, zwei Meere beherrschend, nahe bei Doulichion, Same (Sami auf Kephallenia), Zakynthos und nahe beim Festland (oder was immer *chthamale* meint). Homer erwähnt viele Details: Odysseus' großen Palast, eine nahe Stadt, einen Hafen mit einer Insel davor, den Neritosberg, eine Najadengrotte, Eumaios' Schweinekoben, einen Tagesmarsch vom Palast entfernt, eine Quelle daneben und vieles andere. Allgemein galt es seit dem Klassischen Altertum als ausgemacht, daß Homer von jener

Insel zwischen Kephallenia und Epeiros sprach, die heute noch Ithaka heißt. Nach Dörpfeld und anderen entspricht jedoch nur Leukas, eine größere Insel weiter im Norden, Homers Angaben. Hier versuchte man daher all die Orte zu lokalisieren, von denen Homer spricht. Dies warf aber erhebliche Probleme auf, und britische Grabungen auf Ithaka bekräftigen seit 1930 wieder mehr die Gleichsetzung des homerischen mit dem heutigen Ithaka. Von einer Dichtung darf man keine präzisen geographischen Angaben erwarten. Es braucht daher nur der Gesamtcharakter irgendwie zu stimmen, die Atmosphäre – vielleicht mit einigen Details, um die Erzählung glaubwürdiger zu machen. Homer schuf ein Heldenepos, keine historische, geographische Abhandlung. Vermutlich kannte er diesen Teil seiner Welt nur

1 Polis-Bucht
2 Dreifuß-Grotte

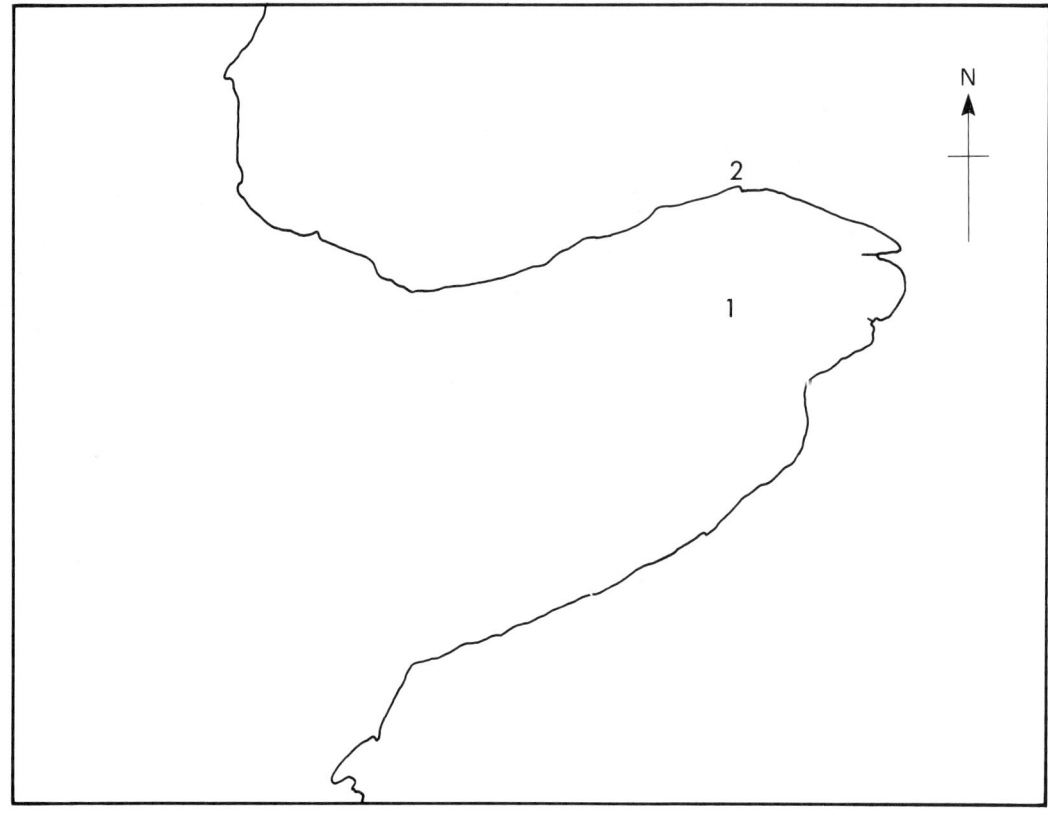

aus zeitgenössischem oder älterem Seemannsgarn, wenn nicht gar nur aus mykenischen Überlieferungen. Jedenfalls trifft, was er über Ithaka äußert, nicht auf jede Insel zu, auf Ithaka aber immerhin recht gut, und in die gleiche Richtung weist – ein gewichtiges Argument! – der seit dem Altertum gleichgebliebene Name. Ausgrabungen haben bewiesen, daß seit dem 9. Jh. v. Chr. zwischen Ithaka, dem Festland und Ionien Handelsbeziehungen bestanden, und man barg zahlreiche mykenische Scherben des für die Zeit des Trojanischen Krieges typischen, gradstieligen Kylix-Typs. Heurtley betrachtet einzelne große Steinblöcke, die man heute noch immer in einigen Häusern in Pelikata sehen kann, desgleichen die antike Mauer rings um eine benachbarte Anhöhe als Überreste eines mykenischen Baus (vielleicht des Odysseus-Palastes), da man sie schonte und wiederverwandte, anstatt sie – wie die Trüm-

mer anderer, prämykenischer Bauwerke – einfach als Schutt zu behandeln. Er und andere glauben, daß sich viele Odyssee-Schauplätze auf Ithaka nachweisen lassen. Der Hafen der mykenischen Stadt, die vermutlich beim heutigen Stavros an den Hängen und auf den Höhen Nordost Ithakas lag, war wohl die Polis-Bucht am Nordwestufer. Nach Ausweis spärlicher Funde mykenischen Typs lag der Palast vielleicht in Pelikata, 1,6 km nördlich von Stavros. Die Bucht von Vathy käme als Homers Phyrkos in Frage, und die Phäaken mögen den schlafenden Odysseus in der nahen Dexia-Bucht an Land gebracht haben. Eumaios' Hof lag vielleicht im Marathia-Gebiet südöstlich des Stephano-Berges, wo man Entsprechungen zu Homers Arethusa-Quelle und Korax-Klippen finden kann. Bei der Najadenhöhle, wo Odysseus betete und seinen Schatz verbarg, könnte es sich um dichterische Verschmelzung zweier

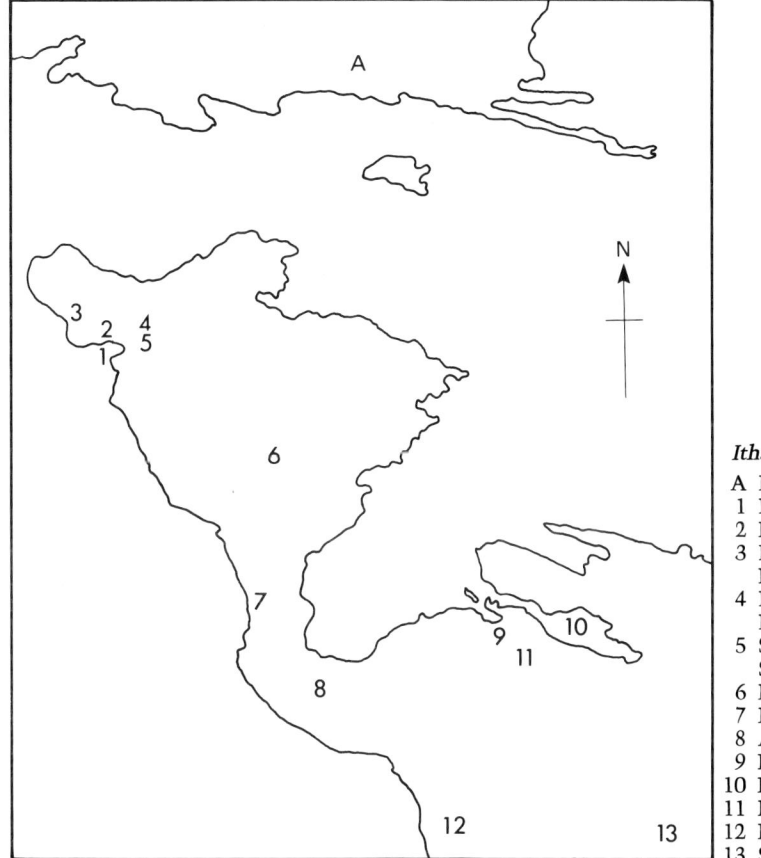

Ithaka

A Leukas (Lefkas)
1 Polis-Bucht
2 Dreifuß-Grotte
3 Exoi-Berg: Laertes'
   Hof?
4 Pelikata: Odysseus'
   Palast?
5 Stavros: Odysseus'
   Stadt?
6 Neion-Massiv
7 Nidri-Rücken
8 Aetos-Berg
9 Bucht von Dexia
10 Bucht von Vathy (Wathi)
11 Najaden- (Nymphen-)Grotte
12 Neriton-Massiv
13 Stefano-Massiv

Höhlen handeln: Eine lag in den Bergen oberhalb von Dexia (zu weit ab vom Meer), die andere weit im Norden an der Polis-Bucht, wo man bei Ausgrabungen Bronzedreifüße aus geometrischer Zeit fand, die an die von Odysseus verborgenen erinnern, dazu spätere griechische Scherben mit Aufschriften ›Für die Nymphen‹ und eine zerbrochene Tonmaske aus dem 1. Jh. v. Chr. mit Odysseus' Namen. Im 3. Jh. v. Chr. ist auch von Spielen zu Ehren Odysseus' die Rede – wie man sieht, eine recht dauerhafte Tradition, verbunden mit einer Insel, die durch Homers Dichtung unsterblich geworden ist.

*Kabeirion/***Kabirenheiligtum**

Anscheinend hatte sogar für Griechen der antike Kult der Kabiren manches Rätselvolle und Verwirrende. Mag sein, daß dieser Kult aus Phrygien kam. Andere leiten ihn aus Phönikien ab. Hauptzentren waren in Griechenland Samothrake, Lemnos und das Kabirenheiligtum ein paar km südwestlich von Theben. Der Name ›Kabiren‹ (*Kabeiroi*) geht auf die semitische Wurzel *KBR* (›mächtig‹, ›groß‹) zurück, und tatsächlich bezeichnete man die Kabiren als ›große Götter‹. Vier kannte man namentlich: Axieros, Axiokersa, Axiokersos und Kadmilos. Man glich sie verschiedenen Aspekten der Gottheiten Demeter, Hermes, Hephaistos und Dionysos an (letzterer wurde bisweilen zu *Kabeiros* ›umgetauft‹) und verehrte sie als

103

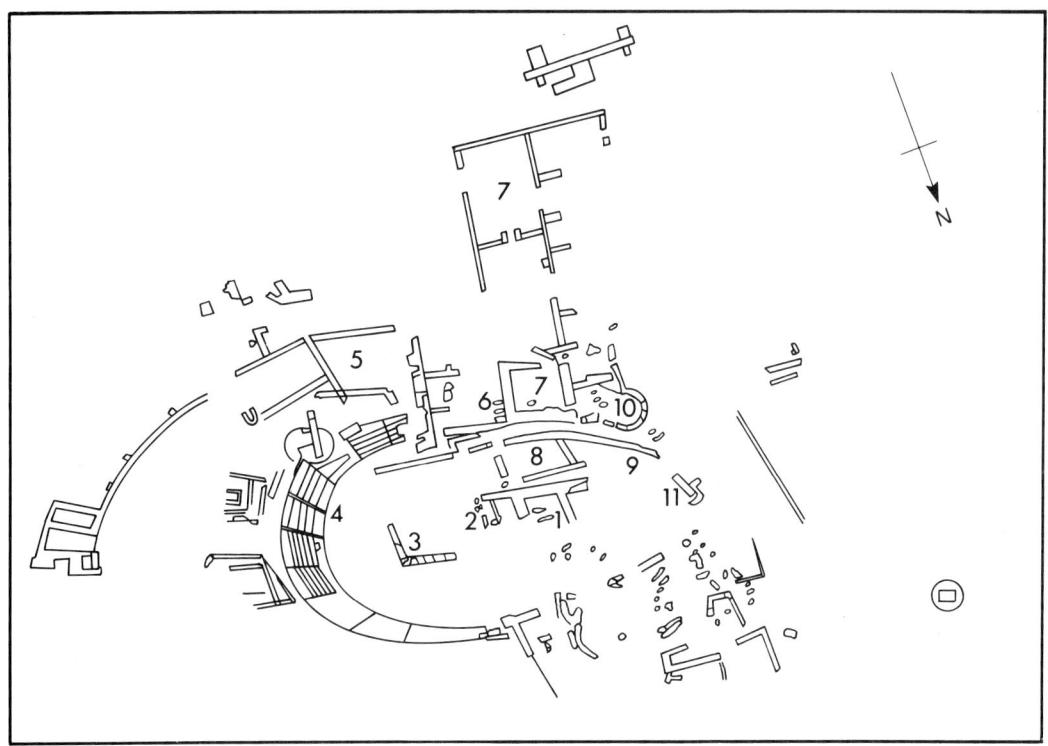

1 Tempel
2 Altar?
3 Altar?
4 Zuschauerränge (Theater)

5 Römisches Bauwerk
6 Stufen
7 Hellenistische Halle (Stoa)
8 Rechteckiges Bauwerk

9 Temenos-Mauer (Umfriedung)
10 Rundbau
11 Opfergaben

Schutzpatrone der Fruchtbarkeit sowie der Seefahrt. Es waren Dörpfeld und Judeich, die das Heiligtum bei Theben entdeckten und 1887 teilweise ausgruben. Gerta Bruns setzte jüngst die deutschen Forschungsarbeiten fort, die noch nicht abgeschlossen sind. Für seine Breite ist der Zentraltempel sehr lang. Er ist dreigeteilt in eine Cella, eine Vorhalle mit 4 Säulen quer über die Breite und einen rückwärtigen Raum mit zwei wie Gräber verschlossenen Opfergruben. Der Tempel scheint aus dem 4. Jh. v. Chr. zu stammen und ist bereits Nachfolger eines 100 Jahre älteren Baus. Ob sein Altar, wie Dörpfeld annahm, unmittelbar vor ihm stand oder etwas weiter ab in die Theater-Orchestra eingelassen war, lassen die spärlichen Überreste nicht mehr erkennen. Ein rechteckiges Bauwerk südlich vom Tempel stammt wohl aus der

Mitte des 5. Jh.s, jünger ist der Rundbau westlich davon. Eine lange Halle (etwa 40 m) läuft vom ›Rechteckbau‹ nach Süden. Sie ist hellenistischen Ursprungs. Stufen und Gang vor banden sie mit der Theater-Orchestra. Weiter östlich bezeugt ein römisches Bauwerk (Mörtelbauweise), daß das Heiligtum noch zur Kaiserzeit aktiv war. Ein Halbrund von Zuschauerrängen für kultische Riten bildet östlich vom Tempel ein kleines Theater. Es hatte kein Bühnenhaus, man blickte direkt auf den Altar und die Tempelfassade, wo ohne Zweifel eine Art von Mysterienspielen stattfand, deren Name – *dromenon* – andeutet, daß hier etwas ›aufgeführt‹ wurde. Nicht sicher nachgewiesen ist der in antiken Quellen erwähnte Tempel der Demeter Kabeiria. Vielleicht war es der ›rechteckige Bau‹ im Süden oder einer der Bauten an

der Tempel-Nordseite. Bei den Grabungen stieß man auf eine Anzahl von Vasen mit einzigartigem Dekorstil. Sie sind schwarzfigurig, leicht übermalt und scheinen bereits im 5. Jh. an Ort und Stelle oder im benachbarten Theben entstanden zu sein. Manche zeigen Darstellungen von geradezu provozierender Respektlosigkeit. Offenbar spiegeln sie insbesondere den dionysischen Akzent der im Heiligtum dargebotenen Possen.

Kalydon/**Kalydon**

Viele volkstümliche Mythen spielten in Kalydon. König Oineus pflanzte als erster Wein an, nachdem Dionysos den Weinbau in Griechenland eingeführt hatte, sein Sohn Tydeus gehörte zu den ›Sieben gegen Theben‹ und war Vater des Diomedes, der vor Troia große Kriegstaten vollbrachte. Sein anderer Sohn, Meleagros, tötete den grimmigen Kalydonischen Eber bei der berühmten Kalydonischen Jagd, an der außer vielen Helden auch ein Mädchen, Atalante, teilnahm. Seine Tochter Deianira war Gattin des Herakles und ohne ihr Wissen auch Ursache seines Todes. In der Geschichte dagegen spielte Kalydon kaum eine Rolle, besonders, nachdem Augustus die meisten Einwohner gezwungen hatte, in die neugegründete Stadt Nikopolis zu übersiedeln. Berühmte Kunstschätze wanderten damals über den Golf von Patras nach Patras hinüber. Bis auf Reste der Akropolismauern und der Tore haben griechisch-dänische Grabungen 1926–1938 nur wenig von der alten Stadt ans Licht gebracht, doch am Ende der Heiligen Straße kamen auf einem kahlen Felsplateau südwestlich der Stadt bedeutende Reste religiöser Baukunst zum Vorschein. Kaum Spuren hinterließ ein kleiner archaischer Tempel (um 575 v. Chr.) am Südrand des Grabungsgeländes. Vielleicht war er dem Apollon Laphrios geweiht, doch gibt es auch gute Gründe, ihn Dionysos zuzuweisen, dessen Kult natürlich in Kalydon eine wichtige Rolle spielte. Westlich davon liegt der viel größere Tempel der Artemis Laphria, dessen Zweckbestimmung klar aus Inschriften hervorgeht. Vielleicht teilte die Göttin diesen Tempel mit ihrem Bruder Apoll. Erhalten ist lediglich ein Teil der Fundamente, doch bieten die überreichlich vorhandenen Terrakottafigu-

ren und Dachziegel Anhaltspunkte genug, um die Schlußphase dieses Baus in das 4. Jh. (wohl um 360 v. Chr.) zu datieren. Schon früher (um 570 und etwa 620 v. Chr.) gab es hier Heiligtümer. Der Tempel lag einmalig dominierend am westlichen Ende eines Felsvorsprungs. Er verkörpert die klassische dorische Ordnung (6 × 13 Säulen). Aus dem Rahmen fallen Regenspeier in Form von Hundsköpfen statt von Löwen (wohl zu Ehren der Jägerin Artemis). Den Heiligen Bezirk betrat man durch ein Propylon-Tor an der Nordseite. Im Osten des Apollon- oder Dionysos-Tempels lag eine kleine Säulenhalle – wohl für Votivgaben. Weiter im Norden entstand in hellenistischer Zeit (Anfang des 2. Jh.s v. Chr.) eine lange Stoa. Weiter im Osten befand sich ein Heroon, das Beachtung verdient. Nach Aussage einer Inschrift war es ein Kultschrein für einen gewissen Leon aus Kalydon, anscheinend um 100 v. Chr. von dessen Frau Krateia gestiftet. Man findet den Bau daher oft als *Leonteion* bezeich-

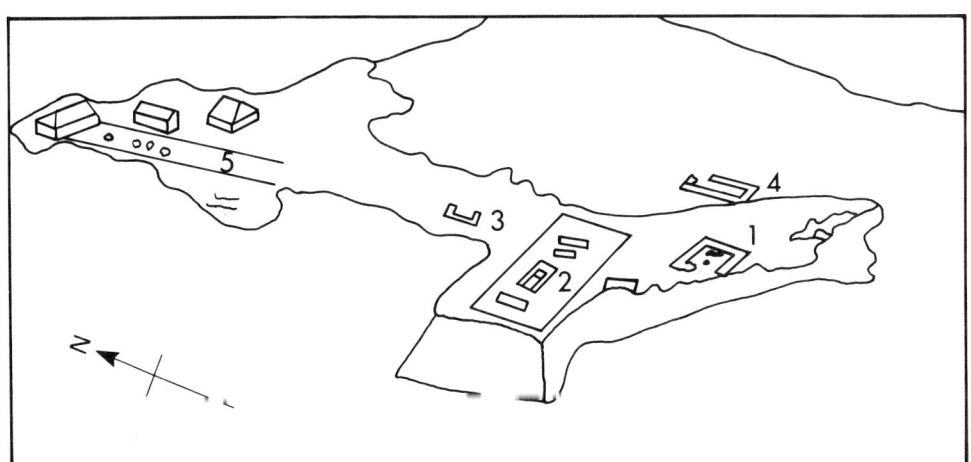

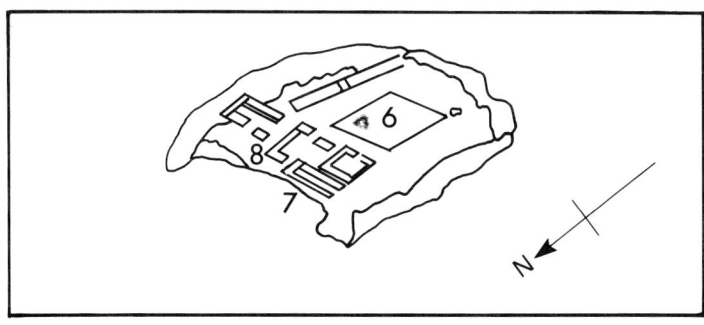

1 Tempel des Apollon
  Laphrios (Dionysostempel?)
2 Tempel der Artemis
  Laphria
3 Propylon (Tor)
4 Halle der Votivgaben
5 Hellenistische Halle
6 Leonteion (Säulenhof)
7 Gruft und Kultraum
8 Eingang (Prostasis)

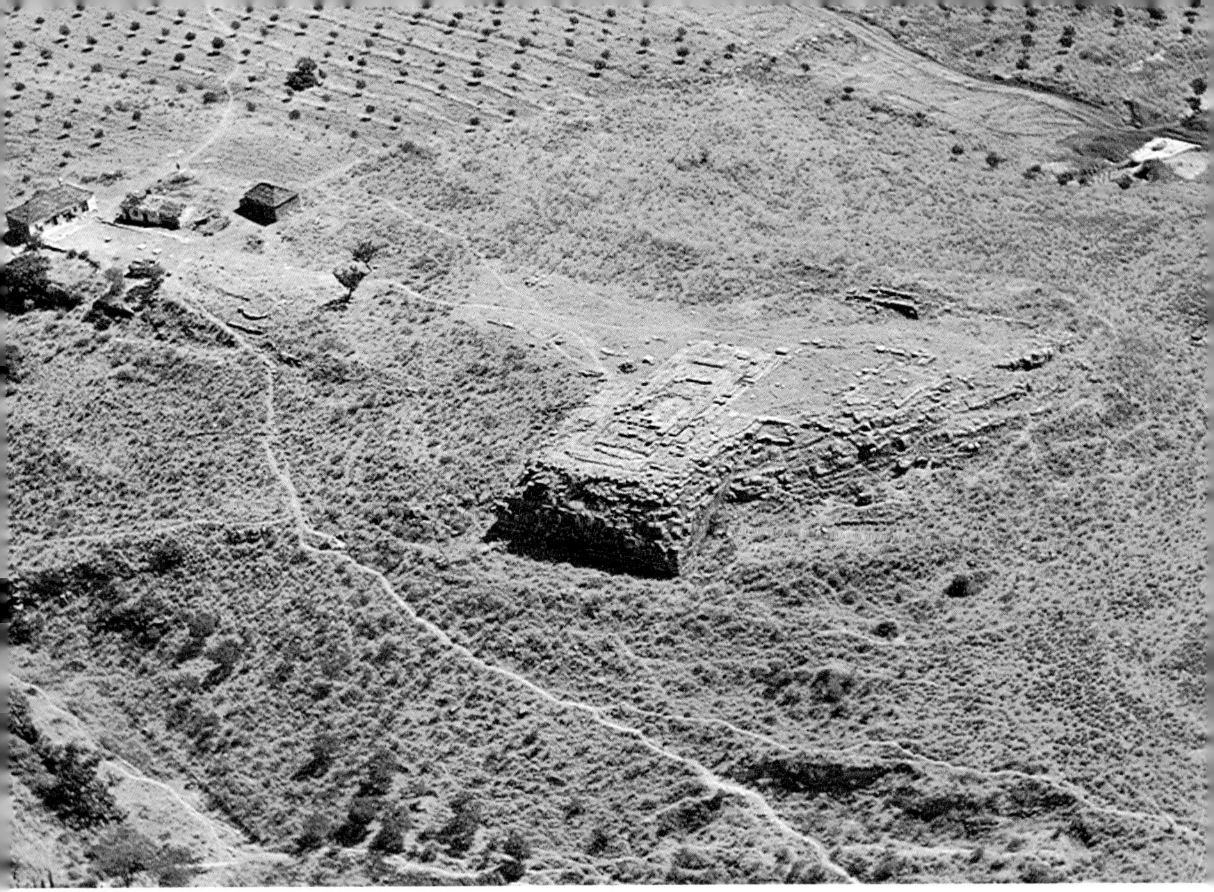
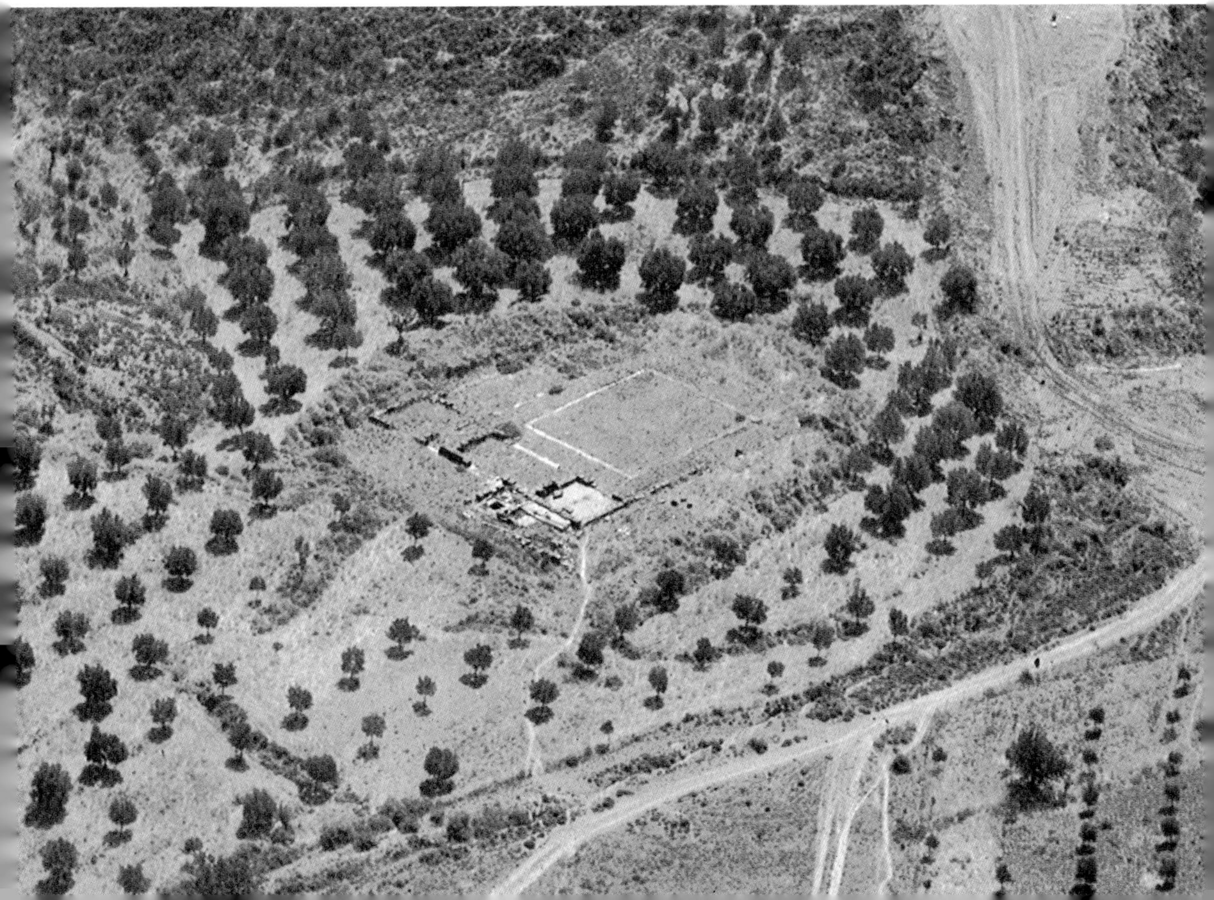

net. Den Verstorbenen feierte man als ›neuen Herakles‹, doch historisch ist er nicht faßbar. Die Grundform der Anlage ist rechteckig. Das Zentrum bildet ein offener Hof mit Säulengängen ringsum. Der Eingang (*prostasis*) an der Nordseite führte auf einen langen Korridor an der Ostseite des säulenumgebenen Hofs. Die verschiedenen überdachten Räume rings um den Hof waren wohl für Versammlungen bestimmt, für ›Aufführungen‹ kultischer Musik zu Ehren des Grabherrn und für rituelle Speisungen. Unweit vom Nordfront-Zentrum des gesamten Komplexes lag ein Kultraum. Im Innern führten Stufen zu einer Totengruft hinab. Noch immer erkennt man das sauber aus dem Fels gearbeitete Steinlager: Ohne Zweifel war dies die Begräbniskammer des Heros und das eigentliche Kultzentrum. Ein weiteres, kleineres Heroon entdeckte man jüngst westlich der Stoa.

Kea (Keos)/ Ajia Irini (Hagia Eirene)

Keos, die westlichste Kykladeninsel, nur knapp 21 km östlich von Kap Sunion, wurde schon früh von ionischen Griechen besiedelt. In klassischer Zeit war sie Geburtsstätte der Chorlyriker Simonides und Bakchylides, des Sophisten Prodikos und anderer Vertreter griechischen Geistes. Wenig nur ist heute noch von den größeren Stadtsiedlungen Iulis, Karthaia und Poiessa übrig. Seit 1960 hat Professor John L. Caskey bei Hagia Eirene (›Heiliger Frieden‹, bzw. ›Heilige Irene‹) eine bedeutende Siedlung ausgegraben, die von der Frühbronze- bis zur Römerzeit bewohnt war. Kykladische, minoische und mykenische Kulturmuster finden

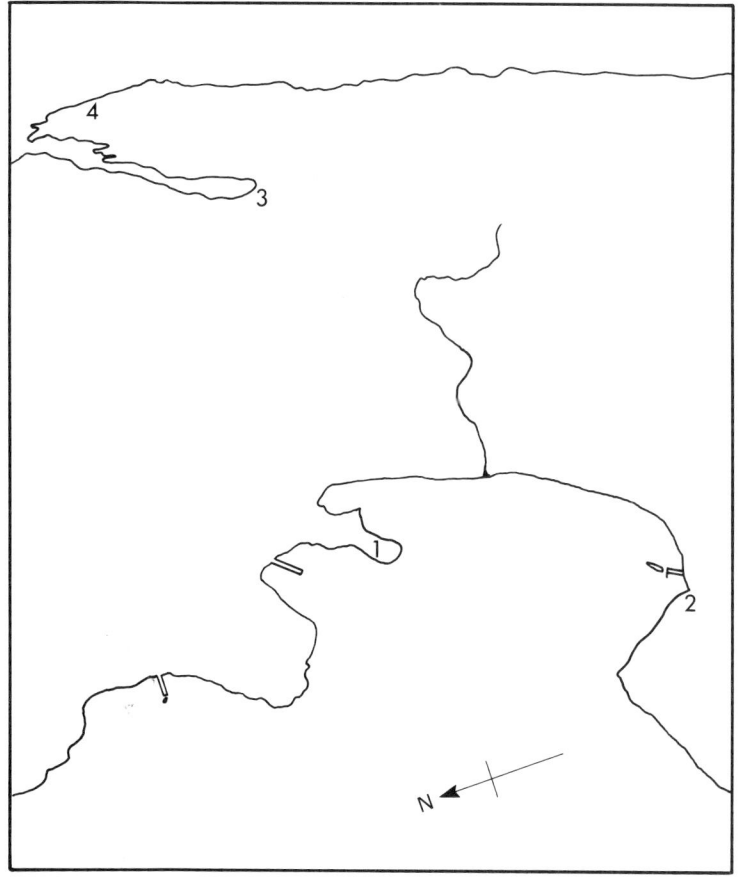

1 Lage von Ajia Irini
2 Dorf Vourkari
3 Otzias Bucht
4 Paura

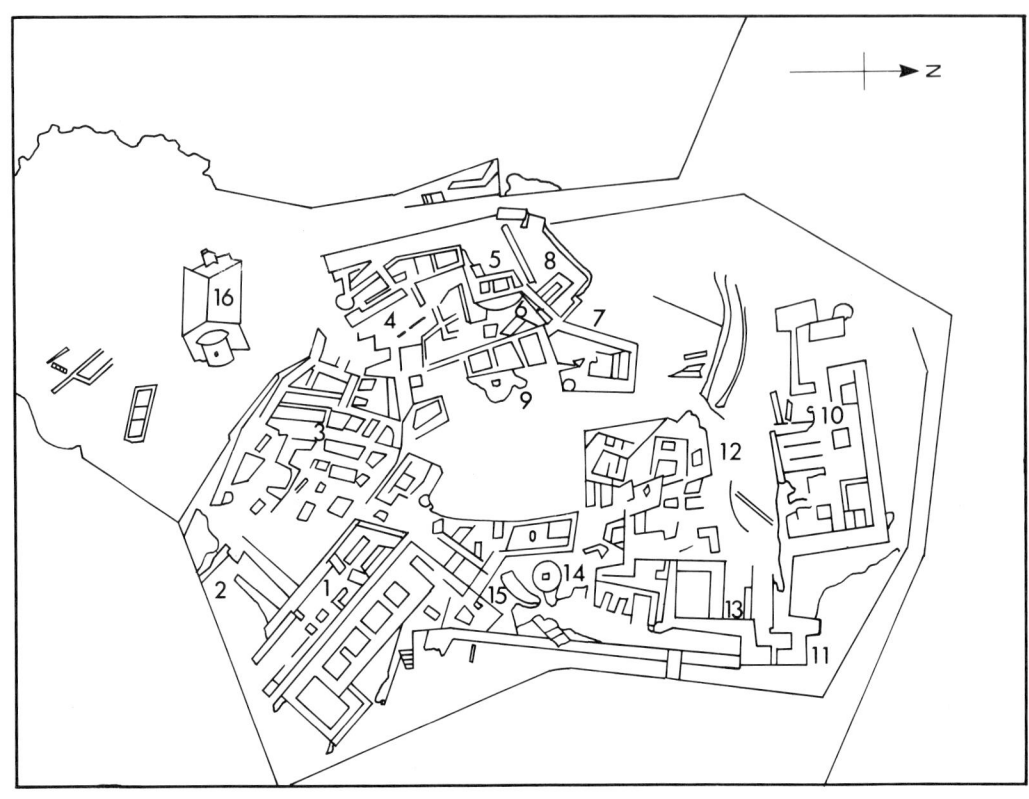

1 Tempel	7 Späte Wehrmauer (West)	13 Abschnitt M
2 Abschnitt B	8 Quelle	14 Spätes Grab / Tumulus
3 Haus A	9 Abschnitt F	15 Abschnitt G
4 Abschnitt C	10 Abschnitt N	16 Kirche Ajia Irini (Hagia
5 Haus E	11 Späte Wehrmauer (Nord)	Eirene, ›Heiliger Frieden‹
6 Frühe Mauer und Turm	12 Abschnitt L	bzw. ›Heilige Irene‹)

sich hier voll ausgeprägt. Glanzzeiten waren das Spätminoikum und die frühmykenische Zeit (um 1600–1400 v. Chr.). Gewaltige Erdbeben etwa um die Mitte des 15. Jh.s und später – vielleicht im Zusammenhang mit der furchtbaren Explosion der Vulkaninsel Thera (Santorin) – richteten ausgedehnte Schäden an, doch noch immer sind die freigelegten Ruinen eindrucksvoll in ihrer Massivität. Das Grabungsgelände ist klein. Es liegt auf einer schmalen Landzunge, die gegenüber vom Dorf Vourkari 1,5 km nordöstlich von Koressia, dem alten Hafen der Inselhauptstadt Iulis, nach Süden in die Bucht vorspringt. Innerhalb der massiven Umfassungsmauern aus der Mittel- und Spätbronzezeit drängten und schachtelten sich die Gebäude um sehr enge Gassen. Einige Bauten (besonders Haus A) sind vorzüglich durch-

dachte Komplexe von Räumen, tiefen Kellern (Vorratsmagazinen und Schatzkammern), die ältere Siedlungsschichten darunter durchschneiden. Ein ausgedehntes Abzugssystem bewahrte die Keller vor Überschwemmungen. Auch einige schmale Straßen, Treppen und öffentliche Bänke kamen zum Vorschein. Ein großes Grab im Ostabschnitt an der Hauptstraße war wohl einst ein hochaufragender *tumulus* und barg die Überreste irgendeiner bedeutenden Persönlichkeit, wenn nicht eines Herrschers (vermutlich aus der Spätbronzezeit). Auch ein Töpferofen fand sich, und viele hervorragende Keramik von großer stilistischer Vielfalt und aus verschiedenen Perioden wurde geborgen, darunter auch Importware aus Kreta und von anderswo. Fragmente von Mauerfresken mit Blumen- und Figurenmustern lassen

auf geschmackvolle Inneneinrichtungen schließen. Ein bemerkenswerter Tempel, wohl der älteste, der bisher in Griechenland gefunden wurde, war vom 15. Jh. v. Chr. bis zur Römerzeit im Gebrauch und wurde immer wieder umgebaut. Er lag am Südostende der Stadt, war lang und schmal, und sein innerster Raum bestand aus 2 länglichen Abteilungen: Vermutlich bildeten sie das Allerheiligste (*adyton*). Hier fand man viele ungewöhnliche Terrakot-

ten von Göttinnnen mit langen Gewändern, entblößten Brüsten und detailliert wiedergegebenen Köpfen: Zeugnisse jahrhundertelang geübter Kultpraktiken in diesem einzigartigen Bauwerk.

Etwas außerhalb der Westmauer lag eine Quelle. Ihr Zugang war seit den frühesten Tagen dieser Siedlung überdacht. Beachtliche Ruinen außerhalb der Stadtmauer liegen heute unter Wasser.

Kenchreä/**Kenchreai**

Korinths Osthafen am Saronischen Golf nach Athen, Asien, Ägypten und Anatolien hin liegt knapp 10 km östlich von Akrokorinth (das von hier aus noch deutlich sichtbar ist . Der Orts-

name soll auf Kenchreias zurückgehen, einen Sohn Poseidons mit der korinthischen Nymphe Peirene. Die natürlichen Vorteile des Hafens besserte man noch künstlich durch Molen auf

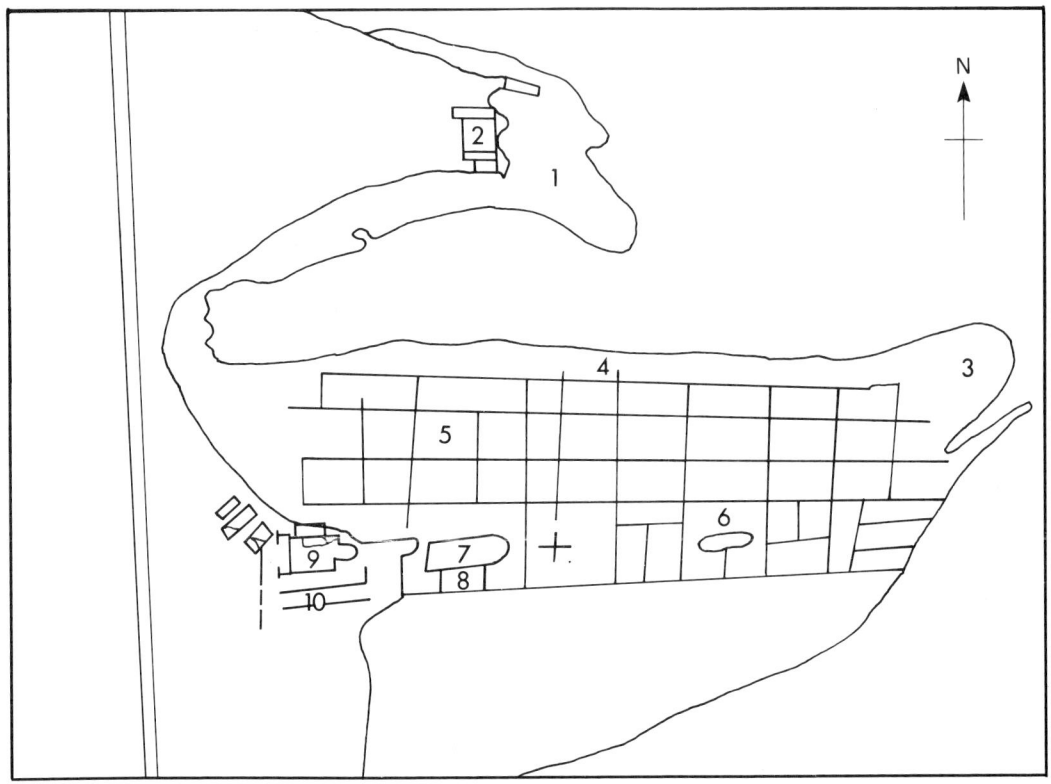

1 Nordostmole
2 Römischer Ziegelbau (Aphroditeheiligtum?)
3 Südmole
4 Südpier
5 Magazine

6 Fischbassin (›Kanal-Komplex‹)
7 Versunkener Apsis-Bau
8 ›Tempel‹?
9 Christliche Kirche (früher: Isisheiligtum)
10 ›Marmorhalle‹

– dies wohl schon in griechischer Zeit, obwohl die vorhandenen Reste im wesentlichen römisch sind (wie auch alle anderen Ruinen an der Wasserfront). Zeugnisse der griechischen Stadt fanden sich auf der Anhöhe im Nordwesten, doch dieses Gelände ist noch nicht hinreichend ergraben. Man erblickt einige Bauten, darunter eine Walkerei, und Münzen vom 6.–3. Jh. bezeugen frühe, aber auch dauerhafte geschäftliche Aktivität. Pausanias erwähnt eine berühmte Poseidon-Bronzestatue sowie einen Artemistempel. Zur Römerzeit erlebte Korinth einen größeren Aufschwung als alle anderen griechischen Städte. Korinths Osthafen war von Betriebsamkeit erfüllt. Dies führte zu umfangreichen Schiffsneubauten und zur Schaffung neuer Lagerhäuser. Die meisten sind

heute überschwemmt, da die Küste sich gesenkt hat. 1963 und später führten Scranton und Ramage sowie andere amerikanische Gelehrte Ausgrabungen durch. Auch neue Unterwassertechniken fanden Anwendung. So entdeckte man ungewöhnliche Glasmosaikfelder. Sie stellten Homer und Plato dar sowie Wasservögel, Hafengebäude und dergleichen mehr. Man fand sie verpackt unter Wasser. Bei der Nordwestmole liegt ein Römerbau mit Marmordekoration. Zahlreichen Terrakottafunden nach handelte es sich wohl um ein Aphrodite-Heiligtum, das vielleicht mit dem in Akrokorinth zusammenhing. Es mißt etwa 36 m im Quadrat, hat einen Masaikfußboden und beiderseits des Hauptraums je vier Säulen. Die Südmole schützt eine ausgedehnte Pier mit ei-

nem Komplex von Räumen, zweifellos Magazine für die verschiedensten Güter, die von überallher aus dem östlichen Mittelmeerraum hier zusammengetragen wurden. Der Südabschnitt dieser Räume hatte eine besondere Vorrichtung: ein Bassin zur Aufbewahrung lebender Fische, in früheren Berichten ›Kanal-Komplex‹ genannt. In der Südwestecke zwei Bauten mit Apsis, einer davon vollkommen unter Wasser. Der andere war ein Isisheiligtum, das später als christliche Kirche diente und ein Bodenmosaik besaß. Seitlich von ihm ein rechteckiger Bau – wohl ein Tempel. Südlich des inneren Apsis-Baus: die ›Marmorhalle‹ mit schönem Bodenbelag und Wandverkleidung. Ein langes Bauwerk neben und parallel der Küste im Zentrum wurde zwar erforscht, doch später wieder zugeschüttet (heute unsichtbar).

Korfu/**Kerkyra: Palaiokastritsa (Paläokastritsa)**

Die Anhaltspunkte häufen sich, daß Homers Epen auf historischem Boden stehen, so sehr auch bardische Traditionen und dichterische Phantasie ihren Tatsachenkern ausgeschmückt haben mögen. In Nordwest-Korfu bei Palaiokastritsa haben Victor Bérard und andere wirklich ein Gebiet gefunden, das dem *Scheria* der Odyssee, dem Ithaka nicht fernen Land der gastlichen Phaiaken am Rand der griechischen Welt, vorzüglich entspricht. So könnte man sich Alkinoos' Palast ausgezeichnet auf den Höhen der Kattro-Landzunge unter dem heutigen *Lakones* vorstellen. Nausikaa, die junge phaiakische Prinzessin, die den schiffbrüchigen Odysseus fand (vielleicht an der *Ermones*-Ingressionsbucht weiter südlich) und ihm den Weg zum Palast wies, erklärte: Ihres Vaters hochummauerte Stadt habe beiderseits gute Häfen mit enger Zufahrt (*Odyssee* 6, 263–265), daneben einen Garten, übervoll von Bäumen und Früchten jeder Art. Der Hafen Ajios Spiridion im Westen entspräche gut einem dieser Häfen,

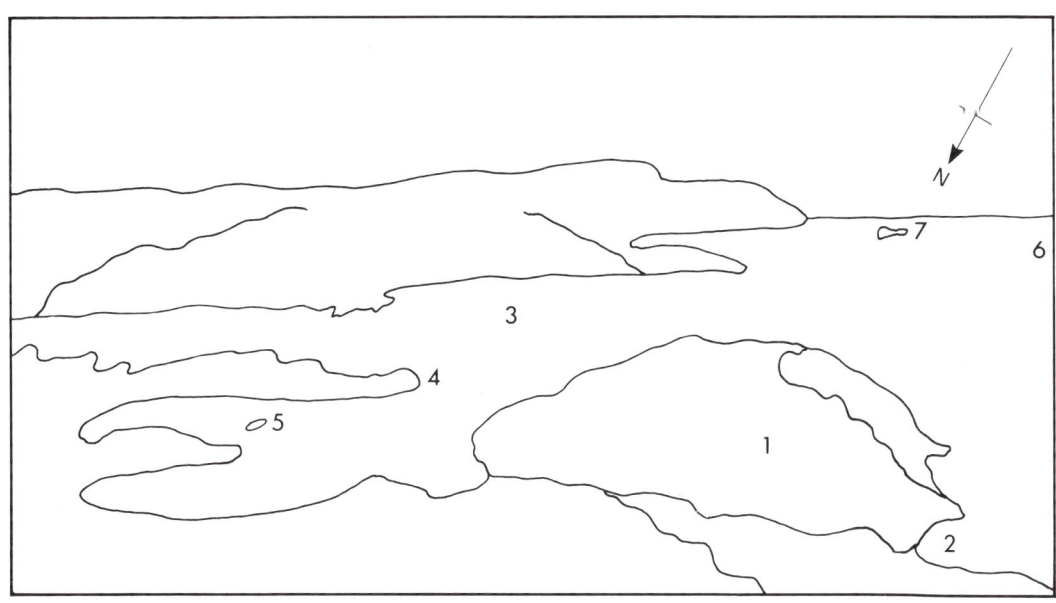

1 Kattro-Landzunge (Stätte
  des Alkinoos-Palastes?)
2 Hafen des Heiligen Spiridion

3 Alipa-Hafen
4 Kosleri-Landzunge
5 Inselchen Vigla

6 Liapades-Bucht
7 Insel Kolivi

der Alipa-Hafen im Osten dem anderen. Nach schmaler Einfahrt öffnet er sich zu einer dreigegliederten Bucht zwischen dem hochragenden Vorgebirge und der Kosleri-Landzunge. Obwohl sich bei Kap Kattro keine Ruinen aus heroischer Zeit fanden, eignet sich das Gelände doch hervorragend als Festung eines seefahrenden Volkes – einem Dichter mag dies genügt haben, um dieses Volk hier anzusiedeln. Weiterhin könnte man sich das Inselchen Vigla in der Ostbucht gut als das Phaiakenschiff (»rascher als der stürzende Falke«) vorstellen, das Poseidon im Hafen zu Stein verwandelte, nachdem die Paiaken Odysseus nach Hause gebracht hatten. Im Grunde ist unerheblich, ob Homer wirklich diesen Platz vor Augen hatte, denn Dichtung folgt eigenen Gesetzen. Dennoch kann uns die so nahtlose Übereinstimmung des Landschaftsbildes mit den Schilderungen in Buch 6–8 der *Odyssee* helfen, diese Bücher besser zu verstehen. Der Name *Scheria* deutet auf eine Felseninsel (›Schäre‹): Hier ist sie! Die geschichtliche Stadt liegt weiter südlich an der Ostküste, wo sich der langgestreckte Insel-Mittelabschnitt zum Festland hin vorwölbt. Sie hieß *Kerkyra* (lateinisch: *Corcyra*) wie die gesamte Insel selbst. *Corfu* ist eine italienische Verballhornung von *Koryphon* (›Höhenstadt‹). Kerkyra war seit dem 8. Jh. v. Chr. korinthische Kolonie, kämpfte 665/664 in der ersten Seeschlacht der griechischen Geschichte um seine Unabhängigkeit und blühte durch Handel auf. Als es später die Athener um Schutz gegen Korinth bat, löste es damit die Katastrophe des Peloponnesischen Krieges aus. Auch in römischer und byzantinischer Zeit blieb Kerkyra eine bedeutende Stadt. Die Reste des antiken Kerkyra sind allerdings so spärlich und weit verstreut, daß sie bei Luftaufnahmen ›nichts hergeben‹. Sie liegen größtenteils südlich der heutigen Stadt auf der *Palaiopolis*-(›Altstadt‹-)Halbinsel und weiter auf dem Gelände der Königsvilla Mon Repos. Am bedeutendsten war der archaische Artemistempel. Außer einigen verblüffenden Giebelskulpturen (gruppiert um eine kolossale, gorgonenhafte Artemis mit Schlangengürtel) ist allerdings nur wenig von ihm erhalten. Ein zähnefletschender Löwe (heute im Museum) krönte einst ein archaisches Grabmal des Menekrates. Unweit davon fand man bei Kardaki ganz nah am Meer einen kleinen Tempel. Vorgriechische Überreste kamen bei Kap Kephali und Aphiona an der Nordwestküste der Insel ans Licht.

Knossos/**Knossos: Lage (Umgebung)**

Sir Athur Evans' sensationelle Funde (ab 1900) in Knossos warfen nicht nur Licht auf die größte aller minoischen Ruinenstätten, sondern öffneten überhaupt erst den Vorhang vor einer lange vergessenen Kultur des frühgeschichtlichen Kreta. Spätere Ausgrabungen in Knossos und anderswo erweiterten unser Wissen über die Minoer beträchtlich, doch vieles bleibt nach wie vor rätselhaft – so ihr Ursprung und ihre Sprache (ihre ›Linear-B‹-Schrift wurde noch immer nicht entziffert). Kretas Besiedlung geht mindestens bis auf die Jungsteinzeit zurück – vielleicht bis etwa 6000 v. Chr. Um 2600 v. Chr. wanderte – wohl aus Kleinasien kommend – eine neue Bevölkerungsgruppe in Kreta ein, vielleicht waren es Luvier. Sie gründeten neue Siedlungen, besiedelten alte (wie Knossos und Phaistos) neu und führten die bronzezeitliche Kultur mit ihrer hochentwickelten Keramik, ihren Werkzeugen und ihrem Schmuck auf der Insel ein. Evans unterschied 3 Perioden: Früh-, Mittel- und Spätminoikum (später jeweils wieder in 3 Unter-Phasen gegliedert und des absoluten Datengerüstes halber zur ägyptischen Chronologie in Beziehung gesetzt). Viele ziehen heute Platons neue Systematik vor (Gliederung in prä-palatiale, protopalatiale, neopalatiale und post-palatiale Phase), die sich ausschließlich an kretischen Daten orientiert. Die ersten großen Paläste erscheinen im Mittelminoikum Ib (um 1900 v. Chr.), als Überseehandel und Kunst aufblühten. Um 1700 legte eine Katastrophe – wohl ein Erdbeben – diese Paläste in Trümmer. Bald (im Mittelminoikum III) entstanden sie neu, und diese neopalatiale Epoche, die ›jüngere Palastzeit‹, ist die Glanzzeit Kretas. Eine andere Katastrophe (im 15. Jh. v. Chr.) zerstörte die Paläste abermals. Nun wurde nur Knossos sofort wieder erneuert. Nach Ausweis der letzten Palast-Baustufe waren jetzt mykenische Griechen die Herren (wie lange diese letzte Phase dauerte, ist

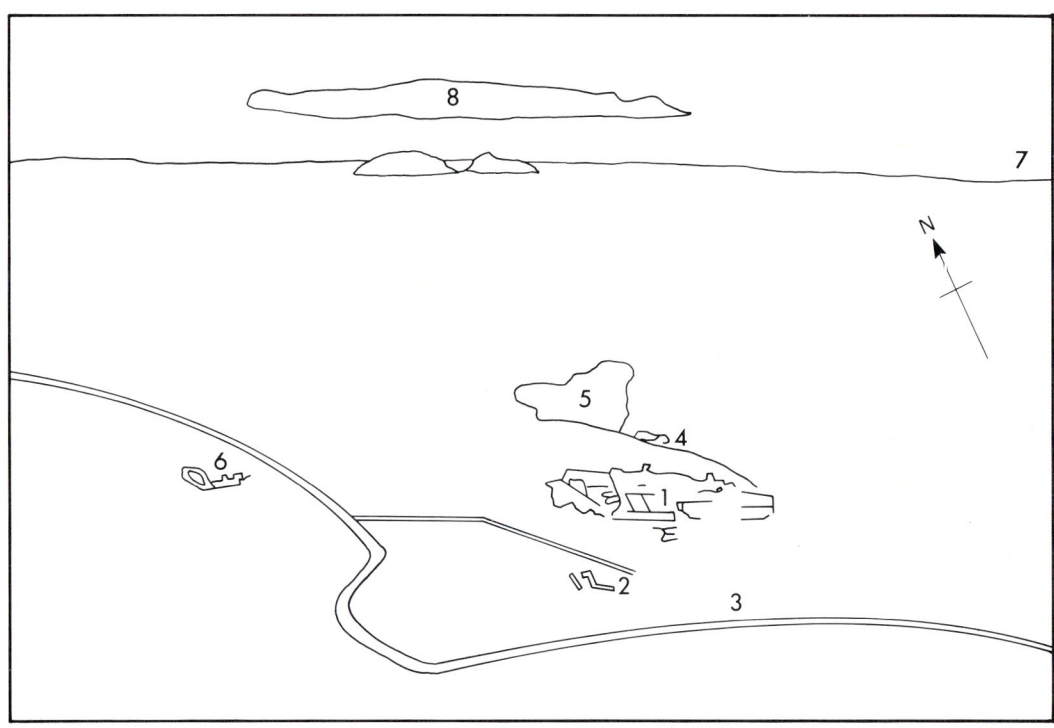

1 Palast
2 Viadukt
3 Lage der ›Karawanserei‹
4 Königsvilla

5 Dorf Makryteichos
6 Kleiner Palast
7 Strand von Amnisos
8 Insel Dia

umstritten; vielleicht bis 1190 v. Chr.). Dann gab man den Palast auf, wenn auch nicht die Stadt. Der Knossos-Palast ist hervorragend gelegen: Fast 5 km landeinwärts im Zentrum des nördlichen Küstengebiets. Eine flache, gewundene Senke führt hinunter zum Hafen Katsamba, direkt östlich vom heutigen Iraklion (Herakleion). 8 km östlich davon liegt an feinem Sandstrand der andere alte Hafen: Amnisos am Fuß einer flachen Anhöhe (auf unserem Bild durch den Höhenzug rechts verdeckt). Hier fand man eine elegante, zweistöckige Villa mit geschmackvollen Fresken sowie Hafengebäude (alle aus der Zeit des Palast-Neubaus von Knossos um 1600 v. Chr.). Aus der gleichen Phase stammt auch der kleine Palast (etwas westlich vom großen). Seinen Säulenhof umgeben auf 2 Ebenen weitläufige Räume. Einige Säulen waren kanneliert. Es gab einen Sakralbezirk, eine Kultstätte und mehrere Pfeilerkrypten. Hervorragende Kunstwerke fanden sich unter den Trümmern, und ein paar Linear-B-Täfelchen deuten (wie beim großen Palast) auf mykenische Bewohner z. Zt. der letzten Palast-Phase hin. Nach Nordosten hin hatte eine ganz ähnliche, gleichalte Königsvilla einen eigenen Thron hinter einer Balustrade. Die zugehörige Stadt hatte mindestens 40 000 Einwohner. Hervorragend waren ihre Verbindungen zur Nord- und Südküste Kretas sowie nach Phaistos. Sie war daher Zentrum eines großen Handelsimperiums.

Knossos/**Knossos: Der Palast**

Als die ersten Früh-Griechen (vielleicht als Söldner, die auf kretischen Schiffen nach Ägypten fuhren, um dort die Hyksos zu vertreiben) Knossos sahen, waren sie geblendet von der Vielfalt und vom Glanz des großen Palastes. Zu Hause verbreiteten sie dann wohl Geschichten von einem ›Labyrinth‹, wo ein furchterregendes Untier, der Minotauros, herrsche. Dieses Ungeheuer soll schließlich der athenische Held Theseus mit Hilfe der Minos-Tochter Ariadne umgebracht haben. Daidalos, der erfindungsreiche Erbauer des Labyrinths, floh – als erster Mensch fliegend – nach Cumae in Italien. Sein Sohn Ikaros stürzte unterwegs ab, denn er war der Sonne zu nahe gekommen. Diese schlichten Legenden spiegeln den Respekt der Griechen vor Kretas Kultur, besonders vor dem ungeheuren, verwirrenden Palast, einem wahren Labyrinth von Räumen und Gängen auf 4 Ebenen – die königlichen Wohnungen hatten wohl 2 Stockwerke über dem Zentralhof-Niveau und 2 hangabwärts darunter. Die heute freiliegenden und teilweise wiederaufgebauten, massiven Ruinen stammen hauptsächlich vom 3. Palast, der um 1700 v. Chr. fast noch großartiger als sein Vorgänger errichtet wurde. Sein Herzstück war der Binnenhof. Vielleicht brauchte man diesen für die berühmten Stierkämpfe – eine kretische Mutprobe und vielleicht die erste große Show der Kulturgeschichte. Rings um den Hof breitete sich ein Wirrwarr von Räumen jeder Größe und Form aus, wenn es nur rechteckig war. Dazwischen Korridore, Türen, Treppen. Aus der Luft sieht man westlich des Hofs hauptsächlich das Obergeschoß. Es besaß im Süden regelrechte Propyläen, dazu eine Reihe von Räumen, Magazinen und weitläufigen Pfeilerhallen. Darunter lagen kleinere Gelasse, Kultschreine, Krypten und eine ganze Reihe von Vorratskammern für Lebensmittel und andere Güter.

Hinter der Hof-Nordwestecke: der berühmte ›Thronsaal‹-Komplex mit steinernem Thron und Bänken beiderseits, Fresken an den Wänden und einer säulenumgebenen, quadratischen Vertiefung – dachloser Lichthof –, zu der Stufen hinabführten (vielleicht nach ägyptischem Vorbild ein Aquarium für exotische Fische, vielleicht aber auch ein Becken für kultische Reinigungen. Möglicherweise war dieser Abschnitt Domäne der Labyrinth-Priesterin. Der eigentliche Königs-Thronsaal lag vielleicht in der Königswohnung östlich des Hofes. Das ›Gemach der Königin‹ mit seinem lebhaften Delphin-Fresko, mit Rosetten und daneben einem Bad, liegt etwas tiefer nach Osten hin. Zu ebener Erde und darüber gab es im Nordostabschnitt weitere Magazine, Kultschreine, Werkstätten und Dienerwohnungen. Im Norden des Hofes führte ein langer Gang mit einem eindrucksvollen, bemalten Stier-Relief zu einem länglichen Raum mit zahlreichen Säulen – eine imposante Säulenhalle und ein denkbar eindrucksvoller Nordeingang! Nach Westen hin liegt der ›Theater‹-Bereich. Auf seinen Treppenstufen konnte man rituellen Tänzen zusehen, wie auch Homer sie schildert. Eine Plattform neben der Treppe diente vielleicht als Königsloge. Gegenüber führte eine lange Treppe zur Ostbastion und ins Tal hinab. Über eine Stufenreihe gelangte man an der Südwestecke zu einer Brücke über den Südbach und zur sogenannten ›Karawanserei‹, wo Reisende sich ausruhen und erfrischen konnten, bevor sie den Palast betraten. Ringsumher wurden einzelne Häuser gefunden. Ein mehrstöckiges Wohnhaus mit eigener Pfeilerkrypta südwestlich des Palastes (hinter dem Prozessionsweg mit seinem ›Schalenträger‹-Fresko) war wohl das Haus des Hohenpriesters.

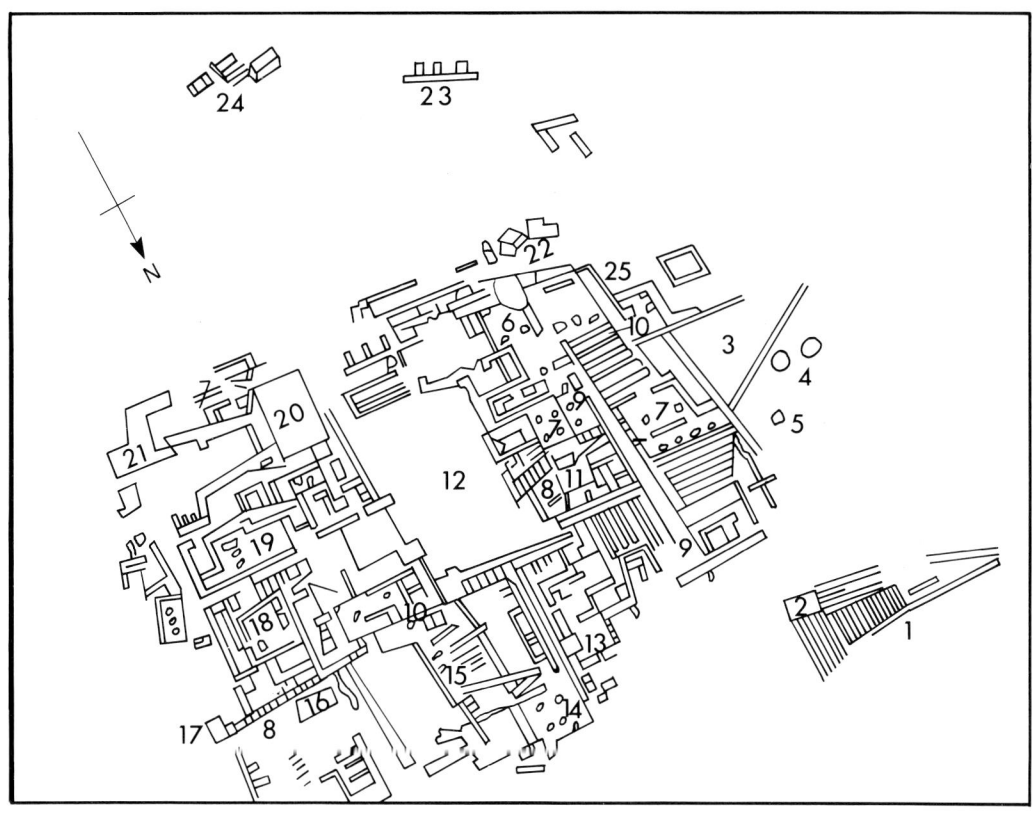

1 Sog. ›Theater-Bereich‹	12 Binnenhof (Zentralhof)	19 Königliche Wohngemächer (4 Stockwerke ?)
2 ›Königsloge‹ (?)	13 Nordeingang mit Stierrelief	20 Doppelaxtheiligtum (überdacht)
3 Westhof	14 Nördliche Säulenhalle	21 Südost-Haus
4 Opfergruben	15 Gesindewohnungen	22 Südhaus (Haus des Hohenpriesters ?)
5 Altar	16 ›Magazin der Riesen-Pithoi‹	23 Brücke (›Viadukt‹)
6 Propyläen	17 Ostbastion	24 Sog. ›Karawanserei‹
7 Halle mit Pfeilern	18 Werkstätten	25 Prozessionsweg
8 Treppe		
9 Langer oberer Korridor		
10 Vorratsräume (›obere Magazine‹)		
11 Räume über dem ›Thronsaal‹		

Korinthos/**Korinth: Altes Stadtzentrum**

Größtenteils stammen Korinths Bauten aus der Zeit nach Korinths Zerstörung durch Mummius (146 v. Chr.). Allerdings gibt es auch noch einige griechische Baudenkmäler, insbesondere den großen archaischen Tempel auf der Terrasse nördlich der Agora, einen der ältesten erhaltenen griechischen Tempel. Er stammt aus der Mitte des 6. Jh.s v. Chr. und ersetzt seinerseits eine noch ältere Kultstatte aus dem 7. Jh. Vermutlich ist er der Apollontempel, den antike Autoren rühmen, doch ein klarer Beweis seiner Bestimmung fehlt noch. Archaisch ist seine hohe Plattform unter dem Stylobat (mehr als nur die üblichen 2 Stufen), archaisch seine Länge (15×6 Säulen bei etwas größeren Säulenabständen), archaisch die gedrungene Form (starke Entasis) der Säulen, ihrer oberen Partien, und ihr Monolith-Charakter. Die Cella (Sekos) war wie beim Parthenon zweigeteilt in einen quadratischen Ost- und einen länglichen Westraum (jeder mit doppelter innerer Dachstützenreihe und einer eigenen Vorhallen-Tür).

Alt ist auch die Fassung der Heiligen Quelle, deren löwenköpfige Wasserspeier den Stil des 5. Jh.s verraten. Später, zur Römerzeit, lag diese Quelle unter Bodenniveau. Auf griechische Zeit zurück geht auch die kunstreicher gestaltete Peirene-Quelle. Ihre Fassung wurde immer wieder umgemodelt. Gespeist wurde sie durch 4 lange Wassergänge im Felsen aus einer Bergquelle. Vor dem Schöpfbecken lag eine – später mit ionischen Säulen geschmückte – niedrige Mauer. Um Wasser zu schöpfen, ließ man Gefäße über sie hinab. In römischer Zeit kamen ein offener Hof und ein Schöpfbeckendach hinzu, und später gab man ihr eine Marmorfassung sowie gewölbte Apsiden. Eine andere Peirenequelle auf Akrokorinth schrieb man Pegasos' Hufschlag zu – eine Quelle auf einem hohen Berg braucht eben eine Erklärung. Vorrömisch ist auch Apolls Bezirk, doch baute man ihn später neu wieder auf. Ein großer Hof mit ionischen Säulen ringsum enthielt eine Bronzestatue des Gottes unter einem Baldachin, noch früher einen kleinen Tempel aus klassischer Zeit. Die Bäder nebenan waren wohl im 1. Jh. n. Chr. von Eurykles aus Sparta gestiftet. Pausanius pries sie als die schönsten Korinths. Zum Golf hinab führte die breite, gepflasterte Lechaion-Straße. Die Nordostbasilika an ihrer Westseite bedeckt einen alten griechischen Markt aus dem 5. Jh. v. Chr. Der römische Markt nördlich davon hatte Halbkreisform. Wo die Lechaion-Straße in die Agora mündete, befanden sich Propyläen. In der Römerzeit trat ein Triumphbogen an ihre Stelle. Vergoldete Darstellungen des Sonnen- und Phaeton-Wagens schmückten das Markttor. Unmittelbar westlich davon lag die ›Gefange-

nen-Fassade‹: eine Reihe korinthischer Säulen, darauf anstelle von Stützpfeilern Statuen gefangener Barbaren. Dahinter ein quadratischer Lichthof und die Nordbasilika. In klassischer Zeit lief eine Rennbahn quer durch das Zentrum der späteren Agora. Noch immer sieht man etwas von der Startschwelle des 5. Jh.s v. Chr. vor der *Basilica Iulia* (einem römischen Gerichtshof), desgleichen von der späteren, hellenistischen Bahn, die nach dem Bau der Südstoa anders orientiert werden mußte. Unbekannt ist die Bestimmung eines runden Monuments. Staatsarchive befanden sich wohl im ›Südostbau‹. Dort gab es verschiedene Behördenräume (ihre Mosaikböden sind heute über-

1 Büros (mit Bodenmosaiken); überdacht
2 Südbasilika
3 Brunnenhaus
4 Rathaus (Bouleuterion)
5 Südläden
6 Neue Ausgrabungen (byzantinische und fränkische Ruinen)
7 Südstoa
8 Zentralläden
9 Bema (Rednertribüne)
10 Rund-Monument

11 Südostgebäude (Archive ?)
12 Basilica Iulia
13 Altar
14 Römische Tempel und Babbius-Monument
15 Westläden
16 Museum
17 Tempel E (Octavia ?)
18 Odeion (römisch)
19 Glauke-Brunnen
20 Tempel C (Hera Akraia ?)
21 Nordstoa
22 Nordmarkt

23 Archaischer Tempel (Apollotempel ?)
24 Nordweststoa
25 Nordwestläden
26 Heilige Quelle
27 ›Gefangenen-Fassade‹
28 Peirene-Schöpfbecken
29 Apollon-Peribolos
30 Lechaion-Straße
31 Nordbasilika
32 Halbrunder Markt
33 Eurykles-Bäder ?

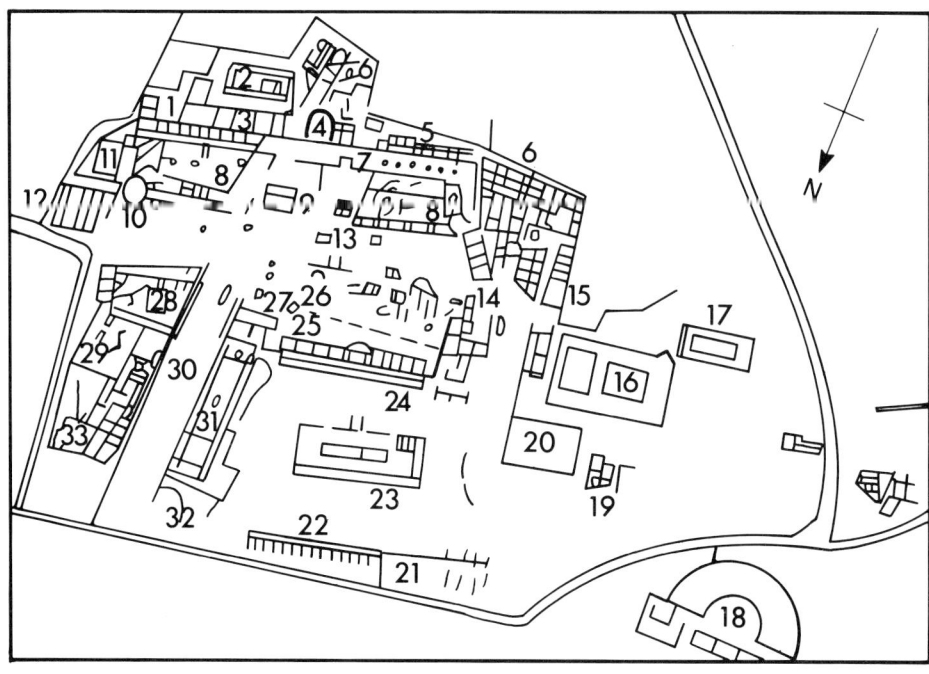

dacht). Die Agonotheten der Isthmischen Spiele hatten hier ebenso ihre Büros wie der Statthalter Roms. Ein prachtvolles Marmor-Brunnenhaus grenzte an die Südbasilika, im apsidalen Rathaus nebenan tagte der Stadtrat. Die Terrasse unter den Zentralläden ist fast 4 m höher als die übrige Agora. Hinter der Bema, dem öffentlichen Rednerpult, liegt die Südstoa: Griechenlands größter Profanbau. Eine Reihe römischer Tempel gab es am Agora-Westrand (alle waren klein, einer nach Süden ausgerichtet). Die Glauke-Quelle besaß einst eine Fassade mit Säulenvorhalle, und nördlich vom Odeion lag das Theater.

Korinthos/Korinth:
Demeter-Heiligtum und Gymnasion-Bezirk

Nur wenige Stätten Griechenlands lagen so günstig wie Korinth. Am Südende des Isthmos war es Kreuzungspunkt der Handelsstraße zwischen Zentralgriechenland und der Peloponnes sowie für die gesamte Ostwestschiffahrt. Im Hintergrund Akrokorinth: eine der großartigsten Naturfestungen der Welt.

Eine prähistorische Siedlung (älter als 4000 v. Chr.) lag näher am Golf als wahrscheinlich Homers Korinth (Ephyra), wo Sisyphos und Bellerophon herrschten und Medea ihre Kinder umbrachte.

Amerikanische Grabungen (seit 1896) haben nur einige Abschnitte der sehr ausgedehnten

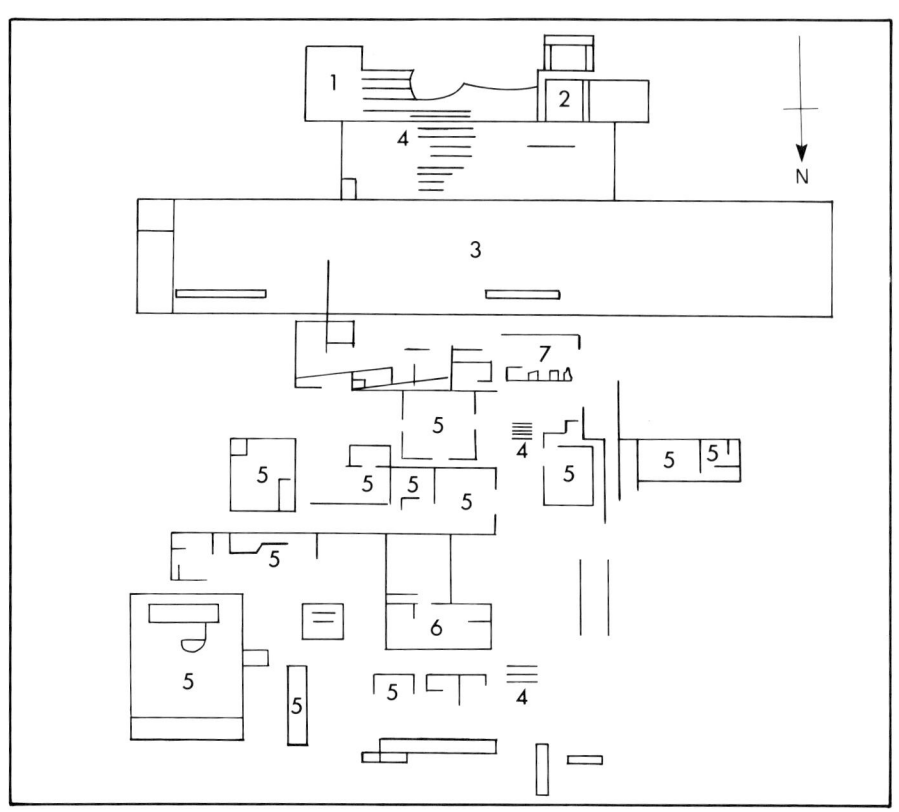

Demeter-Heiligtum:

1 Demeter-Heiligtum:
   Theaterbereich

2 Demeter-Kultraum
   (Tempel?)
3 Terrasse / Stoa
4 Felsstufen

5 Räume für kultische
   Mahlzeiten
6 Speisesaal T
7 Gebäude A

Gymnasion-Bezirk

G Platz des
   Gymnasion-Hofs
8 Süd-Stoa
9 Ecke der Ost-Stoa
10 Nach dem Asklepieion
   und der Lerna-Quelle
11 Gräber aus christlicher
   Zeit
12 Kuppelbau (Teil von
   Bädern?)
13 Bronzegießerei
14 Apsidaler Bau
15 Römische Ruinen
   und Mauer
   mit Säulenfragmenten
16 ›Lampen-Quelle‹
17 Moderner
   Entwässerungskanal

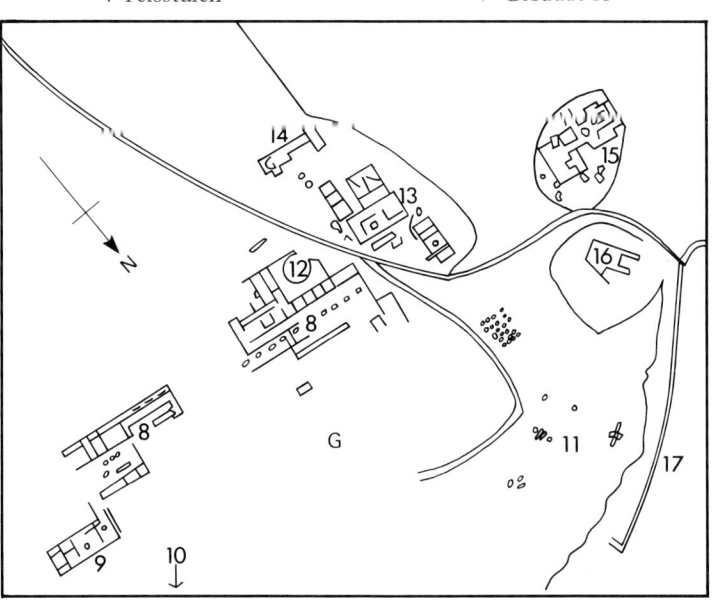

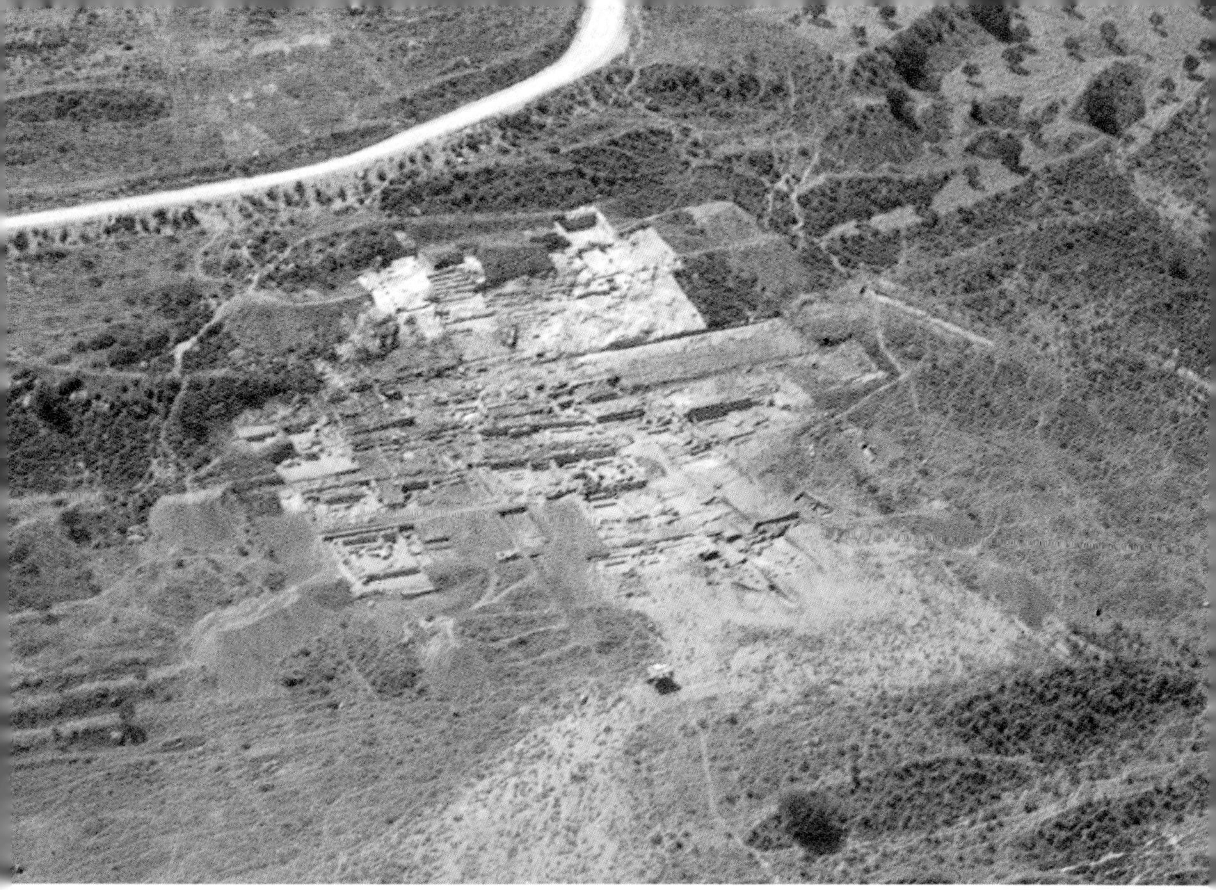
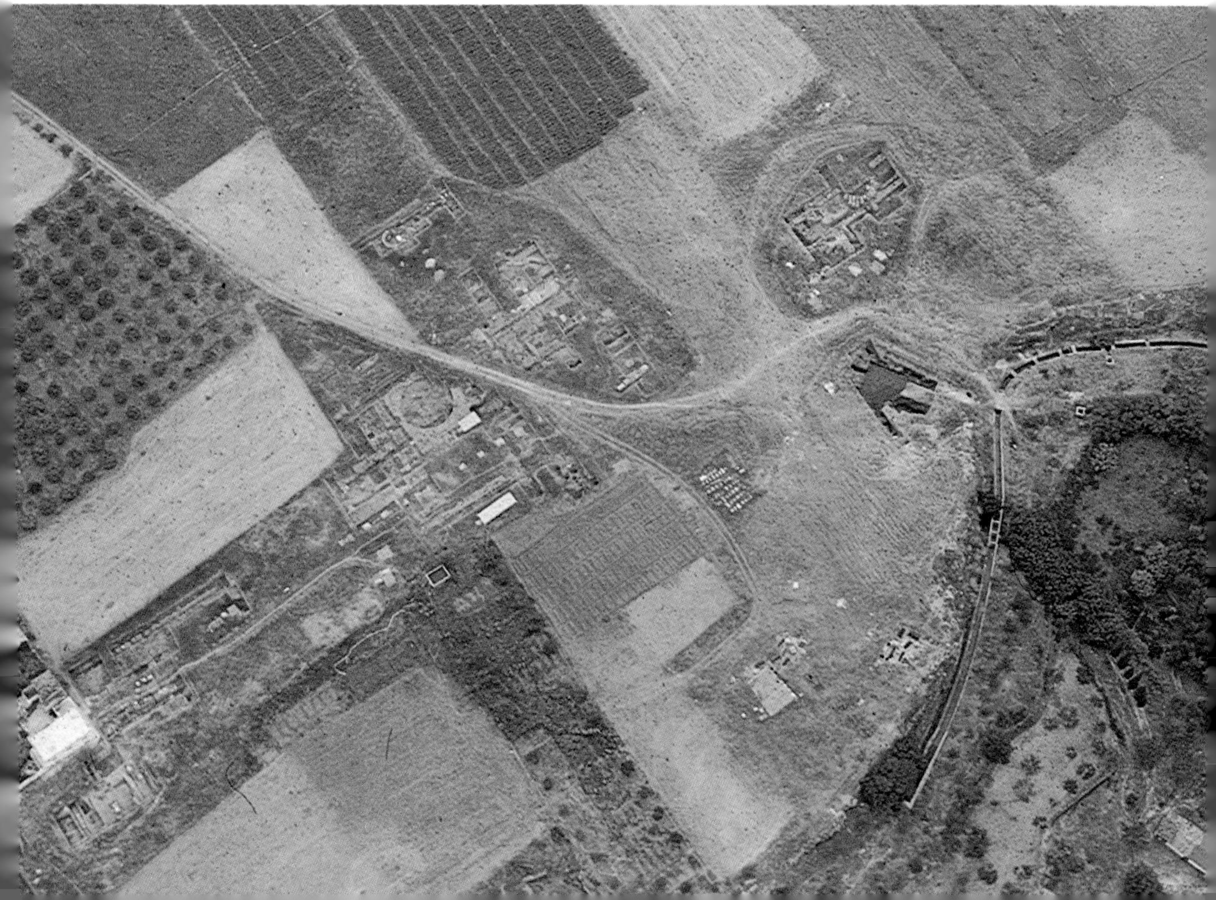

antiken Stadt innerhalb der Langen Mauern erfaßt, die von Akrokorinth bis nach Lechaion am Golf von Korinth ausgriffen.

Der andere Hafen war Kenchreai am Saronischen Golf.

In Korinths Glanzzeit, im 7. Jh. v. Chr., hatte die Stadt eine halbe Million Einwohner. Korinths größte Zeit war unter Kypselos und dessen Sohn Periandros. Damals war es Mittelpunkt internationalen Handels, und überall suchte man seine feine Keramik.

Es kolonisierte Syrakus (Sizilien) und Kerkyra (Korfu) und war offizielles Zentrum des Widerstandes gegen Xerxes' Invasion. Erbost über Athens Wohlstand, stellte es sich auf Spartas Seite und half, die Sizilische Expedition niederzuwerfen, später schloß es sich aber Argos, Athen und Theben gegen Sparta an. Als Hauptort des Achäischen Bundes, wurde es im Jahre 146 v. Chr. von dem römischen Feldherrn Mummius gnadenlos zerstört. Ein Jahrhundert später belebte Caesar es als römische Kolonie erneut. Korinth wurde nun die Hauptstadt des römischen Griechenlands und erlebte einen Aufstieg ohnegleichen. Sprichwörtlich waren seine Schwelgerei und Lasterhaftigkeit. Paulus erwählte Korinth zum Zentrum seiner Mission, denn es war voll von Kauf- und Seeleuten aus allen Mittelmeerländern. Barbarenangriffe (Heruler und Alarich) und Erdbeben im 6. Jh. n. Chr. legten Korinths Herrlichkeit in Schutt und Asche. Neue, noch dauernde Grabungen in Randbereichen sind keineswegs hinreichend abgeschlossen, um verläßliche Interpretationen zu ermöglichen.

Pausanias erwähnt ein Heiligtum für Demeter und Kore am Nordhang von Akrokorinth mit Statuen, die nicht öffentlich gezeigt wurden. Grabungen haben ab 1961 einen ausgedehnten Baukomplex freigelegt, auf den dies paßt. Bestätigung erbringen zahlreiche Terrakotten-Funde, Keramik und Münzen.

Anscheinend existierte das Heiligtum seit archaischer Zeit, wurde Ende des 4. Jh.s v. Chr. reorganisiert und schließlich in der Römerzeit restauriert. Die Überreste sind in schlechtem Zustand, ihre Identifikation daher recht problematisch. Eine ungewöhnliche Anzahl von Speiseräumen deutet auf kultische Mahlzeiten hin. Ein Bau (›T‹) besitzt sieben miteinander verbundene Räume. Alle Speisesäle haben Steinbänke ringsum, manche Waschbecken und Abfluß, manche auch kleine Küchen oder Servierkammern.

Opfergruben gibt es und Votivgaben. Felsstufen führten zu einem Theater mit Sitzreihen und einem Kultbau hinab. Aus der Römerzeit gibt es Hinweise auf chthonische Götterkulte. Alles aber ist sauber terrassiert.

Etwa 400 m nördlich vom Theater liegt an der Kante des ersten Plateaus über dem Golf die Lerna-Quelle, daneben ein Asklepieion (5. Jh. v. Chr. oder früher).

Südlich davon verdrängte wohl ein römisches Gymnasion eines aus hellenistischer Zeit.

Die Anlage bedeckte ein beträchtliches Areal, Stoai umgaben den offenen Hof. Die Außensäulen waren dorisch, ionisch die parallel laufende innere Säulenreihe. Ein Kuppelbau im Süden ist wahrscheinlich Teil eines hellenistischen Bades, an dessen Westseite wohl eine Bronzegießerei lag.

Im apsidalen Raum südlich davon fand man eine Terrakotta-Maske und ein römisches Fluchtäfelchen aus Blei. Nahe am Klippenrand wurde ein Brunnenhaus entdeckt. Es zeigten sich eine unterirdische Quelle, ein Raum mit Becken, Schwimmbassin und Wassertunnel. Einst war dies die Quelle eines bronzezeitlichen Dorfes dicht daneben.

Kos/Kos

In mykenischer Zeit von Achäern und Karern aus dem ganz nahen Kleinasien kolonisiert, war Kos später von Doriern bewohnt, die, so meinte man, aus Epidauros kamen. Es gehörte zur dorischen Hexapolis (6-Städtebund) in der östlichen Ägäis, doch nach 477 v. Chr. kam es zu Athen, später an die Makedonen, an Rhodos und schließlich an Rom. Ptolemaios II. wurde hier geboren. Der einflußreiche Elegiker Philetas stammte aus Kos, und Theokrit hielt sich hier jahrelang auf. Auch der große Maler Apelles soll von dieser Insel stammen; ihr berühmtester

Stadt

1 Schloß der Johanniter aus Rhodos
2 Hain
3 Agora und Hafenabschnitt
4 Hellenistischer Tempelbezirk
5 Odeion
6 Akropolis
7 Römischer Abschnitt
8 Nordbäder (römisch)
9 Ehemaliges Stadion
10 Bäder am Hafen (hellenistisch)

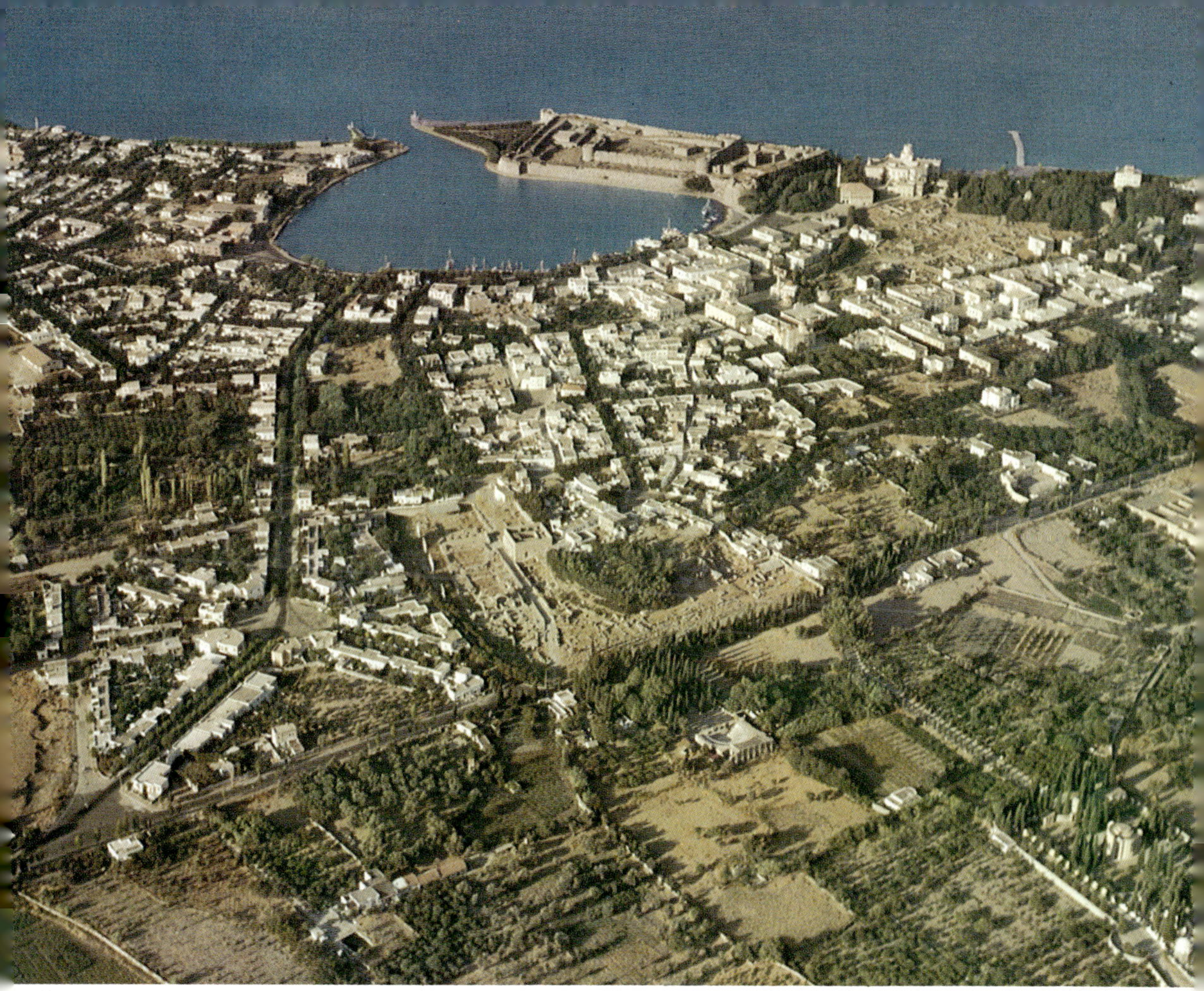

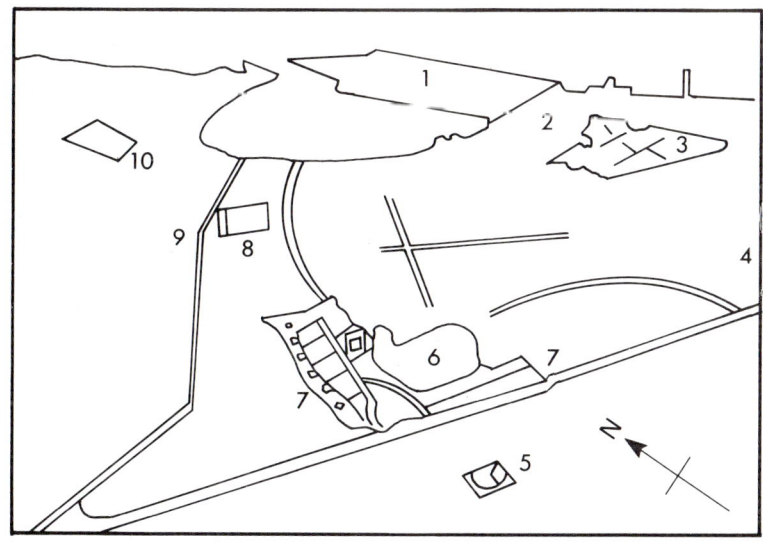

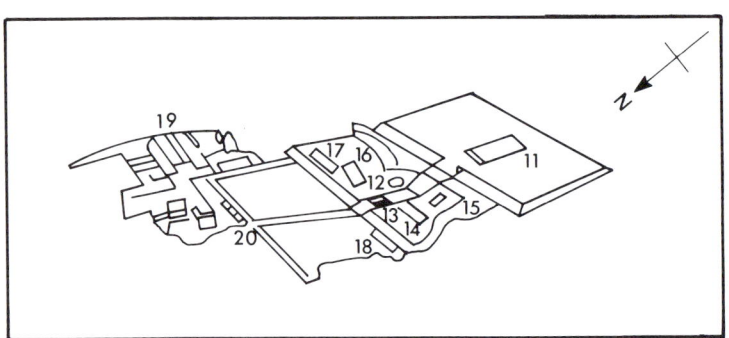

Asklepieion

11 Asklepios-Tempel
12 Exedra
13 Altar
14 Ionischer Tempel
   (griechisch)
15 Römisches Bauwerk
   (Priesterhaus?)
16 Römischer Tempel
   (ionisch) für den Kaiserkult
17 Lesche?
18 Quelle
19 Römische Bäder
20 Eingangs-Propylon

Sohn aber war Hippokrates, dessen Ruf Menschen aus ganz Griechenland hier zusammenströmen ließ. Abgesehen davon war Kos für seinen Wein und seine feine Seide bekannt – die hier hergestellten durchsichtigen Gewänder bildeten bei den Römern eine stete Quelle des Neides und der sittlichen Entrüstung. Während des späten Mittelalters stand Kos unter Kontrolle der Johanniter aus Rhodos, schließlich fiel es an die Türken, dann an die Italiener. Erst seit dem Jahr 1948 gehört es wieder zu Griechenland.

Ursprünglich lag die Hauptstadt am Südwestrand der Insel. Doch dieses Gebiet wurde im Peloponnesischen Krieg von den Spartanern verwüstet. 366 v. Chr. errichtete man eine neue Hauptstadt an der Insel-Nordspitze. Trotz wiederholter Erdbeben blieb sie bestehen und bildete jahrhundertelang ein bedeutendes Handels- und Kulturzentrum.

Seit 1928 haben italienische Ausgrabungen in den verschiedensten Abschnitten der heutigen Stadt antike Reste ans Licht gebracht. Hinter der Burg und dem 500 Jahre alten Hippokrates-Baum liegen die alten Hafenviertel und der Hauptmarkt, die Agora. Neben vielen Römerbauten grub man hier auch griechische Bauwerke aus dem 4.–2. Jh. v. Chr. aus. Auch einen sehr schönen Propyläen-Torbau fand man, einige Hallen (Stoai) und mehrere Tempel.

Beachtenswert ist ein Heiliger Bezirk der Aphrodite mit einem Säulenhof um einen Doppeltempel und -altar, die wohl zwei verschiedenen Aspekten Aphrodites geweiht waren: Aphrodite Pandemos und Aphrodite Pontia – der Göttin des Volkes und der See. Nach Süden hin liegt ein hellenistischer Tempel, daneben ein großer Dionysos-Altar. Den alten Akropolishügel umgeben nach Südwesten hin hauptsächlich eine gut gepflasterte Straße, Häuser, Bäder und ein Gymnasion. Weitere Bäder und ein Stadion liegen nach Norden hin, und im Süden erblickt man ein sorgfältig restauriertes Odeion. Diese Bauten stammen aus dem 2. und 3. Jh. v. Chr.

In einiger Entfernung liegt auf einer Anhöhe ein frühhellenistisches Theater.

Das eindruckvollste Baudenkmal lag 3 km weiter südlich: das Asklepieion. Es entstand 100 Jahre nach Hippokrates gegen Ende des 4. Jh.s. Später wurde es durch Zusätze umgestaltet. Beim Aufstieg über vier Terrassen durch monumentale Tore genießt man, beiderseits von großartigen Bauwerken umgeben, einen hervorragenden Blick auf den gesamten Heiligtumkomplex sowie auf die Stadt und das Meer tief unten. Der Haupttempel auf dem Gipfel war dorisch (6 × 11 Säulen). Ein dorischer Tempel an der Westseite (aus dem späten 4. Jh. v. Chr., und damit der älteste am Platze) sowie ein jüngerer römischer Tempel im Osten (gleichfalls ionisch) flankierten einen großen Altar auf der Terrasse darunter. Im ersten dieser Tempel befanden sich Malereien des Apelles (später in Rom). Ebenfalls auf dieser Terrasse gab es eine Exedra und eine Art Clubhaus (Lesche), während die Terrasse darunter freiblieb, um den Blick ungehindert schweifen lassen zu können.

Das Asklepieion von Kos ist eine der einfallsreichsten und wirkungsvollsten Schöpfungen der klassischen Architektur.

Lerna/**Lerna**

Am nördlichen Westufer des Golfs von Argos, gegenüber Tiryns und Nauplia, lag Lerna sehr günstig, um den Zugang zur übrigen Peloponnes zu kontrollieren, am Fuße eines Berges etwa 16 km südlich von Argos. Quellen am Fuß des Bergmassivs liefern reichlich Wasser. Oft ist sogar das Gelände ein einziger Sumpf. Hier vollbrachte Herakles eine seiner Taten: Er brachte das unruhige Wasser unter Kontrolle – im Mythos wurde es zum vielköpfigen Ungeheuer Hydra (›Wasserbestie‹). Hier suchte man auch den Eingang zum Hades, wo Dionysos hinabstieg, um Semele hervorzuholen und Hades-Pluto mit Persephone verschwand. Mysterienspiele feierten dieses Ereignis. Hier stellte auch Zeus der Io nach und verwandelte sie in eine Kuh, um Heras Eifersucht zu entgehen. Weil Danaos' Töchter die Köpfe ihrer ermordeten Gatten in den benachbarten Alkyonischen See geworfen hatten, waren sie in der Unterwelt dazu verurteilt, unaufhörlich in lecken Gefäßen Wasser zu tragen. Der See galt als bo-

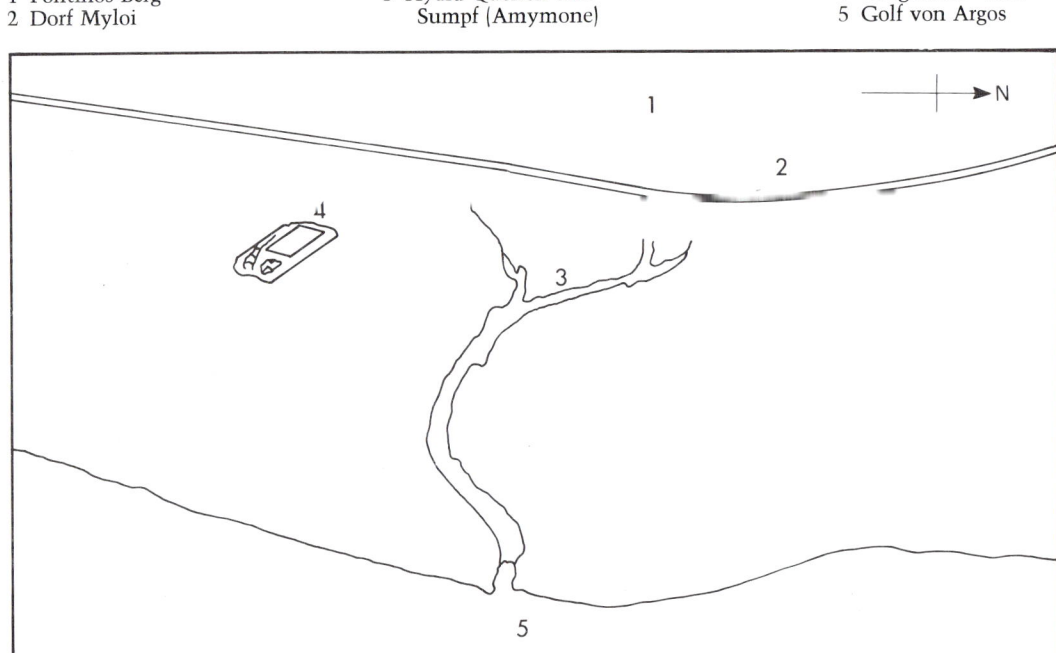

1 Pontinos-Berg
2 Dorf Myloi

3 Hydra-Quellen und
Sumpf (Amymone)

4 ›Ziegelhaus‹ usw.
5 Golf von Argos

N

1

2

4

3

5

denlos, und Kaiser Nero versuchte erfolglos, seine Tiefe auszuloten. Diese Fülle von Sagen spiegelt Lernas Alter. Tatsächlich haben die Ausgrabungen von John L. Caskey (zwischen 1952 und 1958) bewiesen: Lerna war seit dem Neolithikum, mindestens aber seit 4000 v. Chr., bis in die mykenische Zeit bewohnt. Prähistorische Ruinen eines neolithischen Hauses und eine beachtenswerte frühhelladische Wehrmauer liegen unmittelbar südlich der Quellen. Ein großes Haus am Nordende der Stätte war vielleicht ein uralter Palast. Darüber erbaute man 2200 v. Chr. ein sehr viel massiveres Bauwerk. Wegen der zahlreichen Dachziegel, die auf seine Fundamente herabfielen, als es noch vor 2100 v. Chr. niederbrannte, nennt man es heute ›Ziegelhaus‹. Es ist das eindrucksvollste Bauwerk aus vorgriechischer Zeit, das in Griechenland gefunden wurde (24 × 11 m). Außergewöhnlich akkurat ist sein symmetrischer Grundriß. Kleine Räume umgeben größere Räumlichkeiten im Inneren, dazwischen lange Korridore und geschickt placierte Türen. Der Haupteingang lag an der Ostseite, und Treppen führten zu einem zweiten Stockwerk hinauf. Die Mauern sind 90 cm dick, sie bestehen aus Luftziegeln auf Steinfundamenten und sind mit Mörtel und Stuck beworfen. Bänke liefen im Norden und Süden außerhalb an den unteren Mauerpartien entlang, und die Böden waren Lehmstampfungen. Dieses einzigartige Beispiel frühbronzezeitlicher Architektur liegt heute unter einem Schutzdach. Der große Palast wurde durch Feuer zerstört – vielleicht durch einen Blitz, den man als Zeichen des Götterzornes deutete, denn der Bau wurde nicht wieder erneuert, sondern unter einem Erdhügel begraben, den ein Kreis runder Steine umgab, anscheinend ein Zeichen der Ehrfurcht vor der Gottheit. In der Nähe baute man andere Häuser teils rechteckig, teils mit Apsiden. Zwei Schachtgräber aus dem Späthelladikum I, wie in Mykene, lassen vermuten, daß um 1600 v. Chr. frühgriechische Könige die Stätte eingenommen hatten. Beweise späterer Besiedlung fielen der Erosion zum Opfer.

Lindos/**Lindos**

Die zwischen zwei herrlichen Buchten horstende Akropolis von Lindos ist eine der größten Sehenswürdigkeiten Griechenlands. Besonders eindrucksvoll ist vom Meer her die riesige Aushöhlung unter dem südlichen Höhenabhang, die man von der Akropolis aus kaum wahrnimmt.
Nachweislich war das Gelände schon früher als 2000 v. Chr. bewohnt, und auf dem Akropolisfelsen lag seit mykenischer Zeit eine Kultstätte. Nach Pindar war Kerkaphos, ein Sonnenabkömmling, Gründer der Stadt. Wie es scheint, siedelten im 13. Jh. v. Chr., etwa zur Zeit des Trojanischen Krieges. Kolonisten aus Athen und der Argolis auf Lindos.
Lindos half 688 v. Chr., Gela auf Sizilien zu kolonisieren, desgleichen Partenophe, das spätere Neapel. Früh schon war es Hauptstadt der Insel Rhodos, und Homer nennt es bereits zusammen mit Ialyssos und Kameiros. Mit beiden Städten sowie mit Kos, Knidos und Halikarnassos war es in der dorischen Hexapolis (6-Städtebund) des 5. Jh.s v. Chr.

Kleobulus, einer der ›Sieben Weisen‹, war im 7. Jh. v. Chr., der Glanzzeit dieser Stadt, Lindos' Oberhaupt.
Wegen seiner günstigen Lage an zwei Häfen war Lindos lange Zeit bedeutendes Seehandelszentrum. Die Byzantiner bauten eine Festung auf der Anhöhe, in die später Johanniter-Ritter, noch später Türken einzogen. Ausgrabungen fanden vor allem 1902–1914 sowie 1952 statt, wobei in großem Umfang antike Baudenkmäler wiederhergestellt wurden.
Etwa 107 m über dem Meer beherrscht der Tempel der Athena Lindia die Akropolis. Anscheinend lag hier der Ursprung des antiken Kultes. Der z. Zt. Kleobulus' in der ersten Hälfte des 6. Jh.s v. Chr. erbaute Tempel brannte um 348 v. Chr. nieder.
Der schon bald darauf errichtete Neubau war dorisch (23 × 8 m) mit vier Säulen an der Ost- und Westfassade, doch ohne Säulen an seinen Längsseiten. Vor dem Tempel befand sich ein älteres Propylon, das das Akropolis-Tor von Athen nachahmte und etwa 300 v. Chr. ent-

standen sein muß. Etwa 100 Jahre später errichtete man davor eine riesige Stoa mit 42 Säulen.

Davor befand sich eine mehr als 20 m breite Freitreppe. Oberhalb der Kolonnade lief in fast 7 m Höhe ein dorischer Fries entlang. Zwischen den Säulen erhoben sich Statuen, die Verehrer der Göttin gestiftet hatten. Dieser gesamte U-förmige Komplex bildete den Torbau für das obere Heiligtum. In römischer Zeit wurde am Südostrand der Akropolis ein kleiner Kaiserkult-Tempel hinzugefügt. An der gegenüberliegenden Seite des östlichen Hügelabschnitts befinden sich die Ruinen des Statthalterpalastes der Johanniter, daneben eine Johanneskapelle.

Am Weg über die steile Flanke zur Stadt hinunter gab es ein antikes Relief eines Schiffsbugs mit Steuer. Auf dem Deck befand sich eine Statuenbasis für Hagesandros, einen – wie eine Inschrift kündet – Verehrer Poseidons. Die Heilige Straße zur Akropolis führt an diesem Relief vorbei. Der Kult der Athena Lindia war in der griechischen Welt weitverbreitet. Tatsächlich hat seine Ursprungsstätte noch immer etwas Ehrfurchtgebietendes.

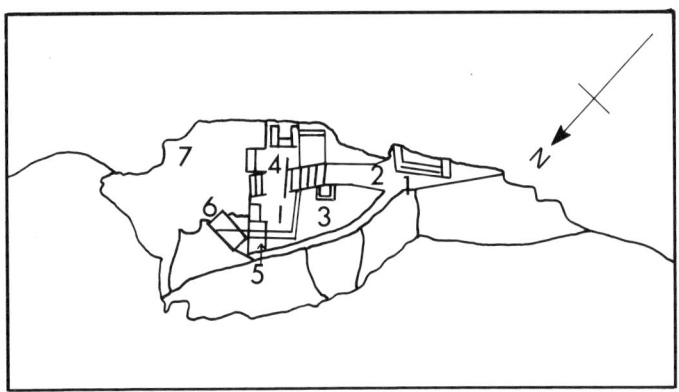

1 Tempel der Athena Lindia
2 Einstiger Vorhof
3 Propylon
4 Propyläen
5 Johanniskapelle
6 Johanniter-Burg
7 Stätte des römischen Tempels
8 Aushöhlung im Felsen

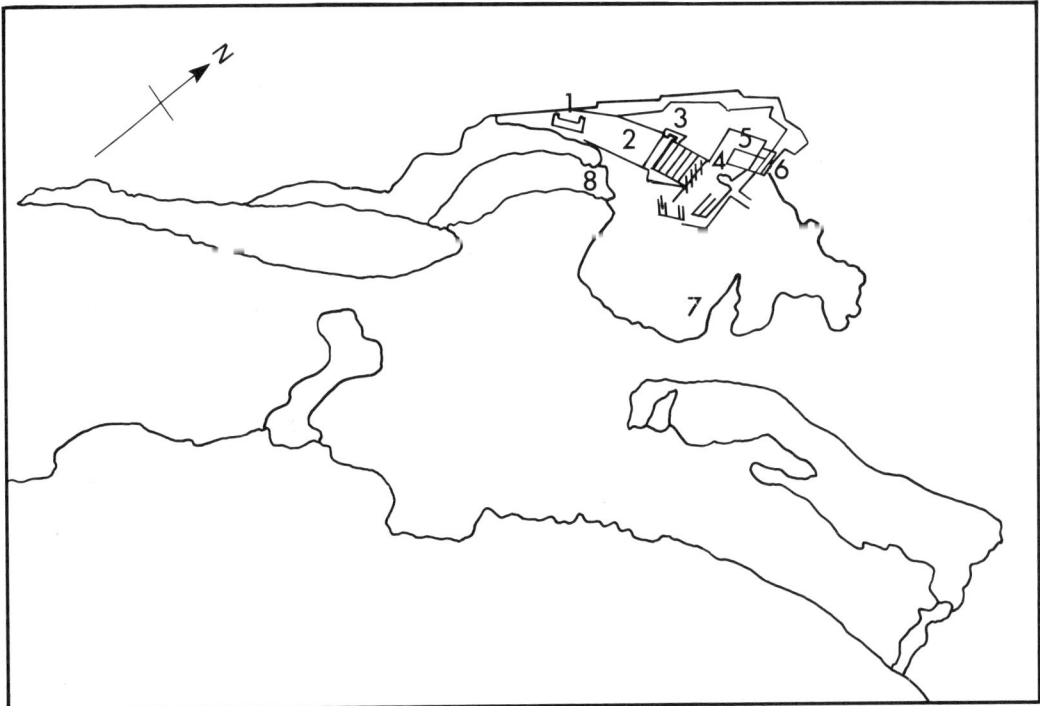

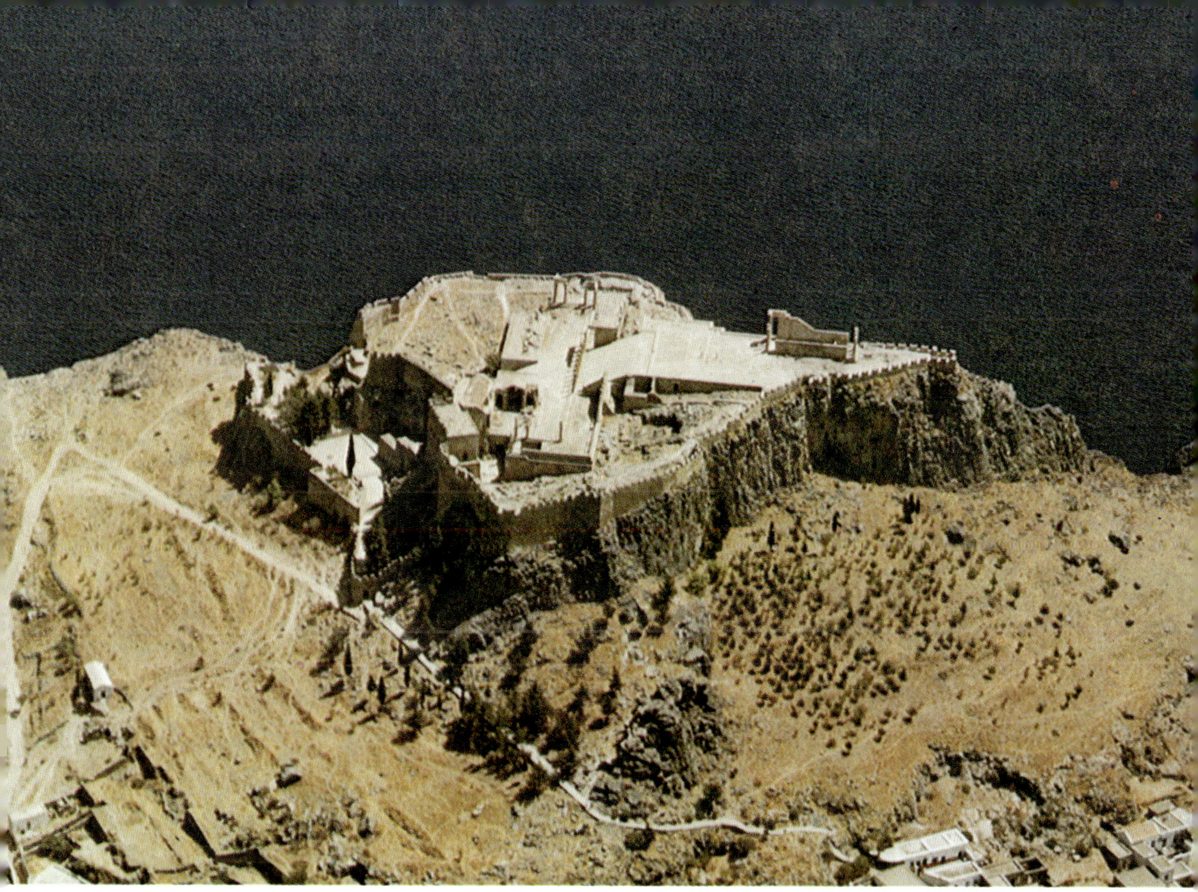
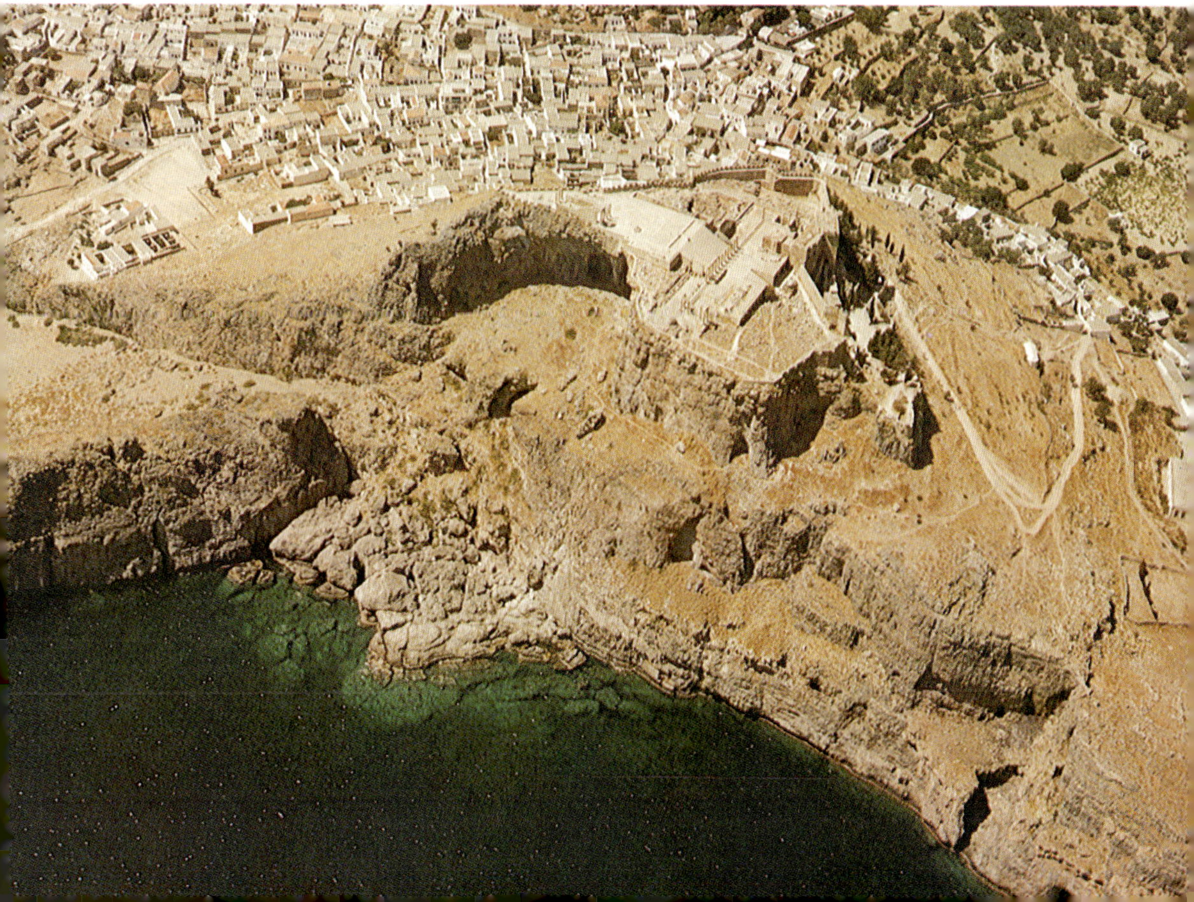

Mallia/**Mallia**

Im Gegensatz zu Phaistos und Knossos liegt der Palast von Mallia auf ebenem Gelände nicht weit vom Meer. Wie die anderen Paläste entstand er ursprünglich im Mittelminoikum um 1900 v. Chr., dann wurde er nach der allgemeinen Zerstörung um 1700 v. Chr. neuerbaut. Etwa von gleicher Größe wie Phaistos und von gleichem Plan, ist er nicht durch Ruinen späterer Bauten verunklärt. Entdeckt und ausgegraben wurde er 1915 von Hazzidakis, seit 1922 ist er Gegenstand ausgedehnter Arbeiten des Französischen Archäologischen Institutes, das z. Zt. noch in der Umgebung Häuser und Gräber freilegt. Der große, längliche Hof besitzt einen eingetieften Altar oder Zeremonialherd, desgleichen Säulengänge an Nord- und Ostseite. Die Säulen der Ostseite waren abwechselnd rund oder viereckig, die der Nordseite ruhten auf Basen und waren offenbar durch einen Gitterzaun miteinander verbunden. Räumlichkeiten am Westrand des Hofes waren wohl für religiöse Zwecke bestimmt. An der Südwestecke lag ein Opfertisch, in der Mitte mit einer großen, runden Eintiefung und ringsherum 34 kleineren Gruben für Trank- und andere Opfer. Im Kultbezirk gibt es eine Pfeilerkrypta und eine erhöhte Plattform – vielleicht die Königsloge. Gruppen von Magazinen lagen am Ost- und Westrand des Palastkomplexes, und 8 große, runde Behälter an der Südwestecke waren Getreidemagazine. Außerhalb befanden sich Reste alter Magazinräume aus der ersten Palastperiode. Ein Nordsüdkorridor führte zu einer Art Wohnblock für die königliche Familie. Hier befand sich auch das Megaron des Königs, daneben ein kleineres der Königin. Der Raum des Königs war mit Platten ausgelegt und hatte an drei Seiten (nicht an der Westseite)

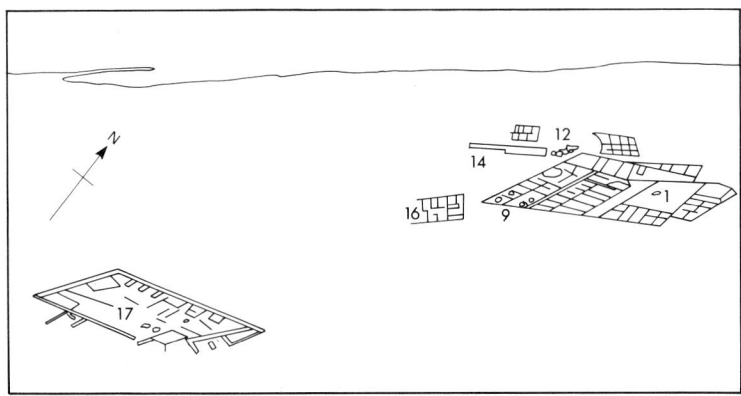

1 Binnenhof des Palastes
2 Altar / Opferherd
3 Säulen
4 Pfeilerhalle
5 Kulträume
6 Nord-Süd-Korridor
7 Magazine
8 Opfertisch
9 Getreidemagazine
10 Nordhof
11 Königliche Wohngemächer / Megaronhäuser
12 Agora
13 Knickportikus
14 Überdachte Pfeilerkrypta
15 Häuser
16 Magazine aus der Proto-Palastzeit
17 Häuser (Südabschnitt)

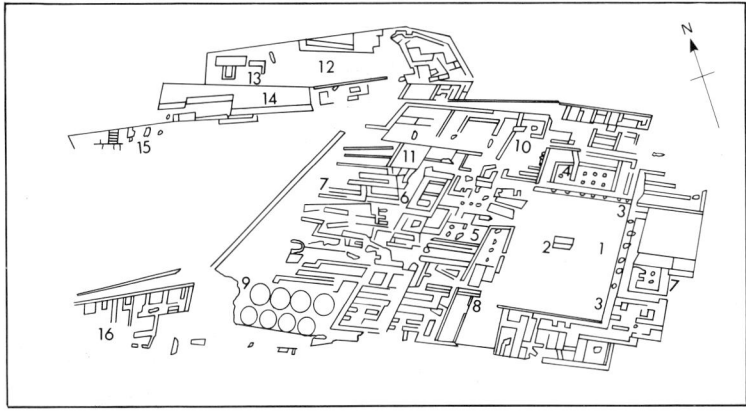

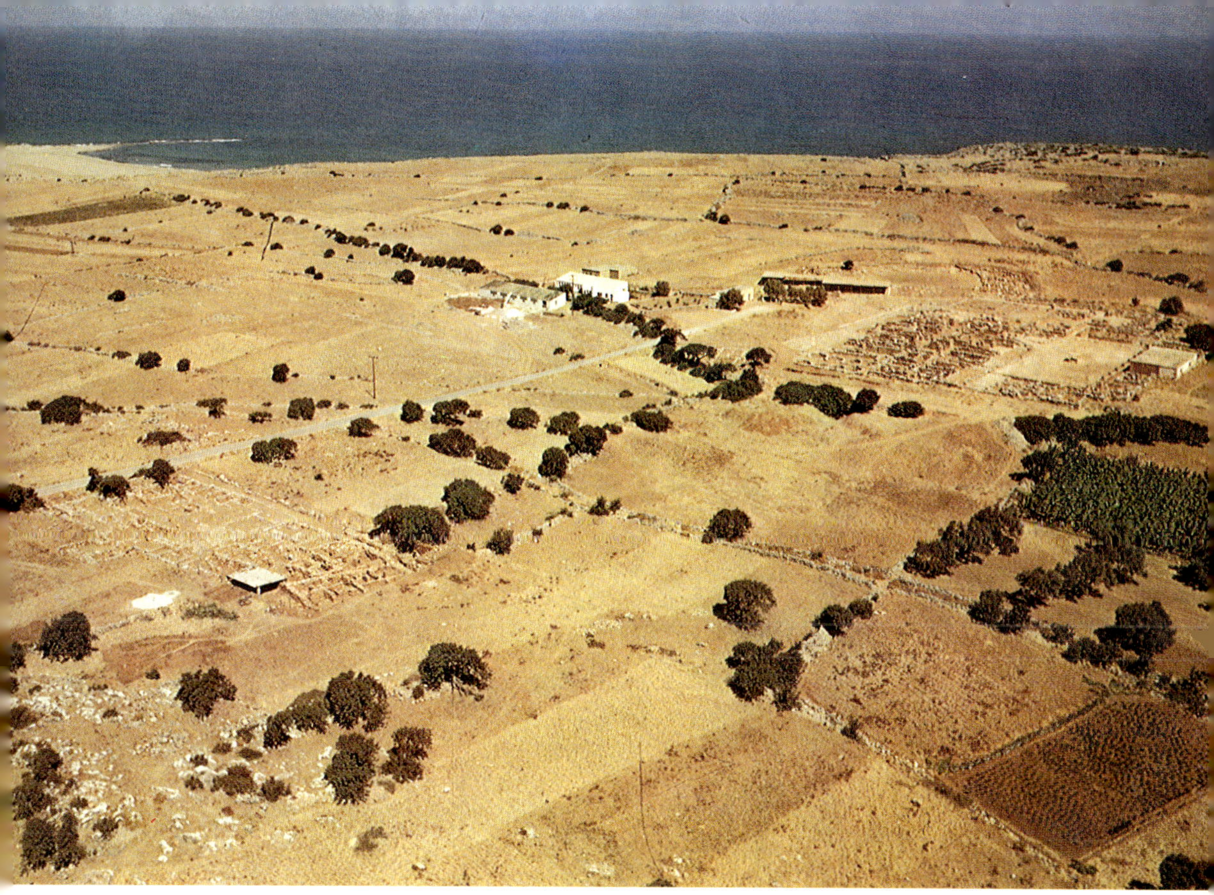

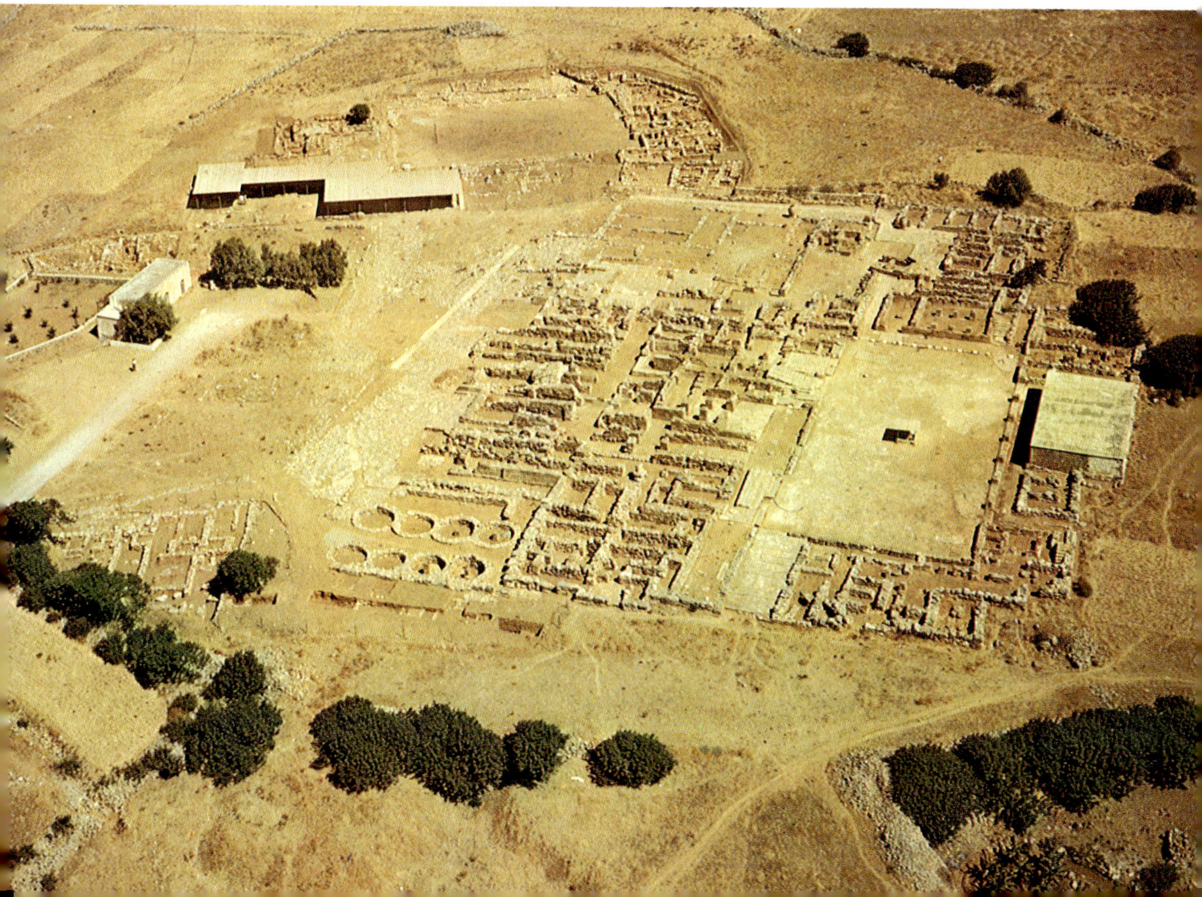

Säulen. Der Nordhof mag hauptsächlich Wirtschaftszwecken gedient haben, so der Zubereitung von Essen und dergleichen. Ein Raum mit 6 Pfeilern nördlich des Hofes trug wohl eine Bankettthalle, im Osten schloß sich eine Küche an. Es gibt Beweise, daß sich über den größten Teil des Palastes ein zweites Geschoß hinzog, vom Gemach der Königin und von anderswo führten Stufen hinauf. Nordwestlich vom Palast drängten sich Räumlichkeiten um ein offenes Geländestück, wahrscheinlich einen Markt. An der Westseite ein Bauwerk, das als ›Knickportikus‹ bekannt ist, dicht daneben eine erhöhte Plattform. Südlich davon, nun unter einem Schutzdach, lag eine beachtenswerte Pfeilerkrypta mit einem Komplex von Wänden und Pfeilern; noch erhalten ist ein Teil des Wandbewurfs. Hier wie anderswo weiter im Süden und Osten das Palastes wurden Häuser freigelegt. Viele enthielten Bäder, Lichthöfe, Bodenfliesen und Fresken. Eine minoische Pflasterstraße führte zum Meer. Auch Friedhöfe an der Küste haben sehr viele Gegenstände von großem Kunstwert erbracht.

Mantinea/**Mantineia**

Obwohl eine ziemliche Anhöhe in der Nähe war, wo sich eine alte Siedlung befand, ist Mantineia eine der seltenen befestigten Städte Griechenlands auf ebenem Gelände. Ihr elliptischer Mauerring, beinahe 4 km im Umfang, ist eines der besten Beispiele griechischer Verteidigungsanlagen und ist ganz besonders an der Nord- und Ostseite gut erhalten. Um 370 v. Chr. erbaut, zur gleichen Zeit wie die Festungsanlagen in Messene und möglicherweise unter Leitung der gleichen thebanischen Architekten wie dort, wurden die Mauern von Mantineia in der sog. Zweischalenbauweise errichtet, d. h. der Zwischenraum zwischen zwei äußeren Mauerzügen aus großen rechteckigen oder polygonalen Blöcken enthält eine Füllung aus Felssteinen und Erde, gewöhnlich bis zu einer Dicke von 4,20 bis 4,70 m. In regelmäßigen Abständen von knapp 26 m erhoben sich etwa insgesamt 120 quadratische Türme. Außerdem gab es 10 Tore, bei den meisten von ihnen lief der Zugangsweg einige Meter parallel zur Mauerführung. Dies bedeutete für die Verteidiger einen zusätzlichen Vorteil. Das Nordwesttor allerdings besitzt einen direkten Eingang, ist aber besonders stark befestigt. Ein vorzügliches Beispiel der Anordnung von Toren und Türmen sieht man im Süden beim Tegea-Tor. Eine Besonderheit Mantineias ist die Ableitung des Ophis-Flusses (Schlangenfluß) rings um fast die gesamte Festung. Nahe beim Zentrum des umwallten Ovals haben 1867–1898 französische Ausgräber unter Fougère einen Teil der antiken Zivilgebäude freigelegt. Die Agora war ein großes Rechteck mit dem Rathaus (Bouleute-

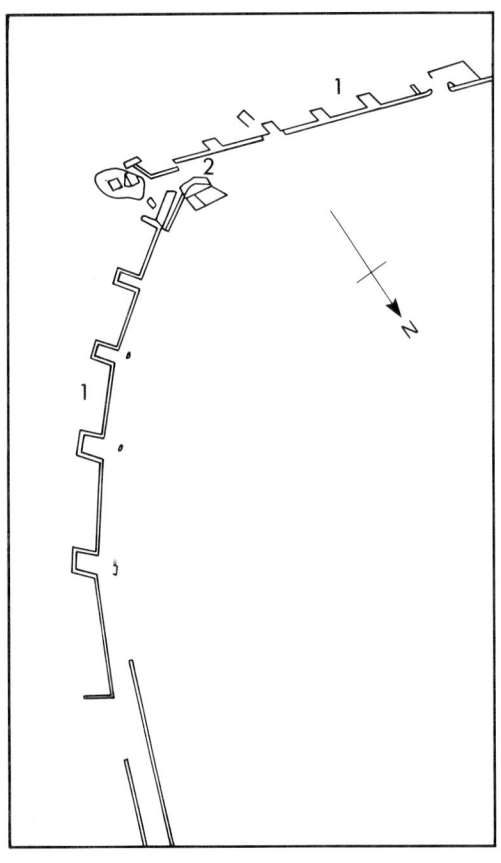

1 Mauern
2 Tegea-Tor

134

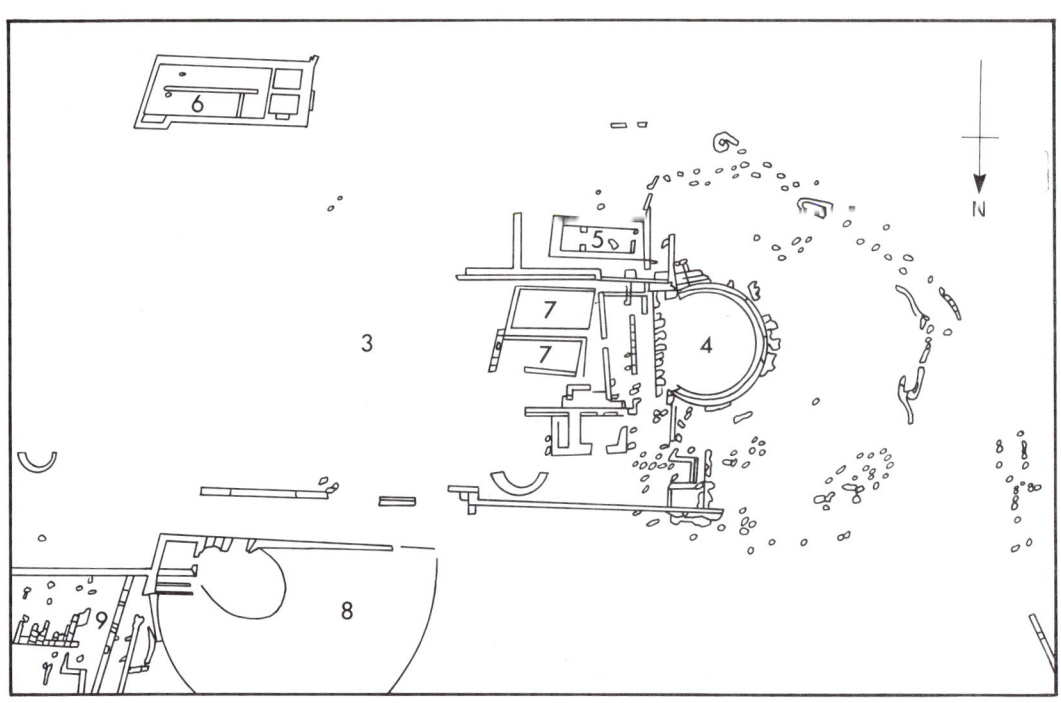

1 (s. Seite 134)   5 Tempel   8 Exedra
2 (s. Seite 134)   6 Bouleuterion (Rathaus)   9 Stoa
3 Agora   7 Römische Tempel
4 Theater   für den Kaiserkult

rion) an der Südseite. Zur Römerzeit lag gegenüber eine Stoa und eine große halbrunde Exedra. Am westlichen Ende befanden sich vier rechteckige Bauten, im Süden ein Tempel ungewisser Bestimmung. Neben ihm zwei Kultschreine für den römischen Kaiserkult. Die Agora mißt etwa 150×85 m, eine Straße lief nach Osten zur Stadtmauer. Schlecht erhalten ist das Theater westlich der Agora; es wurde auf ebenem Grund errichtet und nicht wie gewöhnlich in eine Bergflanke eingeschnitten. Der Zuschauerraum mußte aus Erde aufgeschüttet werden. Er besaß sieben sogenannte Keile mit acht Steinreihen, deren Blöcke später zum Teil entfernt, zum Teil aber wieder angebracht wurden.

Die Sitze bestanden meist aus Kalkstein, einige aus Marmor. Ehrensitze gab es nicht. Das Bühnenhaus ist wohl Ergebnis eines übereilten Wiederaufbaus in späterer Zeit. Spät ist auch das Proskenium. Das Theater entstand zum größten Teil nach den Wehrmauern um 360

v. Chr. Mantineia wurde um 500 v. Chr. durch Zusammenschluß von fünf aneinanderliegenden Dörfern gegründet. Politisch stand es im Gegensatz zu Tegea, seiner Rivalin um die Herrschaft über Südarkadien und um die Kontrolle der Entwässerungsgruben, die die große Ebene nutzbar machten. Bis zu den Perserkriegen war Mantineia mit Sparta verfeindet, dann aber half es Sparta, die Heloten zu unterdrücken.

Im Peloponnesischen Krieg stand es wieder auf Seiten Athens (Spartanischer Sieg bei Mantineia 418 v. Chr.). Im Jahre 385 zerstörte Sparta die Stadt, doch nach dem Sieg der Thebaner bei Leuktra (371 v. Chr.) wurde es wieder besiedelt und man baute die heutigen großen Mauern. Die berühmte Schlacht bei Mantineia (362 v. Chr.) bedeutete das Ende der thebanischen Macht auf der Peloponnes. 223 v. Chr. wurde die Mantineia vom Achäischen Bund zerstört, doch bald darauf als Antigoneia neu gegründet.

Marathon/**Marathon**

Der Name Marathon ist einer der ruhmreichsten in der abendländischen Geschichte. Hier schlugen im Spätsommer des Jahres 490 v. Chr. wohl etwa 9000 Athener und 1000 Mann aus Plataiai eine persische Übermacht, die Dareios ausgesandt hatte, um Athen für seine Unterstützung der aufständischen Ionier zu bestrafen.

Miltiades' Kriegskunst und der Mut griechischer Hopliten zerstörten den Ruf persischer Unbesiegbarkeit und verhalfen Griechenland zu neuem Selbstvertrauen. Die 192 athenischen Krieger, die in der Schlacht fielen, wurden in einem Massengrab unter einem fast 10 m hohen Erdhügel bestattet, dessen Basisumfang etwa 200 m beträgt. Gedächtnistafeln mit den Namen, nach Phylen geordnet, waren in den Hügel eingefügt, sind aber inzwischen verschwunden. Teilweise wurde der Hügel 1890 untersucht. Man fand Menschenasche und verbrannte Knochen von Opfertieren sowie schwarzfigurige Keramik im Stil des beginnenden 5. Jh.s v. Chr. (sie sind heute im Museum in Athen).

Früher gefundene steinerne Pfeilspitzen sind wohl prähistorischen Ursprungs – obwohl Herodot berichtet, daß noch die äthiopischen Bogenschützen in der persischen Armee solche Pfeilspitzen benutzten. Die Schlacht fand hauptsächlich in der Ebene statt. Die gefallenen Perser setzte man vermutlich in einer einfachen Grube bei. Die Toten von Plataiai erhielten ihren eigenen Tumulus etwa 3 km westlich vom Grabhügel der Athener – vielleicht ist es jener, der neuerdings im Gebiet von Vraná erforscht und geöffnet wurde. Auch ein Tropaion der Athener wurde entdeckt. Es liegt in der gleichen Entfernung nordöstlich vom Grabhügel, wo sich vermutlich das persische Lager befand. Miltiades hatte irgendwo in der Nähe ein eigenes Denkmal. Zwischen den Grabhügeln der Athener und der Leute von Plataiai wurde ein mykenisches Kuppelgrab ausgegraben. In seinem Dromos (Zugangsweg) hatte man zwei Pferde geopfert und verbrannt. Nach der Tradition landete einst Deukalion nach der großen Flut in Marathon – d. h. die urzeitliche Besiedlung dieser günstigen Ebene lebte in der Erinnerung fort. Prähistorische Überreste und bronzezeitliche Gräber bezeugen die lange Ge-

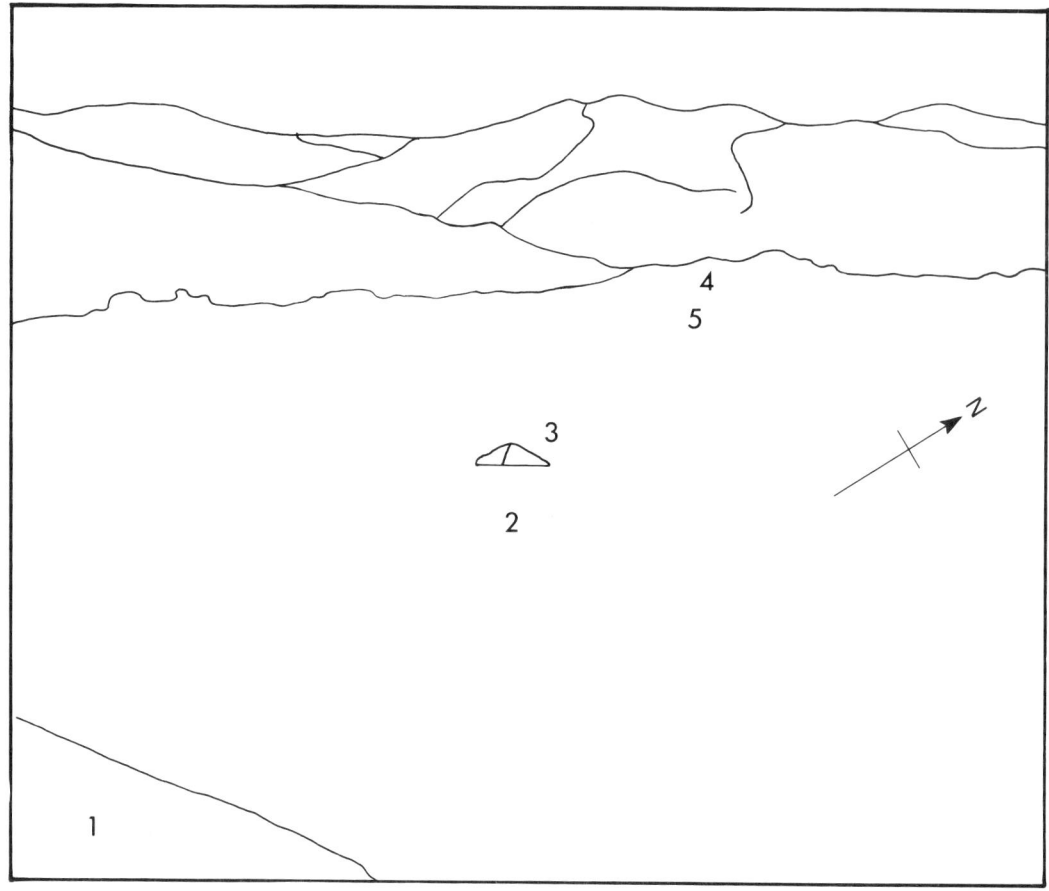

Marathon
1 Meer
2 Schlachtfeld

4 Platz des Hügels von Plataiai
5 Platz des mykenischen Kuppelgrabes
3 Athenischer Grabhügel (Soros)

schichte. Pausanias erwähnt eine Pans-Höhle (wohl in den unteren Hängen der Berge im Nordwesten). In Marathon wurde um 100 n. Chr. Herodes Atticus geboren. Er verwendete seinen enormen Reichtum, um berühmte Bauwerke zu stiften. Herodes Atticus war ein hervorragender Rhetor und Schriftsteller, wurde Senator in Rom und sogar Konsul des Jahres 143 n. Chr. Noch immer findet man in Marathon Spuren seines riesigen Landgutes.

Megalopolis/**Megalopolis**

Nach dem Sieg der Thebaner über Sparta bei Leuktra (371 v. Chr.) begründete der Führer der Thebaner, Epameinondas, eine neue Hauptstadt seines Arkadischen Bundes. Zusammen mit Mantineia, Argos und Messene sollte sie Spartas Einfluß auf Lakonien zurückdrängen. Ihr Mauerkreis hatte eine Länge von annähernd 8 km, doch die Stadt wurde innerhalb von nur 4 Jahren aus dem Boden gestampft und durch Zwangssiedler aus der Umgebung bevölkert.

Dreimal warf sie spartanische Angriffe zurück (353, 331 und 234 v. Chr.), doch innere Zwistigkeiten schwächten sie, und so wurde sie 223 v. Chr. erobert, die meisten ihrer vertriebenen Einwohner kehrten aber zwei Jahre später zurück. 194 v. Chr. wurde die Stadt neu erbaut, und auch zur Römerzeit existierte sie noch, obgleich sie Pausanias größtenteils in Trümmern sah. Megalopolis war der Geburtsort des Philopoimen (253–183 v. Chr.), ›der letzten großen Führergestalt, die Griechenland hervorgebracht hat‹, sowie des Historikers Polybios, der während des Kampfes der Römer gegen Karthago ein Freund der Scipionen war. Der Fluß Helisson teilte die Stadt in zwei Hälften: Die Bundesstadt im Süden, auch als Oresteia bekannt, sowie Megalopolis nördlich des Flusses.

Britische Ausgräber haben 1890–1893 die Agora der Nordstadt freigelegt und dabei das Heiligtum des Zeus' Soter, die Portikus des Philipp, den Markt der Aromata, römische Thermen sowie Spuren einer Stoa und eines Rathauses (Bouleuterion) – heute sind diese allerdings kaum mehr sichtbar. Südlich des Helisson-Flusses, eines Alphaios-Nebenflusses, liegen eindrucksvolle Ruinen. Nach Pausanias war das Theater das größte Griechenlands. Seine 59 Sitzreihen konnten 20000 Zuschauer fassen. Es gibt zwei horizontale Rangumgänge (Diazomata) und 10 senkrechte Treppen. Die Orchestra hat einen Durchmesser von fast 30 m. Der Zuschauerraum schneidet in einen Hügelzug, der den Fluß und die nördliche Stadt überragt. Die Bühne des 4. Jh.s bestand aus

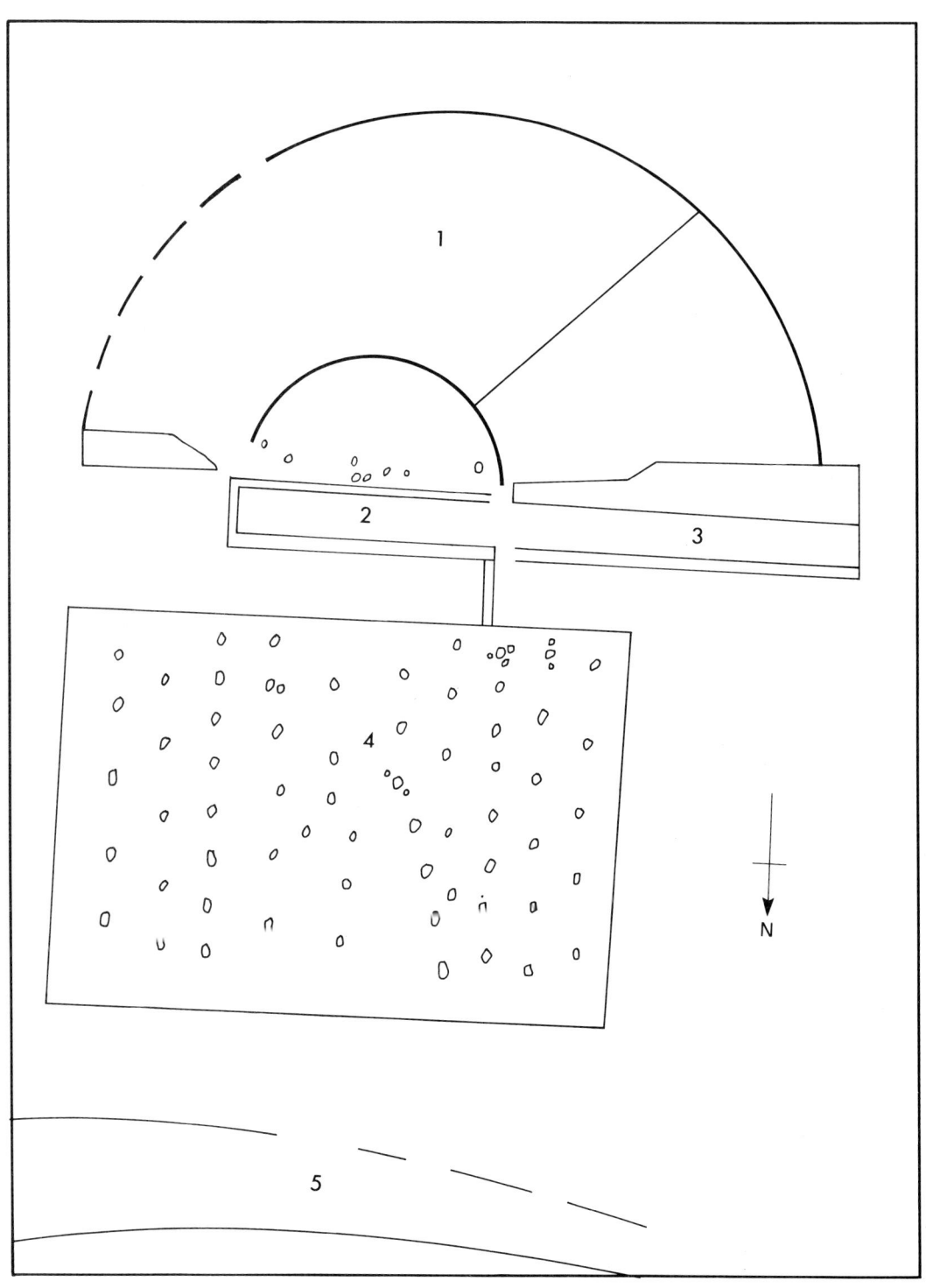

1 Theater
2 Bühnenhaus / Vorhalle
  des Thersileion

3 Skanothek (Raum
  für die Aufbewahrung
  der Theaterausstattung)

4 Thersileion
5 Fluß Helisson

Holz und konnte zusammen mit dem Szenarium abgebaut und in eigenen Räumen am Westausgang zum Bühnenareal, der sog. Skanothek, aufbewahrt werden. Dies tat man, um nicht unnötig den Zugang zum benachbarten Thersileion zu behindern. Doch nachdem dieses 22 v. Chr. in Trümmer sank, wurde die Bühne mit 14 marmornen Säulen in Stein wiederaufgebaut. Das nach seinem Stifter benannte Thersileion war ein rechteckiger Versammlungsraum (66×52 m) jener Zehntausend, die zusammen mit dem Rat von fünfzig Vertretern assoziierter Staaten die Arkadische Liga leiteten. Seine 67 dorischen Säulen waren von der Rednertribüne aus strahlenförmig angeordnet, ein Höchstmaß an freiem Blickfeld lassend. Der Boden scheint wie in einem Theater abschüssig gewesen zu sein, dies sowohl der Aussicht als auch der Akustik wegen. Eine Vorhalle an der Südseite mit 16 dorischen Säulen war dem Theater zugewandt. Beiderseits des Thersileion standen Altäre und im Westen befand sich ein Stadion neben einem heiligen Quell des Dionysos.

Messene/**Messene**

Die fruchtbare Gegend und die große Ebene Messeniens wurde schon früh von Doriern besiedelt, als diese sich in Griechenland niederließen.

Sparta kämpfte erbittert um dieses Land, und dies führte zu den Messinischen Kriegen im 8., 7. und 5. Jh. v. Chr. Die Messenier mußten sich auf die Höhe des Ithome-Berges flüchten, wo der junge Zeus eine Zeit lang gelebt haben soll und wohin viele Heloten vor spartanischer Unterdrückung flohen.

Als Theben 371 v. Chr. bei Leuktra gesiegt hatte, gründete Epameinondas eine neue messenische Hauptstadt und nannte sie Messene. Dies war ein Teil seiner Strategie, zusammen mit Mantineia, Megalopolis und Argos, Sparta in Schach zu halten. 202 v. Chr. machte Philopoimen den Plan des spartanischen Tyrannen Nabis zunichte, Messene zu unterwerfen, doch Philopoimen wurde später selbst von Aufrührern überlistet und vergiftet. Sein Nachfolger, Lykortas (der Vater des Historikers Polybios),

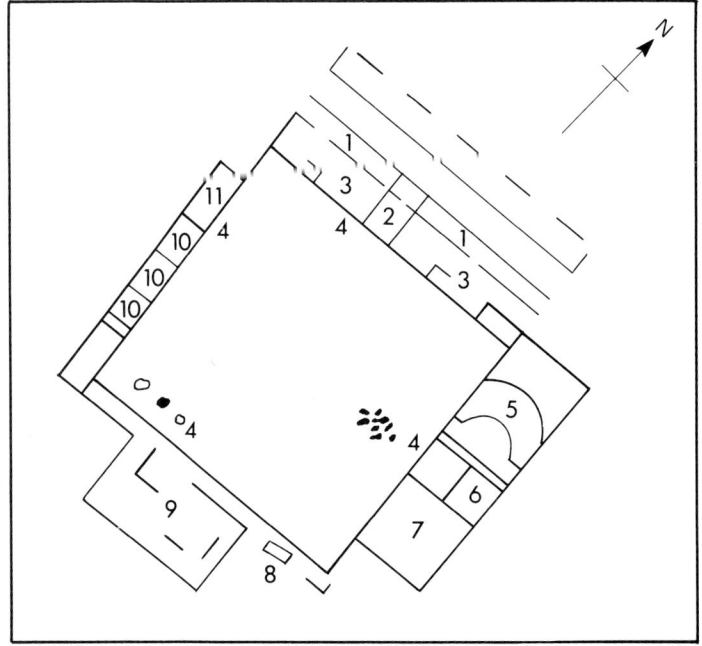

1 Nordstoa
2 Nordpropylon
3 Sebasteion
4 Säulengänge des Tempelhofes
5 kleines Theater
6 Ostpropylon
7 Synedrion?
8 Heroon
9 Prytaneion?
10 Kulträume
11 Heiligtum der Artemis Orthia

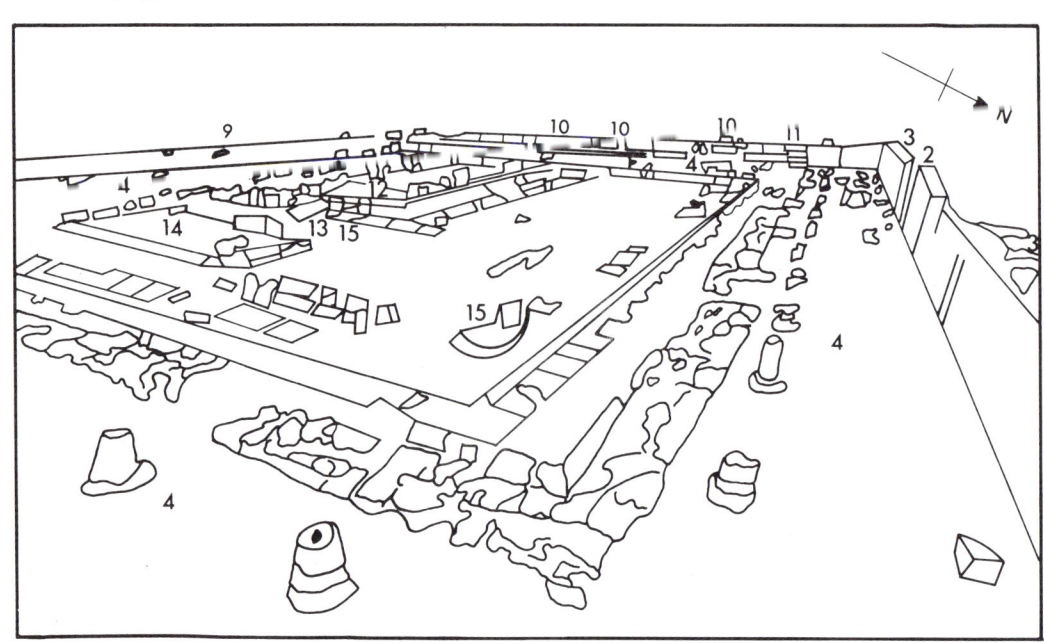

1 (s. Seite 142)
2 Nordpropylon
3 Sebasteion
4 Tempelhof-Portici
5 (s. Seite 142)
6 Ostpropylon

7 Synedrion?
8 Heroon
9 (s. Seite 142)
10 Kulträume
11 Schrein der Artemis Orthia

12 Tempel (des Asklepios und der Hygieia?)
13 Rampe
14 Altar
15 Exedra

rächte ihn bald darauf. Wenig ist von Messenes späterer Geschichte bekannt. Nur ein kleiner Teil des Stadtgebietes wurde ausgegraben, die neuesten Arbeiten im Tempelquadrat versprechen allerdings lohnend zu sein. Die mehr als 8 km langen Mauern von Messene gelten als das beste Beispiel griechischer Festungskunst des 4. Jhs. Obwohl einige sie in spätere Zeit weisen, sind sie doch höchstwahrscheinlich um 360 v. Chr. entstanden. In den sichtbaren Partien ist das Mauerwerk von äußerster Sorgfalt. Türme stärken in bestimmten Abständen die gesamte Mauer. Von den Stadttoren ist das Arkadische mit seinem runden Hof zwischen Außen- und Innentürmen das bekannteste. Bisher galt das ausgegrabene Quadrat innerhalb des Stadtgeländes, das von Kolonnaden und Kleinbauwerken umgeben war, als die antike Agora. Doch Orlandos, der zwischen 1969 und 1972 die Ausgrabungen dieses Geländes vollendete, hat im Zentrum einen sehr schönen Tempel freigelegt. Ein Foto, im November 1972 mit Weitwinkelobjektiv gemacht, wurde dazugenommen, um diesen interessanten Fund zu zeigen. Der Tempel ist dorisch (etwa 28 × 13,5 m groß, mit 6 × 12 Säulen) und stammt anscheinend aus hellenistischer Zeit. Die Westvorhalle hat zwei Säulen zwischen vorspringenden Anten, doch die Ostvorhalle öffnet sich unmittelbar zum Peristyl. Es gibt Anhaltspunkte für einen älteren Tempel aus dem 5. oder 4. Jh. v. Chr. Eine Rampe an der Ostseite führt zu einem großen Altar gegenüber dem Ostpropylon in der korinthischen Doppelkolonnade. Mehrere Exedren dienten als öffentliche Sitzgelegenheiten.

Nördlich vom Ostpropylon befindet sich ein kleines Theater. Wahrscheinlich diente es hauptsächlich für kultische Versammlungen wie jenes im Asklepieion zu Pergamon. Mehr noch: In dem Raum südlich vom Propylon (vielleicht dem Versammlungsraum des Synedrions) fand man ein Relief. Zusammen mit einer Inschrift, die von Asklepios' heiligen Räumen spricht, zeigt es einen Reiter vor Asklepios.

Es ist daher sehr wahrscheinlich, daß auch dieser gesamte Komplex ein größeres Asklepieion war und daß der Tempel in der Mitte des Areals Asklepios und vielleicht auch der Hygieia geweiht war.

An der Westseite gab es mehrere kleine Kulträume, ganz im Norden ein Heiligtum der Artemis Orthia, die auch in Sparta verehrt wurde. Ein Heroon enthielt vier Familiengräber. Dem Kaiserkult dienten in römischer Zeit die Räume des Sebasteion, zwischen denen sich die Nordpropyläen befanden. An anderer Stelle im Stadtgebiet wurden Reste eines Theaters und eines Stadions sowie eines großen Tempels festgestellt.

An den Hängen des Ithome-Berges lag ein Artemis-Tempel, und ein Zeusaltar auf dem Bergesgipfel.

Mykene/**Mykenai**

Homers wegen hat das »wohlgebaute, goldreiche Mykenai«, wo Agamemnon herrschte und nach seiner ruhmreichen Rückkehr aus Troja einen schmählichen Tod erlitt, eine einzigartige Anziehungskraft. Seine großartige Lage paßt hervorragend zu seiner Rolle als Hauptstadt des frühen Griechenland. Mykene verdankt die erste Blüteperiode griechischer Kultur ihren Namen. Sie dauerte von etwa 1600–1200 v. Chr. im gesamten Süd- und Mittelgriechenland und ist uns in *Ilias* und *Odyssee* so gegenwärtig. Legenden von der Stadtgründung durch Perseus, dem Sohn des Zeus und der Danae, und von der späteren Eroberung durch Pelops' Dynastie unter Atreus und seinem Sohn Agamemnon, spiegeln die Unterwerfung des ortsansässigen Pelasger durch die Danaer um 1900 v. Chr., schließlich die Machtergreifung der Achäer, der ersten wirklichen Griechen, durch Homer unsterblich geworden. Nach 400 Jahren der Gewalt und des Glanzes stürzte im späten 13. Jh. v. Chr. die mykenische Welt zusammen, und Dorier bemächtigten sich ihrer Kraftzentren. Mykene wurde um 1120 v. Chr. zerstört. Es lebte auf kleinerer Basis in klassisch-griechischer Zeit wieder auf, wurde aber zehn Jahre nach den Perserkriegen von Argos zerstört. 1874–1876 grub Schlie-

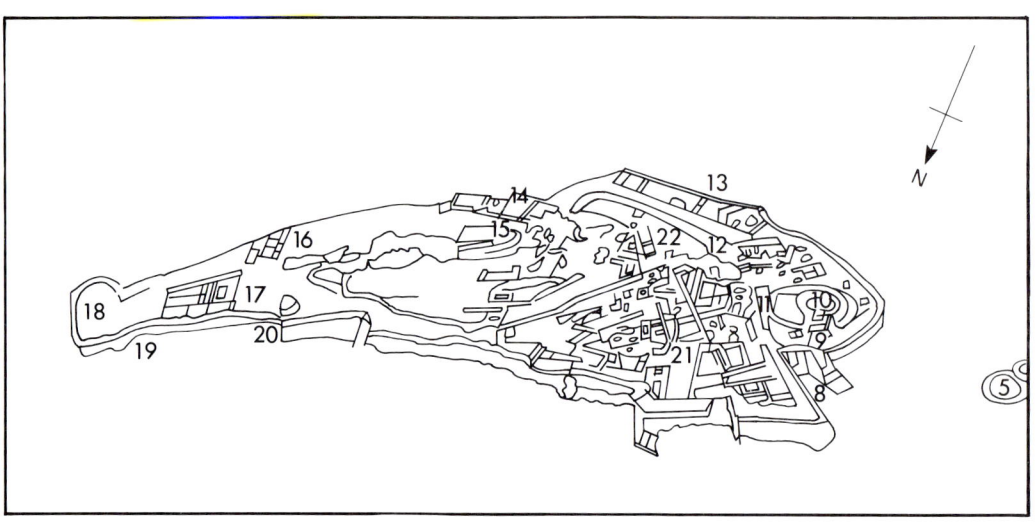

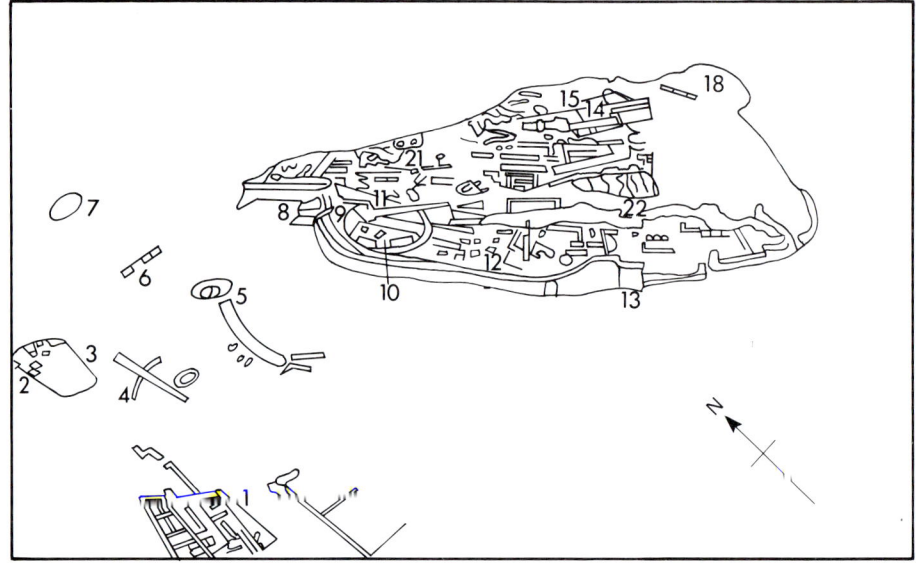

1 Haus des Ölkaufmanns usw.	7 Löwen – Tholos	16 Säulenhaus (›kleiner Palast‹)
2 Grabzirkel B	8 Löwentor	17 Nordosthäuser
3 Rundgrab der Klytaimnestra	9 Getreidespeicher oder Wächterräume	18 Nordosterweiterung
4 Rest eines hellenistischen Theaters	10 Gräberkreis A	19 Eingang zur verborgenen Zisterne
5 Rundgrab des Aigisthos	11 Rampe	20 Hinteres Tor
6 Perseia Quellenhaus	12 Westhäuser	21 Nordwesthäuser
	13 Polygonaler Südturm	22 Kultbereich (Altäre usw.)
	14 Palast	
	15 Tempelbereich	

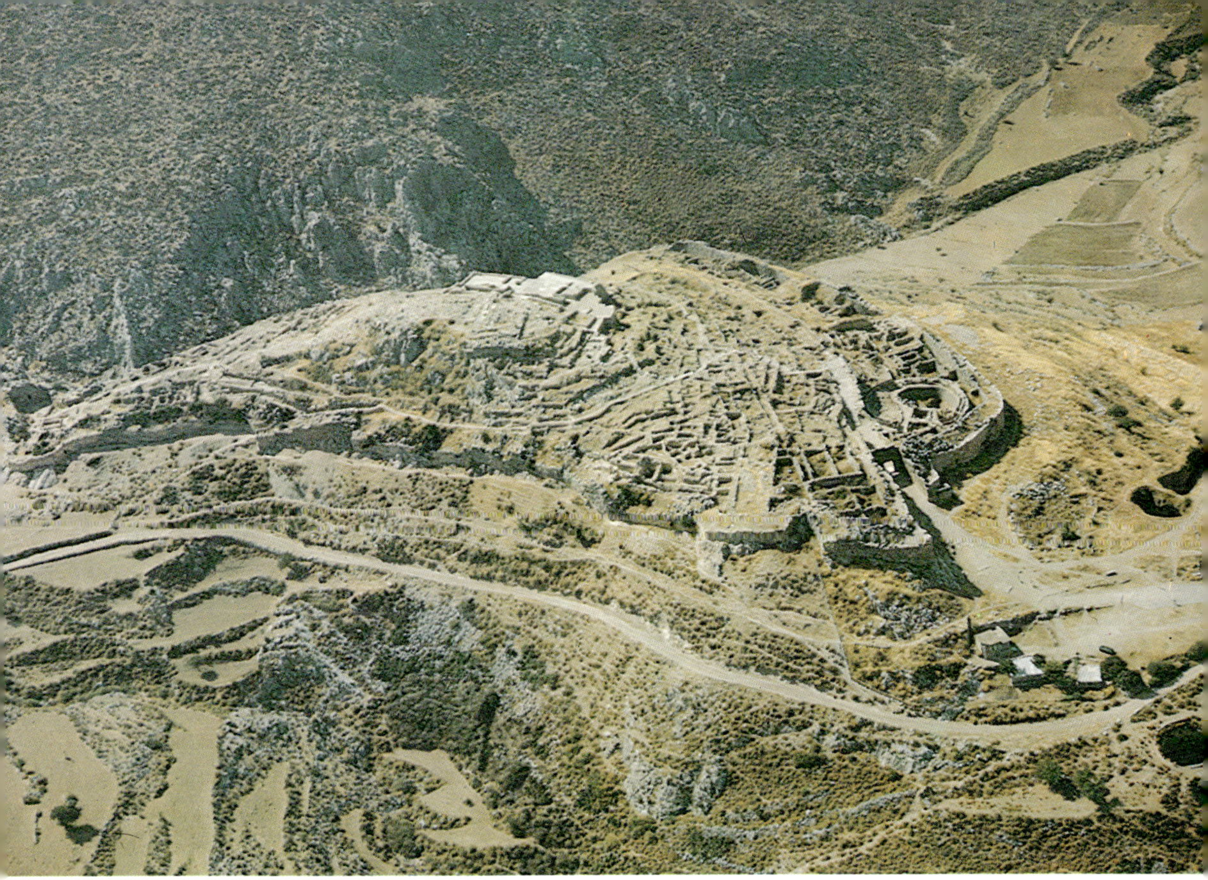

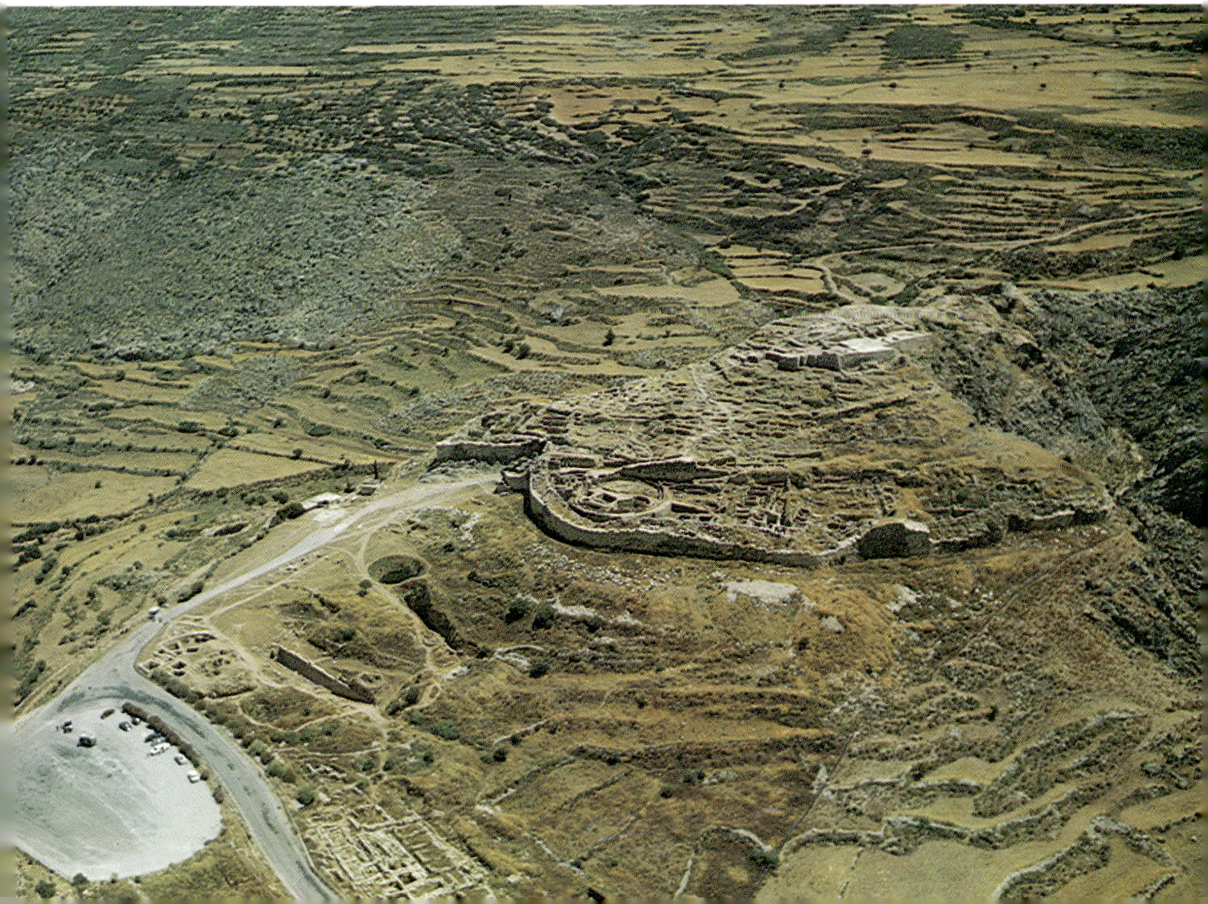

mann die Ruinen aus. Ihm gelangen sensationelle Funde. Seine Nachfolger waren Stamatakis, Tsuntas, Wace, Papadimitriou und Mylonas. Die größten Goldschätze aus den runden Schachtgräbern befinden sich heute im Museum in Athen. Die gigantischen Burgmauern, stellenweise fast 14 m breit und bis 17 m hoch, stammen in der jetzt sichtbaren Form aus dem 14. Jh. v. Chr., doch läßt sich auch eine frühere Phase nachweisen, desgleichen ein späterer Umbau, den Wace in die Zeit um 1340 v. Chr. datiert (Mylonas ein Jahrhundert später). Das Löwentor, das rückwärtige Tor und die nordöstliche Erweiterung gehören zu dieser späteren Glanzperiode, zugleich auch der Palast auf dem Höhepunkt seiner Entwicklung. Die geheime Zisterne, ein Meisterwerk der Ingenieurtechnik, mit 79 Felsstufen in absteigender Kurve zu einem sicheren Wasserbecken, stammt gleichfalls aus dieser Periode. Den Haupteingang bildet das berühmte Löwentor. Sein Türsturz ist 4,5 m lang, 2 m dick und wiegt 100 t. Noch immer sieht man Löcher für die Türangeln und den Türriegel, noch immer ausgefahrene Gleise in der Schwelle. Über dem Torgang befand sich eine dreieckige Auslassung, vor ihr eine graue Kalksteinplatte mit zwei Löchern (oder Greifern?), deren Vorderfüße auf Altären ruhten, die einen Pfeiler minoischen Typs tragen – unten schmaler als oben. Innerhalb des Tores zur rechten Seite Räume: entweder Getreidespeicher oder Wächterhäuschen. Der große Gräberkreis A mit seinen 6 Schachtgräbern, umgeben von einem Steinplattenring, wo Schliemann reiche Königsschätze fand, stammt aus dem 16. Jh. v. Chr., lange vor Agamemnons Zeit. Ein anderer Grabkreis, B, außerhalb der Mauern, der 1951 entdeckt wurde, ist sogar noch älter (um 1650 v. Chr.). Eine breite Rampe führte zum Palast. Das Megaron des Königs und dessen Wohnquartiere befinden sich am östlichen Ende, im Westen ein Hof und Thronraum. Nördlich vom Palast lag der oft erneuerte Tempelbezirk, innerhalb der Zitadelle eine große Zahl kunstvoll erbauter Häuser, im Südosten vielleicht ein kleiner Palast, andere, so das des Ölkaufmanns, lagen außerhalb der Mauern. Hinter der Zitadelle nach Nordwesten liegen drei große ›Bienenkorb‹-Kuppelgräber, einige weitere, sind noch entlegener, darunter das sog. ›Schatzhaus des Atreus‹.

Naxos/**Naxos**

Größte Insel der Kykladen, berühmt durch landschaftlichen Reiz, hervorragenden Marmor, Wein und Zitrusfrüchte, wurde Naxos in Dichtung und Musik als Stätte besungen, wo Theseus einst Ariadne verließ. Dionysos, der in manchen Erzählungen hier aus Zeus' Lenden geboren wurde, nachdem seine Mutter Semele von einem Blitz getroffen worden war, begegnete ihr hier und liebte sie. Es gibt Beweise für eine Besiedlung der kleinen Insel Strongyle, des heutigen Palati, seit proto-kykladischer Zeit vor 2000 v. Chr., sowie ausgedehnter kykladischer und spätmykenischer Ansiedlungen in der Nähe, unmittelbar nördlich der modernen Stadt, vermutlich auch unter ihr. Es gab eine umwallte Stadt, ihre Gräber repräsentierten sowohl den Gruben- als auch den Kammer-Typ, und viele Daten aus der geometrischen Zeit. Auch ein Teil der klassischen Stadt wurde am Ende des Bachbettes gefunden, der das heutige Naxos vom Haplomata-Hügel trennt. In der archaischen Periode, des 7. und 6. Jh. v. Chr., befand sich Naxos auf dem Gipfel seiner Macht. Mit seiner Flotte beherrschte es die Kykladen, hatte das Patronat über Delos, betätigte sich weithin im Handel und erblühte als Zentrum der Bildhauerei und der frühionischen Architektur. Sein Herrscher Lygdamis (um 550–524 v. Chr.), ein Freund des Peisistratos von Athen und des Polykrates von Samos, förderte den Handel und öffentliche Bauten, doch man haßte ihn, weil er die Freiheit des Individuums unterdrückte. Die Insel nahm am Ionischen Aufstand gegen Persien teil, dafür zerstörte Datis sie 490 v. Chr. auf seinem Wege nach Griechenland. Nach den Perserkriegen gewaltsam dem Attischen Seebund angeschlossen, versuchte Naxos sich 446 zu erheben, später fiel es

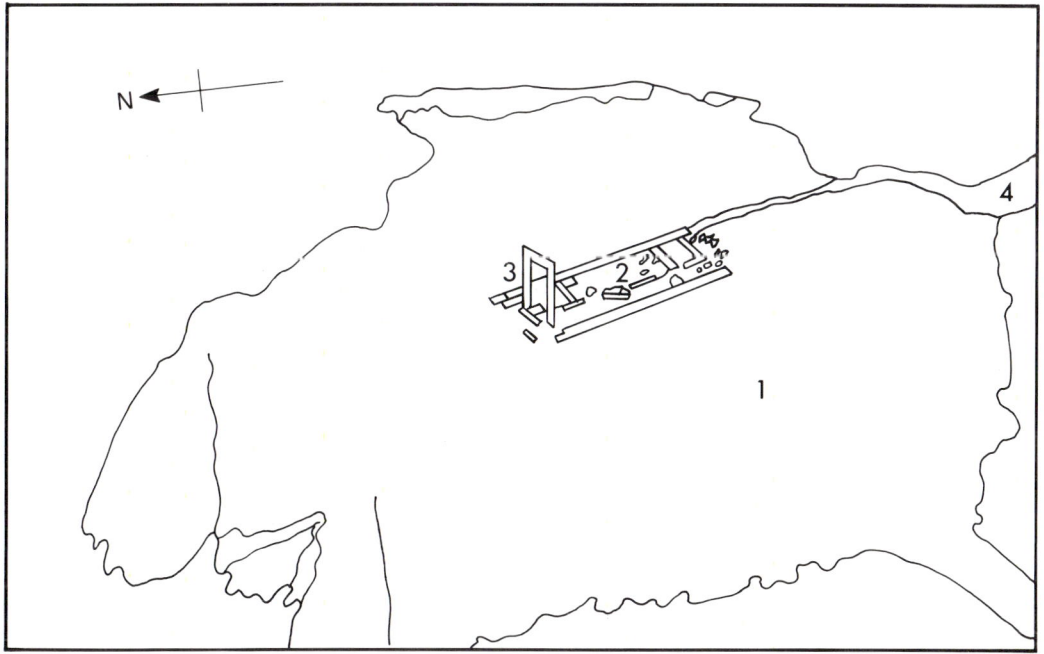

1 Inselchen Strongyle / Palatia   3 Westtür
2 Ionischer Tempel   4 Damm

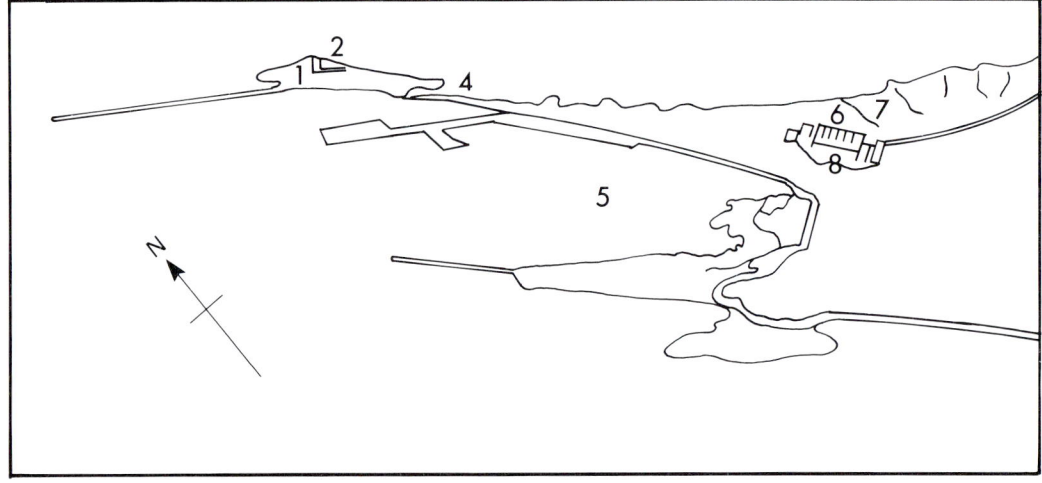

1 Inselchen Strongyle / Palatia
2 Ionischer Tempel
3 Westtür
4 Damm

5 Hafen
6 Grabungsstätten
7 Haplomata-Hügel
8 Kastro / Akropolis

fest in römische Hand. Markus Antonius gab die Insel an Rhodos. Nach langer Byzantiner-Herrschaft nahmen 1207 die Venezianer Naxos ein, und sein unabhängiger Herzog Marco Sanudo baute es im großen Stil wieder auf. 1566 kamen die Türken, dann herrschten hier von 1770 bis 1774 die Russen. Der bemerkenswerteste Bau aus klassischer Zeit ist der archaische, ionische Tempel auf der Insel Strongyle, unweit von der Mitte der Westküste. Er scheint aus Lygdamis' Tagen zu stammen und blieb nach dessen Sturz unvollendet. Eine Pioniertat ionischer Bauweise: seine Cella besaß zwei innere Reihen von vier Säulen, die das Dach trugen. Hinter einer Vorhalle an beiden Enden mit je zwei Säulen zwischen vorspringenden Anten, gab es am Westende eine besondere (9,50 m tiefe) Halle zwischen Cella und Opisthodomos.

Die fast 6 m hohe Tür zu diesem Raum ist alles, was noch aufrecht steht. Man streitet sich, ob dieser Tempel von Säulen umgeben war, und es ist auch nicht sicher, welchem Gott er geweiht war. Seine Orientierung ist von Südosten nach Nordwesten. Aller Wahrscheinlichkeit nach hatte er zu der Stadt hin ein Propylon. Hinter dem venezianischen Kastell und dem Palast Sanudos liegt ein Stück der antiken Stadt frei. So z. B. im Gebiet der Agora Teile einer quadratischen Stoa, andere Bauten werden z. Zt. ausgegraben. Anderswo auf der Insel befand sich ein Heiligtum für Demeter/Kore und gigantische archaische Kouros-Statuen liegen in Steinbrüchen.

Nemea/Nemea

In einem reizvollen Tal zwischen Sikyon und Argos gelegen, ist Nemea am besten durch seinen legendären Löwen bekannt, der schließlich von Herakles getötet wurde. Jedes Jahr wurde hier ein Fest gefeiert, und die Spiele standen den Olympischen Spielen, den Pythischen Spielen in Delphi und den Isthmischen Spielen gleich. Pindar verfaßte Oden für die Sieger. Ursprünglich richtete Kleonai die Spiele aus, doch im Jahre 573 v. Chr. übernahm bei geichzeitiger Reorganisation Argos diese Aufgabe. Danach wurden die Spiele in jedem zweiten Sommer im Juli abgehalten. Argos ersetzte auch die Behauptung, Herakles habe diese Spiele gegründet, durch die Erzählung, Adrastos, der König von Argos und der Anführer der ›Sieben gegen Theben‹, habe sie vielmehr zu Ehren des Opheltes, eines Sohnes des nemeischen Königs Lykurgos, gegründet.

Siegespreis bei diesen Spielen war ein Kranz aus wildem Sellerie. Das wichtigste Baudenkmal in Nemea ist der schöne Zeustempel aus örtlichem grauem Kalkstein, teilweise steht er noch. Erbaut wurde er im dorischen Stil gegen Ende des 4. Jh.s, um 325 v. Chr., allerdings zeigte er einige Abweichungen von der Tradition – an der Rückseite hatte man die übliche Opisthodomos-›Vorhalle‹ weggelassen, er hatte daher nur 12 Säulen an den Längsseiten, nicht 13, an der Vorder- und Rückseite aber die regelmäßige Sechszahl. Dabei sind die Säulen ungewöhnlich schlank und hoch. Es gab noch zwei weitere zwischen den vorspringenden Mauern der vorderen Vorhalle und innerhalb der Cella zwei Sechser-Säulenreihen sowie vier Säulen vor der Rückwand. Sie bildeten zwei Stockwerke, die untere Reihe hatte korinthische Kapitelle, die obere Reihe war kleiner und ionisch. Hinter dieser inneren Kolonnade befand sich ein ungewöhnliches Adyton mit einer Krypta, in die fünf Stufen hinabführten. Dieser Teil war von einem früheren Tempel übernommen. Vor der Tempelfront führte eine Rampe zu einem riesigem Altar (etwa $40 \times 2,5$ m) hinab. Unklar ist der Zweck des rechteckigen Bauwerks südlich vom Tempel. Es hatte im Inneren quadratische Pfeilerbasen, und auch Teile zweier anderer Bauwerke parallel zu ihm wurden freigelegt. Weiter im Süden befindet sich ein zweigeteilter, rechteckiger Komplex, wahrscheinlich eine Palaistra, zumindest später bestand der Westabschnitt aus Bädern (darüber heute ein kleines Museum). Das lange Bauwerk östlich der Palaistra galt zuerst als Gymnasion, doch jüngere Funde von Kochutensilien, Speiseresten und Münzen lassen vermuten: Es war eine Art Gästehaus (Xenon). Es besaß fünf Eingänge an der Südseite, dazu innere Vestibüle. Unter ihm lag ein alter Brennofen, offensichtlich hatte man in ihm die

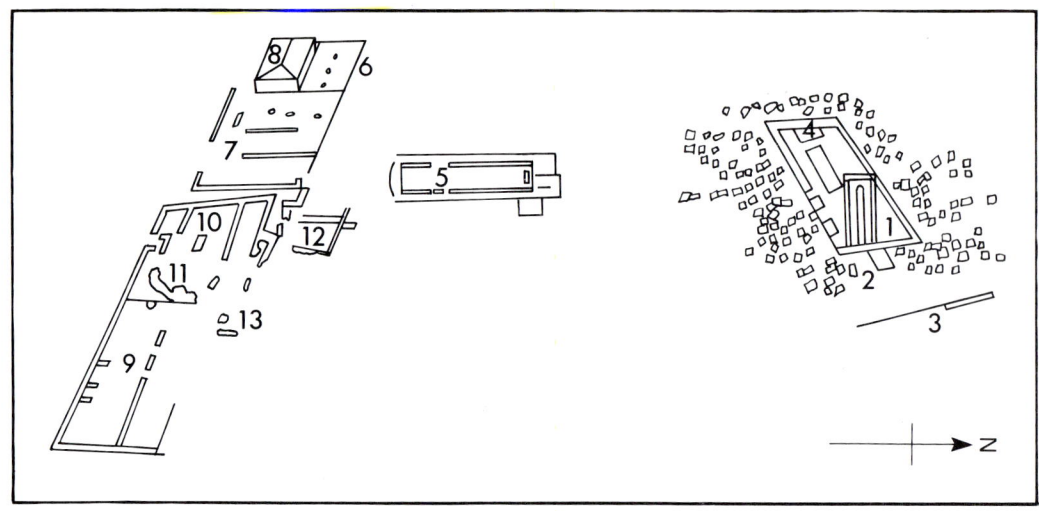

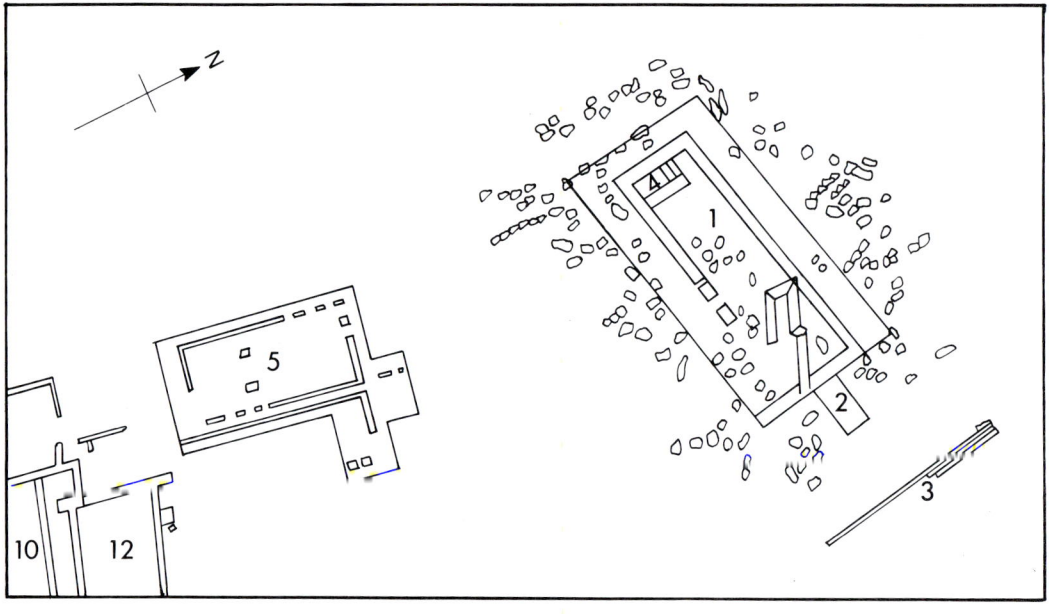

1 Zeus-Tempel
2 Rampe
3 Altar
4 Adyton / Krypta
5 rechteckige Bauwerke
6 Bäder
7 Palaistra

8 Museum
9 Gästehaus
10 Kirche
11 Apsis der Kirche
12 Baptisterion
13 Brennofen für Tempelziegel

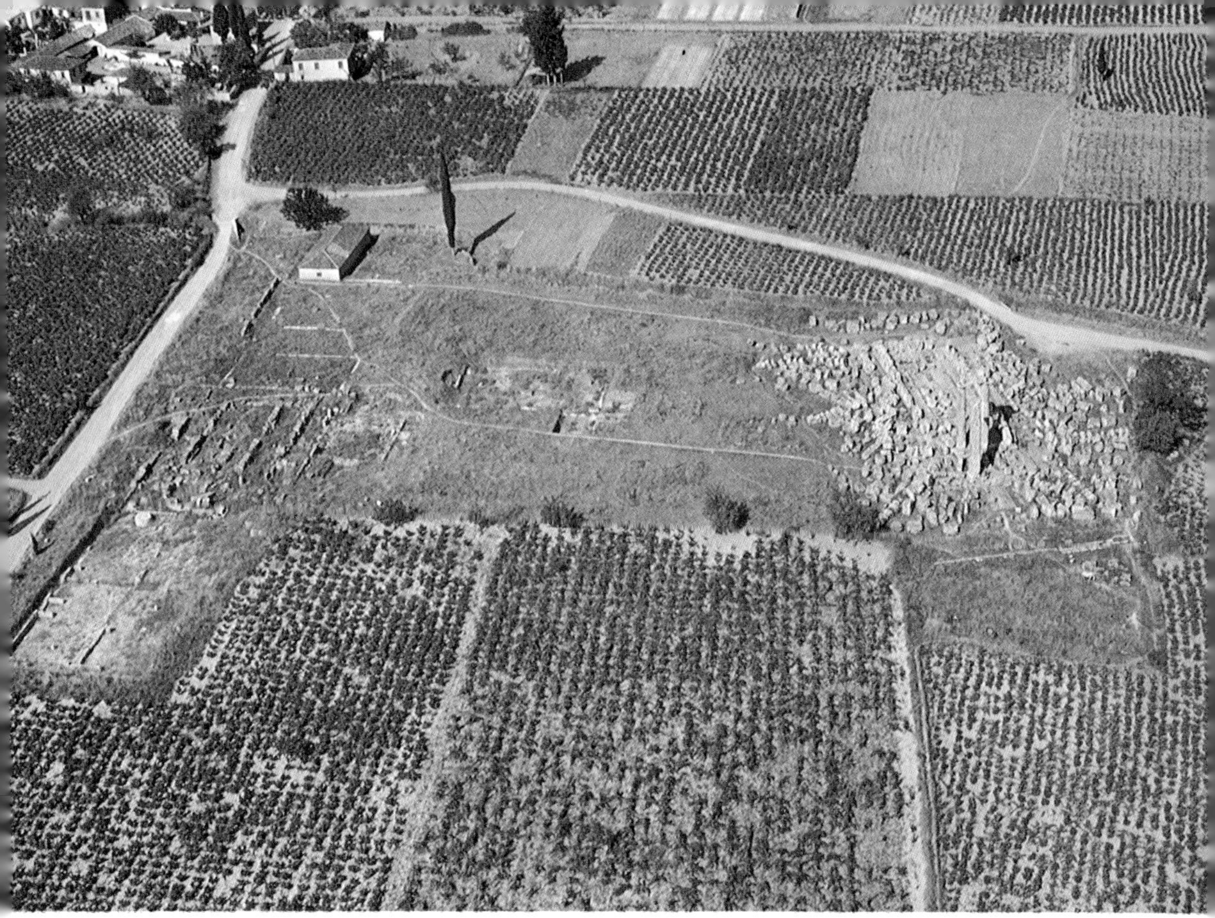

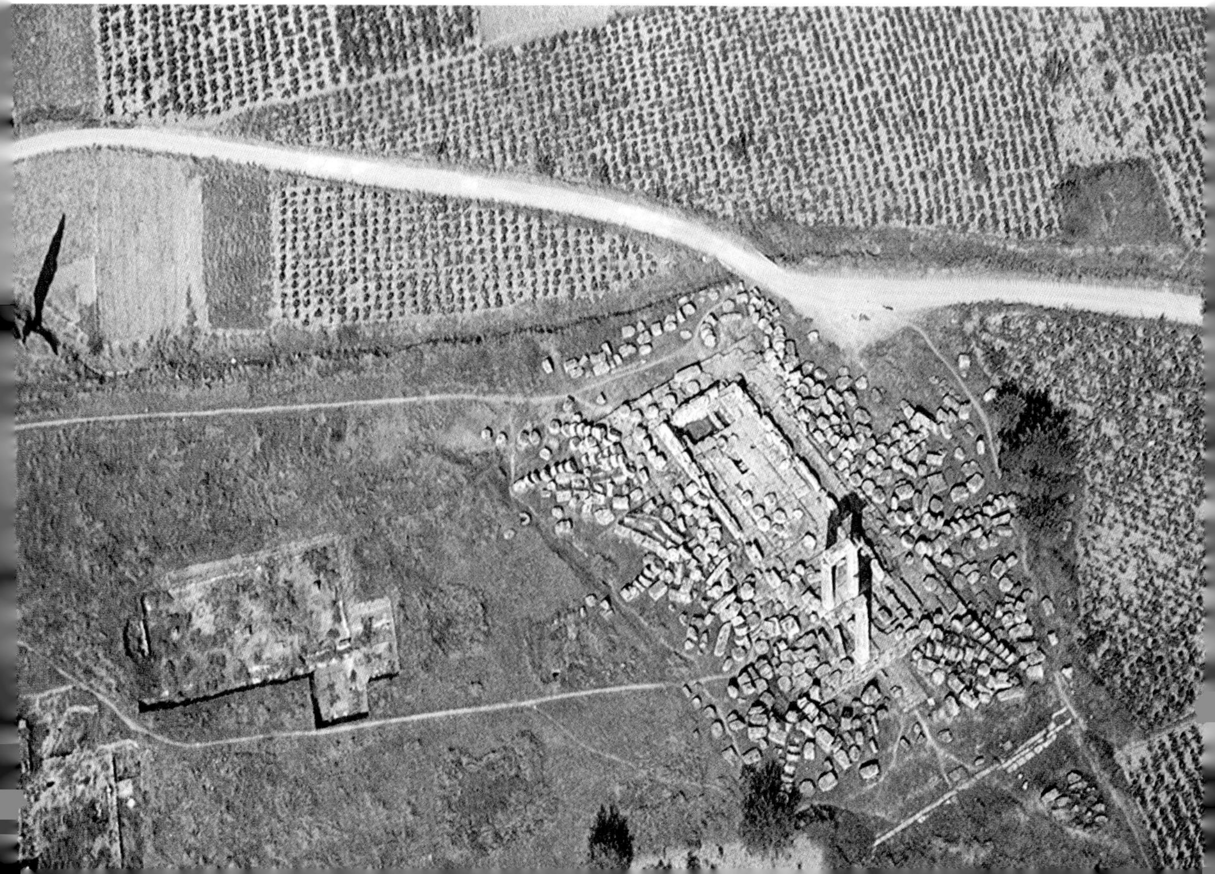

Dachziegel des Tempels hergestellt. All diese Bauwerke stammen aus dem späten 4. oder dem frühen 3. Jh. v. Chr. Über dem Gästehaus lag eine christliche Kirche mit einer Apsis und einem Baptisterion. Sie wurde 1924–1927 und 1964 bei amerikanischen Ausgrabungen freigelegt. Knapp 500 m südöstlich des Zeusheiligtums war in eine Ausbuchtung der Berghanges ein Stadion hineingebaut. Auch ein schlechterhaltenes Theater befindet sich dort und nicht weit davon die angebliche Höhle des nemeischen Löwen.

Nikopolis/**Nikopolis**

Obwohl im wesentlichen römisch, war Nikopolis doch griechischen Traditionen angepaßt. Es war eine Gründung Octavians zur Erinnerung an seinen Seesieg über Antonius und Kleopatra bei Actium (September 31 v. Chr.). Die neue ›Siegesstadt‹ erhielt Zwangsumsiedler aus der weiten Umgebung, außerdem siedelte man Kriegsveteranen hier an. Paulus überwinterte hier, vermutlich 64 n. Chr., und schrieb seinen Brief an Titus, den Bischof von Gortyn auf Kreta. Papst Eleutherios wurde im folgenden Jahrhundert hier geboren, später war die Stadt ein bedeutendes christliches Zentrum. Die Vandalen des Geiserich plünderten Nikopolis 475 n. Chr., desgleichen Totilas Hunnen 551 n. Chr. Kaiser Justinian versah die

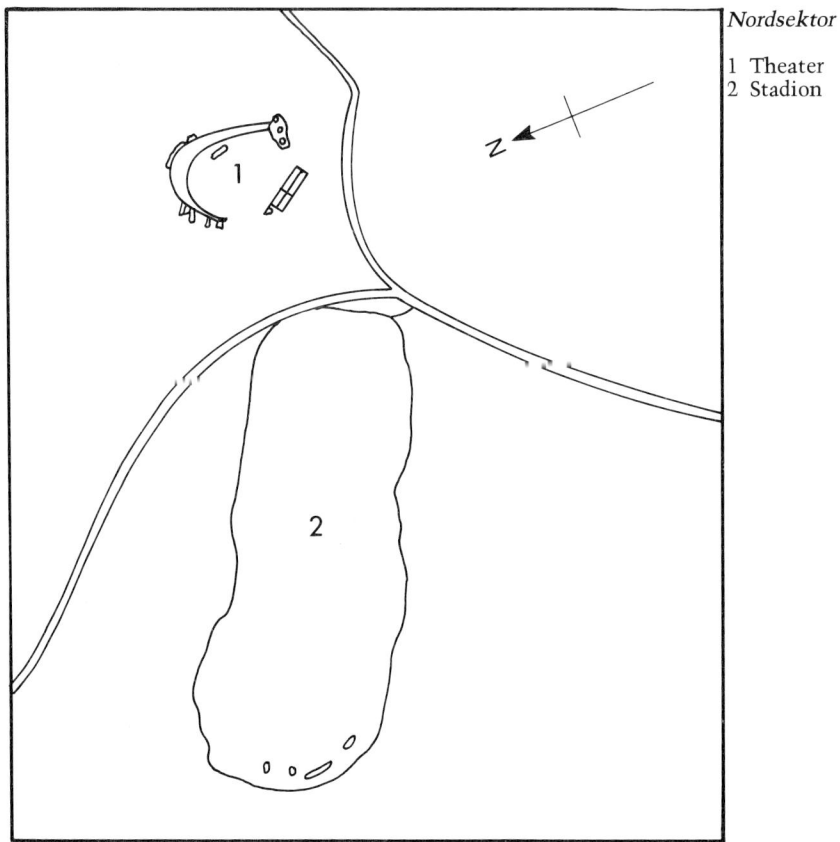

Nordsektor

1 Theater
2 Stadion

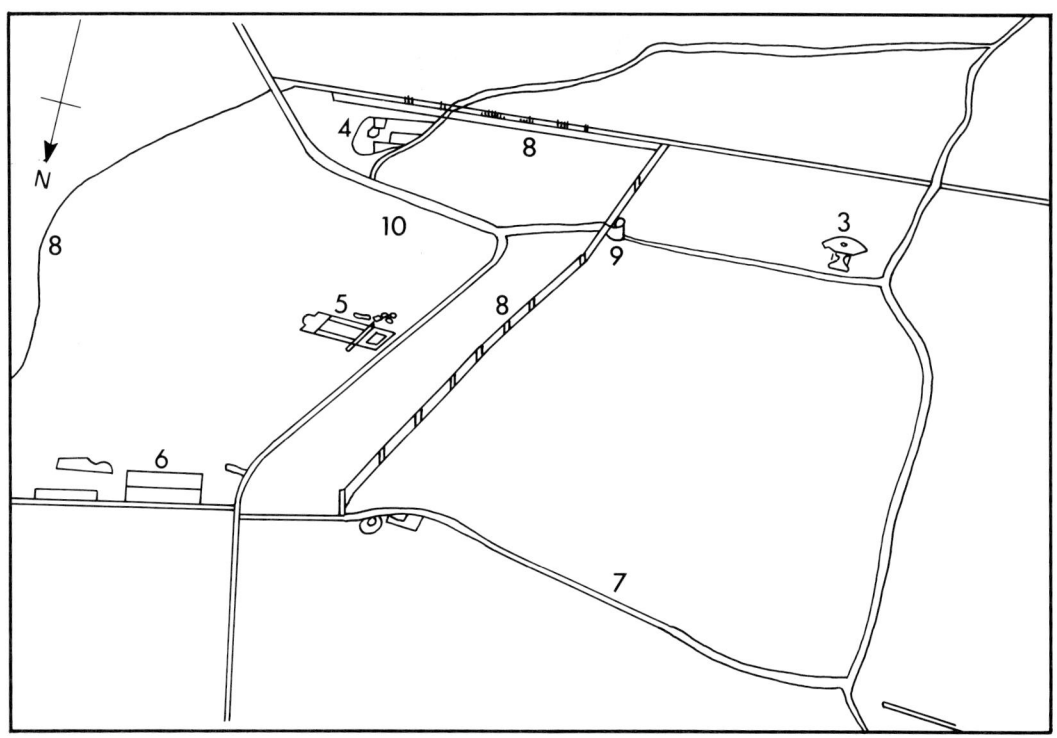

Stadt mit neuen Mauern, sie bildeten eine befestigte Zitadelle, sehr viel kleiner als der Mauerring des Augustus. 1040 fiel Nikopolis an die Bulgaren. Heute sind die Ruinen verlassen. Am Nordteil der großen archäologischen Stätte befindet sich der Michalitsi-Hügel, wo einst Octavian lagerte und wo er ein Tropaion sowie einen Tempel für seinen Schutzpatron Apoll errichten ließ (dankerfüllt ehrte er auch die Götter Mars und Neptun mit einem Höhenmonument. An den unteren Hügelhängen über der Mazoma-Lagune befindet sich das römische Theater, nach griechischem Vorbild in eine Bergflanke eingeschnitten, doch wohl im 2. Jh. n. Chr. aus Ziegeln und Mörtel errichtet. Ein großer Teil des Bühnenhauses und einige Steinsitze sind erhalten. Noch kann man Löcher für Markisen-Pfosten erkennen, die die Zuschauerüberdachung trugen. Eine große Eintiefung nach Westen hin ist die Stätte des alten Stadions, wo die Aktischen Spiele stattfanden. Es ist an beiden Enden abgerundet –

sehr selten in Griechenland, doch häufig in Kleinasien. Bei den Einheimischen gilt diese Ruine als Karavi (›Schiff‹). In der Nähe befand sich auch ein Gymnasion. Im südlichen Abschnitt der Stadt lagen ein kleines Theater oder Odeion und nach Osten hin ein großer Bau, manchmal als Hadrians-Palast bezeichnet, doch wahrscheinlicher handelt es sich um das Bouleuterion (Rathaus). Die Augusteischen Mauern sind sehr ausgedehnt, aber in schlechtem Zustand. Ihr Westteil trägt eine Wasserleitung, die kaltes Bergwasser aus dem fernen Louros-Bach herbeiführte. Ein Tor in der Westmauer-Mitte entspricht dem Westtor der verkleinerten Zitadelle Justinians. Nördlich der Einfriedung liegen Bäder. Innerhalb des Zitadellen-Bereiches fanden sich drei große christliche Basiliken, kürzlich wurde eine vierte Kirche außerhalb der Mauern freigelegt, untersucht ab 1913 und später von griechischen Archäologen. Nahe dem Zentrum eine fünfschiffige Kirche mit dreifachem Transept, be-

nannt nach dem 516 n. Chr. verstorbenen Bischof Alkyson, dessen Mosaikportrait in einem benachbarten Bau erhalten ist (vielleicht Kacheten-Schule?) Südlich liegt die große Doumetios-Basilika mit schönen Bodenmosaiken

(um 540 v. Chr.) und einem dreifachen Schiff. Basilika C an der Nordmauer ist kaum noch zu erkennen. In Basilika D außerhalb der Zitadelle blieb ein kunstvolles Mosaik mit Pfauen-Muster erhalten.

Olympia/**Olympia: Die Lage**

Olympia war keine Stadt, sondern ein Heiligtum des Zeus und der Hera. Am Fuß des markanten konischen Kronos-Hügels, unweit des Zusammenflusses von Kladeos und Alpheios, entwickelte sich ein dicht bebauter Komplex, auf dem sich schließlich an die 3000 Denkmäler für Wettkampfsieger, für Fürsten, aber auch für Städte drängten, die sich um Olympia verdient gemacht hatten. Schon in mykenischer Zeit gewann Olympia Bedeutung, als der Kult des Zeus den des pelasgischen Kronos ablöste und Hera an die Stelle der chthonischen Gaia

(›Erde‹) trat – eine Spiegelung der dorischen Einwanderung in die Peloponnes. Ursprünglich waren die Zeremonien recht einfach; Herakles galt als Gründer, 776 v. Chr. als Beginn der Wettkämpfe, dazu gehörte ein Wettlauf über die Länge eines Olympischen Stadions (192 m), außerdem fanden religiöse Zeremonien statt. In der Folge wurde dieser Kampf mit nur wenigen Ausnahmen alle vier Jahre abgehalten, bis schließlich griechische Historiker diesen Vierjahresrhythmus als Grundlage für ihr historisches Datengerüst nahmen. Die Spiele gewan-

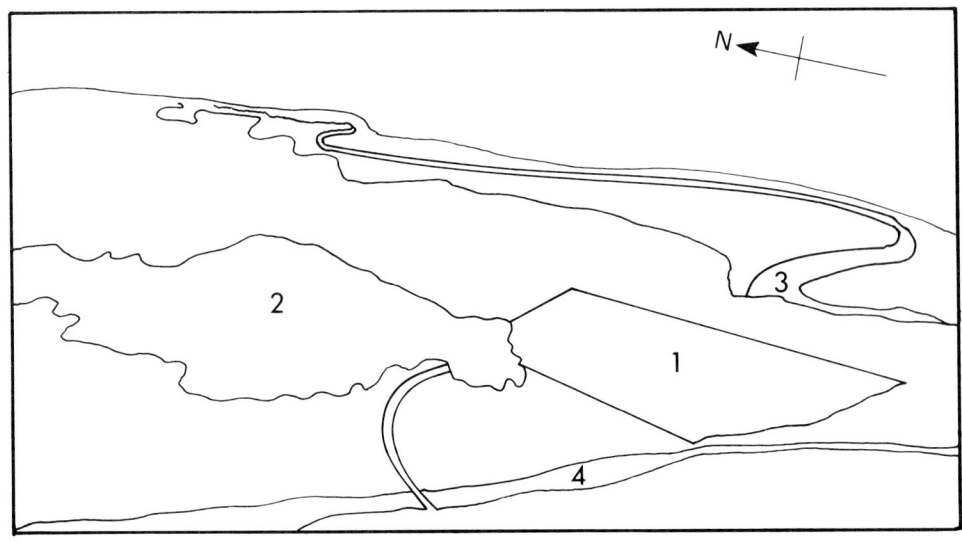

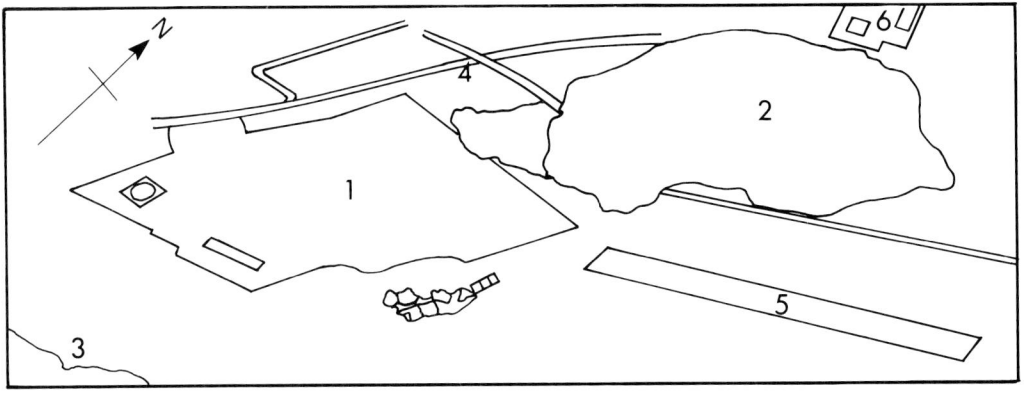

1 Heiliger Bezirk
2 Kronos-Hügel
3 Fluß Alpheios

4 Fluß Kladeos
5 Stadion
6 Museum

nen immer größere Bedeutung, in klassischer Zeit dauerten sie fünf Tage und umfaßten Wettkämpfe über zwei Stadien sowie Langstreckenläufe, Ringkämpfe, Faustkämpfe, einen Lauf in voller Rüstung, Pferde- und Wagenrennen und das Pentathlon (den Fünfkampf: Weitsprung, Wettlauf über ein Stadion, Speerwurf, Diskuswurf und Ringkampf). Zu einigen Disziplinen waren Knaben zugelassen, nie aber Frauen oder Mädchen. Die Sieger krönte man mit Kränzen von wilden Ölbäumen. Im Heiligtum konnten sie ein Denkmal errichten, aber erst drei Siege gaben ihnen das Recht zur Ausstellung ihrer Porträtbüste. Pindar schrieb glanzvolle Oden für vierzehn Olympiasieger. Auch durch andere Darbietungen suchte man die Menge zu unterhalten: Konzerte, Autorenlesungen, Vorträge, öffentliche Rezitationen literarischer Neuerscheinungen – so etwa der Geschichtsbücher Herodots. Herolde reisten vor jedem Fest in Griechenland umher, um den Spielbeginn anzukündigen (gewöhnlich im August oder September während des Vollmonds nach dem Sommersolstitium, und Beamte überwachten das Training der Athleten, die zehn Monate vorher nach Olympia kom-

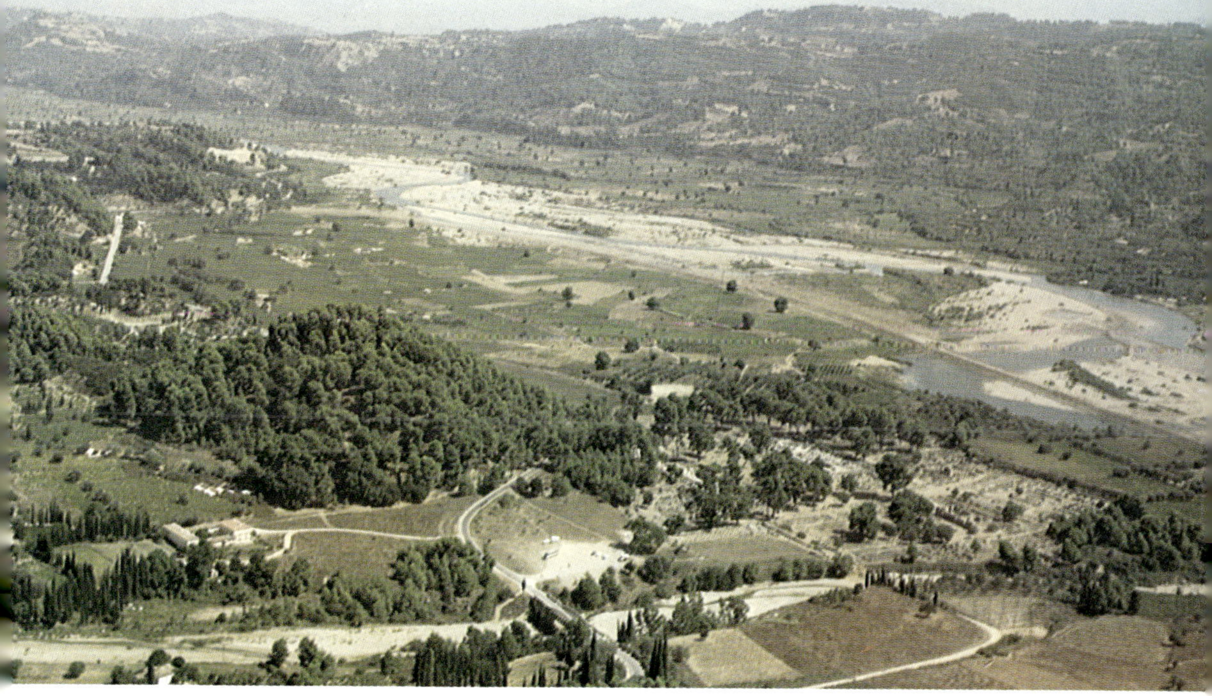

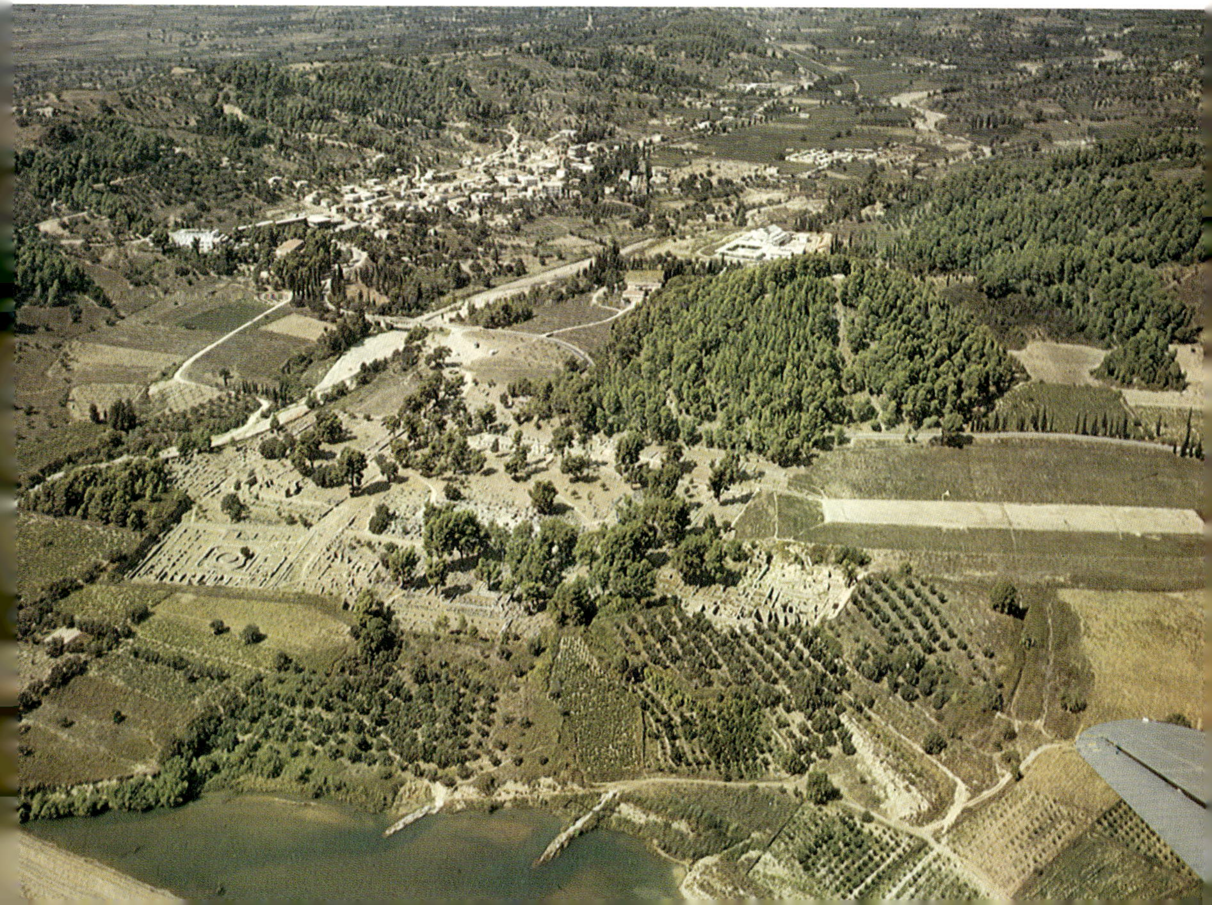

men mußten. Während der Spiele herrschte ein heiliger Friede, jede Zwietracht trat zurück, und die Menschen strömten her in einem sonst nicht gekannten Gefühl der Zusammengehörigkeit. Ein Arzt war zur Stelle, und man verkaufte Andenken. Besondere Vorsorge war für Athleten und Offizielle aus den am Wettkampf teilnehmenden Städten getroffen. 1200 Jahre lang feierte man so die Spiele, bis ihnen 393 n. Chr. Kaiser Theodosios ein Ende bereitete. Wiederentdeckt wurde Olympia 1766, teilweise ausgegraben 1829, vollständig ausgegraben schließlich in drei größeren Grabungskampagnen von deutschen Gelehrten: 1875–1881, 1936–1941 und seit 1952. Neuerdings wurde das Stadion freigelegt und restauriert. Seine aufgeschütteten Ränge konnten 40000 Zuschauer aufnehmen. Die voneinander 600 olympische Fuß entfernten marmornen Start- und Zielschwellen befinden sich noch an der ursprünglichen Stelle. Rings um die Rennbahn eine steinerne Einfassung und ein Wassergraben. Besondere Steinsitze im Süden waren für die Richter bestimmt. Ursprünglich lag das Stadion unweit vom Pelopion im heiligen Bezirk. Im 5. Jh. v. Chr. verlegte man es jedoch nach Osten. Der überwölbte Zugang trug spätere zusätzliche Sitzreihen. Das parallel gelegene Hippodrom wurde inzwischen fortgespült.

*Olympia/*Olympia: Der heilige Bezirk

Das besterhaltene Bauwerk in Olympia ist auch gleichzeitig das älteste: der Hera-Tempel. Der Bau stammt aus der Zeit um 600 v. Chr. Seine ursprünglichen Holzsäulen (16×6) wurden nach und nach durch Steinsäulen ersetzt, deren Proportionen große Unterschiede zeigen. Die oberen Mauern bestanden aus Luftziegeln, die Decke aus Holz. Die Cella hatte später hinzugefügte Innensäulen, jede zweite mit der Wand verbunden, so daß an jeder Seite fünf Kapellen entstanden. In einer stand Praxiteles' Hermesstatue. An der Rückwand gab es archaische Kultstatuen des thronenden Zeus und der Hera (Hera-Kopf erhalten). Im Süden befand sich das Pelopion, ein kleiner, baumbestandener Hügel mit einem Altar für Pelops, eingeschlossen von einer Steinsetzung mit einem später hinzugefügten dorischen Propylon an der Südostseite.

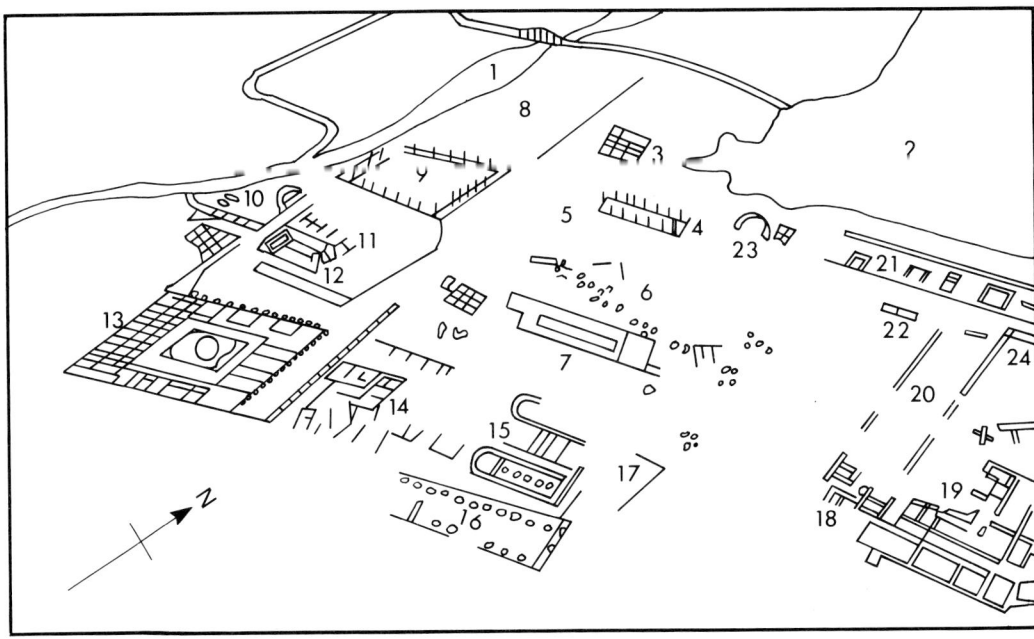

In der Nähe, heute nicht mehr klar identifizierbar, lag der Zeus-Altar, das Herzstück des Heiligtums, wo täglich Opfer dargebracht wurden. Das Metroion östlich davon galt Rhea (Zeus' Mutter) und der Kybele. Der Zeustempel war einer der größten in Griechenland. Er bestand aus porösem Muschelkalk, und verkörpert die klassische dorische Ordnung (6 × 13 Säulen mit einer großen Zugangstreppe im Osten sowie berühmten, weitgehend erhaltenen Giebelskulpturen und Metopen). Zwischen 470 und 456 v. Chr. erbaut , wurde er Anfang des 6. Jhs.

n. Chr. von einem großen Erdbeben zerstört. Der Stylobat mißt 200 olympische Fuß, die Cella 94 × 43,5. Es gab innere Säulenreihen in zwei Stockwerken sowie einen oberen Umgang, von dem man aus der Nähe die in siebenfacher Lebensgröße kolossale Zeusstatue des Phidias bewundern konnte. Sie zählte zu den Sieben Weltwundern. Die Fleischpartien bestanden aus Elfenbein, der Rest war mit Gold ausgelegt. Obwohl der Gott auf dem Throne saß, ragte er noch immer 12 m über das Piedestal. In seiner Rechten hielt er eine Siegesgöttin, in der Linken ein Zepter, auf dem ein Adler horstete. Gewand, Bart und Haare waren ebenso wie sein aus Elfenbein und Ebenholz bestehender Thron mit kostbaren Steinen besetzt. Man bewunderte Größe und Majestät dieses Kunstwerks. Phidias' Werkstatt, groß wie die Tempel-Cella, wurde weiter im Westen unter späteren Bauwerksresten, gefunden. Im Süden, gerade außerhalb der Mauern der Altis (wie das Hauptheiligtum genannt wurde), lag das Bouleuterion, das Hauptquartier der Verwaltung der Olympischen Spiele, wo die Kämpfer Fairness gelobten. Es hat zwei Flügel, jeder endete an der Westseite in einer zweigeteilten Apsis, Säulen flankierten den Mittelbau, und eine ionische Vorhalle lag vor der gesamten Front (eine Zugabe des 3. Jhs. v. Chr.). Ein quadratischer Innenhof zwischen dem Flügel war nicht überdacht.

Nach Süden lag eine Stoa, nach Osten das Hellanodikeion, offizielle Residenz der Festleiter. Ein riesiges Haus schloß sich an, es war für Nero bestimmt, der 66 n. Chr. als Sänger auftrat und sieben Preise gewann. Den Ostrand der Altis umrahmte die sog. Echohalle, erbaut im 5. Jh. v. Chr., als das Stadion nach Osten verlegt, und zur Zeit Alexanders des Großen repariert wurde. Den Nordrand bildete eine Terrasse mit einem Dutzend Schatzhäusern, kleinen, tempelartigen Ausstellungshallen, die von zahlreichen Städten, zum großen Teil überseeischen Kolonien, errichtet worden waren. Am Westende steuerte Herodes Atticus eine Exedra bei, eine halbrunde öffentliche Bank mit einem Wasserbecken davor, das aus einer Quelle gespeist wurde. Das Prytaneion nebenan war Magistratssitz und Banketthalle. Das Gymnasion diente dem Training der Läufer, die Palaistra dem der Ringer. Das riesige Leonidaion-Quadrat mit 138 ionischen Säulen ringsum und einem peristylen Binnenhof (zur Römerzeit mit einem Garten darin), war ein Hotel für Ehrengäste und Beamte, die das Fest besuchten.

Olymp/**Olymp**

Nach Homer und Hesiod war der Olymp die selige Wohnung der Götter, ohne Schnee oder Regen, wo sich die Unsterblichen auf seligen Auen an munteren Bächen mit Nektar und Ambrosia labten und teils erheitert, teils abgestoßen auf die Menschen herabblickten. Von dort schleuderte Zeus seine Donnerkeile, um Übeltäter oder Lästerer zu bestrafen, wenn er nicht sterblichen Mädchen nachstellte, sich mit Hera stritt oder an einem Bankett bei den »untadeligen Äthiopen« teilnahm. Von diesen Höhen aus griffen Apoll, Artemis, Aphrodite, Ares und die anderen Olympier u. a. in den Trojanischen Krieg ein. In der griechischen Mythologie war der Olymp heilig und unzugänglich. Wenn Zeus nieste, erbebte der ganze Berg. Die Wirklichkeit ist furchtgebietend und majestätisch, aber weniger glamourös. Höchster Berg Griechenlands, erhebt sich der Olymp zu einer Höhe von 2917 m über dem nicht weit von seiner Ostflanke entfernten Meer. Er bildet ein langgestrecktes Massiv von unterschiedlichem Charakter, teils recht sanft ansteigend, dann wieder zerklüftet und halsbrecherisch steil. An den niederen Hängen gedeihen Eichen, Buchen und Platanen im Überfluß, weiter oben findet man nur noch Nadelholz. Die obersten Partien sind kahl, das ganze Jahr hält sich hier in Spalten Schnee. Nach Süden zu liegt der sog. kleine Olymp, dahinter Ossa und Pelion, die gottlose Giganten einst aufeinanderzutürmen versuchten, um den Olymp zu stürmen. Die Westabhänge sind sanfter, sie fallen nach Achills Heimat Phthia ab. Nach Norden zu liegt die Musenstätte Pieria. Den Berg umgibt eine Aura des Geheimnisses und der Legende, gewöhnlich umhüllen ihn Wolken (auch wenn der Himmel sonst klar ist, denn »Zeus der Wolkenversammler« ist poetischer Ausdruck für eine klimatische Tatsache). Sehr selten ist der Gipfel vollständig klar. Seine eindrucksvollste Seite wendet der Olymp der nahen See im Osten zu. Hier stürzt die ungeheure, furchterregende Mavrolongos-Schlucht hinter dem Dorf Litochoron in einem wilden Durcheinander zerklüfteter Steilabfälle endlos bis zur Küstenebene in die Tiefe. Über ihr ragt der vierfache Gipfel: Skolion, Skala, Mytika und Stephani, der »Thron des Zeus« – eine konkave Kalkstein-Steilwand, wie geschaffen, um in er-

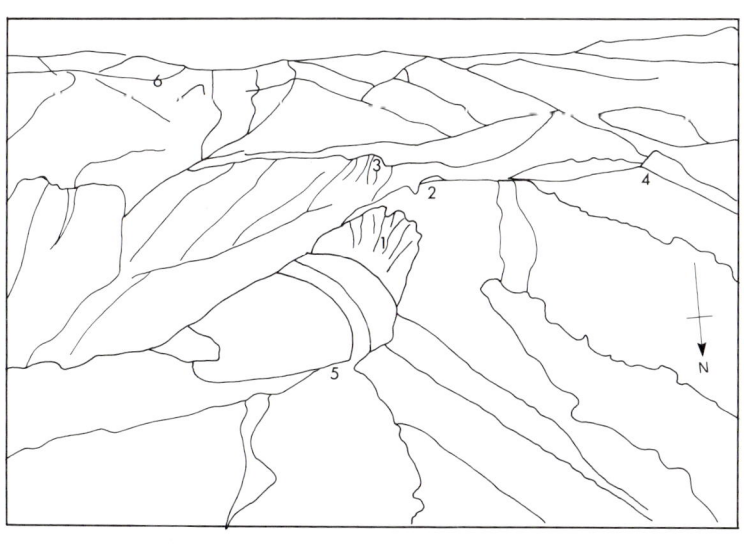

1 Thron des Zeus
  (Stephanoi)
2 Mytika
3 Skala
4 Skolion
5 Tumba
6 Kleiner Olymp

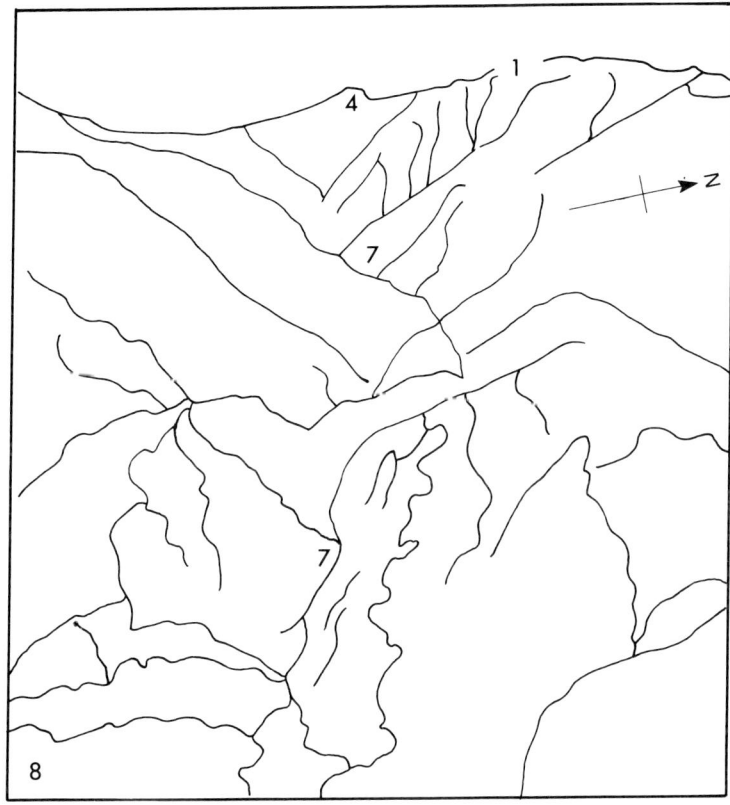

1 Thron des Zeus
  (Stephanoi)
2 (s. Seite 163)
3 (S. Seite 163)
4 Skolion
5 (s. Seite 163)
6 (s. Seite 163)
7 Mavrolongos-Schlucht
8 Dorf Litochoron

habener Einsamkeit dem »Vater der Götter und Menschen« als Thron zu dienen. Selten bestieg man früher den Gipfel. Heute sind Besteigungen häufiger geworden, und es gibt Schutzhütten und Skigeländе in der Gipfelregion, wo die Luft in ihrer Klarheit und Frische nur noch für

Götter geschaffen zu sein scheint. Es gibt in Griechenland und Kleinasien mehr Berge, die Olymp heißen, doch man denkt zuerst an dieses eine Bergmassiv. Seine weltbekannte Großartigkeit sowie Homers unsterbliche Verse legen dies sofort nahe.

Olynthos/Olynth

Wenige Jahre nach Olynths Zerstörung äußerte Demosthenes, spätere Generationen würden kaum glauben, daß hier eine Stadt gestanden habe. Dennoch füllt der Bericht der amerikanischen Grabungen 1928–1934 14 umfangreiche Bände, und ein großer Teil der Stätte blieb unausgegraben, obwohl Suchgrabungen Anhaltspunkte für das noch Begrabene lieferten. Die freigelegten Ruinen sind heute teilweise wieder zugeschüttet und ihr Zusammenhang verunklärt, allerdings wird er aus der Luft sehr viel deutlicher. Seit etwa 2500 v. Chr. gab es eine

neolithische Siedlung an der Südspitze des Südhügels. Um 800 v. Chr. wurde dieser Hügel erneut besiedelt, doch weiter im Norden von einem makedonischen Stamm. Es entwickelte sich ein Zentrum bürgerlichen Lebens mit einem Rathaus aus dem frühen 5. Jh. v. Chr., einem Brunnenhaus usw. Xerxes zwang die Stadt, ihm Hilfstruppen und Schiffe zu stellen, als er 480 v. Chr. hindurchzog, um Athen anzugreifen, und auf dem Rückweg nach der Niederlage bei Salamis brannte er die Stadt nieder und gab anderen Städten ihren Landbesitz. Perdikkas

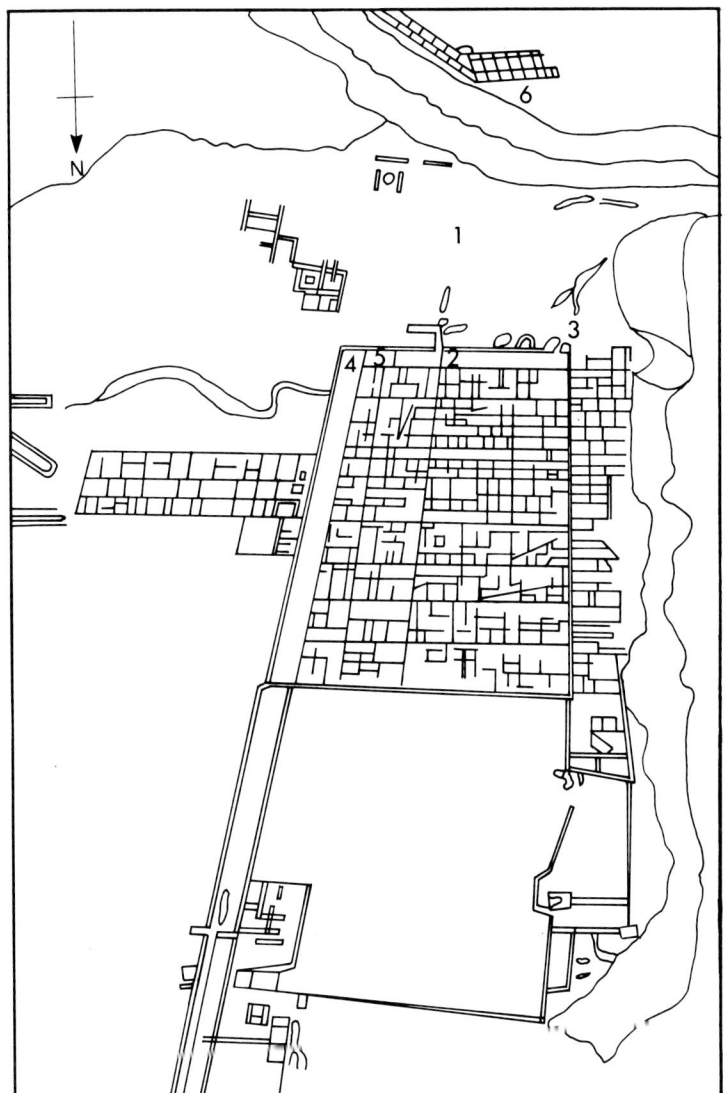

1 Agora
2 Stoa
3 Avenue A
4 Avenue B
5 Quellenhaus
6 Altes Stadtzentrum

von Makedonien begründete Olynth 432 erneut und siedelte hier Tausende aus anderen Orten an, so daß Olynth die bedeutendste Stadt auf der Chalkidike wurde (vielleicht 30000 Einwohner). Auf dem Nordhügel entfaltete sich ein regelmäßiges Straßennetz. Es bildete einförmige Häuserblocks von 91×36,6 m (Verhältnis 5:2), die breitesten Boulevards liefen von Norden nach Süden. Olynth ist das seltene Beispiel eines ausgedehnten Wohnbezirks des klassischen Altertums und ein wertvoller Beleg für antike Stadtplanung. Die meisten Häuser hatten drei oder mehr Räume, die sich auf einen Säulengang hinter dem Lichthof öffneten, der oft wie später auf Delos von Säulen umgeben war. Manche besaßen offensichtlich ein Obergeschoß. Luftziegelmauern, eine wirksame Isolation gegen Hitze, Kälte und Geräusche, waren verputzt und bemalt, viele Böden bedeckten dekorative Mosaiken aus Kieselsteinen. Sie gehörten zu den ältesten ihrer Art in Griechenland. Das Händlerviertel lag vom Wohnviertel abgetrennt an der Südwestecke des Hügels gegenüber dem alten Stadtzentrum.

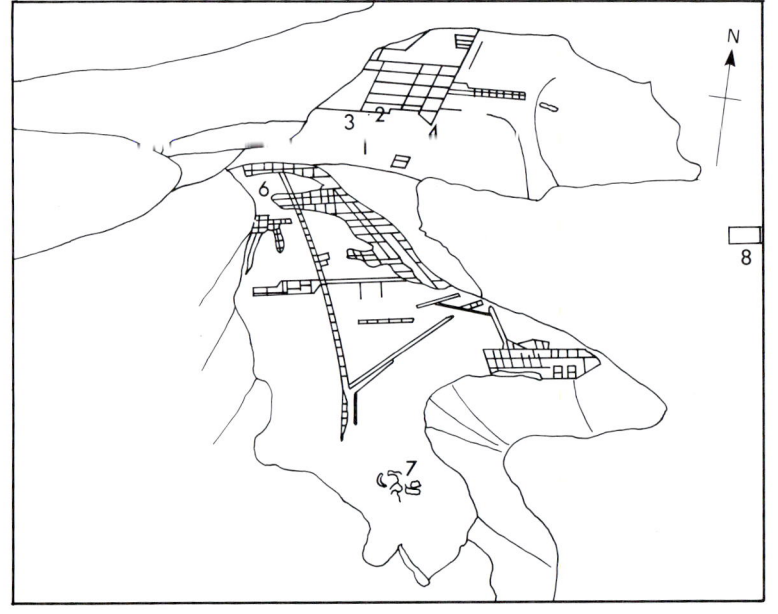

1 Agora
2 Stoa
3 Avenue A
4 Avenue B
5 (s. Seite 166)
6 Altes Stadtzentrum
7 neolithische
  Siedlungsstätte
8 Glücksbringer-Villa

Diese neue Agora besaß eine einfache Stoa an ihrem Südende und enthielt ein Quellenhaus mit einer Fassade wie ein kleiner dorischer Tempel. Das Wasser leitete man von einem 16 km entfernten Quell herbei. Terrakotta-Rohre fand man in Tunnels unter einigen Straßen. Östlich des Doppelhügels wurden mehrere reiche Villen ausgegraben (viele davon inzwischen wieder zugeschüttet). Die Südvilla, das Haus der Bronzen, und das Haus des Glücks – nach Anrufungen auf ihren Mosaiken so benannt – verdienen am meisten Beachtung. Das letztgenannte mag ein Gasthaus oder Clubhaus gewesen sein. Man fand den Weinkeller und drei Kieselmosaiken. Dionysos im Wagen, Thetis mit den Waffen Achills und zwei Satyrn an einem großen Weinkrug. Obwohl Philipp II. von Makedonien Olynth ewige Freundschaft schwor (der Vertragstext wurde gefunden), zerstörte er 348 v. Chr. die Stadt gnadenlos, so daß sie verschwand. Ihre verlassenen Ruinen erlangten besondere Bedeutung für die Datierung von Kunst- und Architekturstilen der spätklassischen Periode, unmittelbar vor der Einführung neuer Kunst- und Baumuster in hellenistischer Zeit.

Pella/**Pella**

Erst kürzlich wurde Pella endgültig lokalisiert. Trotz Erwähnungen bei Herodot, Thukydides, Xenophon und Livius, hatten Grabungen (1914–1915) kaum Erfolg. 1957 führten neue Hinweise zu der Ortslage, und inzwischen haben griechische Archäologen Teile der Stadt freigelegt, wo Siegel mit dem Stempel PELLA gefunden wurden und Mosaik-Fußböden. Auf einer Höhe im Süden erhebt sich die vorgeschichtliche Siedlung Phakos, einst eine Sumpfsee-Insel. Noch in römischer Zeit war Phakos bewohnt, doch um 410 v. Chr. verlegte Archelaos von Makedonien seine Hauptstadt von Aigai (dem heutigen Edessa) auf einen trockenen Doppelhügel nördlich von Phakos. Er baute einen noch nicht entdeckten Palast, vermutlich lag er auf der westlichen Akropolis, wo im Abschnitt III ein Teil eines hellenistischen Baukomplexes erschlossen wurde, desgleichen ein stoaähnlicher Bau im Abschnitt II. Berühmte Malereien des Zeuxis schmückten diesen Palast, und Dichter und Denker weilten hier, wie Agathon und Euripides (dessen Bakchen erstmals in dem bisher noch nicht lokalisierten Theater von Pella aufgeführt wurden), später auch Aristoteles, der Lehrer des jungen Alexander (geb. 356 v. Chr. hier in Pella). Pella wurde zur größten Stadt Makedoniens, ein 12 km langer Schiffskanal verband es mit dem Meer. Nach dem römischen Sieg bei Pydna (168 v.Chr.) wurde es von Aemilius Paullus erobert und teilweise zerstört; seine Bedeutung schwand, Thessalonike wurde Makedoniens bedeutendste Stadt. Die Grabungen erfassen nur einen Teil, haben jedoch bereits Funde von künstlerischer Bedeutung erbracht und einen Teil des Stadtplanes erhellt. Aus der Anordnung der Straßen, die von Norden nach Süden, nach Phakos und der Akropolis oder rechtwinkelig dazu verlaufen, geht deutlich hervor: man hielt sich an ein Gittermuster, es gibt Anlaß zu der Vermutung, daß sich Agora unweit vom Grabungsabschnitt VI befand, wo ein eigenartiger Rundbau mit drei angrenzenden Tholoi (mit Mosaikböden) vielleicht ein Heroon war. Die Häuser der Abschnitte I, IV, V lagen wohl in der Nähe des Stadtzentrums. Noch nicht gefunden wurde der Tempel der Athena Alkidemos; wahrscheinlich lag er auf der westlichen Akropolis, möglicherweise auf der anderen Akropolis im Osten der heutigen Stadt. Der weitestgehend ausgegrabene Sektor, Abschnitt I bei der modernen Straße von Edessa nach Thessalonike, enthielt glanzvolle, große Häuser. Haus I z. B. erbrachte keine Hausratgegenstände, sein großer Hof, sein ionisches Peristyl, und seine reich dekorierten äußeren Räume dienten wohl offiziellen Zwecken. Dort und im Haus V fand man Bodenmosaike, einige sind noch an Ort und Stelle, andere im neuen Museum. Es sind Beispiele des späten 4. und frühen 3. Jh.s v. Chr., jünger als die Mosaiken in Sikyon und Olynthos jedoch älter als die Marmorwürfel-Mosaiken auf Delos. Sie bestehen aus weißen, schwarzen und roten Kieseln, mit ›Stegen‹ aus Blei oder Lehm. Im Haus Nr. 1 sah man außerdem Kentauren-Szenen, einen Greif, der einen Hirsch angreift, Dionysos auf

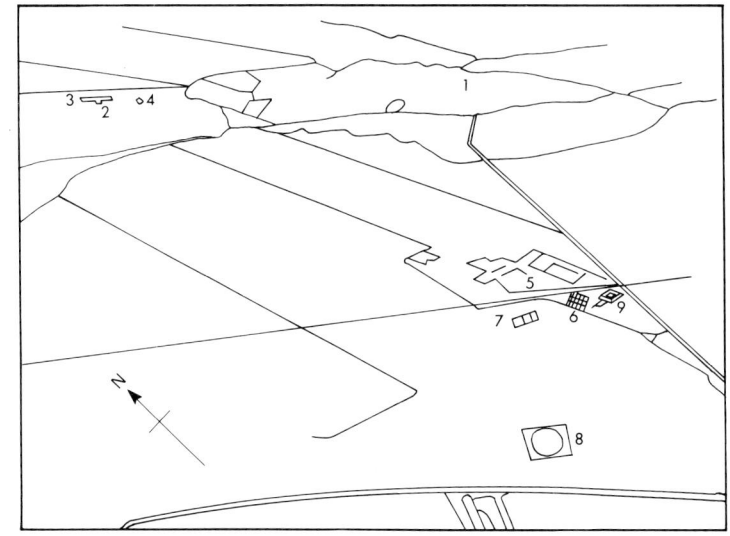

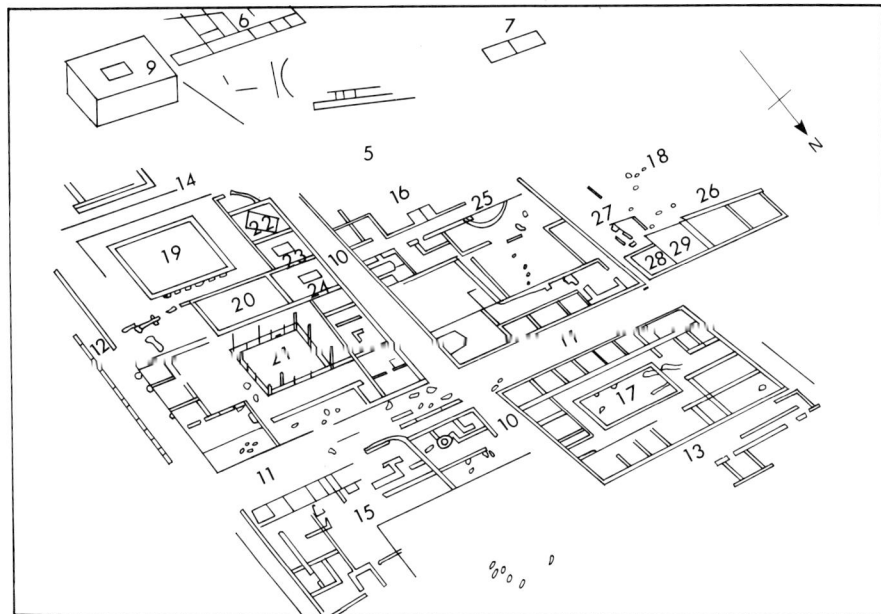

einem Panther, geometrische Muster; es gab hier auch eine Löwenjagd – wahrscheinlich erblickt man die Szene, wie Alexander (kenntlich durch eine spezielle Prinzenkappe) von Krateros gerettet wurde. Im Haus V gab es schöne Mosaiken einer Amazonenschlacht, Helena und Deianeira fliehen vor Theseus und Phorbas, dem Wagenlenker, außerdem fand man eine Hirschjagd, signiert von einem gewissen Gnosis. Auch Straßenabzugsgräben sind erhalten und Tonrohre mit Filterbecken für die Trinkwasserversorgung.

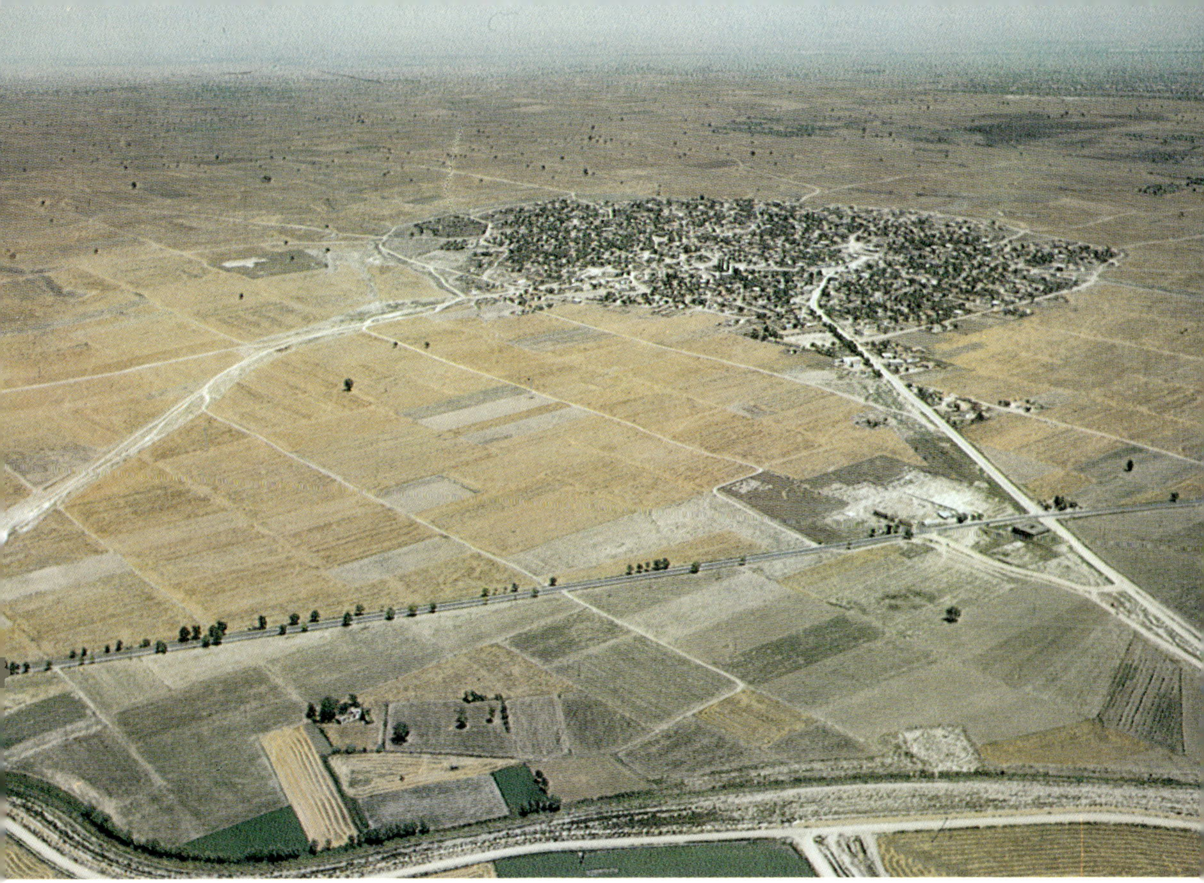
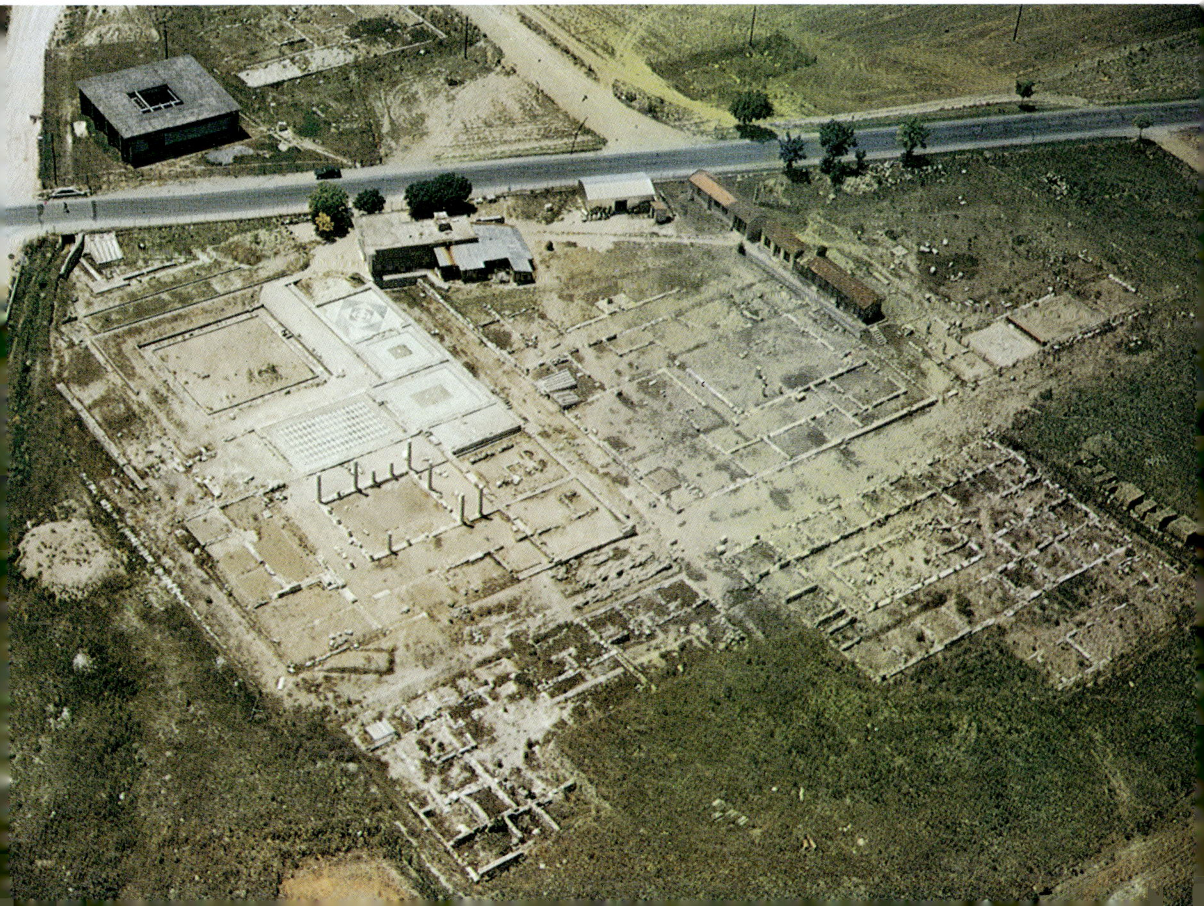

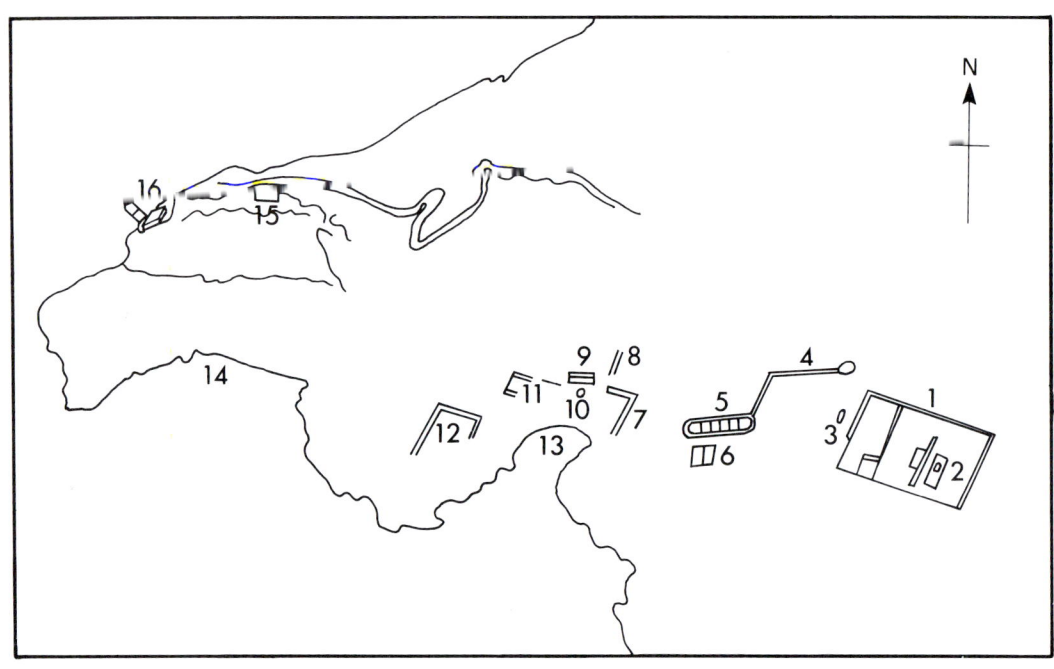

1 heiliger Bezirk der
  Hera Limenaia
2 Tempel der Hera Limenaia
3 Heiliger Teich
4 Zisterne aus klassischer
  Zeit und Wasserabfluß
5 Hellenistische Zisterne
6 Hellenistisches Haus / Speisesaal
  für Kultspeisungen
7 Stoa
8 Treppe
9 Tempel der Hera Akraia
  aus geometrischer Zeit
10 Triglyphen-Altar
11 Archaischer Tempel der
   Hera Akraia
12 Agora / Westhof
13 Hafen
14 Westbucht
15 Hellenistisches Haus
16 Heutiger Leuchtturm

Perachora/**Perachora**

›Jenseits‹ des Golfs von Korinth liegt ›Pera-Chora‹ oder Peraia an der Spitze eines Vorgebirges, das nach Westen in den Golf von Korinth hineinragt und von seiner Höhe eine großartige Aussicht über Helikon und Parnaß nach Naupaktos sowie auf die Peloponnes bis zum Kyllene-Berg in Arkadien gewährt. Ein Hera-Orakel, in mykenischer Zeit unter Kontrolle von Megara, fiel später an Korinth. In der geometrischen Periode (9. und 8. Jh. v. Chr.) blühte hier, wie Votivgaben aus vielen Städten bezeugen, ein volkstümlicher Hera-Kult und machte dieses Heiligtum zu einer Art Konkurrenz für das große Heraion bei Argos. Der Spartaner-König Agesilaos eroberte es 390 v. Chr., unter seinen Offizieren befand sich der Historiker Xenophon. Zu Beginn der Römerzeit gab man die Stätte auf, erst britische Ausgrabungen (1930–1933) brachten sie wieder ans Licht.

Östlich lag auf dem höchsten Punkt der Landzunge eine befestigte Akropolis. Tatsächlich zeigt die Klippe, wo heute der Leuchtturm steht, Reste alter Mauern. Die offene Bucht darunter muß eine gute Ergänzung für die sehr beschränkten Hafenmöglichkeiten dargestellt haben, die die eine winzige Bucht unmittelbar beim unteren Tempel bietet. Rings um diesen Miniatur-Hafen standen auf planierten Geländestücken am Fuß des Klippensteilhangs die meisten Heiligtumsbauten. Am bedeutendsten war der Tempel der Hera Akraia. Ein langer Bau, von dem nur das westliche Ende erhalten blieb. Anscheinend wurde er um 530 v. Chr. erbaut, anstelle eines östlich gelegenen, viel älteren Tempels von apsidaler Bauweise aus geometrischer Zeit. Vielleicht enstand er um 850 v. Chr. und wurde um 710 zerstört. Vor seinem Ostende stand ein zu ebener Erde wie ein dorischer Fries mit Triglyphen und Metopen geschmückter Altar, beiderseits eine ionische Säule. Zwei andere standen weiter nördlich, wo Stufen auf höheres Gelände hinaufführten. Dieser ungewöhnliche Altar stammt wohl aus der Zeit um 500 v. Chr. Möglicherweise trugen die ionischen Säulen eine Art Baldachin. Ein einem umgekehrten L gleichendes Gebäude im Osten, ist eine spätklassische Stoa (um 320 v. Chr.). Sie übernahm möglicherweise die Funktionen der älteren Agora westlich der Bucht, die Mitte des 4. Jh.s v. Chr. zerstört wurde. Diese Stoa besaß zwei Stockwerke. Das untere war dorisch, das obere ionisch. Jede der Fassaden besaß zehn Säulen. Der Boden bestand aus einzementierten Kieselsteinen. Die sog. Agora westlich des Hafens bildete ein Fünfeck, ihr Durchmesser betrug ca. 24 m. Abgesehen von einem Stück im Westen, war sie von einer Setzung senkrechter Steinplatten auf einem Fundament rechteckiger Blöcke umgeben. Im Westen und Süden besaß sie eine Säulenvorhalle, an der Mauer hatte sie eine Bank, desgleichen in der Süd-Süd-Ostecke. Aus dem späten 6. Jh. v. Chr. stammend, und um die Mitte des 4. Jhs. neugestaltet, mag es sich um eine Art Stoa mit einem offenen Markt in der Mitte gehandelt haben. Im 2. Jh. n. Chr. entstand diagonal über ihren Ruinen ein römisches Haus mit fünf Räumen. Nach Osten liegt eine vorzügliche hellenistische Zisterne, ein langgestrecktes Oval mit inneren Trägern für das Zisternendach. Das Gebäude unmittelbar südlich von ihr war vielleicht ein Haus aus späterer Zeit, vielleicht auch eine Halle für kultische Speisungen. Am Ostende liegt etwas höher der Temenos der Hera Limenaia. Der rechteckige Tempel mit einer Opfergrube unweit von seinem Zentrum wird in das 8. Jh. v. Chr. datiert. Das von Strabo erwähnte Orakel lag nach Ausweis von Gefäßen, vielleicht an dem heiligen Teich daneben.

Pylos/**Pylos**

Obwohl man heute aus der Luft nur sehr wenig von dem Palast bei Epano Englianos sehen kann, weil ein Schutzdach seine Ruinen bedeckt, wirft ein Überblick dennoch Licht auf die geographische Lage, die Landschaft, und auf die Klugheit derer, die sich diesen Ort aussuchten. Einmal liegt er weit genug landeinwärts, um vor Angriffen zur See sicher zu sein, andererseits aber nahe genug am Meer, um Handel zu treiben usw. Vermutlich benutzte man als Hafen die reizvolle, kleine Bucht von Bouphras oder Voidokilia wenige km südwestlich, un-

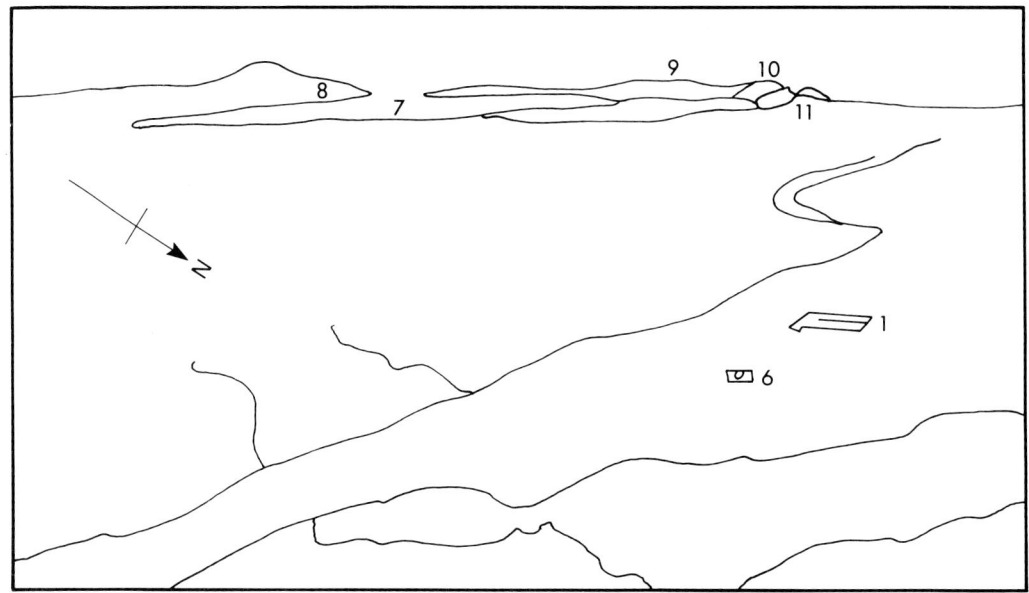

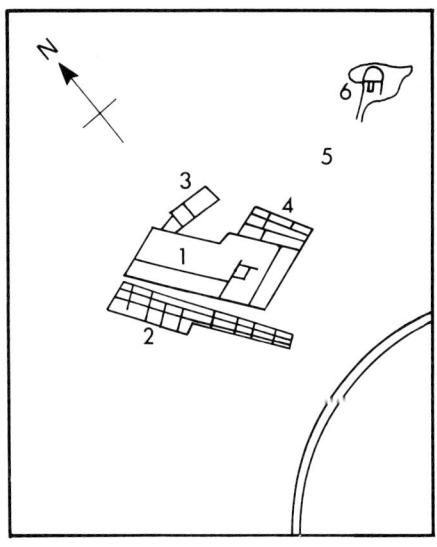

1 Hauptpalast
2 Älterer Palast
3 Wein-Magazine
4 Werkstätten/Waffenkammer
5 Lage der Wälle und des Tores
6 Kuppelgrab
7 Bucht von Navarino
8 Heutiges Pylos
9 Insel Sphakteria
10 Pylos der klassischen Zeit
11 Bucht von Bouphras / Voidokilia

mittelbar im Norden von Sphakteria. Besonders schön und eines Königs würdig ist der Blick zur funkelnden blauen See. Nach Ausweis der archäologischen Funde war die Stätte im frühen 2. Jh. v. Chr. in der mittleren Bronzezeit bewohnt, und im 16. Jh. bereits befestigt (Teile einer Mauer und eines Tores sind noch nordöstlich vom Palast erhalten). Anfang des 13. Jhs. v. Chr. wurden diese Mauern zerstört, man ebnete die Hügelspitze ein und baute darauf einen Palast. Wahrscheinlich spiegelt sich dies in der Überlieferung, Neleus sei von Iolkos, südlich des Olymp, angekommen und habe die Macht ergriffen. Sein Sohn Nestor, der Greis in der *Ilias*, der nach dem Trojanischen Kriege noch viele Jahre »wie ein Unsterblicher« auf Pylos herrschen sollte, scheint unmittelbar östlich davon einen neuen Palast erbaut zu haben, an Größe und Pracht mit Agamemnons Palast in Mykene vergleichbar und in seinem Plan dem Palast von Tiryns sehr ähnlich. Dieser Palast sank um 1190 v. Chr. in Asche, vermutlich hatten Dorier Feuer gelegt, die nun die Macht übernahmen. Blegen entdeckte 1939 die verschütteten Ruinen und grub sie nach dem 2. Weltkrieg aus (1952–1965). Es ist der am besten erhaltene aller mykenischen Paläste und sicherlich der lehrreichste. Der ältere Palast im Südwesten (er ist schlechter erhalten und liegt nicht unter dem heutigen Metalldach) hatte ein

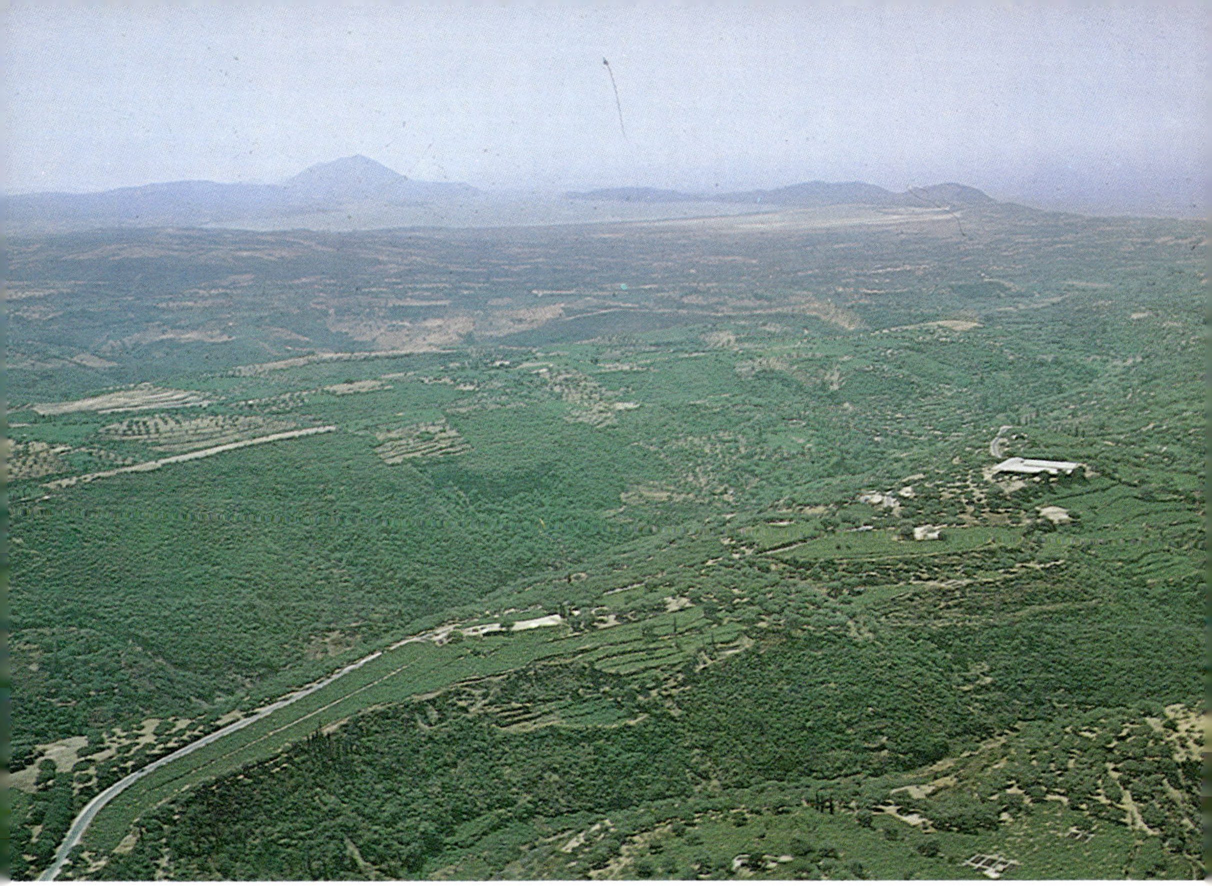

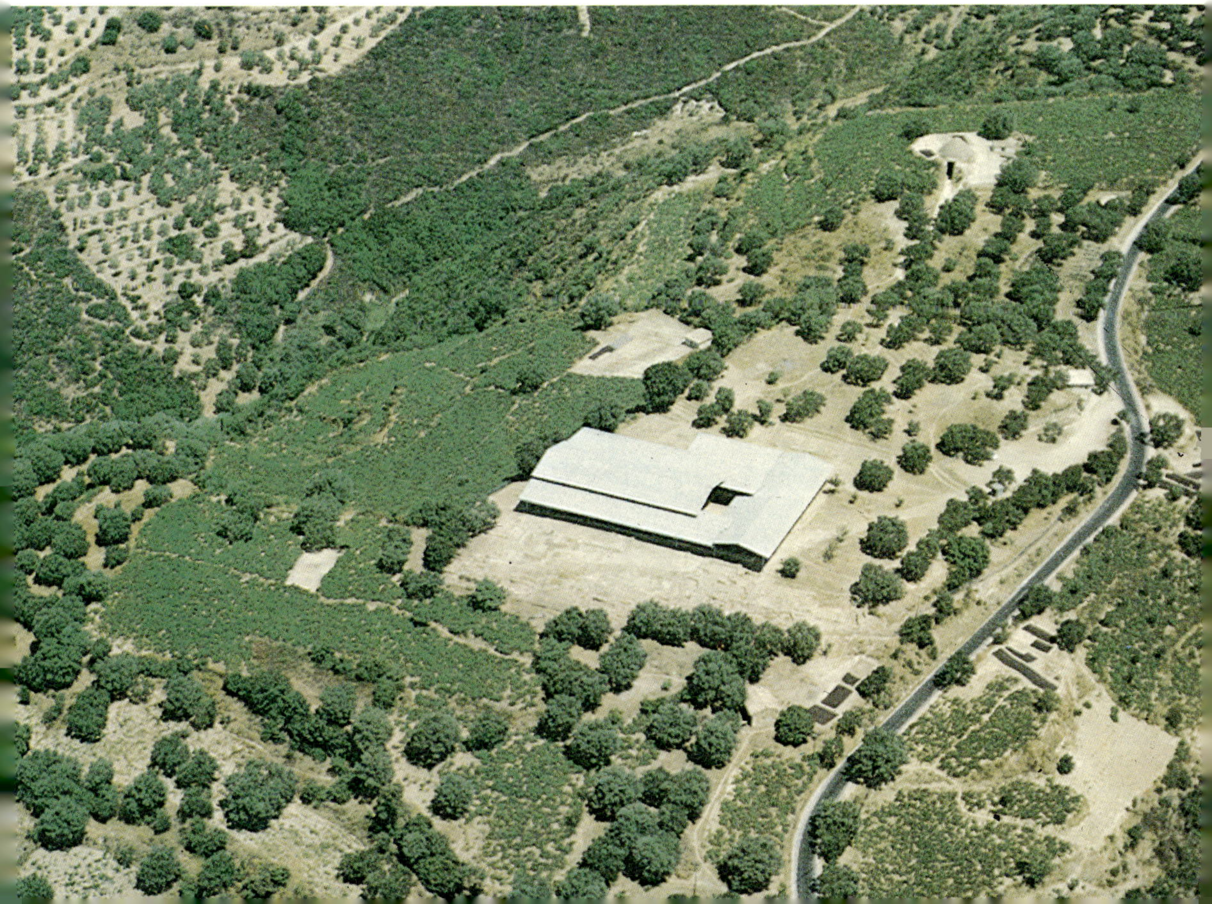

Megaron, dessen Fassade einem Raum mit drei Säulen zugewandt war, und einem Komplex anderer Räume nach Westen hin – wohl Wohnräume und Magazine. Auch die Küche fand man. Freskenfragmente mit einer Schlachtszene stellen wahrscheinlich Neleus' Eroberung der Festung dar. Der spätere Hauptpalast ist beträchtlich größer und raffinierter. Sein Kern ist ein großes Megaron mit einem erhöhten Rundherd in der Mitte, der Lichtquelle, Wärmequelle und Kochgelegenheit war. Vier hölzerne Säulen mit jeweils 32 Kanneluren (die sich im Fußbodenüberzug abdrückten) trugen das Dach. Nur eine Öffnung über dem Herd blieb frei. Höher oben liefen Balkons ringsumher, über sie gelangte man in die Schlafgemächer. Treppenreste deuten auf ein zweites Stockwerk über dem größten Teil des Palastes hin, doch waren die ebenerdigen Räume recht

hoch (an die 3 m). Am Nordostrand des Megarons, wo einst der Königsthron stand, befinden sich noch heute Vertiefungen, und in der Nähe gab es eine Grube für Trankopfer. Am einzigen Megaron-Eigang im Südwesten gab es ein Vestibül, dahinter eine Vorhalle mit zwei Säulen und einem Lichthof. Dies entspricht sehr Homers Beschreibung des Odysseus-Palastes auf Ithaka. Schöne lange Korridore beiderseits dieses Komplexes führten zu Magazinen an der Seite und an der Rückfront. Hier fand man Tausende tönerner Trinkgefäße und Vorratskrüge (*Pithoi*) für Wein und Öl. Ein Archivraum neben dem Vordereingang enthielt große Mengen von Tontäfelchen in Linear-B-Schrift. Ein zweites, kleineres Magazin und andere Räume dienten wohl als Königs-Wohnung. Die Königsräume daneben hatten eine Badewanne (noch in situ). Unweit einige Kuppelgräber.

Pireefs/**Peiraieus (Piräus)**

Bis zum 5. Jh. v. Chr. benutzte Athen die Bucht von Phaleron als Hafen, doch als Themistokles wegen der Persergefahr eine größere athenische Flotte schuf, machte er Piräus zur Flottenbasis, und 493 begann ein ehrgeiziges Befestigungswerk einschließlich der sog. ›Langen Mauern‹, die die Verbindung nach Athen (etwa 8 km im Nordosten) schützten. Perikles vollendete das Werk, und 431 v. Chr. umfaßte das Verteidigungssystem eine Mauer von Athen bis zur Ostkante der Bucht von Phaleron sowie zwei parallele Mauern in einer Entfernung von etwa 200 m zum Befestigungsring von Piräus. Auf Spartas Drängen wurden sie nach Athens Niederlage im Peloponnesischen Kriege abgetragen, doch entstanden sie mit geringfügigen Veränderungen in der Mitte des 4. Jh.s neu, vor allem nachdem Konon Spartas Hoffnungen auf Seeherrschaft 394 v. Chr. bei Knidos zunichte gemacht hatte. Die makedonischen Nachfolger Alexanders d. Gr. legten eine Garnison nach Piräus, um Athen zu kontrollieren, aber Sulla zerstörte die Stadt 86 v. Chr. Sie blieb danach fast bis heute ohne Bedeutung, erst jetzt wieder ist sie eine der größten Städte Griechenlands und zugleich dessen wichtigster Hafen. Die antiken Reste liegen meist unter der heutigen Stadt oder sind längst verschwunden. Hier und da sieht man noch Teile alter Mauern, ganz be-

sonders am Süd- und Westrand des Akte-Hügels, und auch ein Teil des Asty-Tores mit seinen runden und viereckigen Türmen steht noch neben der Endstation der elektrischen S-Bahn nach Athen, deren Gleise dem Lauf der südlichen ›Langen Mauer‹ folgen. Die moderne Straßenführung entspricht weitgehend der antiken, die Hippodamos aus Milet für Perikles entworfen hatte: ein Gitter von Straßen führte zu den Hügeln Akte und Munychia, sowie zu den drei Häfen mit einer großen Agora östlich von Zea. Nachgewiesen wurde ein von Thukydides erwähntes Theater aus dem 5. Jh. östlich der Agora (heute überdeckt). Ein kleines Theater nordwestlich von Zea, unmittelbar neben dem Museum, ist hellenistisch (2. Jh. v. Chr.). Es besaß 13 ›Sitzkeile‹ in seinem unteren Abschnitt sowie 26 oberhalb des Rangumgangs (Diazoma). Die oberen Reihen waren nicht in den Hügel eingetieft, sondern wurden von strahlenförmigen Stützelementen getragen. Die Bühnenfront besaß 26 Säulen quer über das Proszenium (fünf davon an jedem Paraskenion-Flügel). Alphabetische Markierungen an der unteren Sitzreihe dienten wahrscheinlich als Führer zu reservierten Plätzen in den oberen Reihen. Ebenso wie heute waren Kantharos mit der Eetioneia-Landzunge sowie die Nordküste von Akte für die Kriegsflotte reserviert, die

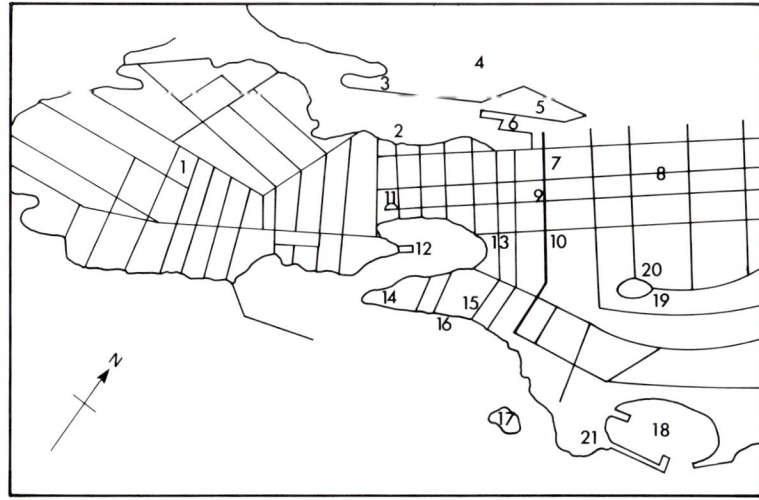

1 Halbinsel Akte
2 Kantharos-Hafen
3 Eetonia-Landzunge

4 Stätte des Aphrodision
5 Innerer Hafen (*Kophos Limen*)
6 Lange Stoa

7 Marktbereich
8 Asty-Tor
9 Platz des Dionysion
10 Hippodamos' Agora
11 Theater in Zea
12 Zea-Hafen
13 Arsenal
14 Phreattys?
15 Platz des Asklepieion
16 Serangeion?
17 Inselchen Stalida
18 Munychia-Hafen
19 Munychia-Hügel
   und Burg
20 Platz des Theaters
   in Munychia
21 Stätte des Tempels
   der Artemis Munychia

Handelsschiffahrt konzentrierte sich auf die Ost- und Südabschnitte. Hier gab es fünf Stoai entlang der Docks und in der Nähe einen Markt. Nach Norden hin lag ein Tempel zu Ehren der Aphrodite Euploia, und irgendwo in der Nähe noch ein weiterer für Zeus Soter sowie Athena Soteira, sie spiegeln das Mißtrauen der Griechen in die unruhige See. Die Hafenzufahrt im Westen schlossen teilweise zwei Molen, an ihrer Spitze Leuchttürme. Die Quellen berichteten von Schiffswerften in Kantharos wie auch von einem Arsenal am Zea-Ufer. Es ist verschwunden, doch erhalten sind die Pläne des antiken Architekten Philos. In Zea war Platz für 196 Triremen. Ihre Liegeplätze waren wie Speichen eines Riesenrades angeordnet. Weitere 82 Triremen konnten im Munychia-Hafen festmachen. Aus dem Felsen gehauene Bäder besaß das Serangeion bei Zea. Nahe dabei lag der Sitz des Gerichtshofes (Phreattys). Platos Dialog »Der Staat« beginnt in Munychia im Anblick des Stalida-Inselchens.

Platää/**Plataiai**

Plataiai, eine Kleinstadt in der Südostecke Boiotiens ging wegen des ruhmreichen Sieges der verbündeten griechischen Truppen im Jahre 479 v. Chr. über die persische Armee in die Geschichte ein. Xerxes' prahlerischer Einfall in Griechenland endete so nach der Katastrophe bei Salamis mit totaler Demütigung. Die Perser hatten Plataiai ein Jahr zuvor geplündert und Athens Akropolis niedergebrannt. Dann bezogen sie am Asopos-Fluß gegenüber dem Kithairon-Massiv (zwischen Boiotien und Attika) auf einer für Reiterei geradezu idealen Ebene Stellung. Hier trat ihnen, von Eleusis kommend, ein vereintes griechisches Heer entgegen, dessen Hauptkontingente aus Athen und Sparta stammten. Obwohl den Persern mindestens dreifach unterlegen und ohne Reiterei, schafften es die Griechen, eine Reihe von Angriffen zurückzuweisen, den persischen Reiterbefehlshaber zu töten und schließlich im allgemeinen Durcheinander den persischen General Mardonios zu töten, sein Heer aufzureiben und sein Lager zu zerstören. Dies bedeutete das Ende der Perserkriege und für Griechenland das Erwachen neuen Selbstbewußtseins. Unweit vom Tempel in Delphi errichtete man ein Siegesmal: ineinandergewundene Schlangen hielten einen Kessel. Außerdem erinnerten die jahrhundertelang in Plataiai gefeierten Eleutherien (›Freiheitsfeste‹) alle vier Jahre an das Ereignis. Plataiai befand sich in ständiger Bedrohung durch Theben. Schon 519 v. Chr. übernahm Athen seinen Schutz. An der Schlacht von Marathon, 490 v. Chr., nahmen alle streitbaren Männer (1000 an der Zahl) aus Plataiai teil; sie kämpften tapfer und erhielten ihr eigenes Grabmonument, das man heute in einiger Entfernung vom größeren Soros der Athener gefunden haben will. 480 v. Chr. schloß Plataiai sich der Flotte Athens gegen die Perser an, die es geplündert hatten. Mit Hilfe Athens schlug es 431 v. Chr. einen Angriff der Thebaner zurück, doch nach zweijähriger Belagerung wurde es 427 von den Peloponnesiern zerstört. Seine überlebenden Einwohner erhielten Athener Bürgerrecht zugesichert, 386 baute Sparta die Stadt wieder auf, doch schon 14 Jahre später wurde sie abermals von den Thebanern zerstört. Die Makedonen erbauten sie aufs neue, und auch unter Römern und Byzantinern bestand sie fort. Heute sind ihre Ruinen spärlich. Amerikanische Archäologen (1890–1891) sowie Skias (1899) entdeckten lange Mauerstreifen, Teile eines archaischen Tempels und Fragmente eines makedonischen Gästehauses (?), wo sich in römischer Zeit ein Markt befand. Die Luftaufnahme zeigt das Herz der antiken Stadt: eine umwallte Akropolis auf flachem, ovalem Hügel. Hier lag vermutlich der Stadtkern, und hierauf beschränkte sich die Stadt wieder in ihrer Schlußphase. Die Mauerreste enthalten älteres Material – eine römisch/byzantinische Mauereinfassung, die dem klassischen Mauerring zu folgen scheint. Größere Mauerringe erstreckten sich nach Süden und Osten und ergeben so etwa ein Dreieck, sie umfaßten ein größeres Gebiet für Neubauten der Spartaner und Makedonen. Tempel und Agora liegen südlich des inneren Akropolis-Runds, das Schlachtfeld von 479 v. Chr. in einiger Entfernung nordöstlich auf der Ebene am Asopos-Fluß.

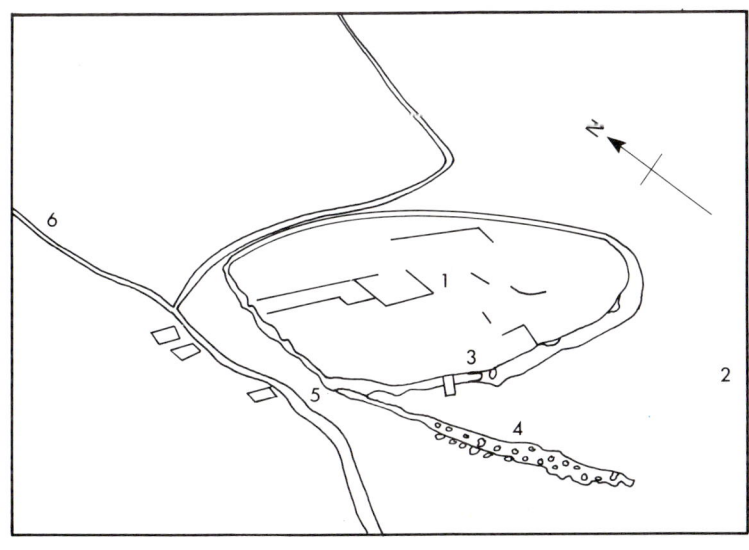

1 Akropolis
2 Agora-Gebiet (Tempel,
  Gästehaus usw.)
3 Innerer Mauerring
4 Mittlerer Mauerring
5 Stätte der
  Megale Bryseis-Quelle
6 Straße nach Theben

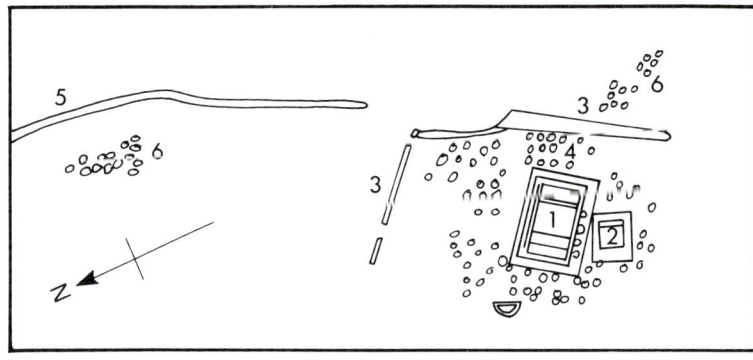

1 Tempel der Nemesis
  (Vergeltung)
2 Tempel der Themis
  (Recht/Gesetz)
3 Terrassenmauer
4 Altar
5 Zufahrt zur Zitadelle
6 Ruinen
  monumentaler Gräber

Ramnous/**Die Küstenfestung Rhamnus**

Rhamnus' Name geht auf das stachelige Dor-
nengebüsch zurück, das auch heute noch die
einsamen Ruinen umrankt. Im 5. Jh. v. Chr.
war Rhamnus ein befestigter Außenposten
Athens, dessen Mauern und Zitadelle um 412
v. Chr. zusammen mit den Festungsanlagen auf

Kap Sunion erneuert wurden, um die Straße
von Euboia sowie die Küstenstraße nach Oropos zu schützen. Der Redner Antiphon wurde
hier um 480 geboren, zu seinen Rhetorikschü-
lern gehörte Thukydides. Die Untersuchung
der Ruinen begann schon 1817. Mindestens seit

dem 6. Jh. v. Chr. gab es in Rhamnus einen besonderen Kult der Nemesis, ›Vergeltung‹, zusammen mit Themis ›Recht‹. Ihr Heiligtum lag in einem Tal südlich der Akropolis auf einer Plattform aus großen Marmorblöcken an der antiken Straße zur Zitadelle. Ein kleiner archaischer, dorischer Tempel des ausgehenden 6. Jh.s v. Chr. war wohl Themis geweiht, deren von Chairestratos geschaffene Statue (heute in Athen), zusammen mit zwei anderen sowie einem Paar von Marmorthronen für Themis und Nemesis dort gefunden wurde. Nur 6 × 10 m im Geviert messend, besaß dieser Tempel keinen Säulenumgang, sondern zwei dorische Säulen zwischen den Anten an seiner Fassade. Seine Cella-Wände waren von polygonaler Bauweise. Das Material war grauer Kalkstein. Fast unmittelbar stieß an diesen älteren Tempel ein späterer, sehr viel größerer zu Ehren der Nemesis. Mit seinem Bau begann man wohl 436 v. Chr., doch wurde er wegen des Peloponnesischen Krieges nie ganz vollendet, es gibt keine Giebelskulpturen, und unvollständig ist auch die Kannelierung seiner Säulen. Vom selben Architekten stammen die Tempel des Hephaistos und des Ares in Athen, sowie des Poseidon auf Kap Sunion. Sie alle weisen gemeinsame Charakteristika auf, darunter ionische Einflüsse nach dem Muster des Parthenon. Das Säulenverhältnis betrug in Rhamnus 6 : 12, und beiderseits gab es einen Vorhalle. Schützende Bossierungen an den Stylobat-Blöcken wurden nicht geglättet, vielleicht ließ man sie absichtlich wegen der Schatteneinwirkung. Über jeder Vorhalle befand sich wie am Hephaisteion zu Athen ein ionischer Skulpturen-Fries; nur die Metopen trugen Reliefs. Greifen zierten die Dachenden. Innen stand eine berühmte Statue der Nemesis, von der Fragmente gefunden wurden. Pausanias schreibt sie Phidias zu, doch stammte sie wohl von dessen bestem Schüler Agorakritos, und ebenfalls lt. Pausanias war sie aus dem gleichen Marmorblock gearbeitet, den die Perser in ihrer Siegeszuversicht auf ihrem verheerenden Marsch durch Griechenland 490 v. Chr. als Material für ein Siegesdenkmal mitgeschleppt hatten. Nach Pausanias trug die Göttin eine mit Rehen und kleinen Siegesgöttinnen geschmückte Krone; in ihrer Linken hielt sie einen Apfelzweig, in der Rechten eine Schüssel, mit Reliefdarstellungen von Äthiopiern. An der Straße nordwärts zur Akropolis liegen Ruinen marmorner Monumentalgräber. Ein einzelnes großes Tor mit vier Flankentürmen gewährte Zugang durch den äußeren Mauerring. Ein inneres Oval auf der Höhe bildete seit früher Zeit eine befestigte Zitadelle. Innerhalb der Wälle fanden sich Überreste eines kleinen Theaters mit quadratischer Orchestra und fünf Ehrenthronen mit Weihinschriften für Dionysos, dem auch ein Heiligtum auf der Anhöhe geweiht war. Ein anderes Heiligtum war zwei Ärzten – Aristomachos und Amphiaraos – gewidmet.

Rhodos/**Rhodos-Stadt**

An der Nordostspitze der Insel gelegen, wurde Rhodos 408 v. Chr. von den drei alten Städten aus mykenischer Zeit: Lindos, Kameiros und Ialyssos als neue Hauptstadt gegründet. Von dem berühmten Stadtplaner Hippodamos von Milet in dem nach ihm benannten Gittermuster entworfen, dehnte es sich von der Akropolis nach Norden hin und wuchs, bis es 80000 Einwohner beherbergte. Nicht nur Handelszentrum und Seemacht war es, sondern auch eine hervorragende Bildungsstätte. Cato, Cicero, Lukrez, Caesar und Apollonius übten sich hier in einer von Aischines begründeten Tradition. Alexanders Hofbildhauer Lysipp schuf einen glänzenden Sonnenwagen mit vier Pferden für das Sonnenheiligtum, und Bryaxis, Heliodor, Philiskos sowie die Schöpfer der berühmten Laokoon-Gruppe gehörten ebenso wie der große Maler Protogenes zur Schar der rhodischen Künstler. Hier stand auch der Koloss, eines der sieben Weltwunder. Er war zwischen 304 und 292 v. Chr. von Chares von Lindos, einem Lysipp-Schüler gegossen worden, die Mittel dazu stammten aus den Belagerungsmaschinen, die Demestrios Poliorketes voller Bewunderung für den tapferen Widerstand dieser Stadt zurückgelassen hatte. Die Kolossalstatue ragte etwa 45 m über den Hafen (einschließlich

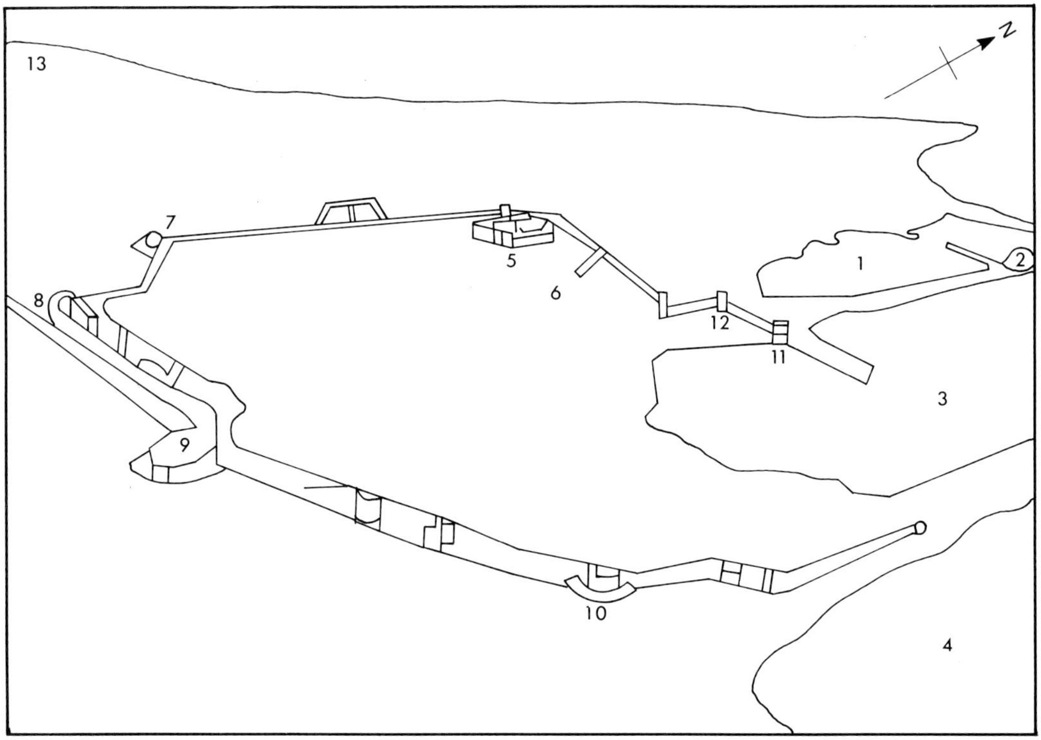

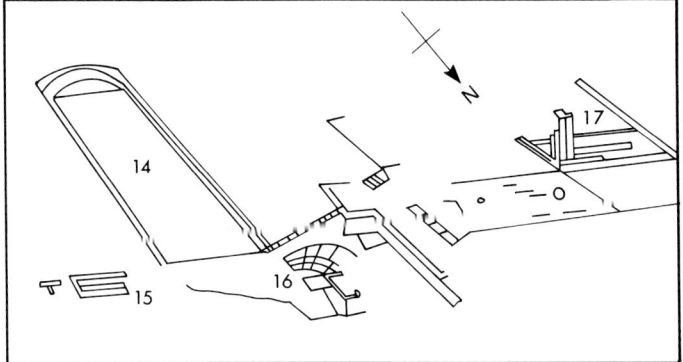

1 Mandraki-Hafen
2 St.-Nikolaus-Festung
3 Großer Hafen
4 Akandia-Bucht
5 Großmeister-Palast
6 Johanniter-Burg
7 Spanischer Turm
8 Marien-Turm
9 Koskinou-Tor
10 Italiener-Turm
11 Aphrodite-Tempel
12 Dionysos-Heiligtum
13 Akropolis-Hügel
14 Stadion
15 Palaistra-/Gymnasion-Rand
16 Odeion/Auditorium
17 Apollo-Tempel

der etwa 10 m hohen Statuenbasis), gekrönt mit einem goldenen Strahlenkranz und die Rechte in Augenhöhe. Vielleicht blickte sie in die aufgehende Sonne. 8 Jahrhunderte lag sie in Trümmern, nachdem ein Erdbeben sie gestürzt hatte (um 225 v. Chr.). Erst um 694 n. Chr. wurden die Trümmer auf 900 Kamelen nach Syrien verfrachtet, dort eingeschmolzen und verkauft. Der Koloss stand nicht über der viel zu breiten Hafeneinfahrt, und auch nicht dort, wo sich heute die St.-Nikolaus-Festung befindet, dort wäre kein Platz für die riesigen Hügel, den ein solches kolossales Bildwerk braucht, um stabil zu sein. In der Unterstadt unweit vom

182

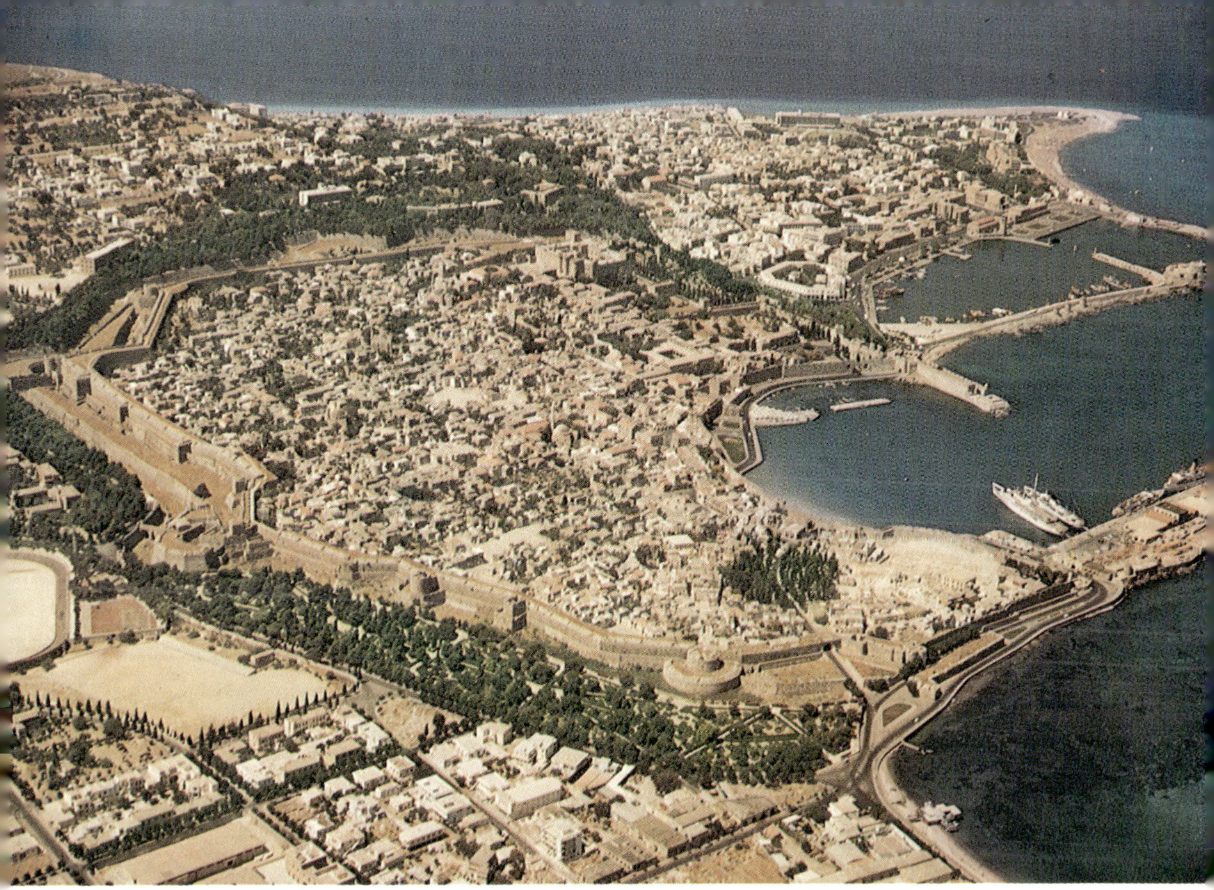

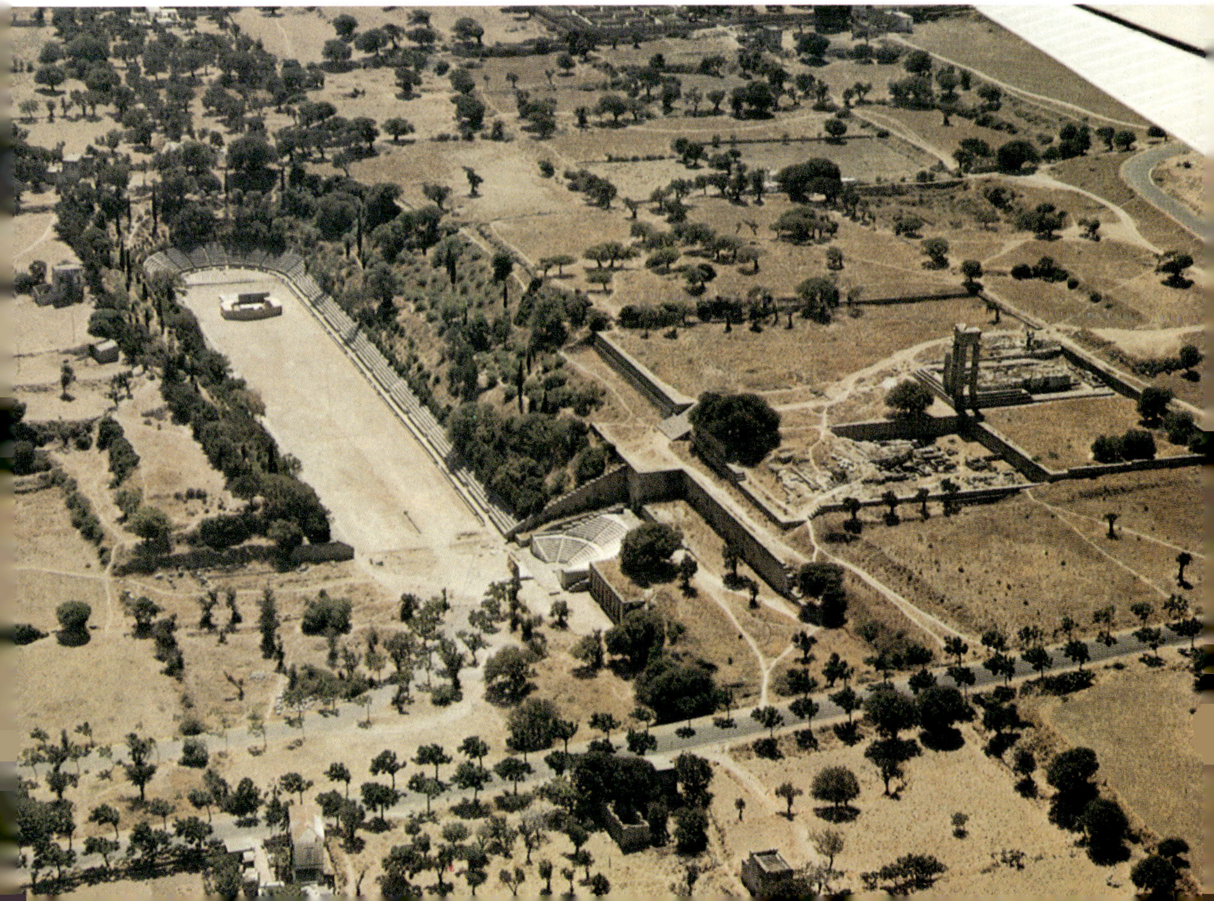

Hafen lag ein dorischer Aphrodite-Tempel aus dem 3. oder 2. Jh. v. Chr., von dem noch einige Poros-Kalksteinblöcke entdeckt wurden. Daneben ein Dionysos-Heiligtum mit Säulengängen und Malereien. Eine in antiken Quellen erwähnte hellenistische Stoa lag vielleicht beim Koskinou-Tor. Das Theater war wohl in Hafennähe, und auch ein Artemis-Aristobule-Heiligtum wird erwähnt. Die Oberstadt breitete sich über dem Akropolis-Hügel, einige ihrer Straßen und Häuser konnten lokalisiert werden, und an den Rändern dieses Bereichs liegen Felsgräber, andere wurden oberirdisch für die herrschenden Familien der Stadt erbaut. Das Stadion maß 600 rhodische Fuß (201 m). Es liegt etwas niedriger am Hügel. Erbaut wurde es nach dem großen Erdbeben Ende des 3. Jh.s v. Chr. Nordöstlich davon lagen das große rechteckige Gymnasion und die Palaistra (noch einige begrenzende Stoafundamente). Im Westen grenzt an sie ein kleines theaterähnliches Gebäude (alles aus Marmor). Wahrscheinlich war es ein Raum für philosophische oder rhetorische Vorträge (etwa 800 Zuhörer). Auf der Terrasse darüber liegt der aus dem 3. Jh. stammende dorische Tempel des phytischen Apoll (aus Poros-Stein). Weiter im Norden auf dem Gipfel die spärlichen Reste eines anderen Tempels für Zeus Polieus und Athena Polias. Von hier aus ein herrlicher Blick auf das Meer. Rhodos erlebte zahlreiche politische Umschwünge, teils auf Seiten Athens, teils gegen Athen, von Karern, Makedonen und Römern unterworfen (Cassius plünderte es 41 v. Chr. vor Philippi). Die Sarazenen raubten es aus, und 1309 unterwarfen es die Johanniter-Ritter, deren spätere Festung und gotischer Palast noch heute einen starken Eindruck hinterlassen.

Salamis/**Salamis**

Nicht in allen Fällen sind im Gebiet von Salamis die antiken Namen erhalten geblieben, und man darf auch annehmen, daß die Geländebeschaffenheit nicht mehr genau die gleiche ist wie einst. Meeresspiegel und Küstenlinie haben sich verändert. Aischylos' poetische, hochdramatische Schilderung ist kein verläßlicher Bericht, Herodot gibt sehr viel mehr Einzelheiten, wirft indessen seinerseits Probleme auf. Ganz besonders fraglich ist, was er mit Psyttaleia und Kynosoura meint. Der letzte Name paßt zu der langen, »hundeschwanzähnlichen« Halbinsel, die sich vom Platz der alten Stadt nach Osten hin erstreckt. Nimmt man alles zusammen, so ist Psyttaleia höchstwahrscheinlich die heutige Insel Lipsokoutali östlich des Landvorsprungs, wenn auch andere mehr für die heutige Insel Ajios Jeorjios (Hagios Georgios) in der Meeresstraße sind. Herodot berichtet, wie sich die Athener nach Salamis und auf die »hölzernen Wälle« ihrer Schiffe zurückzogen, als die Perser sich durch die Thermopylen nach Athen kämpften und die Akropolis niederbrannten (Frauen und Kinder waren nach Troizen geschickt). Die persische Flotte von etwa 400 Schiffen blockierte die östliche Öffnung der Meeresstraße zwischen Perama und dem Vorgebirge, und ihr ägyptisches Kontingent verschloß den westlichen Ausgang bei Nisaia (Hafen von Megara). Die eingeschlossenen Griechen griffen in der Dämmerung an. Sie verlegten sich aufs Rammen und versenkten viele persische Schiffe. Die Überlebenden töteten sie im Wasser und auf der Insel Psyttaleia. Xerxes sah das Unheil von einem Aussichtspunkt auf dem Aigaleios-Berg. Sein Plan, Griechenland zu erobern, wurde bei Salamis zunichte, und einige Monate später erlebte er die Niederlage seiner Armee bei Plataiai. Ebenso wie zehn Jahre früher bei Marathon, kämpfte Aischylos auch bei Salamis, und in seinem Drama »Die Perser«, eine der wenigen griechischen Tragödien, die auf ein historisches Ereignis zurückgehen, schildert er das Entsetzen der Feinde. Die Sieger errichteten Siegesdenkmale auf Psyttaleia und auf dem Kap bei der antiken Stadt. Die Inselgeschichte geht mindestens bis auf mykenische Zeit zurück. Damals gab es wirtschaftliche und politische Verbindungen zum nahen Aigina sowie zum fernen Zypern, wo gleichfalls eine Stadt namens Salamis lag. Homer spricht von einem Kontingent aus Salamis im Trojanischen Krieg, angeführt von Ajax, dem Sohn des Telamon. Megara wie Aigina

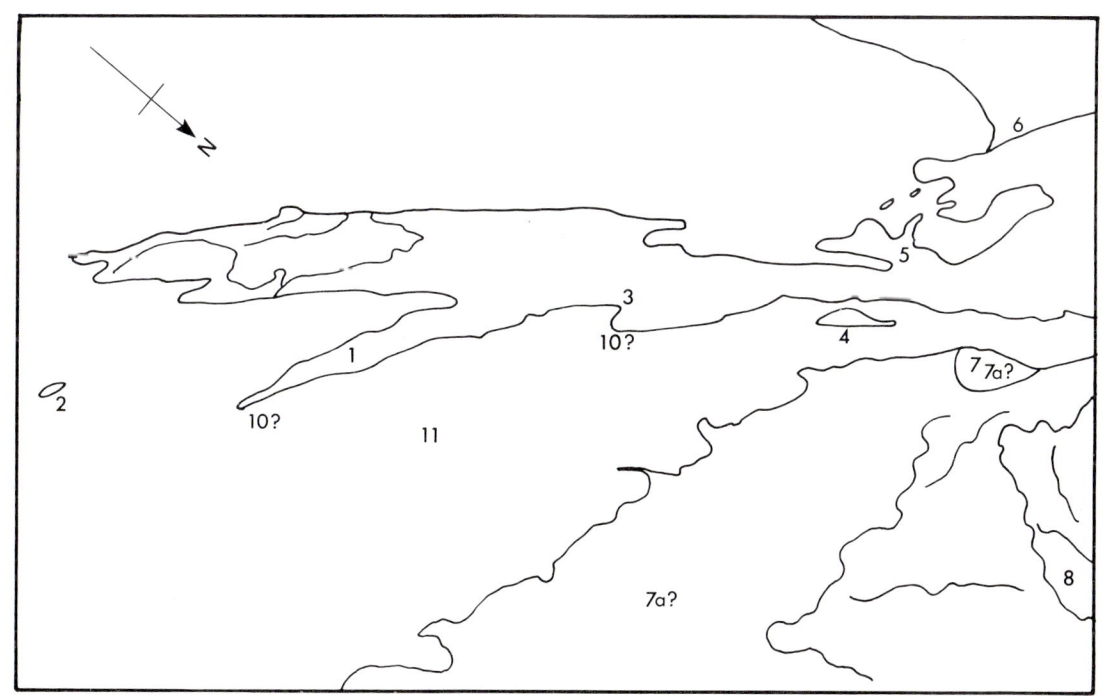

1 Kynosoura?
2 Atalante-Insel? (Talantonisi)
3 Stadt Salamis: antike Stätte
4 Insel Ajios Jeorjios (Hagios Georgios)

5 Lage der Festung Boudoron
6 Hafen von Megara (Nissaia)
7 Perama
7a Xerxes' Zelt?

8 Aigaleos-Berg
9 (s. Seite 186)
10 Kap der Trophäen
11 Schauplatz der Seeschlacht

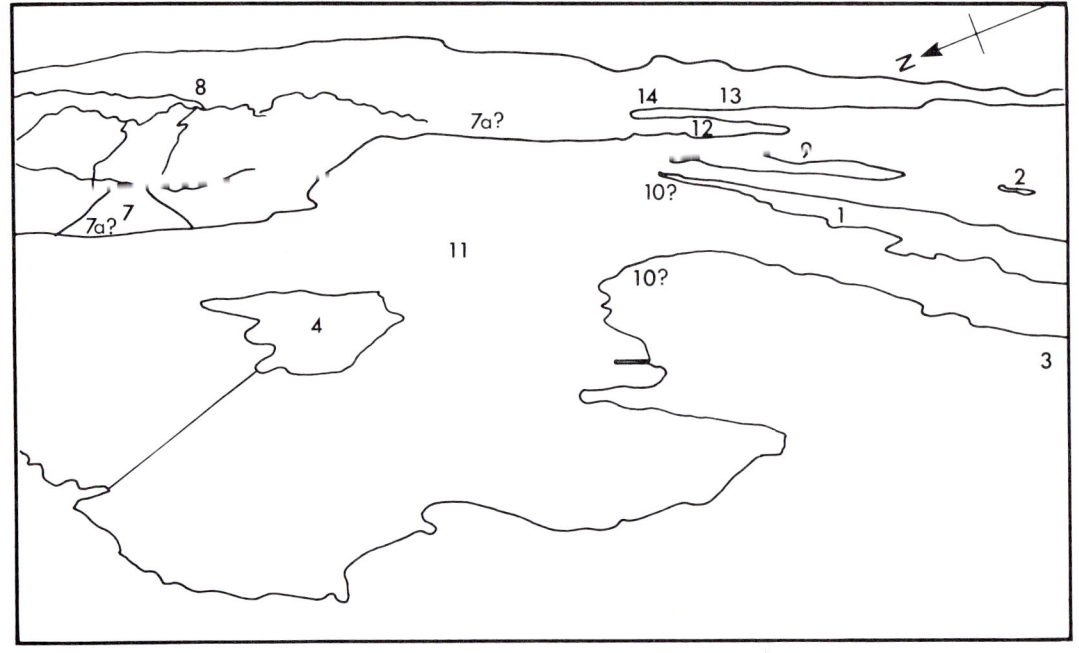

1 Kynosoura?
2 Atalante-Insel? (Talantonisi)
3 Stadt Salamis: antike Stätte
4 Insel Ajios Jeorjios (Hagios Georgios)
5 (s. Seite 185)

6 (s. Seite 185)
7 Perrama
7ª Xerxes' Zelt
8 Aigaleos-Berg
9 Psyttaleia? (Insel Lipsokoutali)

11 Seestraße mit Schauplatz der Seeschlacht
12 Piräus
13 Phaleron
14 Athen (hinter Dunstglocke)

versuchten, die Insel in ihre Hand zu bekommen, doch auf Drängen Solons brachte Athen es 612 v. Chr. in seine Gewalt. Kassandros von Makedonien nahm die Insel im späten 4. Jh., doch Athen gewann sie 229 v. Chr. zurück. Die ursprüngliche Hauptstadt lag auf dem Südabschnitt gegenüber Aigina, während Athens Herrschaft lag sie dann an der Spitze der Bucht westlich vom Schauplatz der Schlacht beim modernen Ambelaki. Noch kann man die Akropolis identifizieren, doch nur wenige Ruinen blieben erhalten – die meisten liegen heute am Ufer unter Wasser. An der Westseite der Insel neben Nisaia fand man Reste der athenischen Festung Boudoron, die einst die Meeresstraße beherrschte.

Samos/**Samos: Die Stadt**

In archaischer Zeit war Samos wohlhabend und mächtig, besonders unter der Herrschaft des Polykrates (ab ca. 532; etwa 10 Jahre später von den Persern ermordet). Er zog berühmte Dichter und Künstler an seinen Hof, darunter Anakreon und Ibykos. Mit Amasis von Ägypten teilte er sich die Seeherrschaft; und die Seemole, die er bauen ließ, um die Hafenverhältnisse zu verbessern, war ein Wunder der Baukunst, noch heute trägt sie ihr modernes Gegenstück. Er beauftragte Eupalinos, einen fähigen Tiefbaumeister aus Megara, einen mehr als 800 m langen Tunnel durch den Ampelos-Berg zu treiben, um in Zeiten einer Belagerung die Wasserversorgung zu sichern. Dieses Unternehmen, das in Griechenland kaum seinesgleichen hatte, beanspruchte 15 Jahre. Die Arbeiter bohrten von beiden Seiten, um sich in der Mitte zu treffen. Noch immer ist es ein unheimliches Gefühl, durch diesen Tunnel zu marschieren. Polykrates baute auch den Heraion-Tempel in einem Umfang auf, der Herodots Bewunderung erregte. Später unterstützte Samos den Ionischen Aufstand, stand jedoch bei Salamis auf persischer Seite. Schließlich wandte es sich aber beim endgültigen Sieg bei Mykale, dem etwa 3 km von Samos entfernten kleinasiatischen Vorgebirge, gegen die verbliebenen persischen Flottenreste. Athen hatte Mühe, die Insel zu unterwerfen. Später fiel sie an Makedonien, dann an die ägyptischen Ptolemäer und schließlich an die Römer. Verres plünderte sie 82 v. Chr., später kamen Piraten und Markus Antonius. Deutsche und griechische Grabungen haben nur verstreute Reste der Stadt (heute Pithagorio/Tigani) ans Licht gebracht, die einst Heimat so brillanter Denker war wie Pythagoras, Epikur, Äsop, des vielseitigen Künstlers und Erfinders Theodors, des großen Mathematikers Konon, des Astronomen Aristarchos, der schon wußte, daß sich die Erde um die Sonne dreht, dann des Forschers Kolaios, dessen kühne Reise zu den Säulen des Herakles um 650 v. Chr. ihm sowohl Reichtum als auch Ansehen einbrachte. Schon im 3. Jahrtausend v. Chr. befand sich eine neolithische Ansiedlung in Samos. Und es gibt Überlieferungen von einer pelasgischen sowie karischen Besiedlung. Die spätmykenische Stadt kannte man unter dem Namen Astypalaia, und im 11. Jh. nahmen Ionier Samos in Besitz. Abgesehen von der großen Hafenmole und dem Eupalinos-Tunnel, ist das eindrucksvollste Baudenkmal des alten Samos die Festungsmauer, von der es auf der Akropolis ein ganz besonders gut erhaltenes Stück mit dicht aufeinanderfolgenden, sorgfältig gebauten Türmen gibt. Das Theater ist sehr schlecht erhalten. Es liegt am Abhang des Akropolis-Hügels südlich des Spiliani-Klosters auf halbem Wege zum Osteingang des Eupalinos-Tunnels. Die Stätte der antiken Agora liegt teilweise begraben. Man fand römische Bauten, ganz besonders nach Süden hin.

Dort gibt es auch einen Friedhof, eine weitere bedeutende Nekropolis liegt an der Nordostflanke des Akropolis-Hügels.

Das große Heraion befindet sich etwa 8 km südlich der Stadt hinter dem Flugplatz an der Küste.

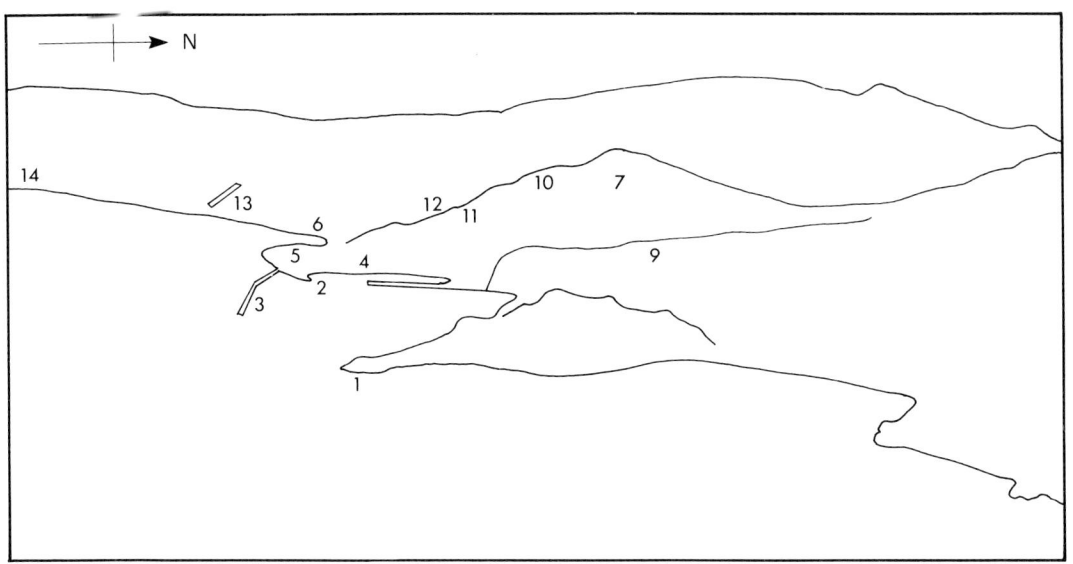

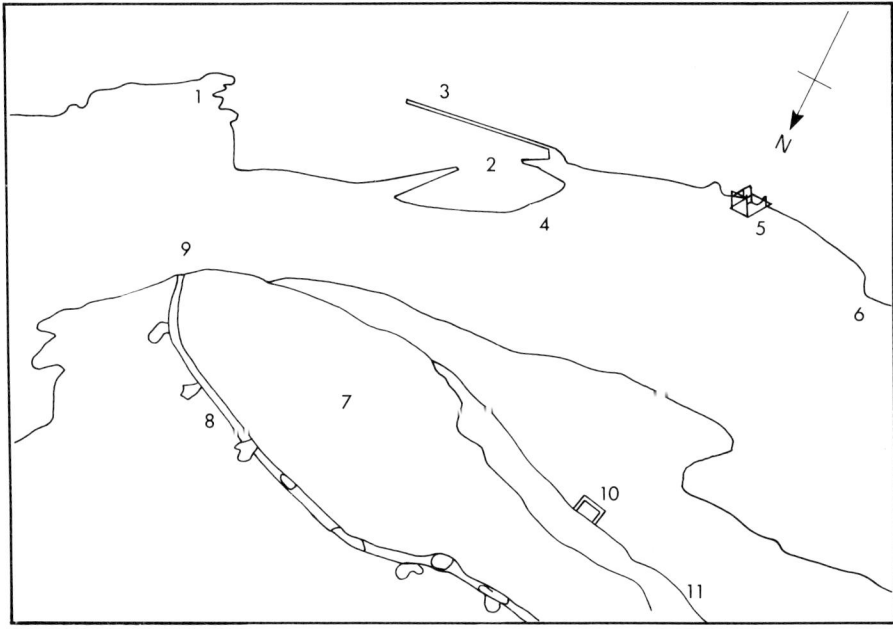

1 Kap Phonia
2 Antiker Hafen
3 Antike Mole (unter der modernen)
4 Stätte der Agora
5 Logotheten-Schloss

6 Römische Ruinen
7 Akropolis
8 Festungswälle und Türme
9 Nördliche Nekropole
10 Spiliani-Kloster

11 Stätte des antiken Theaters
12 Öffnung des Eupalinos-Tunnels
13 Flugplatz
14 Stätte des Heraion

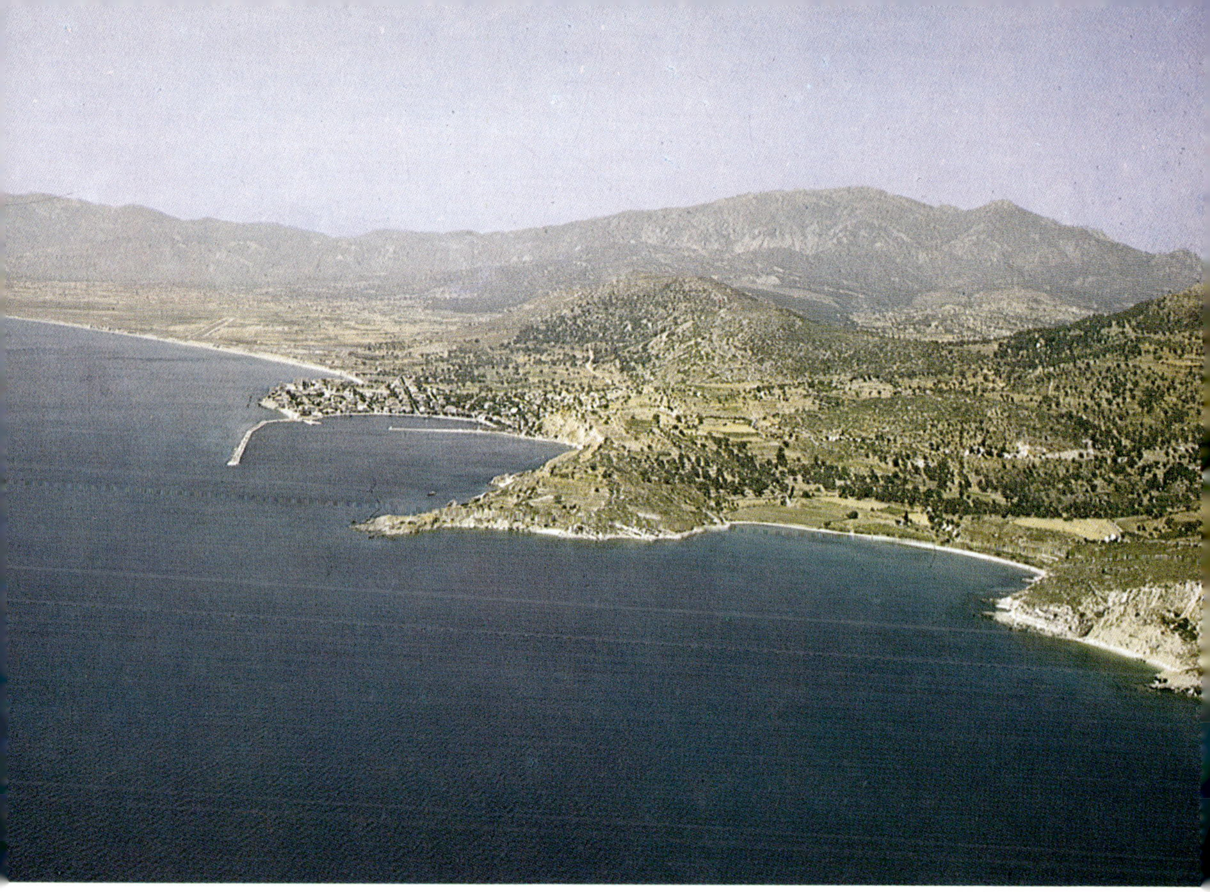

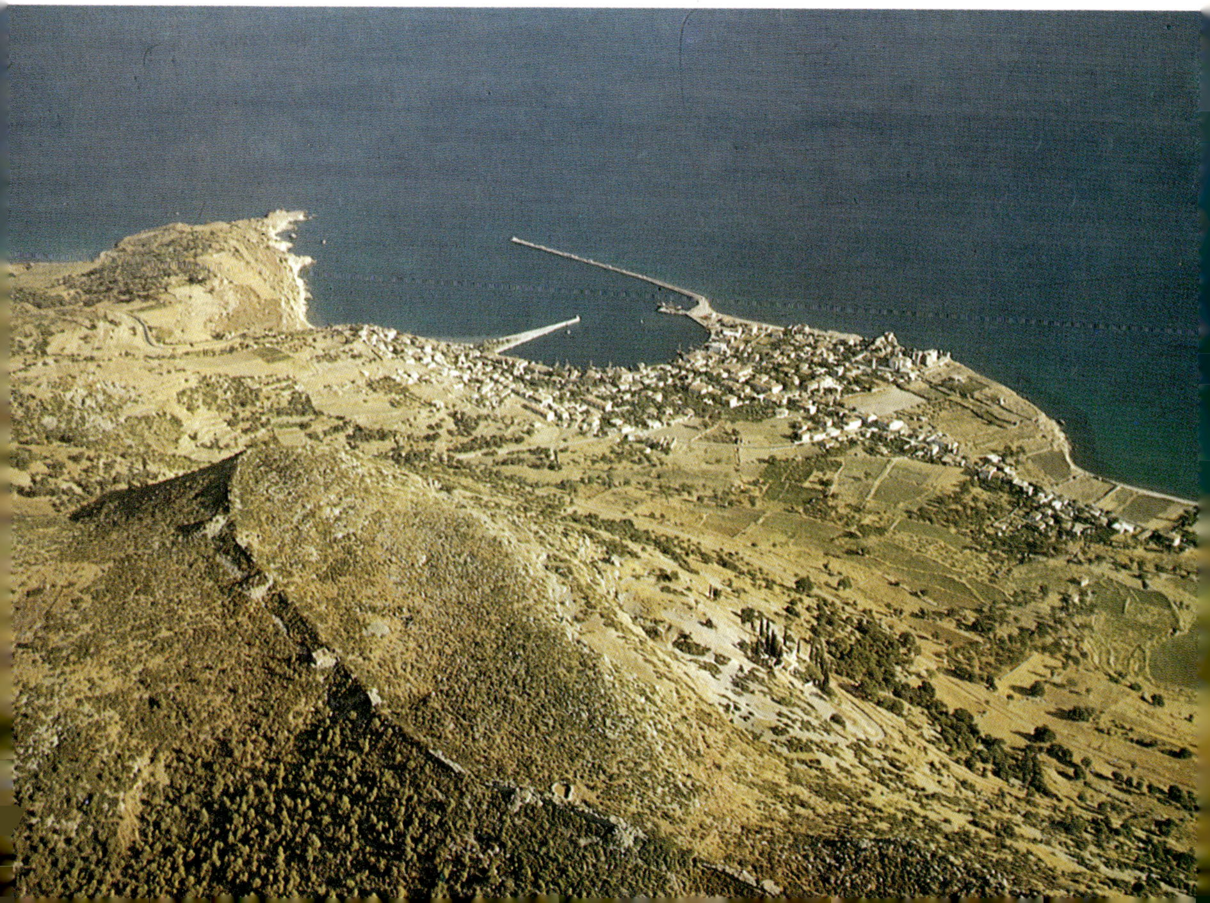

Samos/**Samos: Das Heraion**

Nach der Sage wurde Hera an der Imbrasos-Mündung 8 km südlich von Samos geboren (fraglos Übernahme einer viel älteren lokalen Gottheit des *Lygos:* des ›Keuschlamm-Strauchs‹ [*Vitex agnus castus*], deren Kult bis auf prägriechische Einwohner vor 2000 v. Chr. zurückgehen muß). Der eigentliche Hera-Kult wurde um 1000 v. Chr. von nachmykenischen Ioniern aus der Argolis eingeführt. Am Imbrasos entstand ein Heiligtum, das bald dem der Argiver Konkurrenz machte. Der östlich des archaischen Tempels von Rhoikos geschaffene Altar deckt einen kleineren aus geometrischer Zeit am Knorren eines ›Keuschlammstrauchs‹, den man schon früher hier verehrte. Westlich des Altars entstand Anfang des 8. Jh.s v. Chr. ein langgestreckter Tempel mit einer Mittelsäulen-Reihe zum Stützen des Dachs. Er war 6 m breit, aber 30 m lang (= 100 Fuß, daher: *Hekatompedos I*, = Hundertfüßler). Etwas später errichtete man ringsherum eine Reihe ›baumähnlicher‹ Säulen (7 × 17): Dies ist das älteste belegte Beispiel für das später so typische *Peripteros*-Muster.

Zusammen mit dem alten Tempel bei Thermon ist dieser Bau daher von größter Bedeutung für die griechische Baugeschichte. Zerstört wurde er bei einer Flutkatastrophe um 670 v. Chr., doch bald ersetzte man ihn durch einen ähnlichen Bau, 6 × 18 Säulen und zusätzliche Säulenreihe in der östlichen Vorhalle; innen anstelle der Säulen Pfeiler (= *Hekatompedos* II: ein weiterer Fortschritt in der Entwicklung des griechischen Tempeltyps).

Schräg südlich von ihm eine etwa 70 m lange Holzhalle mit Holzpfeilern: Die älteste echte Stoa (ein später allgemein verbreiteter Bautyp). Um die Mitte des 6. Jh.s v. Chr. wurden Stoa und Tempel niedergerissen und durch Neubauten ersetzt, wobei man den heiligen Bezirk gleichzeitig erweiterte. Nun schufen die samischen Künstler Rhoikos und Theodoros einen Riesentempel, den ersten Prototyp der ausgereiften ionischen Ordnung. Er besaß ringsum eine doppelte Säulenreihe, zwei parallele Säulenreihen zogen sich durch den tiefen östlichen Vorbau sowie durch die gesamte Cella-Länge. 36 × 16 m maß der große Altar an der Ostseite, der das ›Keuschlammstrauch‹-Heiligtum umschloß. Auch eine neue Stoa entstand jetzt nördlich vom Tempel. Nach 25 Jahren brannte dieser Tempel nieder. Polykrates ließ ihn durch einen noch größeren (Stylobat: 112 × 55 m) ersetzen, wobei einige Säulenbasen und andere

1 Polykrates' Hera-Tempel
2 Nord-Stoa (Standort)
3 Häuser
4 Tempel A
5 Aphrodite-Tempel
6 Hermes-Tempel
7 Apoll und Artemis-Tempel (Standort)
8 Basis der Weihgeschenk-Gruppe des Geneleos
9 Heilige Straße
10 Rhoikos' Altar über ›Keuschlammstrauch‹-Schrein
11 Römischer Tempel über Resten des *Hekatompedos* II
12 Römischer Tempel
13 Bäder
14 Monopteros-Altar / Tempel
15 Standort des Ciceronen-Monuments
16 Schiffsbasis
17 Hermes- und Aphrodite-Tempel
18 Süd-Stoa (Standort)

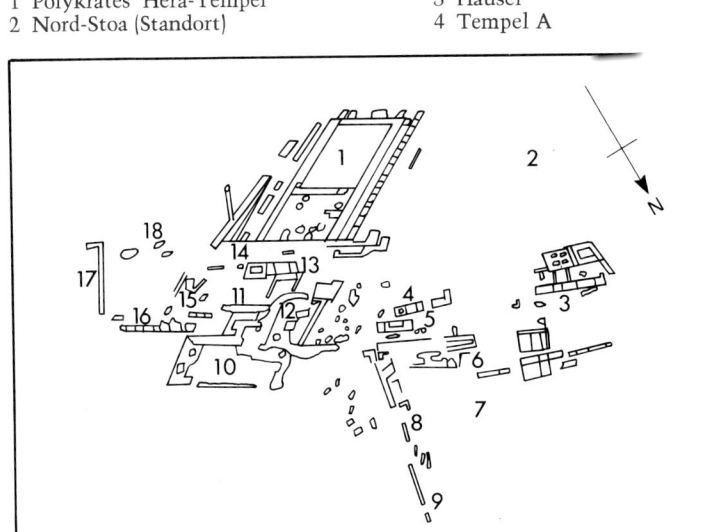

Fragmente des Vorläufer-Baus verwendet wurden; allerdings verlagerte man den Neubau etwa 20 m weiter nach Westen. Am Westende gab es 3 Querreihen von je 9 Säulen, 24 Säulen (über 20 m hoch) liefen in Doppelreihe die Längsseiten entlang. Dieser Tempel-Gigant wurde nie ganz fertig. Die Römer fügten an der Ostfront Stufen hinzu und bauten zwischen ihnen und dem Altar einen zweiten Tempel. Auch andere Tempel von archaischer bis römischer Zeit finden sich in der Nähe, dazu zahlreiche Statuen (so für Cicero und seinen Bruder Quintus). Anscheinend war auch das Schiff des kühnen Forschers Kolaios hier dargestellt.

Samothraki/**Samothrake**

Samothrake, eine rauhe, doch reizvolle Insel hoch im Norden der Ägäis, teilte mit dem Festland vorgriechischen, thrakischen Kultur- und Spracheinfluß, nachdem griechische Kolonisten sich hier spät im 8. Jh. v. Chr. niedergelassen hatten. Besonders eng waren die Beziehungen zu Troja, dessen Gründer Dardanos auf einem Floß aus Samothrake gekommen sein soll, und dessen Bruder Aetion infolge einer Offenbarung des Zeus auf der Insel Mysterien begründete. Wichtig in der samothrakischen Religion: der Kult der phrygischen Muttergottheit Kybele, eine örtliche chthonische Muttergottheit Axieros (mit Demeter gleichgesetzt), ein Fruchtbarkeitsgott Kadmillos, die Kabiren Dardanos und Aetion (die später mit den Dioskuren verschmolzen) sowie Axiokersos und Axiokersa (parallel zu Hades und Persephone in den eleusinischen Mysterien); Hekate, die Göttin der Unterwelt; Aphrodite Kerynthia und eine mystische Ehe des phönikischen Kadmos mit Harmonia. Seit dem 6. Jh. zog dieser

Kult von weither Pilger an, darunter Herodot, Lysandros, der König von Sparta, Philipp von Makedonien und seine Gattin Olympias, die Eltern Alexanders d. Gr. Die Seestadt, geschützt von einem Höhenzug, gedieh in archaischer Zeit und sandte auch Schiffe zum Kampf gegen die Perser bei Salamis. Das Heiligtum der großen Götter aber in einer Senke westlich der Stadt, hatte ganz besondere Bedeutung. Von ihm sind massive Ruinen erhalten (seit 1863 von französischen, österreichischen, schwedischen und amerikanischen Ausgräbern untersucht). Der ältere Teil des Heiligtums ist ein noch vorgriechischer Felsaltar aus der Zeit um 1000 v. Chr., einbezogen in eine kleine archaisch-griechische Doppel-Einfassung (spätes 7. Jh. v. Chr.). Daneben liegt die große Rotunde

der Königin Arsinoe, der größte Rundbau des alten Griechenlands (Durchmesser ca. 20 m). Um 258 v. Chr. von der Gattin des Königs Lysimachos von Thrakien gebaut, wurde ihre Mauer (Marmor aus Thasos) auf einer vorspringenden Balustrade von einer kreisrunden Säulenreihe gekrönt, sie trug dorisches Gebälk, während sich innen an die Mauer korinthische Halbsäulen lehnten (darüber ein ionischer Fries). In Anwesenheit von Gesandten aller griechischen Städte wurden hier Opfer dargebracht. Ein rechteckiges ›Herrenhaus‹ (Anaktoron) nach Westen war vom 6. Jh. v. Chr. zum bis Ende der heidnischen Kulte in Gebrauch. Es umschloß im Zentrum eine hölzerne Plattform und diente der Einweihung in die Anfänge der Mysterien. In der anschließen-

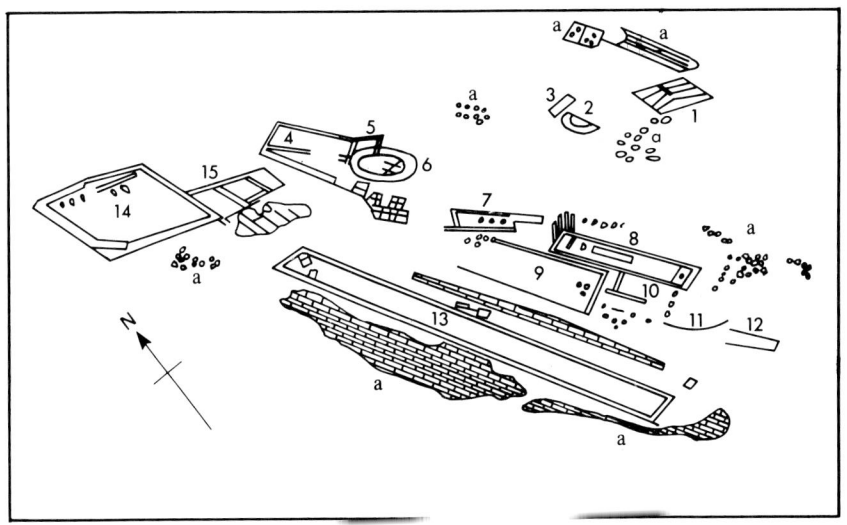

1 Propylon des Ptolemaios II.	3 Dorisches Bauwerk,
2 Rundbau am Bach	gestiftet von Philipp
	III. und Alexander IV.

4 Anaktoron
5 Sakristei
6 Arsinoeion
7 Temenos
8 Hieron
9 Halle der Weihgeschenke
10 Altarhof
11 Stätte des Theaters
12 Nische der Nike
13 Stoa
14 Byzantinische Festung
15 Bauwerk zur Weihung der Milesier
a Nicht zusammengehörende Fragmente

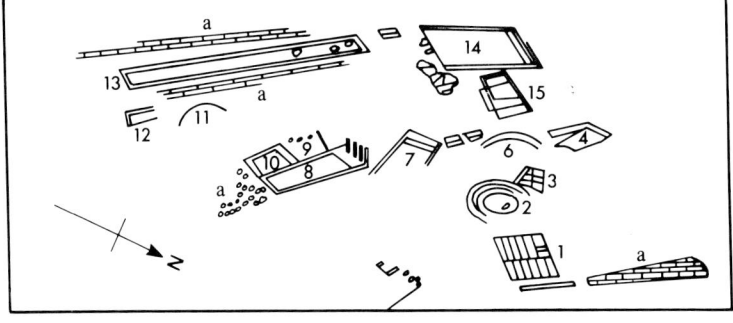

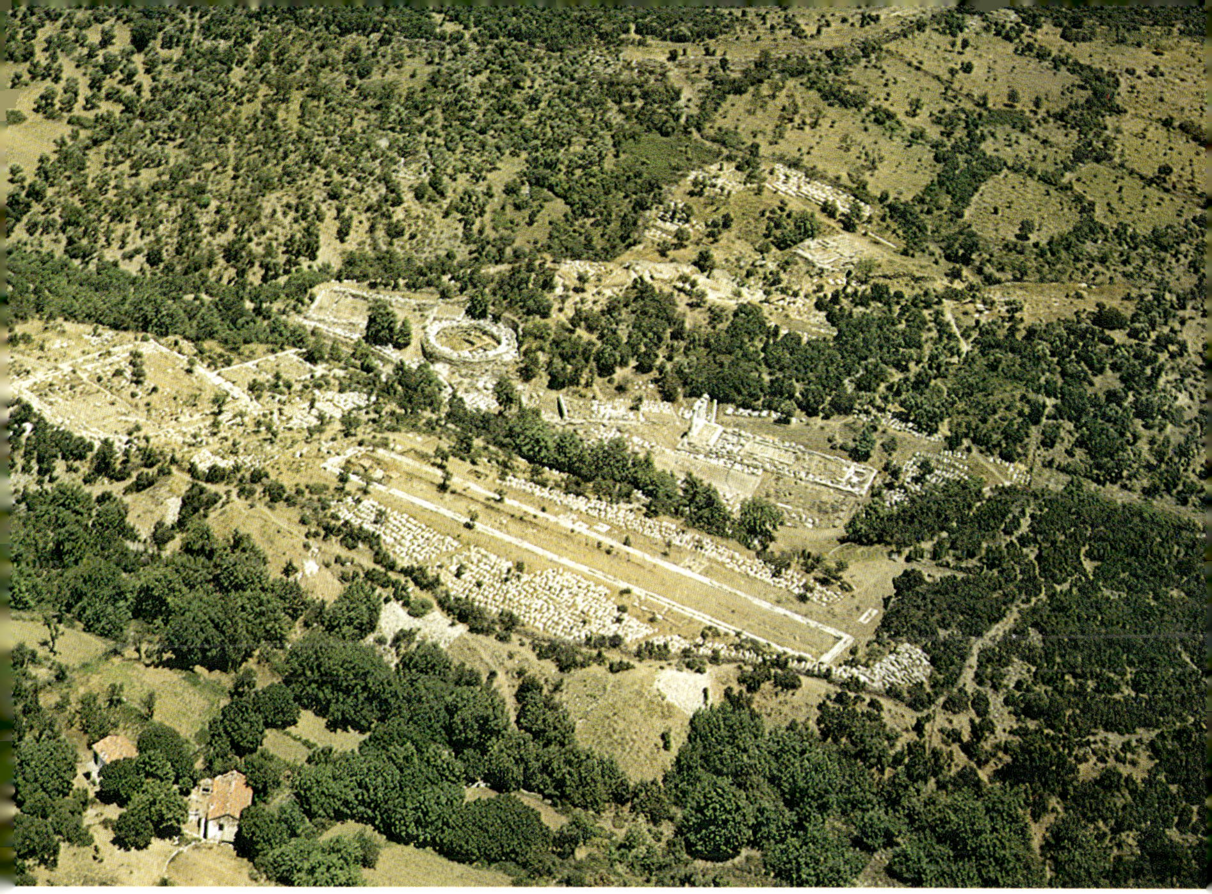

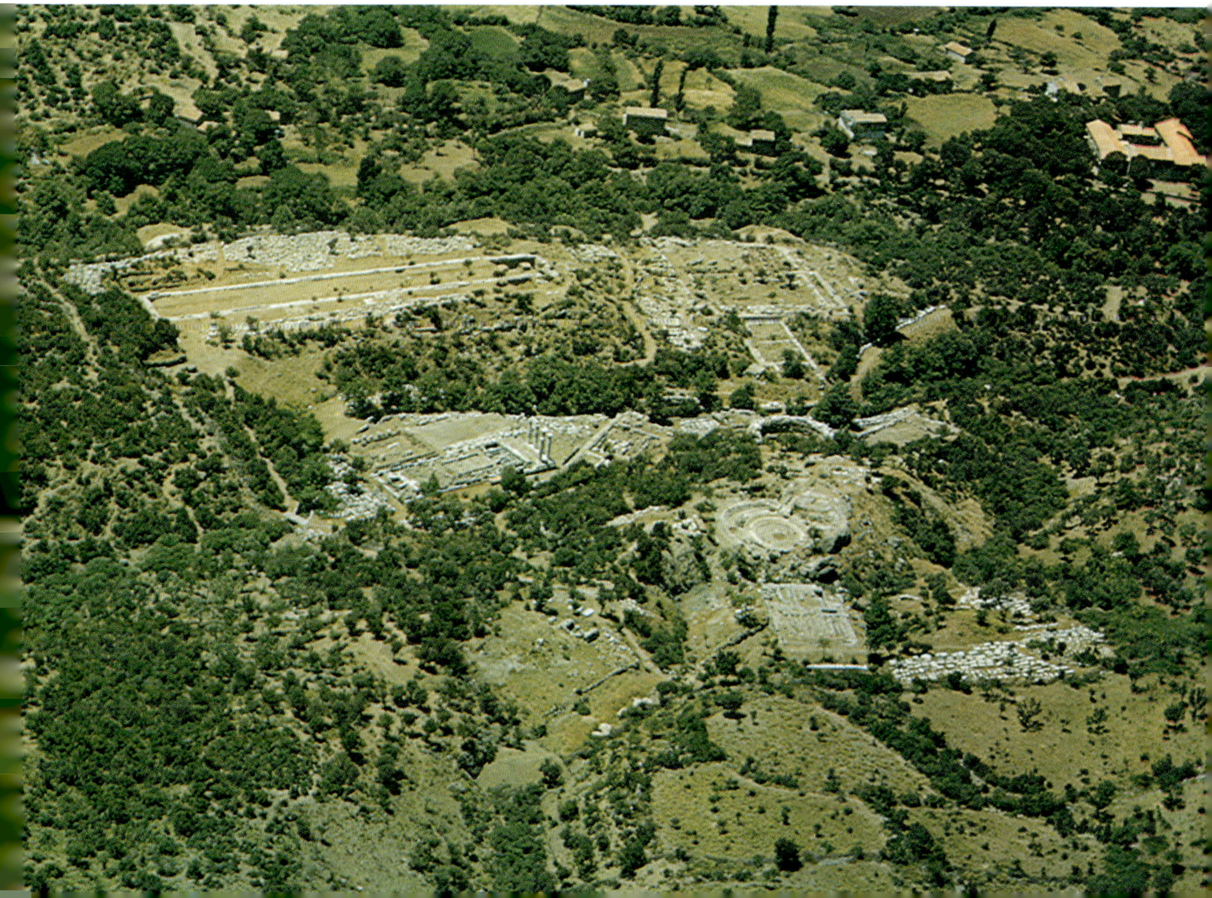

den ›Sakristei‹ kleidete man wohl Gläubige und nahm sie in den Kult auf. Die tiefere Einweihung, z. B. Teilnahme an symbolischen Riten nach Buße und Reinigung, fand im Hieron (Heiligtum) statt, einem langen dorischen Bau mit breiter, tiefer Vorhalle an der Nordseite und zwei Reihen Säulen quer, einer Apsis an der Rückwand und einer Doppelreihe von Marmorbänken für Zuschauer. Außerhalb nach Norden lag ein rechteckiger Tenemos mit einem ionischen Propylon an der Nordostecke, an seiner Westseite eine Halle für Votivgaben sowie ein unüberdachter Marmorhof mit Altar.

Dahinter lag, heute kaum wahrnehmbar, das Theater, etwas höher die lange Stoa. Südlich vom Theater in einer aus dem Felsen geschnittenen Nische ein Quellenhaus, hier stand die berühmte Statue der Nike, auf einer Basis über dem Schöpfbecken. Sie befindet sich heute im Louvre.

Auf einer Anhöhe östlich des Bachbettes lag das Propylon dieses heiligen Bezirkes. Die Säulen der äußeren Vorhalle waren ionisch, die dem Heiligtum zugekehrten korinthisch. Ein Rundbau westlich des Bachbettes mit Stufen war für Zuschauer bestimmt.

Sfaktiria/**Sphakteria**

Nahe der Südwestspitze der Peloponnes schützt die langgestreckte Insel Sphakteria die Navarino-Bucht; sie schließt diese fast vollständig ab, läßt aber im Süden eine Einfahrt.

Dieser natürliche Wellenbrecher ist fast 5 km lang und liegt in Nordsüdrichtung. Am 20. Oktober 1827 wurde in der Bucht hinter Sphakteria die 82 Kriegsschiffe zählende türkische

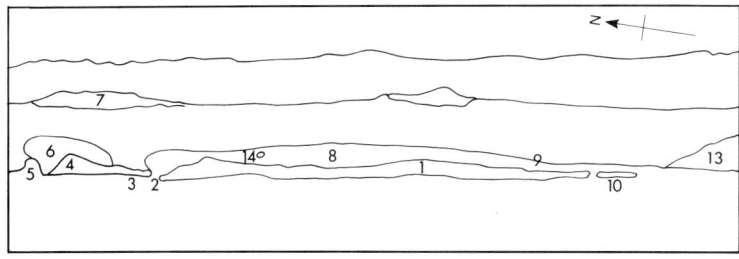

1 Insel Sphakteria
2 Sykia-Passage
3 Koryphasion-Hügel
4 Das Pylos der klassischen Zeit
5 Bouphras/ Voidokilia-Bucht
6 Lagune
7 Aigaleon-Massiv
8 Bucht von Navarino
9 Heutiges Pylos
10 Inselchen Pylos
11 Neleus/Nestor-Höhle
12 Mykenische Tholos
13 Monte San Nicolo (Ajios Nikolaos/ Hagios Nikolaos)
14 Inselchen Chelonaki

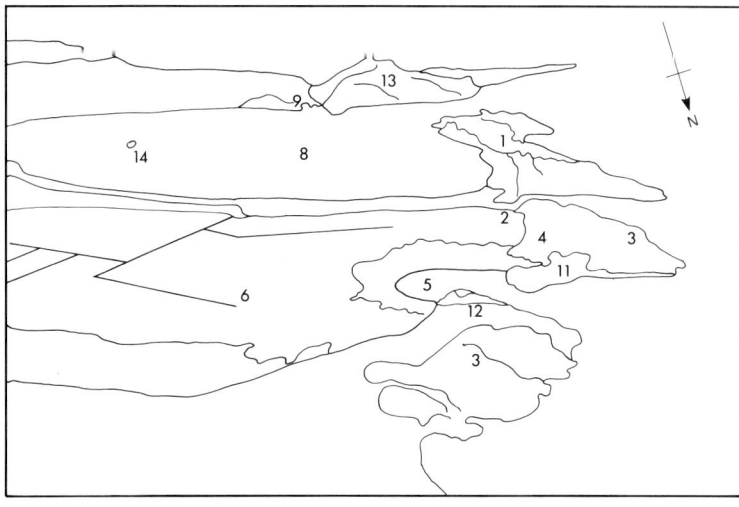

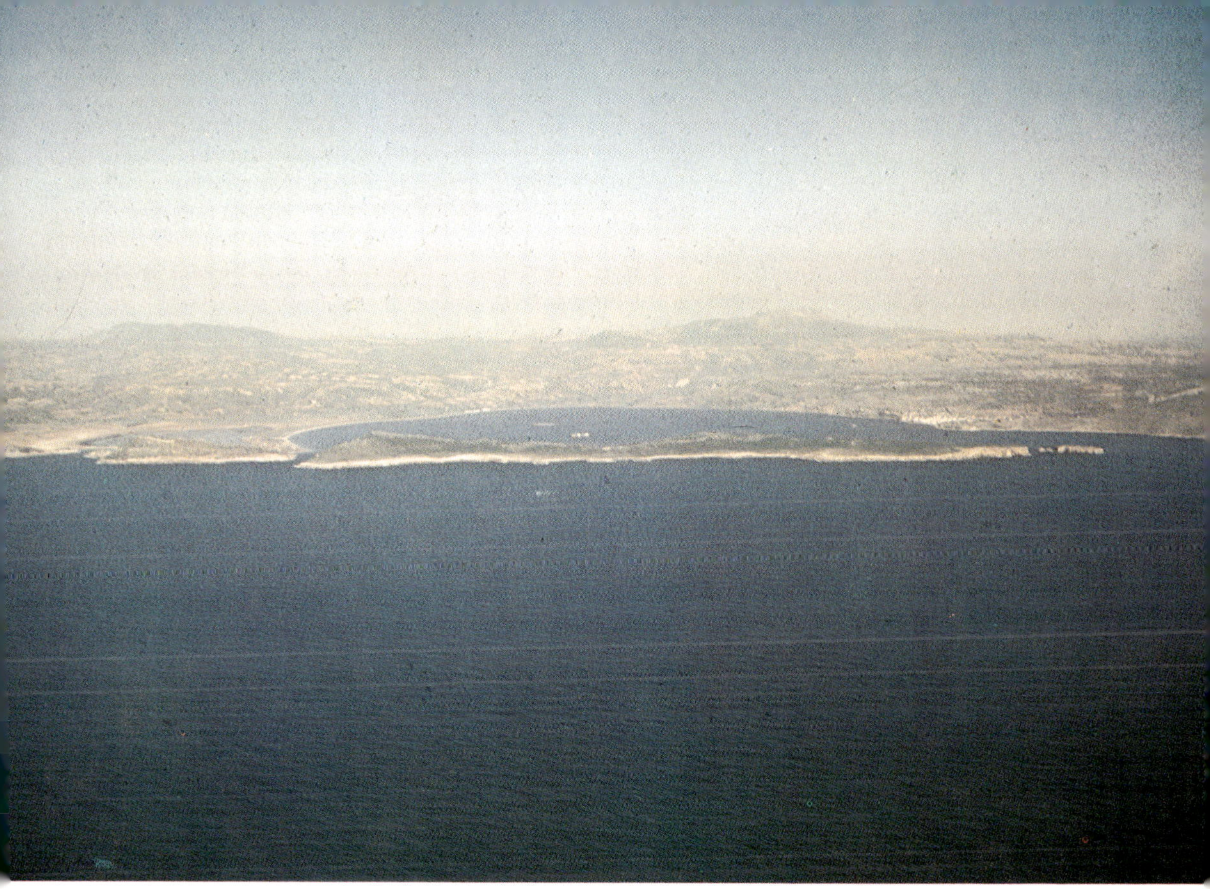

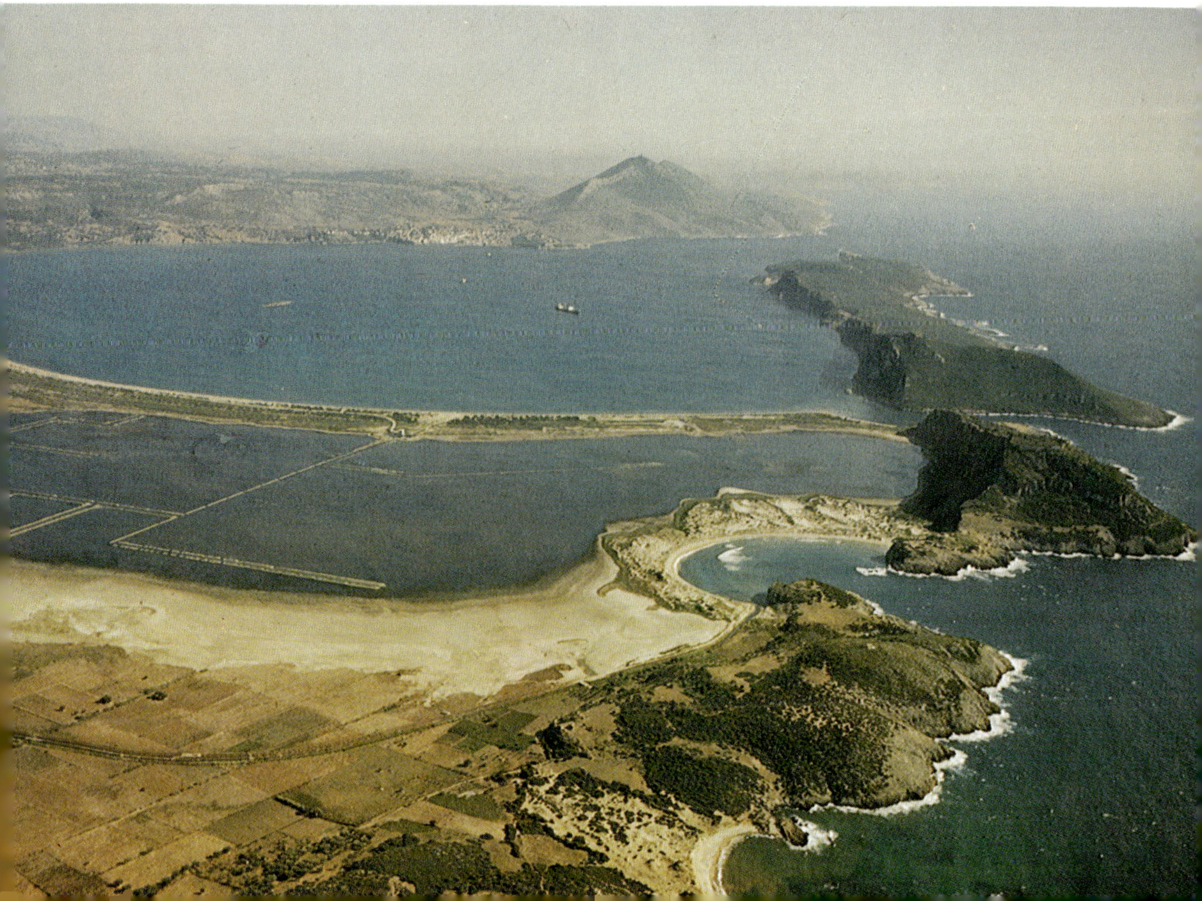

Flotte von sehr viel geringeren französischen und russischen Seestreitkräften aufgerieben. Sphakteria ist aber auch wegen einer anderen Schlacht berühmt, die Thukydides ausführlich beschrieb. Und zwar hielt sich hier in einer Frühphase des Peloponnesischen Krieges im Sommer 425 v. Chr. eine Schar Spartaner 72 Tage lang gegen die Athener, die die Festung blockierten, bis sich schließlich die 292 Überlebenden ergaben und den Mythos zerstörten, die Spartaner zögen stets den Tod der Schande vor. Ihr Lager befand sich auf dem Insel-Nordgipfel zwischen den Resten eines älteren steinernen Walles kyklopischen Stils. Auf dem Berg unmittelbar nördlich der Sykia-Passage befand sich eine kleine Festung: das Pylos der klassischen Zeit (lange in athenischer Hand). Einige seiner Mauern wurden in das mittelalterliche Kastell von 1278 einbezogen, das später Venezianer und Türken besetzten. Am Südostfuß des Hügels kann man noch etwas von dem Wellenbrecher aus klassischer Zeit sehen, und auf einem nahen Friedhof fand man hellenistische Gräber. Die flache Lagune im Osten existierte in der Antike noch nicht. Der Name des Berges, Koryphasion, deutet auf einen hohen Gipfel hin. Es gibt Beweise für neolithische und mykenische Siedlungen auf diesem Hügel, sowie auf seinem Gegenstück jenseits der schönen, halbmondförmigen Bucht Bouphras/Voidokilia; und auf dem Nordhügel-Gipfel wurde ein mykenisches Kuppelgrab entdeckt. Dies könnte das Grab des Nestor-Sohnes Thrasymedes sein, das sich nach der Überlieferung dort befunden haben soll. Die kleine Bucht war wohl Hafen für das nur wenige Kilometer im Norden gelegene Pylos Nestors. Ihr Sandstrand paßt zur »sandigen Pylos«, wo nach Homer Nestor, der redselige Greis der Ilias und Odyssee, lebte. Am Südrand der kleinen Bucht liegt im Koryphasion-Nordhang unter der Zitadelle eine große Höhle, 20 m tief und etwa 13 m hoch. Sie galt als Stall der Kühe Nestors und seines Vaters Neleus'. Vermutlich handelt es sich auch um die im homerischen Hermes-Hymnos erwähnte Höhle, wo der Gott noch als Kind die Rinder des Sonnengottes versteckt haben soll, die er gestohlen hatte, um seine Fähigkeiten als Patron der Diebe und Kaufleute unter Beweis zu stellen. Zahlreiche Fragmente mykenischer Keramik aus dieser Höhle weisen darauf hin, wie sehr man sich ihrer – wohl zu kultischen Zwecken – bediente.

Das moderne Pylos mit seinem schönen türkischen Kastell aus dem 16. Jh. ist eine Stadt der Neuzeit.

Sikion/**Sikyon**

Sikyon, etwa 16 km westlich von Korinth an der südlichen Golfküste, war ursprünglich eine ionische Stadt mit dem Namen Aigialeia, wurde aber um 1100 v. Chr. von Doriern besiedelt. Nach Homer, der vom »weiträumigen Sikyon« spricht, führte Adrastos von Argos ihre Streitkräfte im Trojanischen Krieg. Ein brillanter, beliebter Anführer namens Orthagoras schüttelte Argos' Vormacht ab und begründete seine eigene Dynastie (7. Jh. v.Chr.), ihren Höhepunkt erreichte sie unter Kleisthenes, dessen Enkel später Athens Verfassung reformierte. Seit archaischer Zeit war Sikyon ein beachtliches Kunstzentrum, hier lebten Maler wie Pamphilos und Prusias, die Bildhauer Boutades und Kanachos und viele andere, auch Polyklet und Lysipp. Nach Plinius wurden hier alle jungen Leute im Zeichnen unterrichtet, und nach Cicero gab Sikyon seinerzeit noch immer in Rom den Ton in der Schuh- und Kleidermode an. Kleisthenes war die Zentralgestalt der Befreiung Delphis Anfang des 6. Jh.s v. Chr., und er reorganisierte die Pythischen Spiele. Später stand Sikyon meist auf Seiten Spartas und kämpfte gegen Persien und Athen. Für eine Weile stand es im 4. Jh. v. Chr. unter thebanischer Vorherrschaft, dann zerstörte es 303 der Makedone Demetrios Poliorketes, baute es jedoch bald auf einem nach dem Helisson-Fluß steil abfallenden Hochplateau, etwa 3 km landeinwärts, wieder auf. Diese neue Stadt, 23 n. Chr. von einem Erdbeben zerstört, wurde teilweise von Amerikanern (1886–1890) sowie 1932–1954 von Orlandos ausgegraben. Ihre

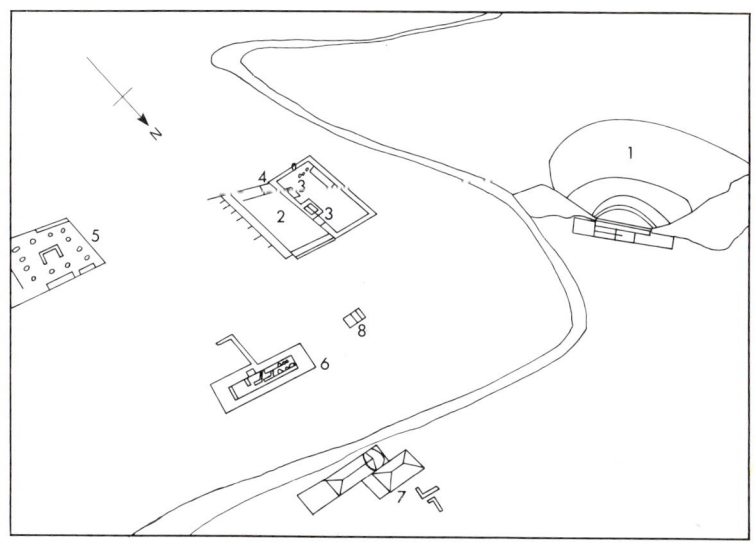

1 Theater
2 Gymnasion
3 Quellen
4 Nymphaion
5 Bouleuterion (Rathaus)
6 Tempel
7 Römische Bäder / Museum
8 Stufen zu einem
  verschütteten Bauwerk

augenfälligste Ruine ist das große Theater aus dem frühen 3. Jh. v. Chr. Es schneidet in einen Hügelhang ein und besitzt ungewöhnliche Seiteneingänge sowie die größte Zahl radialer Stufengänge eines griechischen Theaters (16). Es gab einen sehr kunstvollen Bühnenbau und davor einen kleinen Dionysos-Tempel, den Leake 1820 noch sah, der aber inzwischen verschwunden ist. In diesem Theater planten 168 v. Chr. die Vertreter des achäischen Bundes ihre politische Strategie. In einer kleinen Schlucht westlich des Theaters läßt sich noch ein Stadion (teilweise mit Polygonal-Mauerwerk) nachweisen. Das Gymnasion schreibt man Kleinias (Beginn des 3. Jh.s v. Chr.) zu, doch wurde es zur Römerzeit repariert. Jede Terrasse ist dreiseitig von Säulengängen umgeben – die obere von dorischen, die untere von ionischen. Stufen führten von der Mitte der unteren zur oberen Terrasse hinauf. Im Osten liegt

ein schmaler Tempel aus hellenistischer Zeit, doch nach archaischem Plan. Es ist vielleicht der von Pausanias erwähnte Apollo-Tempel des Proitos, neben dem es eine Kolossal-Statue Atalos' I. von Pergamon gab, mit einer Höhe von mehr als 5 m.

Unentdeckt sind der Tempel der Tyche Akraia, der der Peitho, ein Asklepieion, ein Heroon des Aratos, schließlich ein Herakles-Heiligtum mit einer sehr alten Holzstatue (Xoanon), die Pausanias ebenfalls noch sah. Östlich des Gymnasions lag ein quadratisches Bouleuterion (Rathaus). Es besaß vier Reihen von je vier ionischen Säulen, in der Mitte war es offen, außerdem hatte es eine Rednertribüne und zum Markt hin eine Vorhalle. Östlich davon liegen die Fundamente einer großen Stoa. Das Schatzhaus von Sikyon in Delphi und das in Olympia waren Denkmäler des Stolzes und der Leistung dieser Stadt.

Sounion/Kap Sunion

An Attikas Südostspitze fällt Kap Sunion fast unvermittelt 60 m tief in die blaue Ägäis ab. Homer bezeichnet Sunion als das »heilige Vorgebirge Athens«, und seit früher Zeit befand sich hier ein Heiligtum des Zeus und des Poseidon, um das Meer zu besänftigen und gefährliche Böen abzuwehren. Kolossal-Statuen junger Männer (Kouroi) standen im Freien, und daneben gab es einen Altar. Auch Athena wurde hier seit alters verehrt, und man fand zahlreiche Gegenstände ägyptischen Ursprungs, die Athens lebhaften Außenhandel unter Beweis stellen. Die Stadt lag am Westhafen mit Docks für zwei Schiffe, man hatte dafür im späten 4. Jh. v. Chr. eigene Liegeplätze in den Felsen geschnitten, die noch heute sichtbar sind. Befestigungmauern, alle 20 m durch Türme verstärkt, schützten Hafen und Höhen. Sie wurden teils aus Poros, teils aus Marmor erbaut (ein Zeichen von Hast), und zwar nach Thukydides 413/412 v. Chr., um Stadt und Heiligtum zu schützen. Häuser in der Umfriedung stammen aus dem 6. Jh. v. Chr. bis in römische Zeit. Alle vier Jahre feierte man in der klassischen Zeit bei Sunion zu Ehren Poseidons ein Schiffsfestival und lieferte sich Schein-Seegefechte. Auf

einem etwa 500 m vom Kap landeinwärts gelegenen Gipfel stand der Athena-Tempel. Der archaische Schrein des 6. Jh.s war in ionischem Stil aus Kalkstein und Luftziegeln errichtet, hatte jedoch die Form eines alten mykenischen Megarons. Er wurde 480 v. Chr. von den Persern zerstört. Perikles ließ ihn 450 v. Chr. in Marmor wieder herstellen, bewahrte aber den alten Plan und bezog die Ruinen teilweise in den Neubau ein. Vitruvius erwähnt ihn als Beispiel einer Abweichung vom üblichen Tempelmuster. Die vorhandenen Reste zeigen eine massive Cella-Wand ohne Frontalsäulen, ein komplettes Rechteck, außer einer Türöffnung an der Ostseite. Innen gab es vier Säulen und an der Rückwand eine erhöhte Basis für die Kultstatue. Ionische Säulen umragten die Ost- und Südseite hinter der Nordost- und Südwestecke der Cella. Daneben befand sich nach Nordosten hin ein kleinerer archaischer Schrein mit Wällen aus Luftziegeln, einer Kultstatuenbasis im Innern, zwei freistehenden Säulen und gegenüber der Frontseite einem Altar. Beachtenswerter ist der berühmte Poseidon-Tempel an der Klippenkante. Um 444–440 v. Chr., wohl vom selben Architekten erbaut,

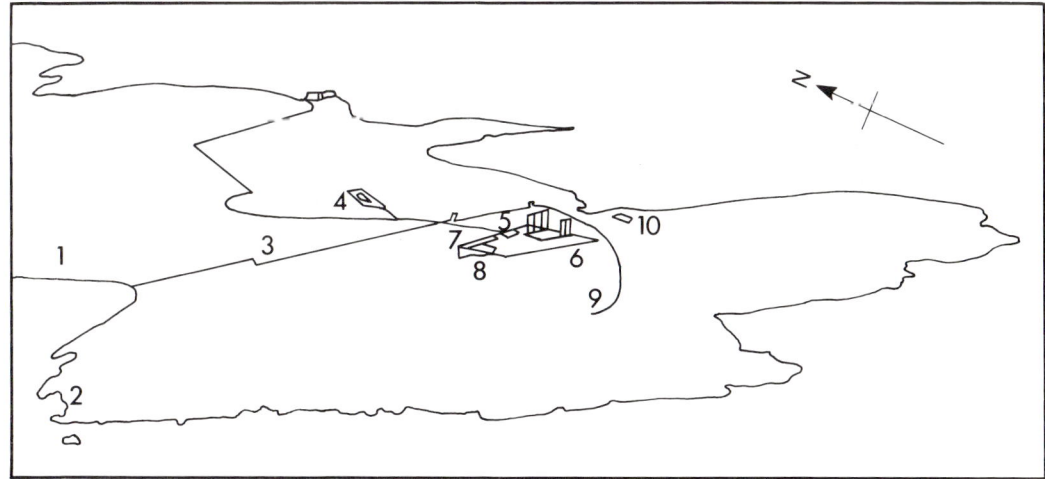

1 Lage der alten Stadt
2 Antike Schiffsliegestätten
3 Verteidigungsmauer des Heiligtums
4 Lage des Tempels der Athena
5 Propylon

6 Tempel des Poseidon
7 Nord-Stoa
8 West-Stoa
9 Stätte des Altars
10 Modernes Touristenhaus

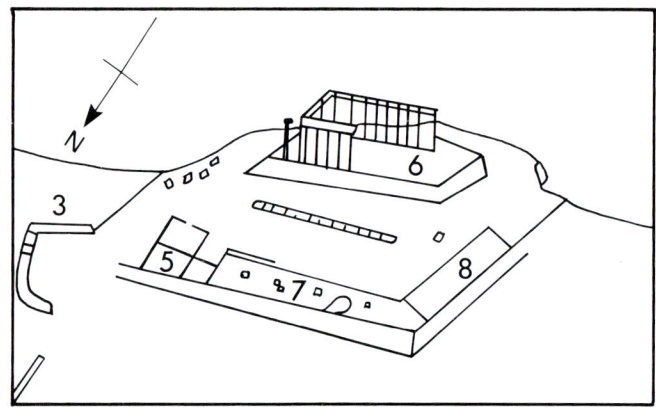

1 (s. Seite 199)
2 (s. Seite 199)
3 Verteidigungsmauer des
  Heiligtums
4 (s. Seite 199)
5 Propylon
6 Tempel des Poseidon
7 Nord-Stoa
8 West-Stoa

der später das Hephaisteion und den Ares-Tempel in Athen sowie den Nemesis-Tempel von Rhamnus errichtete, ersetzte er einen älteren Bau, der noch unfertig war, als die Perser ihn 480 niederbrannten. Für einen dorischen Tempel sind seine Säulen ungewöhnlich schlank, und sie bestehen aus strahlendem, weißem Marmor – eine Landmarke, die Schiffern den Weg nach Athen weist. Ungewöhnlich ist ein ionischer Raum am östlichen Ende, gebildet durch einen ionischen Fries, der rings um die oberen Wände innerhalb des Ostvorraumes läuft. Es gab Giebelskulpturen und pflanzliche Akroterien. Ein Popylon gewährte Zugang zur Nordostecke der Terassenplattform, Stoai flankierten die Nord- und Westkanten.

Sparti/**Sparta**

Ebenso gefürchtet wie bewundert, besaß Sparta ein Gesellschafts- und Regierungssystem, das es zur bedeutendsten Militärmacht Griechenlands machte, gleichzeitig aber alles Menschliche und jede Kultur unterdrückte. Sparta wurde eine Kriegsmaschinerie, abgeschnitten von allem wirtschaftlichen und kulturellen Fortschritt. Lediglich die Spartiaten, eine zugewanderte aristokratische Oberschicht, besaßen volles Bürgerrecht und konnten sich Muße leisten (unterstützt von helothischen Sklaven, die ihre Güter bearbeiteten), aber auch sie verbrachten ihr Leben im Dienste der Armee oder des Staates. Handwerk und Handelstätigkeit überließ man ›Anwohnern‹ (Perioken). Zwei Könige hatten den Oberbefehl über das Heer, und die politische Macht lag in der Hand von fünf jährlich gewählten Ephoren, und einem Senat (Gerusie) von 30 Ältesten, denen die Volksversammlung (Apella) aller erwachsenen Spartiaten über 30 zur Seite stand. Sparta eroberte im 8. Jh. v. Chr. das reiche Messenien und unterwarf die mittlere Peloponnes. In beständigem Krieg mit Tegea, Argos, Korinth, Athen und Theben, half es dennoch, bei Xerxes' Invasion 480 v. Chr. Widerstand zu leisten, vernichtete aber später Athens Vorrangstellung im Peloponnesischen Krieg, wurde indessen seinerseits 371 v. Chr. bei Leuktra von Theben geschlagen und in der Folge vom arkadischen und achäischen Bund sowie von Makedonien in ohnmächtiger Isolation gehalten. Unter den Römern erhielt Sparta wieder Auftrieb, doch Alarich plünderte es 396 n. Chr. Später gab man Sparta zu Gunsten von Mistra auf. Das heutige Sparta wurde erst 1834 gegründet. Homers Sparta lag in den Hügeln östlich des Eurotas-Flußes vermutlich dort, wo das Heiligtum des Menelaos und der Helena gefunden wurde. Das klassische Sparta/Lakedaimon war eine dorische Gründung des 10. Jh. v. Chr. Die byzantinische Stadt beschränkte sich auf das Gebiet der antiken Akropolis. Sparta hatte kein Interesse an öffentlichen Prachtbauten, und das wenige, das erhalten ist, stammt überwiegend aus archaischer und römischer Zeit. Britische Ausgrabungen (1906–1910, 1925–1929) erbrachten kärgliche Fragmente sowie einen Teil des ca. 10 km langen Ringes späterer Befestigungswälle (3.–8. Jh. n. Chr.), außerdem legte G. Soteriou oberhalb vom Theater einige byzantinische Kirchen frei. Die Akropolis liegt auf dem höchsten der sechs Hügel Spartas. Pausanias sah auf ihr Tempel des Zeus, der Aphrodite, der Athena Ergane, der Musen und der Athena Chalkioikos, (›vom Bronzehaus‹, weil das Innere mit reliefierten Metallplatten getäfelt war, Arbeit des Gitiadas, 6. Jh.). Nur wenige Tempelfragmente über der Theater-Stützmauer, östlich mittelalterliche Ruinen, u. a. ein Kloster mit einem Pilgergrab des heiligen Nikon und dessen byzantinischer Basilika (10. oder 11. Jh.). Das große Theater scheint aus dem 2. oder 1. Jh. v. Chr. zu stammen (in römischer Zeit erneuert). Die Mauer östlich der Bühne trägt eine inschriftliche Liste von Beamten des 2. Jh.s n. Chr. Am Südrand der Akropolis lag eine römische Stoa. Die Agora ist noch nicht ausgegraben. Ein kleiner hellenistischer Tempel im Südwesten wurde fälschlich ›Grab des Leonidas‹ genannt, dieses lag jedoch beim Theater; nordöstlich am Eurotas liegen ein Altar und ein Heroon, südlich bei Limenaion das Heiligtum der Artemis Orthia, dessen archaischer Tempel eine Kultstätte aus dem 10. Jh. v. Chr. überdeckt (Altar 9. Jh. v. Chr.). Die Römer bauten eine runde Theater-Cavea für Teilnehmer an den Tempelriten, zu denen einst Geißelhiebe als Mutprobe für die Jünglinge Spartas gehörten.

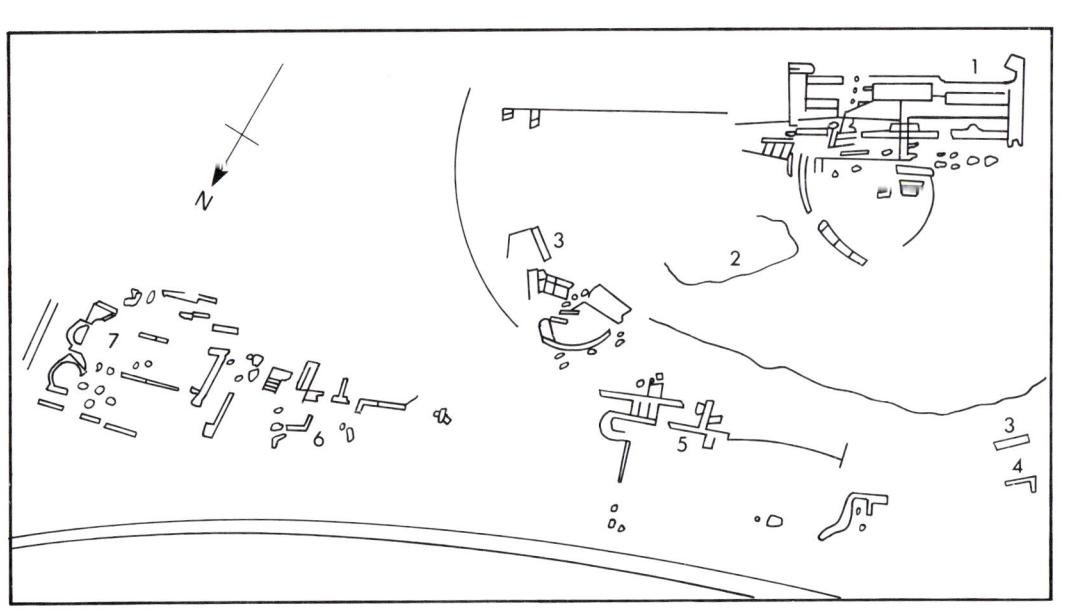

1 Bühnenbauten des Theaters
2 Theater-Cavea
3 Stützwand des Theaters (Fragmente)
4 Lage des Tempels der Athena Chalkioikos
5 Fundamente aus dem Mittelalter
6 Kloster und Grab des heiligen Nikon
7 Basilika des heiligen Nikon
8 Tempel der Artemis Ortia
9 Altar
10 Fragmente der Temenos-Mauer
11 Römischer Theaterbau

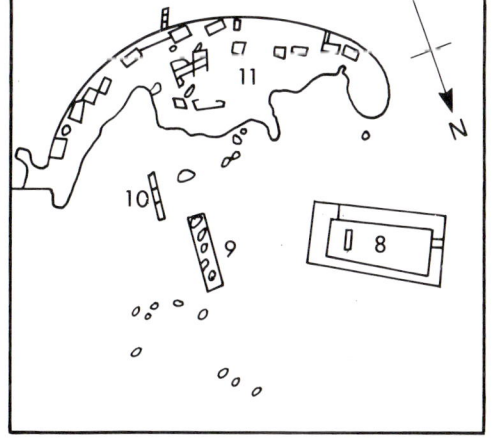

Stratos/**Stratos**

Heute kaum bekannt, war Stratos in klassischer und hellenistischer Zeit die größte, festeste Stadt Arkadiens und lange dessen Hauptstadt. Schon eine prähistorische Siedlung gab es auf dem niedrigen, steilen Hügel mit vier parallelen Kämmen am rechten Ufer des Acheloos-Flusses, mit dessen Personifikation Herakles einst um Deinaeira kämpfte. Um die Mitte des 5. Jh. v. Chr. war Stratos bedeutendes Handels- und Militärzentrum. Auf Seiten Athens wehrte es im Peloponnesischen Krieg Angriffe von Sparta und Ambrakia ab (429 v. Chr.) und verteidigte sich auch gegen spätere Bedrohungen. 314 v. Chr. unterwarf es der makedonische König Kassandros. Stratos nahm an Bedeutung zu, da man die Bevölkerung aus der Umgebung hier ansiedelte und es als Puffer-Staat gegen den Aitolischen Bund benutzte. 263 v. Chr. fiel Stratos doch in die Gewalt des Aitolischen Bundes; ab 188 stand es unter römischem Schutz. Allerdings verödete es, und um die Mitte des 1. Jh. v. Chr. erlitt es schwere Schäden durch einwandernde Doloper. Französische und griechische Grabungen (1892, 1910–1911, 1923–1924 und später) haben nur Fragmente ans Licht gebracht, besonders den Tempel und einen Teil

der Wälle. Umstritten ist, ob die noch vorhandenen, außergewöhnlich ausgedehnten und weitgehend gut erhaltenen Mauerreste aus dem 5. Jh. v. Chr. stammen und zur Zurückweisung des spartanischen Angriffs im Jahre 429 v. Chr. beitrugen, oder ob sie (in Anbetracht ihres Baustils wahrscheinlicher) zu den Erweiterungsbauten des Kassandros im Jahre 314 v. Chr. gehören. Die Blöcke haben Trapezform und sind pseudisodomisch geschichtet (d. h.: sie streben horizontale Schichtung an). Das Haupttor liegt an der Südseite, die befestigte Akropolis gegenüber im Norden. Eigentümlich eine lange Quermauer (Diateichisma) in nordsüdlicher Richtung vom Haupttor bis zur Akropolis, die die Stadt in zwei fast gleiche Hälften teilte. Unmittelbar östlich vom Zentrum dieser Quermauer hat man ein Theater festgestellt (nur teilweise noch erkennbar; wahrscheinlich spätes 4. Jh.). Die Agora lag wohl auf der anderen Seite im Westen, wo Teile einer Stoa zum Vorschein kamen. Vermutlich befanden sich hier die meisten zivilen Gebäude. Eine Inschrift deutet darauf hin, daß die Stadt ein Gymnasion hatte, doch dürften künftige Grabungen weit mehr bringen. In einer spitzen Ecke der Wehr-

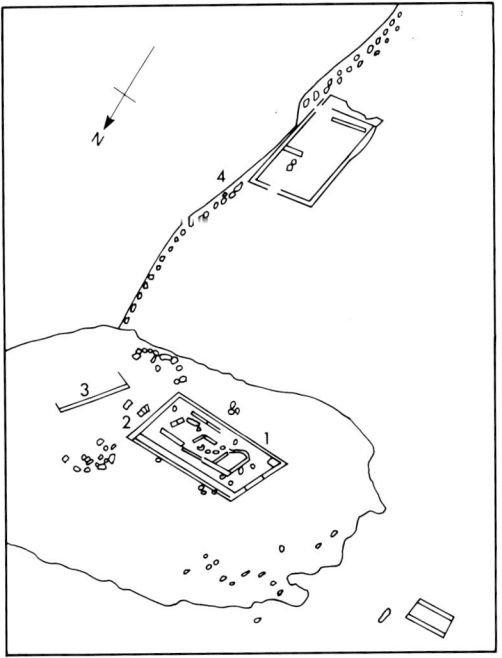

1 Zeus-Tempel
2 Späte Basen
3 Altar
4 Wehrmauer (Südwestsektor)

mauern am äußersten Westrand und in die Mauern hineingebaut, erhebt sich ein großer Zeus-Tempel. Schon von weitem muß er zu sehen gewesen sein. Die Kannelierung der Säulen wurde begonnen, allerdings niemals vollendet, und auch die Bossierungen vieler Säulentrommeln und -blöcke wurden nie entfernt. Wahrscheinlich stammt dieser Tempel aus dem späten 4. bis frühen 3. Jh. v. Chr. Die äußeren Peripteros-Säulen (11 × 6) waren dorisch, doch innerhalb der 30 m langen Cella befanden sich 10 Säulen und 2 Pfeiler in ionischem Stil mit ionischem Architraven sowie einem Figurenfries.

Dieser Zentralraum war vielleicht oben offen oder allenfalls mit Holz überdacht. Eine mehr als 3 m breite Tür führte von einem Pronaos über eine erhöhte Schwelle in die Cella. Es gab auch eine rückwärtige Halle. Nach einer Inschrift verehrte man hier Zeus.

Tegea/**Tegea**

Eine der größeren Städte Alt-Arkadiens, soll Tegea durch Zusammenschluß von neun Gemeinden durch König Aleos entstanden sein. Es war Geburtsort der schnellfüßigen Atalante, der Heldin der berühmten Kalydonischen Eberjagd. Herakles zeugte hier mit der Nymphe Auge den Telephos. Tegea führte lange den arkadischen Widerstand gegen Sparta, bis es um 560 v. Chr. unterworfen wurde. Männer aus Tegea kämpften bei den Thermopylen und bei Plataiai. Nach Spartas Niedergang war Tegea Mitglied des Arkadischen und später des Achäischen Bundes. Noch im 2. Jh. n. Chr., als Pausanias es besuchte, war es eine blühende Stadt, doch im 5. Jh. zerstörte es Alarich. In byzantinischer Zeit lebte es wieder auf. Damals hieß es Nikli. Wenig sieht man heute noch von der antiken Stadt, selbst ihre Agora sowie ihr Apoll- und Dionysos-Tempel wurden wieder zuge-

schüttet. Das bedeutendste noch sichtbare Monument ist der schöne Tempel der Athena Alea (›Zuflucht‹), dessen solide Grundmauern deutlich kennbar zwischen neueren Häusern liegen. Vor seiner Nordostecke lag ein antikes Brunnenhaus, nach der Überlieferung die Quelle der Auge. Französische Ausgrabungen (1880–1010) galten besonders diesem Tempel. 395 v. Chr. wurde ein archaischer Bau niedergebrannt, das berühmteste Heiligtum Arkadiens, wo der spartanische König Pausanias wie vor ihm in mythischer Zeit Orestes Zuflucht suchte. Bei seinem Neubau, etwa 50 Jahre später, wählte man den Bildhauer Skopas als Architekten. Das neue Bauwerk war in vieler Hinsicht einfallsreich. Über den Fundamenten bestand es erstmals auf der Peloponnes vollständig aus Marmor. Obwohl im wesentlichen dorisch, besaß es doch einen ionischen Anhauch: seine äuße-

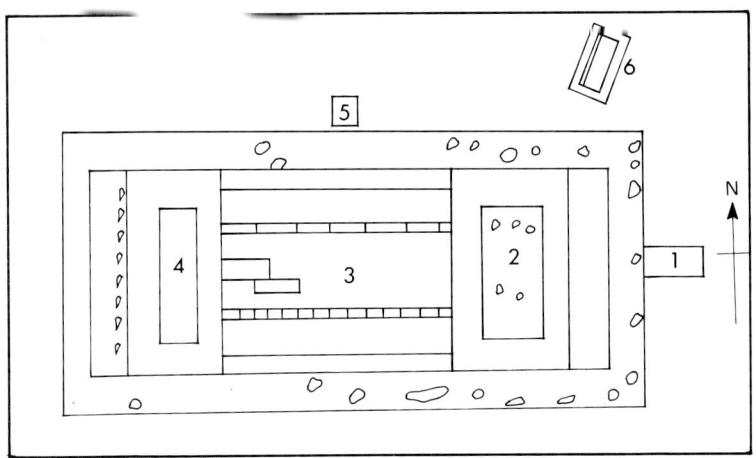

1 Ostrampe
2 Pronaos (Ostvorhalle)
3 Cella (Naos)
4 Opisthodomos (Westvorhalle)
5 Nordrampe
6 Brunnenhaus (Schacht des Auge-Brunnens)

ren Säulen (6 × 14, ein ungewöhnliches Verhältnis) waren schlanker, seine inneren Proportionen gestreckt und schlicht mit einigen ionischen Dekor-Elementen. In die innere Mauer eingebettet waren die Säulen innerhalb der Cella, so daß viel mehr Raum freiblieb. Sie hatten ionische Kanneluren und raffinierte korinthische Kapitelle. Quadratische Pfeiler paßten hervorragend in die Innenecken. In der Mitte der nördlichen Cella-Mauer lag eine Tür, außerhalb eine Rampe. Die Vorhallen im Osten und Westen hatten je zwei dorische Säulen zwischen vorspringenden Anten-Mauern. Alle horizontalen Linien waren leicht gekrümmt und die peristylen Säulen lehnten sich, je höher sie emporragten, umso mehr zurück. Vorzüglich waren die Dekorelemente, wie Fragmente an Ort und Stelle zeigen. Die östlichen Giebelskulpturen stellten die Kalydonische Eberjagd mit Atalante, Meleagros, Theseus u. a. dar. Am Westgipfel sah man den Kampf des Achill mit Telephos am Kaikos-Fluß. Innen stand eine berühmte archaische Elfenbeinstatue der Athene, das Werk eines Endoios, und Pausanias beschreibt bemerkenswerte ›Reliquien‹, die hier zur Schau gestellt wurden, u. a. die Haut des Kalydonischen Ebers und die heilige Liege der Athene. Skopas schmückte auch den Altar an der Vorderseite mit Zeus und den arkadischen Nymphen. Seine berühmten Statuen des Asklepios und der Hygieia flankierten das Kultbild im Tempelinnern.

Thasos/**Thasos**

Nordöstlichste aller griechischen Inseln vor der Küste Makedoniens und Thrakiens, war Thasos reich durch Öl, Wein, Marmor, Gold- und Silberminen sowie seine Nähe zu den Minen des Pangaios-Massivs im Norden. Es trieb Handel mit Phönikien und Ägypten. Ionier von der Insel Paros kolonisierten Thasos im späten 8. Jh. v. Chr. Archilochos, der Bahnbrecher persönlicher Erlebnisdichtung, diente hier als Söldner, und der große Maler Polygnotos war auf Thasos geboren. 491 v. Chr. eroberten die Perser die Insel. Später war sie mit Athen verbündet, oft aber auch mit Sparta. Im 4. Jh. v. Chr. gewann Philipp von Makedonien die Oberhoheit, und später war Thasos römischer Stützpunkt. Französische Grabungen (seit 1910) haben das Stadtzentrum, einige Kultstätten außerhalb und den Ring einzigartiger Marmormauern mit ihren zahlreichen, reich skulpierten Toren freigelegt. Aus der Luft fällt der Zusammenhang zwischen Hafen und Agora besonders auf. Auf der Erde verunklären ihn moderne Bauten. Man sieht unter Wasser noch Teile der antiken Hafenmole. Nördlich vom Hafen kam ein Teil des Wohnviertels zum Vorschein, und an der Spitze der Landzunge überlagern Ruinen einer frühchristlichen Kirche ein Heiligtum aus dem 6. Jh. v. Chr., dessen Inschriften vom Kult des Zeus, der Athene, der Artemis, der Persephone und der Nymphen sprechen. Das Theater schneidet in eine Hügel-

1 Nordheiligtum
2 Theater (unter Bäumen)
3 Antike Häuser
4 Poseideion
5 Dionysion
6 Artemision
7 Theoroi-Passage und Läden
8 Nordost-Stoa
9 Bürgerliches Bauwerk mit Paraskenien
10 Heiligtum des Zeus Agoraios
11 Nordwest-Stoa
12 Theogenes-Denkmal
13 Altar für Lucius und Gaius Caesar
14 Exedren
15 Südwest-Stoa
16 Großer Altar
17 Südost-Stoa
18 Glaukos-Monument
19 Schiffsbug
20 Alte Straße
21 (s. Seite 210)
22 Odeion
23 Hafen
24 Antike Mole (unter Wasser)

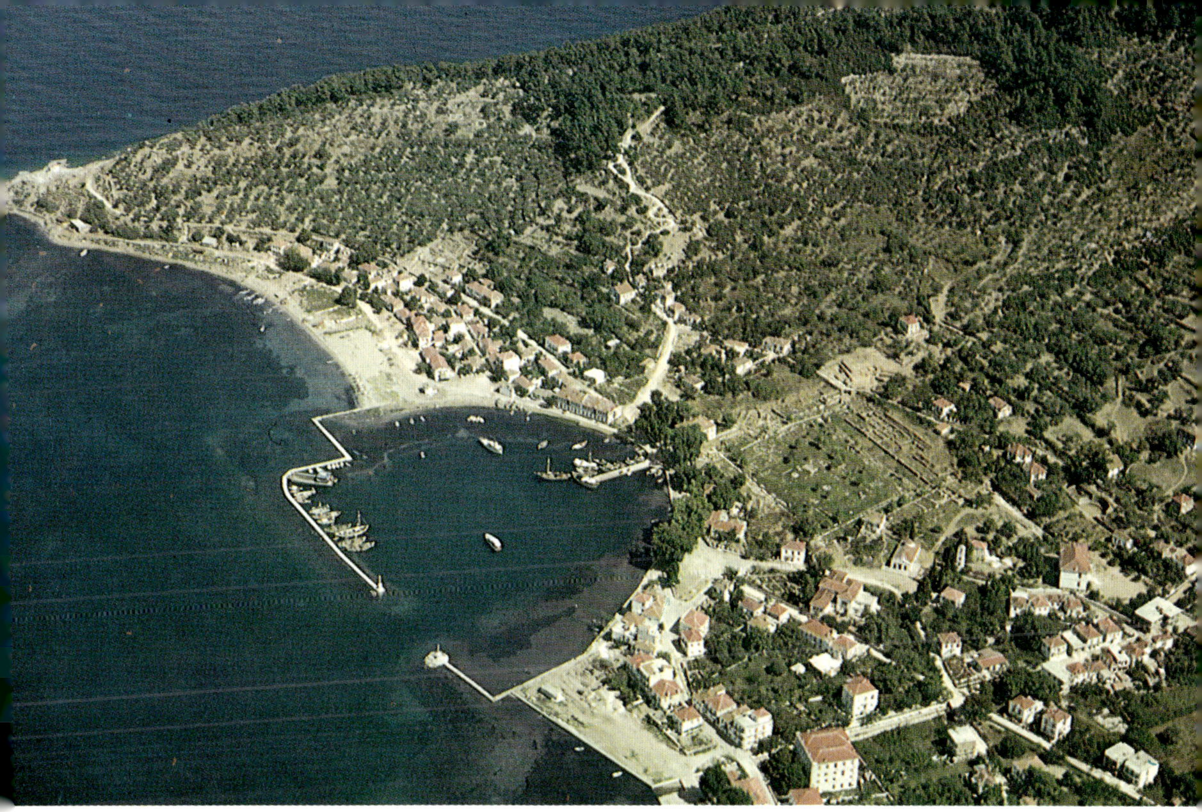

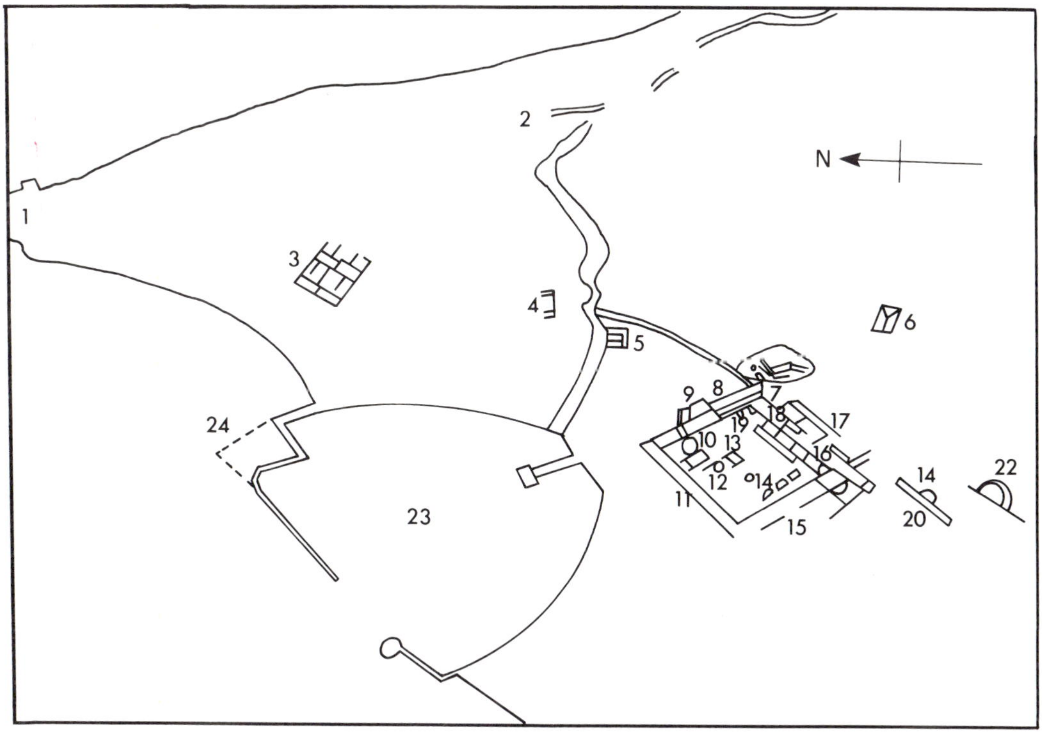
1
2
3
4
5
6
7
8
9
10
11
12
13
14
15
16
17
18
19
20
22
23
24
N

flanke ein. Hippokrates erwähnt es im 5. Jh. v. Chr., und Aristoteles verewigte seinen komischen Mimen Hegemon wegen seines Erfindungsreichtums und seiner parodistischen Fähigkeit. Ein hellenistisches Marmor-Proskenion vor der hölzernen Bühne besaß dorische Säulen und darüber skulpierte Metopen. Auf dem Hügel-Südgipfel lag ein Heiligtum des Pythischen Apoll, auf einer Terrasse in der Nähe ein Tempel der Athena Poliouchos, beide aus der Frühzeit der neu gegründeten Stadt. Tiefer unten eine in den Felsen geschnittene Pansgrotte mit einem Relief, auf dem man den Gott mitten unter seinem Flötenspiel lauschenden Ziegen erblickt. Unweit vom Hafen und der Agora befinden sich Überreste eines trapezförmigen Poseidon-Heiligtums, ein weiteres Heiligtum für Dionysos mit einem Choregen-Monument auf einer siebenstufigen Plattform, sowie ein Temenos der Artemis Polo. Die Agora liegt heute völlig frei (vgl. die 1950 entstandene Nahaufnahme). Sie hatte beiderseits eine Säulenhalle, die Nordecke schützte ein rechteckiges Poros-Bauwerk; dahinter ein Zivilbau, anscheinend ein Verwaltungszentrum, mit vorspringenden Flügeln wie Paraskenien

eines Theaters. An der Nordecke des Platzes innerhalb der Stoai ein Heiligtum des Zeus Agoraios (4. Jh.), desgleichen ein kreisrunder hellenistischer Temenos und darin ein Altar. Nach Süden liegt das Heiligtum des Theogenes, eines lokalen Heros, sein kreisrunder Stufenaltar enthält noch einen Eisenring, an dem Opfertiere angebunden wurden. Östlich davon ein römischer Altar für Augustus' präsumtive Nachfolger und Erben Gaius und Lucius Caesar. Ein monumentaler Altar füllt die Südecke der Agora, westlich eine Reihe von Exedren. An der Nordostecke liegt eine Monumentbasis mit einem Schiffsbug und in Relief gearbeiteten Wellen, östlich davon ein interessantes Denkmal für Glaukos, im 7. Jh. v. Chr. ein Freund des Archilochos. Die Passage der Theoroi (Gesandten) liegt außerhalb der Agora, hier grenzen Läden an eine größere Straße. Südlich der Agora befindet sich ein rechteckiges Bauwerk mit marmorgepflastertem Hof, östlich davon das aus Marmor bestehende Odeion aus den Tagen Hadrians. Weiter im Süden ein Triumphbogen des Caracalla, ein Denkmal für Thersilochos aus dem 4. Jh. v. Chr. sowie ein sehr kunstvolles archaisches Heiligtum des Herakles.

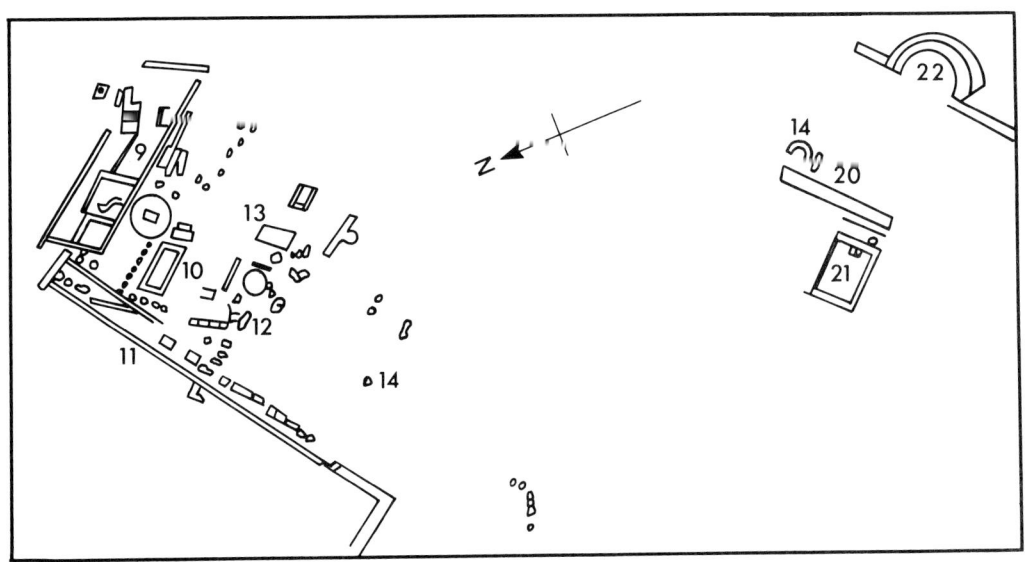

Thermon/**Thermon**

Südlich des großen Panaitolikon-Massivs, an den Hängen des Mega Lakkos, im Osten des Trichonis-Sees, war Thermon religiöses Hauptzentrum von Aitolien. Im Frühjahr und Herbst wurden hier jährlich Feste gefeiert und viele Jahre traf sich hier die Panaitolische Versammlung, um ihre Vertreter zu wählen. Das Heiligtum geht auf das Ende der mykenischen Zeit zurück, auch aus der folgenden geometrischen und archaischen Periode wurden viele Reste gefunden. Im 3. Jh. v. Chr. baute man einen Wall mit Türmen in einem Rechteck von etwa 201 × 372 m, der auch den heiligen Bezirk einschloß. Dennoch plünderte Philipp der V. von Makedonien zweimal das Heiligtum (218 und 206 v. Chr.) und soll 2000 Statuen zerstört haben. Es gab hier keine Stadt, nur einige Häuser, die an die Tempel und Stoai grenzten. Die Stätte lag lange vergessen, wurde jedoch nach ihrer Wiederentdeckung 1897–1932 in mehreren Kampagnen von Soteriades und Rhomaios ausgegraben. Die Funde sind von besonderer Bedeutung für die Entwicklung der Baukunst Griechenlands. Mehrere spätmykenische und frühgeometrische Häuser sind hier detailliert genug erhalten, um ihren Grundplan zu ver-

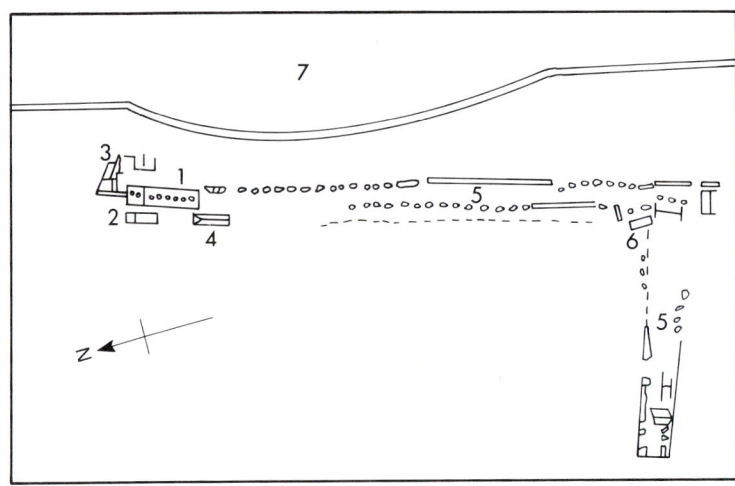

1 Tempel des Apollon
  Thermios
2 Tempel des Apollon
  Lyseios?
3 Häuser der geometrischen
  Periode, Artemis-Tempel?
4 Museum
5 Stoai
6 Quelle
7 Mega Lakkos-Massiv

deutlichen: ein ›Haarnadel‹-Muster mit langem Zentralraum, weit vorstehender Vorhalle und einer elliptischen Apsis an der Rückwand. Vermutlich hatten sie steile überstehende Reetdächer. Eines dieser Häuser, »Megaron B«, scheint im 7. Jh. v. Chr. als Tempel benutzt worden zu sein. Seine Rückwand war nur leicht gekrümmt, doch ringsum wurde in einer apsidalen Ellipse eine Reihe von 36 Steinplatten angebracht. Sie trugen Holzpfeiler, durch steinerne ›Tüllen‹ am Boden fest verankert, und bildeten so das früheste bekannte griechische Peristyl und zugleich das einzige, das gekrümmt ist. Auf den Fundamenten dieses interessanten Bauwerks errichtete man um 630 v. Chr. einen neuen Tempel aus Stein und Holz. Die 30 m lange Cella liegt über dem Megaron B in leicht veränderter Orientierung. In ihrer Mitte gab es 10 hölzerne Säulen auf kreisrunden, separaten Steinbasen, dazu zwei weitere Säulen in der tiefen Halle an der Rückseite. Eine Vorhalle gibt es nicht, dafür aber beiderseits der Zentralsäule hölzerne Türen an der Südfront. Das Dach war geriebelt. An der rechteckigen äußeren Fundamentsmauer (12 × 38 m) lag ein Peristyl von Holzsäulen (5 × 15). Der dorische Fries darüber besitzt hölzerne Triglyphen und bemalte Terrakotta-Metopen, von denen einige als Musterbeispiel des bemalten archaischen Stils erhalten sind: Chelidon und Aido, die den Tod von Itys planen, Perseus mit dem Haupt der Gorgo, Tiere, ein Jäger usw. Sie zeigen starken korinthischen Einfluß. Einen Giebel gab es nur an der Front, an der Rückseite senkte sich das Dach bis zum oberen Mauerrand hinab. Auch Dach-Antefixe aus Terrakotta blieben erhalten, auch sie mit farbiger Dekoration. Der Tempel wurde in mehreren Stufen im 6. und 5. Jh. v. Chr. neuerbaut, desgleichen nach Philipps Überfall 206 v. Chr. Sein Gott war Apollon Thermios – dies nimmt Bezug auf die heißen Quellen in der Nähe oder auf seine Funktion als wärmendes Sonnenlicht. Im Westen gab es vielleicht einen anderen, kleinen Tempel für Apollon Lyseios, nach Nordosten anscheinend u. a. einen für Artemis. Zwei lange parallele Stoai erstreckten sich nach Süden. Zwischen ihnen mag die Halle des Aitolischen Rates gelegen haben. Eine weitere Stoa verlief im Inneren des Süd-Temenos nach Westen. Eine Quelle daneben fließt noch immer reichlich.

Thermopilä/**Thermopylai (Thermopylen)**

Auf seinem Marsch durch Griechenland gelangte Xerxes im Juli 480 v. Chr. nach Trachis südlich von Lamia, wo er Lager schlug. Die Griechen hatten im Zuge ihrer Verteidigungsstrategie schon lange vorher beschlossen, den Thermopylen-Engpaß zu halten, die einzige passende Landroute nach Boiotien und Attika. So problemlos sie heute ist, da inzwischen der Spercheios Geröll abgelagert hat, gab es doch im 5. Jh. v. Chr. über eine Strecke von 6 km nur einen schmalen Weg zwischen dem Meer und dem Kallidromon-Nordhang. Der Osteingang in den Engpaß lag bei der kleinen Stadt Alpenoi, der westliche unterhalb der Festung Anthela. In der Paßmitte war die Passage etwas breiter, doch immer noch eng genug. Hier postierte sich Leonidas, König von Sparta, mit 7300 Mann. Mehrmals wurden die hoffnungslos überlegenen Feinde unter blutigen Verlusten zurückgeworfen. Xerxes war fassungslos, bis ein Einheimischer namens Ephialtes sich erbot, die Perser über einen Gebirgspaß (Anopaia) in den Rücken der Griechen zu führen. 2000 (wenn nicht noch mehr) ›Unsterbliche‹ (die persische Garde) unter ihrem Kommandeur Hydarnes machten sich am Abend auf, querten den Asopos und erstiegen das Gebirge. Ihr Weg war umstritten, doch Pritchett's Landschafts- und Quellenstudium scheint das Problem gelöst zu haben. Demzufolge erstieg die persische Garde die Bergflanke östlich der unwegsamen Asopos-Schlucht bis zu einem Plateau am Kallidromon-Hang, vertrieb die Phoker, die den Bergpfad bewachten, und bewegte sich nach Osten bis in die Gegend von Alpenoi. Dort stieg sie zutal, um die Griechen von Osten her zu überrumpeln. Inzwischen hatte Xerxes unten am Seeufer einen neuen, massierten Angriff von Westen her begonnen. Als Leonidas von dem Umgehungsmanöver hörte, soll er alle seine

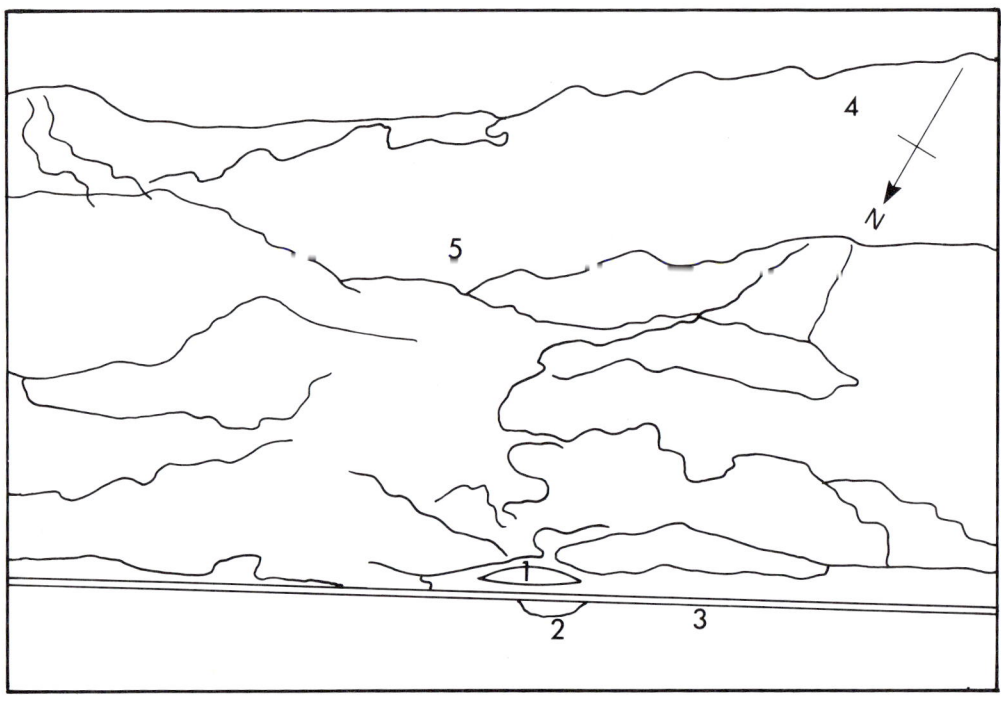

1 Kolonos-Hügel (Leonidas'
  letzte Stellung)
2 Heutiges Denkmal (mit Leonidas-Statue)
3 Heutige Straße Athen-Lamia
4 Kallidromon-Massiv
5 Paßmitte (Mittelenge)

Truppen mit Ausnahme von 300 Spartanern sowie den Abteilungen aus Thespiai und Theben fortgeschickt haben (die Thebaner liefen bald zu den Persern über). Dies gab dem Rest des griechischen Heeres Zeit und Gelegenheit, sich nach Athen und auf den Isthmos zurückzuziehen. Die Spartaner kämpften verzweifelt, wurden aber von der gewaltigen Übermacht erdrückt. Simonides' berühmtes Epigramm ehrt sie noch heute. Herodot (7, 201–233) schildert das Ereignis und alle Begleitumstände in lebhaften Farben. 1955 errichtete man auf dem Schlachtfeld ein Marmordenkmal mit einer Bronzestatue. Die Mittel dazu nahm man z. T. aus internationalen Zuwendungen. Ausgrabungen zufolge (1939 durchgeführt) war der ovale Hügel gegenüber dem Monument der Kolonos-Hügel, Leonidas' letzte Stellung. Tatsächlich fand man hier zahlreiche Pfeilspitzen ganz unterschiedlichen Typs, entsprechend den verschiedenen Nationalitäten im Perserheer, darunter auch jene persische Dreikant-Form, die bei Marathon, auf der Akropolis und in Persepolis zum Vorschein kam. Unweit davon liegen Reste einer antiken Mauer, wohl jener Mauer, die Leonidas vor dem Kampf erneuern ließ. Auch später war die Thermopylen-Enge noch oft hart umkämpft.

Thessaloniki/**Thessalonike (Thessalonich, Saloniki)**

Thessalonike, von Alexanders Schwager, der die Stadt 316 v. Chr. gründete, nach Alexanders gleichnamiger Halbschwester benannt, ersetzte das ältere Thermai am Thermäischen Golf.

Es löste Pella als Haupthafen Makedoniens ab, und einen weiteren Aufschwung brachte die römische *Via Egnatia* hin zur Adriaküste sowie nach Byzanz und dem Osten.

Als die Römer 146 v. Chr. Makedonien eroberten, machten sie Thessalonike zu dessen Hauptstadt. Pompeius floh 49 v. Chr. vor Caesar hierher, auch Cicero wählte es als Fluchtziel, und Paulus begann hier seine Nordgriechenland-Mission.

Kaiser Galerius residierte hier nach Übernahme des Ostreichs von Diokletian. In byzantinischer Zeit rangierte Thessalonike gleich hinter Byzanz, heute immerhin gleich hinter Athen.

Zu seinen Resten aus großer Vergangenheit gehören auch einige schöne byzantinische Kirchen.

Von der hellenistischen Stadt erblickt man außer Fragmenten an der Agora und jüngstentdeckten Gräbern nur wenig. Weitverstreut sind die römischen Baudenkmäler. Besonders imposant der Galeriusbogen südöstlich vom Forum zum Andenken an Galerius' Sieg über die Perser in Armenien und Mesopotamien gegen Ende 3. Jh. n. Chr. Seine stark verwitterten Reliefs zeigten Galerius' kriegerische und fromme Taten.

Nach Südosten lag Galerius' monumentales Hippodrom, nach Westen sein riesiger Palast (Ausgrabungen im Gange). Ein großer achteckiger Raum war wohl Thronsaal und Audienzhalle.

Westlich vom Palast lagen Reste eines Nymphäums, noch weiter ein Serapistempel und eine Kaiser-Kultstätte (*Caesareum*). Eine massive Rotunde aus Ziegelwerk (seit dem 4. Jh. Georgskirche) war wohl ursprünglich als Galerius-Mausoleum gedacht, doch Galerius starb im heutigen Bulgarien und liegt dort auch begraben.

Den Akropolishügel umgeben byzantinische Wälle, die noch Teile der älteren, griechischen Mauer enthalten.

Aus der Luft ist das erst jüngst ausgegrabene Forum der interessanteste Teil der antiken Stadt. Es liegt über einer älteren, hellenistischen Agora (nur wenige Reste). Heute führt die *Via Egnatia* am Südrand vorbei. Fraglos erstreckte sich das Forum einst bis dorthin oder war durch Gebäude mit ihr verbunden. Eine lange Säulenhalle am Südende, teilweise unter der Erde, könnte die *Chalkeutike Stoa* byzantinischer Quellen sein. Die ca. 38 m lange Oststoa hatte korinthische Säulen und eine Treppe zum Forum (wohl 1. Jh. n. Chr., und vielleicht die ›verhexte‹ Stoa mittelalterlicher Quellen, wonach ihre Karyatiden verzauberte Frauen waren).

Im Osten ein großes römisches Odeion (4. Jh. n. Chr.) mit marmorgepflasterter Orchestra. Auch an den anderen Seiten des Forums muß es

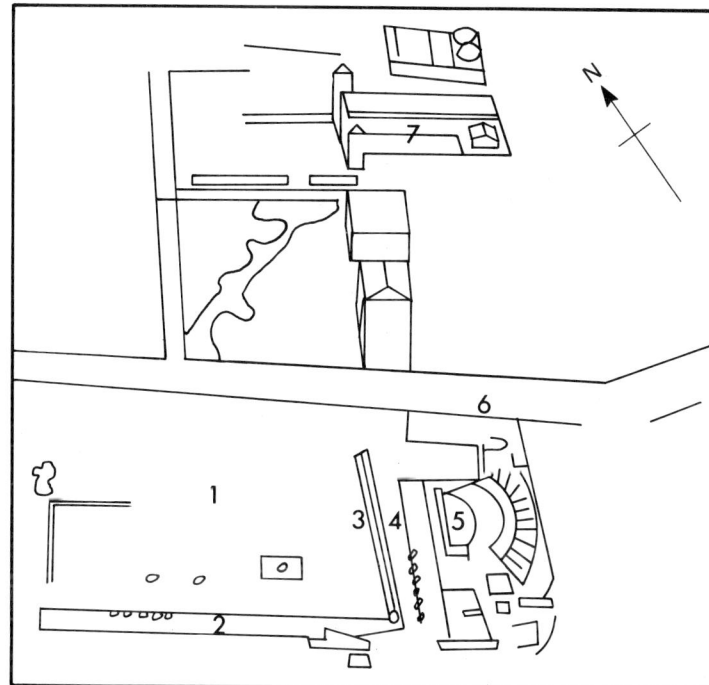

Stoai gegeben haben. Gepflastert war auch der unüberdachte Zentralhof (70 m Nordsüd-, 90 m Ostwestdurchmesser). Er besaß einen Abzug aus Marmor.

Die Demetrioskirche nördlich davon, eine schöne, alte Basilika mit prächtigen Mosaiken (1917 schwere Brandschäden), erhebt sich über römischen Bädern.

Thira/Thera (Santorini, Santorin)

Nach antiken Berichten hieß *Thera* (etwa: ›die Wilde‹) einst *Kalliste* (›die sehr Schöne‹) oder *Strongyle* (›die Gerundete‹). Vielleicht bewahrt die Namensänderung die Erinnerung an die katastrophale Explosion, die alles Leben auf Thera vernichtete, noch Hunderte Kilometer entfernt Zerstörung brachte und vielleicht der spätminoischen Kultur den Todesstoß versetzte. Diese Ansicht gewinnt immer mehr Boden, obwohl große chronologische Schwierigkeiten bleiben. Ein Vulkankegel sprengte sich einst hier selbst in die Luft, das Meer stürzte in eine fast 10 km breite Kluft, und die Seebebenwellen, die sich dabei bildeten, verwüsteten wohl die Küsten Griechenlands, Kretas, Ägyptens und Vorderasiens, ja vielleicht ließen sie die Sage von der untergegangenen herrlichen Stadt Atlantis entstehen. Jüngste Grabungen bei Akrotiri gelten einer minoischen Stadt, die schon vor 100 Jahren entdeckt und teilweise erforscht wurde. Sensationelle Funde strahlender, einfallsreicher Wandfresken, elegant dekorierter Keramik und einer meisterhaften Architektur versprechen von diesem ›griechischen Pompeji‹ bedeutende Aufschlüsse über kretische Kunst und kretische Lebensweise auf einem Außenposten. Aus der Luft erblickt man davon allerdings kaum etwas, weil ein Dach die Fundstätte schützt. Nur wenig weiter nördlich liegen am Südosthang der höchsten verbliebenen Erhebung die beträchtlichen Reste einer nachmykenischen Stadt: das antike Thera.

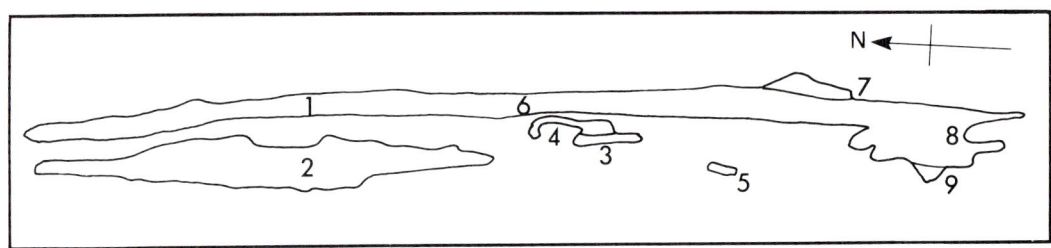

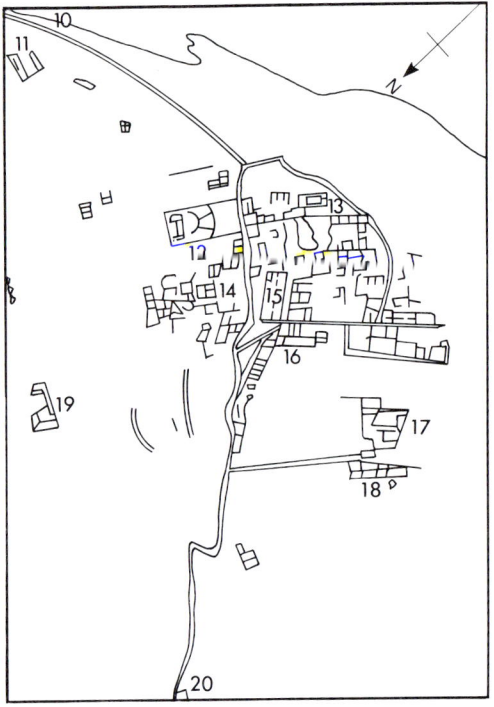

1 Hauptinsel Thera
2 Therasia
3 Paläa Kämeni (Palaia Kaimeni)
4 Nea Kämeni (Nea Kaimeni)
5 Aspronisi
6 Stadt Phira (Thera)
7 Thera: Stätte der antiken und
hellenistischen Stadt
8 Minoische Stadt
9 Kap Akrotiri (Akroterion)
10 Epheben-Gymnasion
11 Tempel des Apollon Karneios
12 Theater
13 Säulenhof (›Basilisten‹-Versammlungshaus ?)
14 Agora (Markt)
15 Königshalle (Basilike Stoa)
16 Dionysos-Tempel
17 Gymnasion ?
18 Ptolemäische Kommandantur
19 Breite Terrasse
20 Temenos des Artemidoros

Nach der Überlieferung siedelten schon im 3. Jt. v. Chr. Kleinasiaten (Karer?) auf Thera. Frühgriechen (Achäer) verdrängten sie um 1900 v. Chr., und auf seinem Weg von Phönikien nach Theben soll Kadmos um 1500 Kolonisten hier zurückgelassen haben. Ab 1000 war Thera in dorischer Hand und gründete Kyrene, die einzige bedeutendere griechische Kolonie in Afrika. Die Insel blieb starkem kretischen und kykladischem Einfluß ausgesetzt, äußerst reizvoll ist ihre typische Keramik (oben ein Tierfries, darunter parallele Ringe). Deutsche Grabungen (1835 und 1895–1903) brachten Bauten der archaischen Zeit, der Klassik (als Thera Athen unterstand), aus hellenistischer Zeit (als die Ptolemäer Thera als Flottenbasis benutzten) sowie aus der Römerzeit ans Licht. Das älteste Heiligtum ist das des Apollon Karneios am Ostende des Höhenzugs bei der antiken Stadt. Der aus dem 7. Jh. v. Chr. stammende archaische Tempel erinnert an ein frühes Haus.

Er besitzt einen quadratischen Hof mit einer Zisterne, an der Seite Cella, 2 Nebenräume und Propylon. Wie viele Bauten auf Thera, steht auch dieser auf einer Terrasse mit kyklopischer Stützmauer. Das Theater läßt 4 Bauphasen erkennen. Die Holzbühne des 3. Jh. v. Chr. wurde im 2. Jh. durch Stein ersetzt, später entstand zur Römerzeit eine neue *cavea*, auch Orchestra und Proskenion wurden neugestaltet. Im Westen der Agora lag eine lange Königshalle mit Zentralkolonnade, daneben ein kleiner Dionysostempel. Ein Raum am Stoa-Nordende diente dem Kaiserkult. Südlich der ptolemäischen Garnison ein langer Hof, vielleicht ein Gymnasion? Zahlreiche Kultstätten sind in den Fels gehauen.

Viele große hellenistische Häuser mit Zisternen, Höfen, Gängen und bemalten Wänden rechtfertigen Theras Ruf, eine der wenigen noch erhaltenen altgriechischen Wohnstädte zu sein.

Thiwä/Thebai (Theben)

In Sage und Geschichte war Theben eine der bedeutendsten Stätten Altgriechenlands. Vorgeschichtliche Bewohner (seit dem Frühhelladikum) errichteten hier einen großen Steinbau mit weiten Türen sowie einer Apsis, ganz ähnlich wie das gleichalte Haus in Lerna. Reste davon fand man unter dem jüngeren, mykenischen Palast, den um 1500 v. Chr. Kadmos errichtet haben soll, als er auf der Suche nach seiner entführten Schwester Europa hierher kam und sich in Theben niederließ. Ihm sagte man unter anderem die Einführung der Schrift nach. Aus Drachenzähnen, die er aussäte, entsprangen die kriegerischen Ahnen des thebanischen Adels. Auch Schauplatz von Tragödien war Theben (Ödipus, Antigone, Dirke, Polyneikes und die ›Sieben gegen Theben‹). Allerdings brachte es auch Pindar hervor, desgleichen einen Epameinondas, der Theben im 4. Jh. v. Chr. zur Vorrangstellung in Griechenland verhalf. Stets mit Athen und Sparta zerstritten, auf der Seite der persischen Invasoren, bei Chaironeia von Philipp geschlagen, wurde Theben 336 v. Chr. erbarmungslos von Alex-

ander zerstört und 86 v. Chr. von Sulla dezimiert. Schließlich verödete es. (Ruinen in jämmerlichem Zustand). Die heutige Stadt deckt das alte Zentrum, aber nicht das gesamte Gebiet der 8 km langen Mauereinfriedung aus dem 4. Jh. v. Chr. Klar sieht man aus der Luft die flache, breite Akropolis (die ›Kadmeia‹ – am Boden kaum erkennbar). Die berühmten ›7 Tore‹ lassen sich kaum nachweisen, außer dem Elektra-Tor an der alten Straße nach Athen, wo noch immer Rundturm-Fundamente erhalten sind. Keramopullos legte (1906–1921) ein Stück des mykenischen Palastes auf der Hügelmitte frei, und 1963–1964 grub Platon z. T. Räume an der Südseite aus, die babylonische Siegelzylinder mit Keilschrift, einige schöne Elfenbeine sowie Notiztafeln in Linear B (Mykenisch-Griechisch) erbrachten. Ältere Funde umfassen den Teil eines Freskos (Frauenprozession; fast lebensgroß) und Schmuck aus Gold, Chalzedon und Lapislazuli. Kadmos' Palast brannte wohl (laut Überlieferung durch einen Blitz des Zeus) um 1300 v. Chr. nieder, desgleichen 30 Jahre später sein

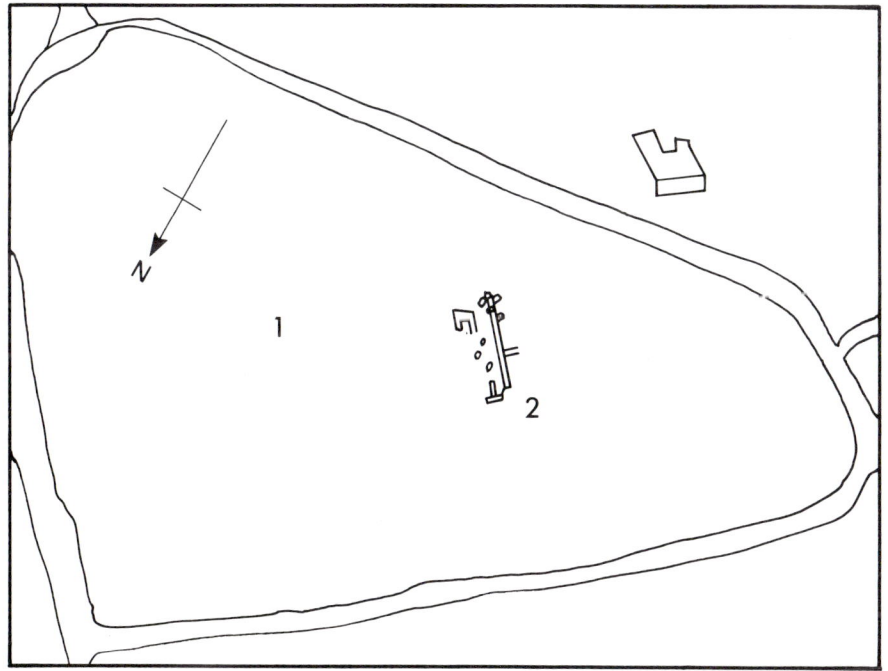

1 Ismenion-Hügel
2 Tempel des Apollon Ismenios

Nachfolgebau. An seiner Stelle entstand nach Pausanias ein Heiligtum der Demeter Thesmo phoros.

Neben dem Heiligtum fand man eine 5 m breite mykenische Straße. In klassischer Zeit nahm die Agora den alten Palastbezirk ein. Sie besaß einen Altar von Praxiteles' Söhnen und eine archaische Dionysosstatue aus Holz. Pausanias erwähnt weiterhin ein Theater, 2 Gymnasien, 1 Stadion und 1 Hippodrom. In der Umgebung mykenische Kuppelgräber und ein antiker Friedhof. Südöstlich der Zitadelle liegen auf niedrigem Hügel Reste des Apollon-Ismenios-

Tempels (in geometrischer Zeit wohl ohne Säulen aus Holz und Ziegeln errichtet, um 700 durch einen archaisch-dorischen Porostempel ersetzt und von Pindar wie Herodot wegen seiner Schätze bewundert; 383 und 371 v. Chr. mit 6 × 12 Säulen neuerbaut, besaß er eine archaische Holzstatue Apolls von Kanachos, Skopas' Athene und einen Hermes des Phidias). Westlich davon ein Herakles-Heiligtum und im Norden das Grab Amphions, der Thebens erste Mauern baute. Im Osten lag der Quell, wo Ödipus das Blut seines ermordeten Vaters abgewaschen haben soll.

1 Ismenion-Hügel
2 (s. Seite 221)
3 Lage des Herakleion
4 Zitadelle (›Kadmeia‹)
5 Lage des Onka-Tors (V)
6 Elektra-Tor/Fundamente (IV)
7 Lage von Tor III
8 Lage des Proetidianischen Tores (II)

9 Lage des Nordtors (I)
10 Lage des Neistischen Tors (VII)
11 Lage des Tor VI
12 Ausgrabung des mykenischen Palastes
13 Frankenturm
14 Museum
15 Ampheion-Hügel
16 Ödipusquelle

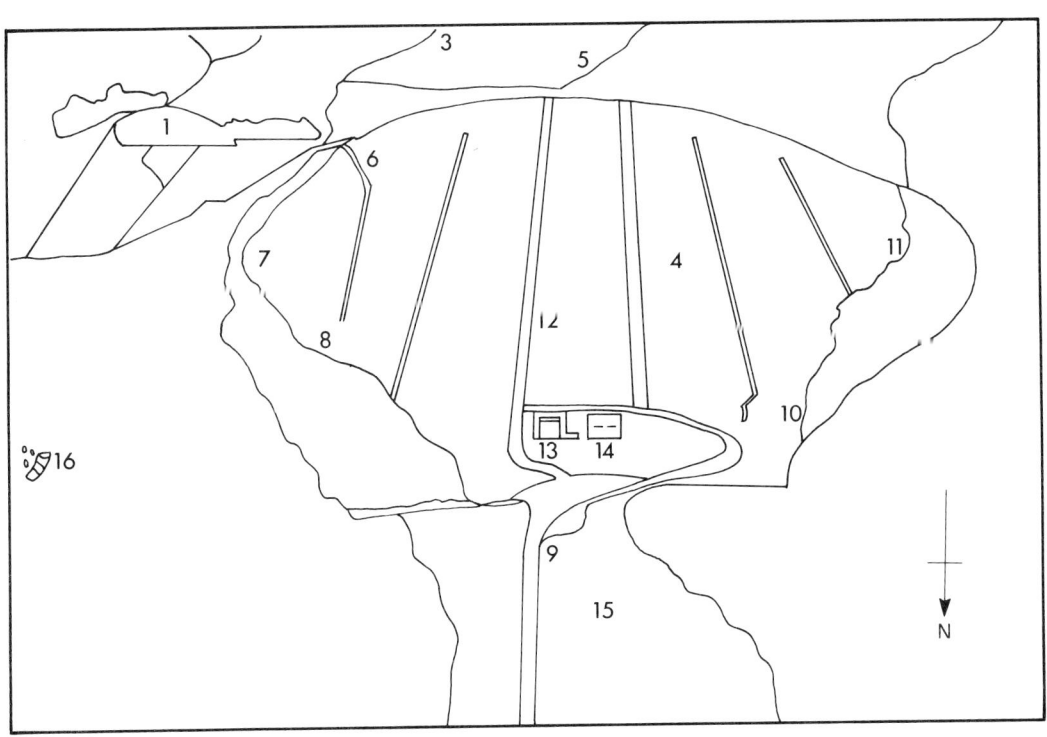

Thorikos/**Thorikos**

Nördlich von Sunion und den antiken Silberminen von Laurion an der Ostküste Attikas, lag Thorikos für den Handel ebenso günstig wie für die Verteidigung des Südzuganges nach Athen. Landwärts an einer Landzunge, die 2 Häfen bildet, erhebt sich ein Doppelkegel. Es gab hier einen kretischen Handelsposten und am Gipfel vorgriechische Häuser (wohl um 2000 v. Chr.). Die höchste Erhebung umgab eine mykenische Mauer, und gleichalte Häuser überlagern z. T. noch ältere. An der Nordostflanke liegen 2 Kuppelgräber, tiefer unten gibt es Gräber aus geometrischer und klassischer Zeit. Demeter soll, unterwegs von Kreta nach Eleusis, hier Halt gemacht haben, und Sagenkönig Kephalos soll, mit dem mykenischen Athen im Bunde, Erechtheus' Tochter Prokris geheiratet haben.

Vor Theseus' Synoikismos war Thorikos eine der unabhängigen Städte Attikas, später bildete es einen Bezirk (Trittys) der Phylenordnung des Kleisthenes. Seine Mauern aus dem 5. Jh. zogen sich am unteren Hang hin (der 4 m hohe quadratische Turm ist jüngeren Datums). Diese Mauern ergänzte ein Fort auf der Landzunge (wohl 412 v. Chr. errichtet, als Athen auch Sunion und Rhamnus befestigen ließ, um im Peloponnesischen Krieg seinen Nachschub zu sichern). Diese Seefestung besaß im Osten und Westen Wälle quer über die Landenge sowie einen Turm und ein rückwärtiges Tor im Norden. Das Haupttor lag südlich auf dem so zur Zitadelle ausgebauten Hügel. In hellenistischer Zeit verwandelte man die Festung in ein Industriezentrum. Nordwestlich vom Theater lie-

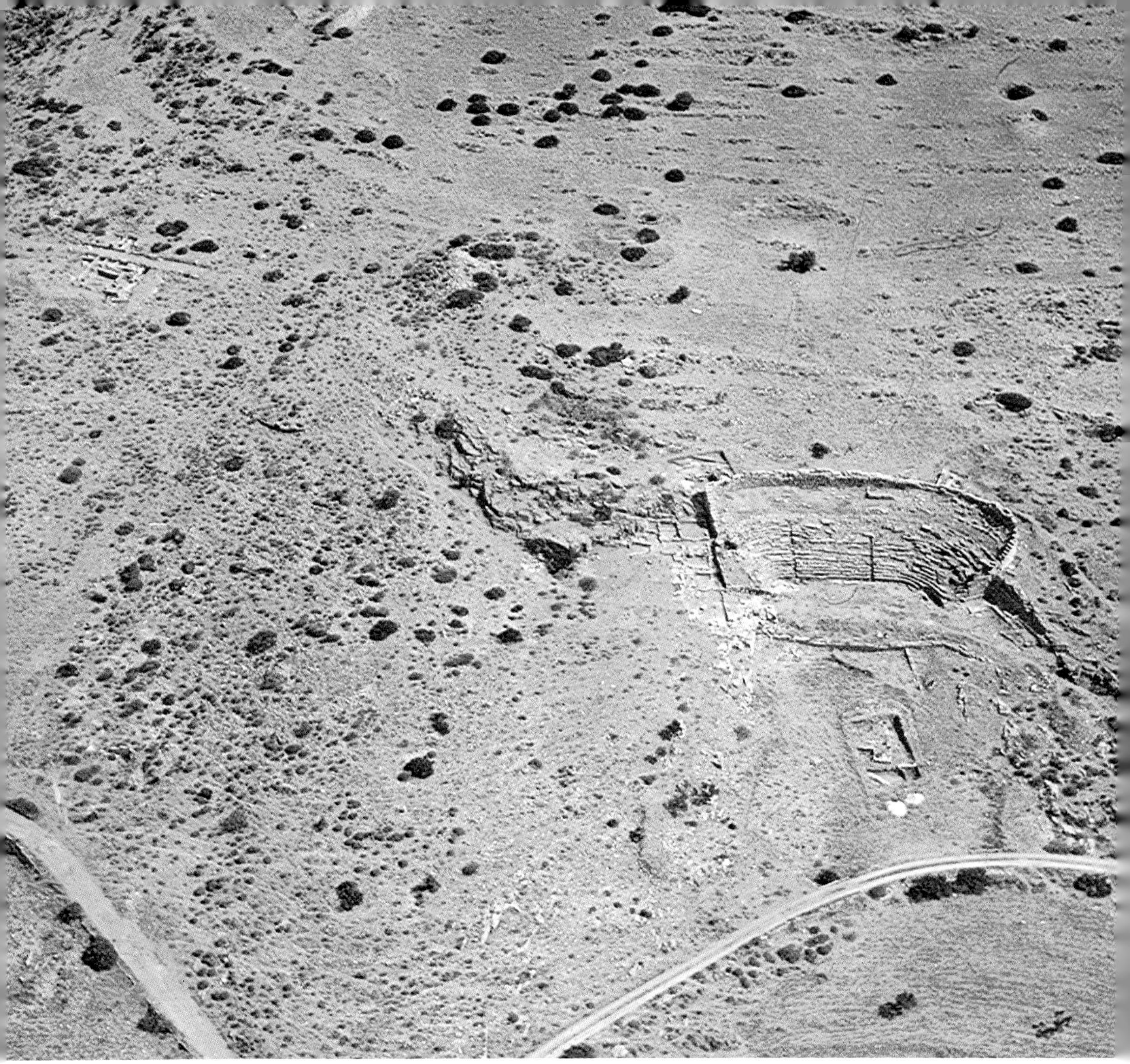

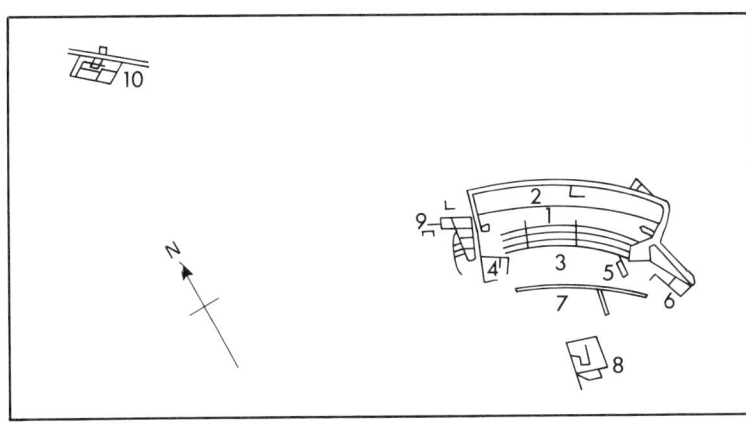

1 Theater: älteres *koilon*
2 Spätere *koilon*-Erweiterung
3 Orchestra (Spielplatz)
4 Tempel
5 Altar
6 Ältere Räume (Theater-Magazin ?)
7 Alte Terrasse
8 Gräber
9 Terrassierte Räume
10 Werkstätten, ›Industriebereich‹ der Stadt

ßen sich Werkstätten für Blei- und Silberprodukte nachweisen. Noch immer gräbt man dort Häuser und öffentliche Bauten aus. Der Doppelhafen beiderseits der Landzunge war nicht nur Verladeplatz für die Minen von Laurion, sondern ebenso für Athens Kreta- und Insel-Handel. In römischer Zeit gab man die Stadt auf. Ausgrabungen führten hier Amerikaner (1885–1886) und Belgier (seit 1963) durch. Besonders fällt das Theater in den unteren Hängen des Hauptflügels auf. Vielleicht im späten 6. Jh. v. Chr. entstanden, war es ursprünglich wohl nur ein viereckiger Versammlungsraum neben der Agora. Um die Mitte des 5. Jh.s richtete man es für Theateraufführungen ein. Die Sitzränge (31 sind nachweisbar) haben in etwa Ellipsenform mit gradem Mittelstück zwischen scharf gekrümmten Seitenflügeln. Auch die Orchestra ist ein Rechteck mit gerundeten Innenecken. Schon vorher vorhandene Räume (vielleicht ein altes Ratsgebäude) an ihrem Ortsrand benutzte man wohl zur Aufbewahrung von Requisiten und Garderobe. Am Orchestra-Nordostrand steht ein kleiner Dionysos-Altar, gegenüber an der Westseite ein winziger, ionischer Dionysostempel. Für ein Bühnenhaus war kein Platz. Eine niedrige Holzplattform mußte genügen. Um die Mitte des 4. Jh. v. Chr. erweiterte man das *koilon* oben um zwölf Sitzreihen. Zugang gewährten Rampen an beiden Seiten. Bei drei terrassenartigen Räumlichkeiten gibt es eine überwölbte Aussparung an der westlichen Stützmauer. Weiter im Westen liegt ein dorischer Bau (7 × 14 Säulen), vielleicht ein Demeter-Tempel, begraben.

Tilissos/Tylissos

In einem Tal am Fuß des Ida, knapp 10 km westlich von Knossos, grub J. Hazzidakis 1909–1913 drei minoische Landsitze aus, die N. Platon 1947–1956 weiter untersuchte. Als die besten bisher gefundenen Bauten ihrer Art verdienen sie Beachtung. Zahlreiche Kunstwerke fanden sich unter ihren Trümmern, darunter 3 große Bronzekessel, Rhyta aus Obsidian, Bronzefigürchen, bemalte Pithoi und Amphoren sowie Freskenfragmente. Der Name erweist sich durch seine Endung -sos als minoischen Ursprungs. Besiedelt war der Ort seit frühminoischer Zeit (um 2500 v. Chr.) bis zu der Zerstörungswelle, die Mitte des 15. Jh.s Kretas Siedlungen erfaßte. Im Gegensatz zu einigen größeren Ortschaften erwachte Tylissos jedoch zu neuem Leben, wie Neubauten aus dem Spätminoikum III (nach 1400 v. Chr.), ja sogar aus klassisch-griechischer Zeit bezeugen, in der Tylissos eigene Münzen prägte. Die 3 Hauptvillen stammen aus dem frühen Spätminoikum (Jüngere Palastphase um 1600), als die großen Paläste in Knossos, Phaistos usw. erneuert wurden. Jede Villa ist ein zweigeschossiger Komplex. Von vielen Treppen sind noch die untersten Stufen erhalten. Alle Villen hatten Magazine. Die verschiedensten Gegenstände dort noch *in situ* deuten auf plötzliche, abrupte Zerstörung aller oberen Baupartien hin. Die Bauweise zeugt von Sorgfalt. Fugenlos schließende Porosquadern bildeten die unteren Mauerlagen, die Obergeschosse hatten zweifellos Ziegel- und Holzwerk. Es gab offene Höfe sowie Fenster und Lichtschächte in den Räumen daneben. Viele Zimmer hatten Steinfliesen. Aus Villa A stammen die riesigen Bronzekessel (heute im Museum in Iraklion), mächtige *pithoi* (Vorratsgefäße) und gebrannte Tontäfelchen mit Linear-A-Schrift (minoische Aufzeichnungen). Freskenreste aus dem Oberstockwerk zeigen Miniaturgestalten bei irgendeinem Wettkampf sowie Dekormuster. Weniger gut erhalten ist Villa B. Sie ist die kleinste. Unter ihren Räumen Fundamente älterer Bauten der Proto-Palastperiode. Am besten erhalten ist der Plan von Villa C. Außer den üblichen Magazinen usw. erkennt man hier das Vestibül vor einem Atriumhof, eine Eingangshalle an der Ostseite mit einer Pförtnerloge oder Wächterkammer, einen Raum mit mehreren Türen, Bad, Latrine, Kultschrein, Treppen zum Obergeschoß sowie Lichtschächte zu Innenräumen. An einigen Wänden haften noch Stuck und rote sowie weiße De-

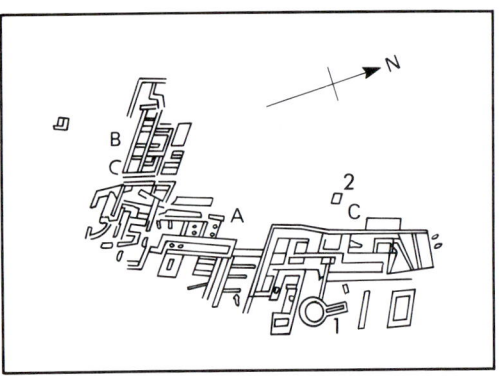

Tylissos

A Villa A
B Villa B
C Villa C
1 Zisterne (mit Klärbecken)
2 Griechischer Altar

kor-Reste. An der Nordostecke fügte man im Spätminoikum III (nach 1400 v. Chr.) eine Zisterne mit Klärbecken hinzu. Mauerwerk aus klassischer Zeit überlagert Teile dieser Villa und deutet auf eine viele Jahrhunderte jüngere Besiedlung hin. Vor der Nordostecke liegt ein griechischer Altar, und auf einer benachbarten Anhöhe fand man ein minoisches Heiligtum.

Tinos/Tenos

Tenos, fast im Zentrum der Kykladen nordwestlich von Delos, einst reich, ist auch heute noch die anziehendste Kykladeninsel. Ionier kolonisierten sie im 10. Jh. v. Chr., und wegen ihrer vielen Schlangen nannte man sie *Ophiousa* – der spätere Name könnte auf das phönikische Wort für ›Schlange‹ (*tenok*) zurückgehen. Eine Hochblüte erlebte Tenos in geometrischer und archaischer Zeit, doch auch während der Klassik spielte es eine Rolle. Das auf persischer Seite stehende Schiff von Tenos desertierte vor Salamis, und die Mannschaft verriet den persischen Schlachtplan. Anschließend zahlte Tenos jährlich 10 Talente an den Delisch-Attischen Seebund und schloß sich Athens schicksalsschwerer Sizilischer Expedi-

1 Xomburgo-Kegel
2 Venezianische Festung
3 Kloster
4 Archaische Steinmauer
5 Thesmophorion-Heiligtum

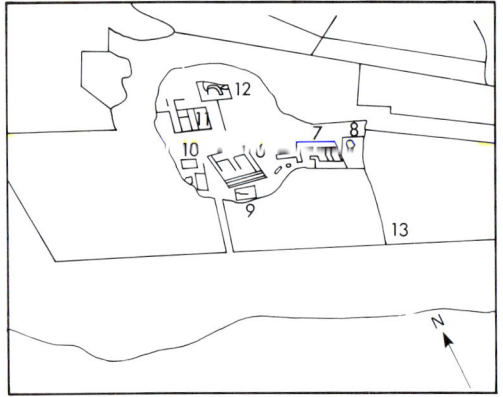

1–5 (s. Seite 227)
 6 Poseidon- und Amphitrite-Tempel
 7 Altar
 8 Apsidales Monument
 9 Kultstätte für den römischen Kaiserkult
10 Phileinos-Bäder und Pflaster
11 Pilgerspeiseraum ?
12 Stibadeion/Quellenhaus
13 Lage einer parallel zum Meer laufenden Stoa

tion (415–414 v. Chr.) an. Ein bemerkenswertes lokales Erzeugnis waren riesige *pithoi* mit Reliefschmuck, wie z. B. jenes Exemplar mit dem Trojanischen Pferd (seit kurzem im Museum von Mykonos). Die alte Stadt lag am West- und Südhang des Xombourgo-Kegels, wo griechische Grabungen Teile einer archaischen Polygonalmauer aus dem 8. Jh. v. Chr., daneben einige Häuser und einen großen Bau freigelegt haben, der wohl religiösen Zwecken diente. Besonders sticht ein Gebäude aus dem 8. oder 7. Jh. v. Chr. mit 3 größeren Räumen hervor, von denen einer an seinem Ostende einen kleinen *Naiskos* – wie ein späterer Tempel mit vorspringenden Anten – sowie eine *Eschara*-Opfergrube umschloß (wahrscheinlich ein Thesmophorion der geometrischen/archaischen Periode). In der Nähe gibt es eine kleine Quelle. In dem tempelartigen Raum gefundene Vorratskrüge (*pithoi*) scheinen diesen als *Adyton* (Allerheiligstes) auszuweisen. An der Küste nordwestlich der heutigen Inselhauptstadt liegt etwa 150 m landeinwärts einsam das Anfang des Jahrhunderts von Belgiern teilweise aufgedeckte Poseidon- und Amphitrite-Heiligtum. Poseidon wurde hier als Herr der Störche verehrt, die die Insel von Schlangen befreiten, desgleichen als Patron der Handelsschiffahrt. Amphitrite war mindestens seit spätklassischer Zeit seine Kultgenossin. Das Heiligtum besaß eine eigene Mole sowie eine Pflaster-

straße zum Meer. Der Tempel (3. Jh.) ersetzt einen viel älteren und hat einen ungewöhnlichen Grundriß: Fast quadratische Cella, Peristyl mit 6 × 8 Säulen und 6 Stufen an der Süd- und Ostseite zum Stylobat. Er ist dorisch und nach Osten orientiert. Einige Ziegeln tragen Weihungen an Poseidon, und unter seinem skulpturalen Zierat fanden sich Seeungeheuer-Fragmente. Der Altar im Osten hatte vorspringende Seitenflügel wie der berühmte Pergamonaltar sowie einen Girlanden- und Bukranien-Fries. Man fand bei ihm 2 hellenistische Kultstatuen, die jedoch wohl zum Tempel gehörten. Ein apsidales Monument daneben war vielleicht ein Familiendenkmal.

Nördlich des Tempels lag der von Strabon erwähnte Speisesaal für Wallfahrer, außerdem eine Exedra, beiderseits mit Säulenflügeln und einem dorischen Fries über 4 Säulen: entweder ein Quellenhaus oder ein *Stibadeion* für den Dionysoskult.

Tirins/**Tiryns**

Zwischen Mykene und dem Argolischen Golf liegt Tiryns auf einem jener Gebilde, die so entscheidend zur Entwicklung antiker Stadtstaaten beitrugen: einem etwa 20 m hohen, ovalen Kalksteinhügel, zwar zugänglich, doch leicht zu befestigen und in angemessener Entfernung vom Meer. Man fand hier einen bronzezeitlichen, runden Stein-›Palast‹ von etwa 30 m Durchmesser aus der Zeit um 2200 v. Chr. In frühmykenischer Zeit war der Hügel befestigt, erst recht (und in größerem Umfange) um 1400. Damals gab es im Zentrum eine recht ausgedehnte Palastanlage. In spätmykenischer Zeit (um 1250–1200 v. Chr.) entstanden Mauer und Palast abermals neu, wurden jedoch kurz darauf geplündert und niedergebrannt. Reste eines archaischen Tempels deuten auf eine Wiederbelebung im 7.–6. Jh. v. Chr. hin, und 479 v. Chr. nahmen 200 Mann aus Tiryns bei Plataiai am Kampf gegen die Perser teil. 10 Jahre später eroberte Argos die Stadt, die nun langsam verfiel – nur gewaltige Ruinen blieben. Pausanias vergleicht sie mit den Pyramiden (man schrieb sie den lydischen Kyklopen zu, und es sind wirk-

lich die eindrucksvollsten mykenischen Wehrmauern: Schon Homer und Pindar bewunderten sie!). Nach einigen Sagen-Versionen wurde Herakles hier geboren, und alle Dichter sind sich einig: Für Eurystheus, den König von Tiryns, vollbrachte er seine 12 ›Arbeiten‹. Schliemann begann 1884 hier zu graben, Dörpfeld, Karo und andere setzten sein Werk fort. In der fruchtbaren Ebene rings um die Zitadelle lag eine (bis jetzt kaum erforschte) Stadt. Schöne Fresken-Fragmente und Keramik aus Tiryns befinden sich in den Museen von Athen und Nauplia. Der Mauerring, nahezu 800 m lang, ist z. T. bis 7,5 m dick. Der Haupteingang lag im Osten der Festung, meerabgewandt und von einem massiven Turm geschützt. Ein leicht zu verteidigender, langer, schmaler Gang läuft hier innerhalb des Ost-Walls zu einem riesigen Steintor (ähnlich dem Löwentor von Mykene). Durch ein Prachttor (ähnlich Propyläen der klassischen Zeit) gelangte man in einen weiten Binnenhof, an dessen Nordseite ein weiteres Tor in das Haupt-Megaron und die königlichen Gemächer führte. Hier stand ein Thron an der

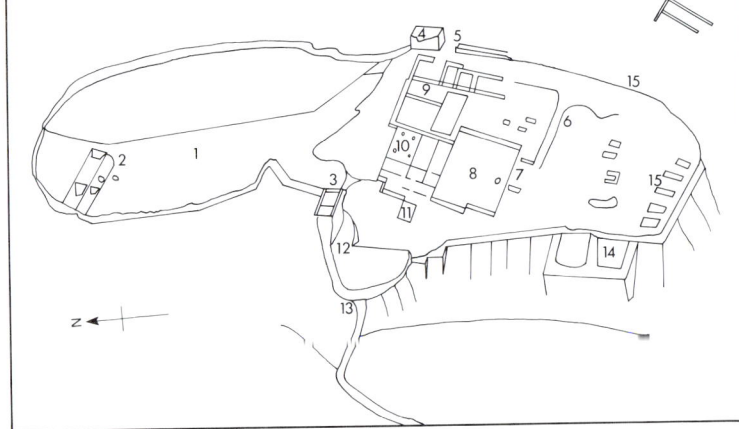

1 ›Untere‹ (Nord-)Einfriedung
2 Quellenzugang
3 Westwall-Bastion
4 Ostwall-Turm
5 Osttor (Haupteingang) zur
Zitadelle
6 Propyläen
7 Tor zum Palastbereich
8 Innerer Hof mit Altar
9 Räume der Königin
(mit dem ›Megaron
der Königin‹)
10 ›Megaron des Königs‹
11 Bad (?)
12 Treppe zum Westtor
13 Westtor
(rückwärtiges Tor)
14 Zisternen ?
15 Magazin-Galerien
in der
Süd- und Ostmauer
(›große Kasematte‹)

Wand, 4 Säulen trugen das über dem Herd offene Dach. Der Boden war gepflastert und bemalt, Stuckarbeiten zierten die Wände (teilweise erhalten: eine Eberjagd sowie eine Frau in etwas gezwungener Haltung). Der Raum-Komplex im Osten umfaßt ein kleineres Megaron (wohl für die Königin oder die Prinzen). An der Westseite lag ein Bad. Innerhalb des West-Walles windet sich eine Treppe zum hinteren Festungstor hinab. In den massiven Wällen im Süden und Osten liegen Galerien befestigter Magazine (die ›großen Kasematten‹). Eine niedrigere Einfriedung im Norden diente wohl als Viehpferch, zugleich aber auch als Fluchtburg für die Bewohner der Umgebung. Erst kürzlich hat man am Nordwestende Stollen unter dem großen Wall entdeckt, die Zugang zu Quellen außerhalb der Mauer gewährten.

Trizin/**Troizen (Trözen)**

Am Ostrand der Argolis, nahe der Insel Poros, lag Troizen, eine alte Kolonie der Ionier und in Sage, Kult und Politik eng mit Athen verbunden. Hier soll Athens späterer Organisator und König Theseus geboren sein, und hier sein Sohn von der Amazone Hippolyte, Hippolytos, am Meer den Tod gefunden haben, als ein von Po-

seidon gesandtes Meerungeheuer den Racheplan seiner Stiefmutter Phaidra vollendete und seine Pferde scheu machte (Thema zahlreicher Dramen; insbesondere Euripides' »Hippolytos«). Orestes kam hierher, um sich nach dem Mord an seiner Mutter Klytaimnestra zu reinigen. Nach dem Durchbruch der Perser bei den

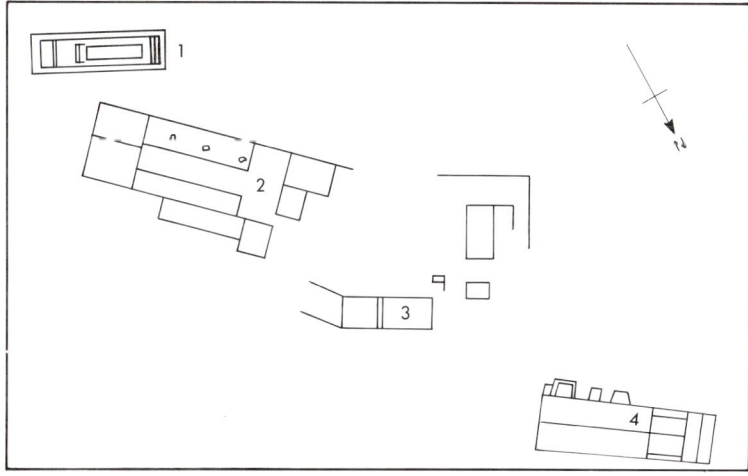

1 Hippolytos-Tempel
2 Asklepieion
3 Tempel der Aphrodite Kataskopia?
4 Episkopi (byzantinische Kirche und Bischofspalast)

Thermopylen war Troizen von Flüchtlingen aus Athen und ganz Attika überschwemmt. Eine neuerdings in Troizen gefundene Inschrift schildert Themistokles' Plan für Athens Evakuierung und die Mobilisierung des Widerstandes bei Salamis (vielleicht mit nachträglicher Beschönigung seiner Strategie). Im Widerstand gegen Argos fiel Troizen an Sparta. Zur Römerzeit bestand es noch. Die antiken Reste liegen weit verstreut und sind unbedeutend, bis auf das Hippolytos-Heiligtum nordwestlich außerhalb von Stadtzentrum und Agora. Der Tempel (6×11 Säulen) stammt aus dem späten 4. Jh. v. Chr. Nördlich von ihm ein großer Bau mit Anbauten, wohl ein Asklepieion (Asklepios soll Hippolyt wieder zum Leben erweckt haben). Im Hauptraum (Südseite) trugen 3 dorische Säulen ein langgestrecktes Dach. Nördlich davon ein in der Mitte offener Säulenhof (entweder für rituelle Speisungen oder Schlafhalle für Heil- oder Wahrträume). Anbei ein kleiner Tempel und ein monumentales Brunnenhaus, zum gleichen Komplex gehörig (alles 4. oder 3. Jh. v. Chr.). Ein kleiner Tempel nördlich vom Asklepieion war wohl Aphrodite Kataskopia

geweiht: Hier soll Phaidra auf Hippolytos gewartet haben. Noch weiter nördlich, hinter den Ruinen einer byzantinischen Basilika und einer Bischofsresidenz (›Episkopi‹), lagen ein Hippolytos geweihtes Stadion und Gymnasion. Das Stadtzentrum lag sehr viel weiter im Südosten. Pausanias beschreibt ausführlich seine zahlreichen Tempel und Denkmale (nur wenige noch sichtbar und identifiziert).
Neben der Agora gab es einen Tempel der Artemis Soteira (›Retterin‹), einen der Artemis Lykeia und ein Musenheiligtum, dazu ein Theater, eine Stoa und einen Tempel für Apollon Thearios. Auf halber Bergeshöhe im Süden stand der Tempel der Artemis Akraia, noch höher ein Pansheiligtum.
Im Süden erhob sich auf dem Akropolisgipfel ein Tempel der Athena Athenias, wohl am Höhenfuß im Osten lagen Heiligtümer Demeters und Poseidons. Eine lange Mauer (polygonal) verband Akropolis und Stadt. Mitte des 3. Jh.s v. Chr. zog man auf Kosten aller Bürger eine Quermauer zwischen Stadt und Höhe. Ein schöner Turm stellt hier die hochentwickelte hellenistische Festungstechnik unter Beweis.

Vassä/**Bassai (Bassae)**

In erhabener Einsamkeit, etwa 1130 m hoch an den Hängen des Kotilion-Massivs, von jäh abstürzenden ›Bergschluchten‹ (= *bassai*) umgeben, ist der Tempel des Apollon Epikourios Ziel und Lohn des wohl eindrucksreichsten Ausflugs, den man auf der Peloponnes unternehmen kann. Die Luftaufnahme veranschaulicht

seine Lage weit deutlicher als jede Bodenansicht. Pausanias kämpfte sich durch diese verwirrende Bergwelt bei Phigaleia in Arkadien und bewunderte diesen Tempel als den – nach Tegea – schönsten der Peloponnes, und zwar wegen seines Gesteins und seiner Harmonie. Der bläulichgraue, harte Kalkstein hier am Ort

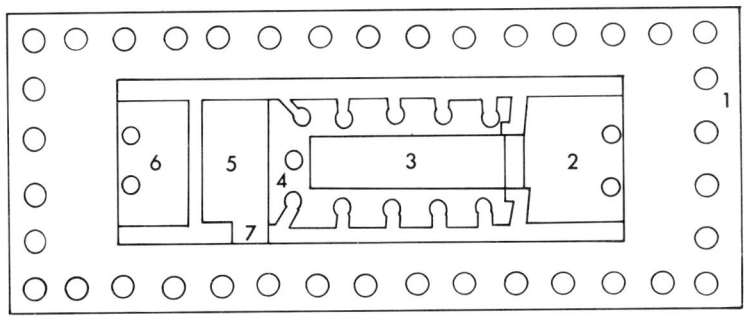

1 Peristyl (Säulenumgang)
2 Pronaos (Vorhalle)
3 Cella (bzw. Naos)
4 Korinthische Säule(n)
5 Kultschrein
6 Opisthodomos (hintere Vorhalle)
7 Heiligtums-Osttür

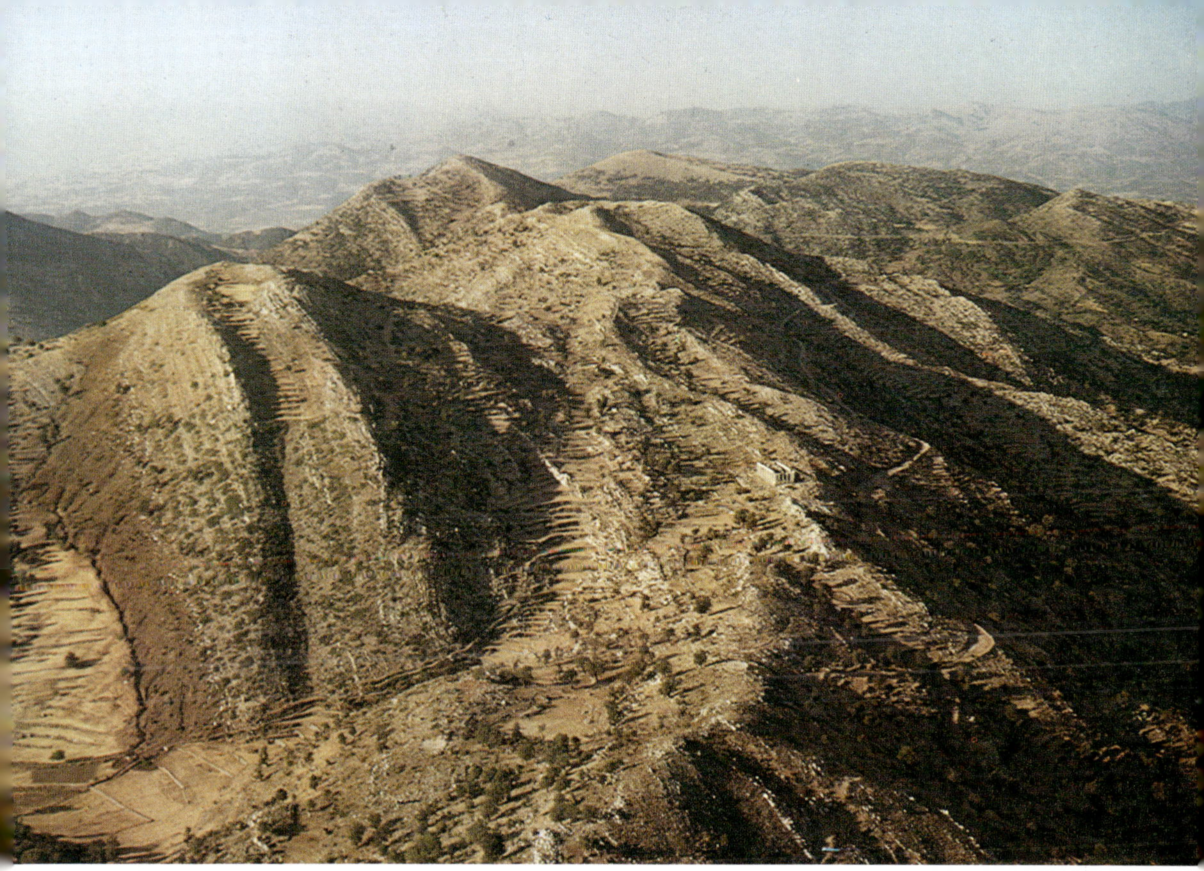

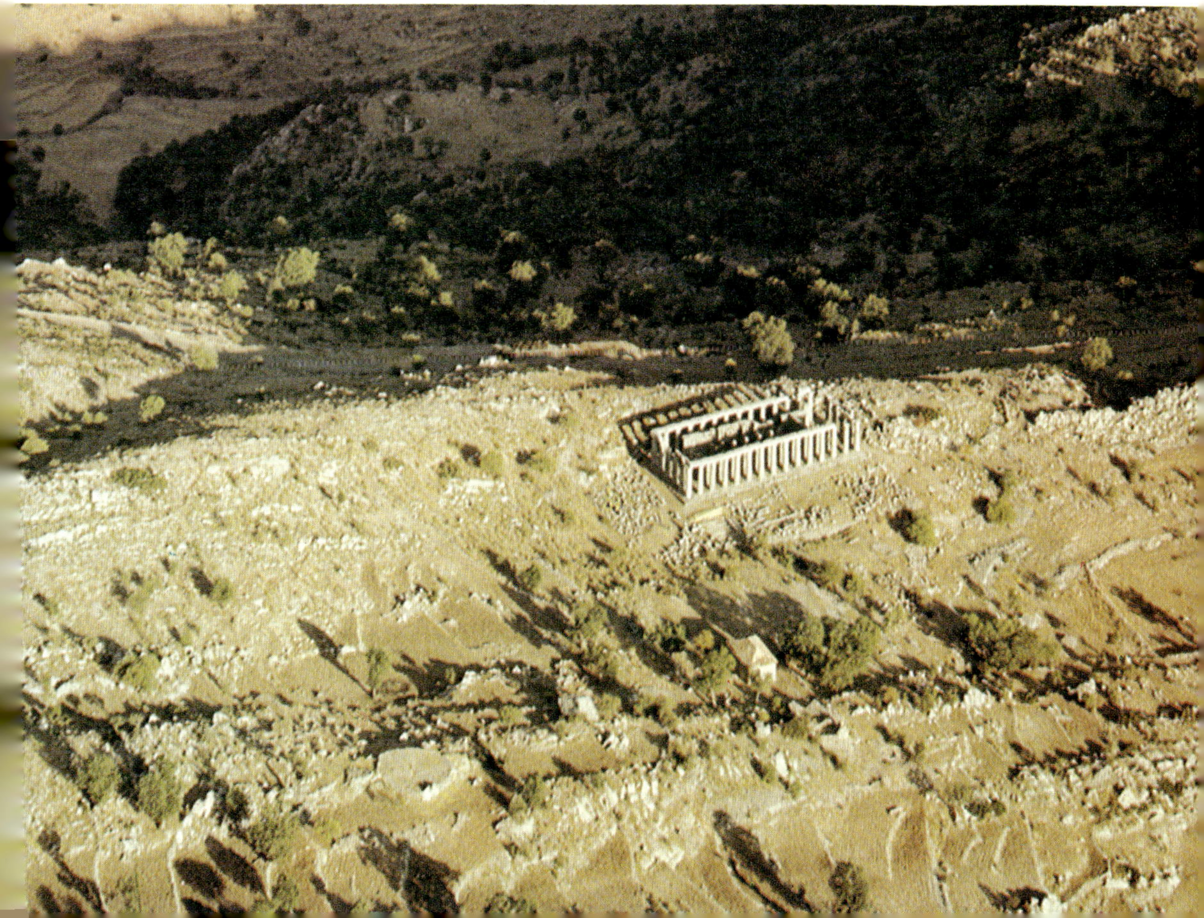

brauchte keine Verkleidung, dennoch bestanden Innenkapitelle, Deckenträger, Gebälk und Skulpturen aus edlem Marmor. Man hatte Apoll diesen Tempel zum Dank für Hilfe gelobt – wohl bei der ›Pest‹, die 420 v. Chr. hier wütete. Demnach entstand der Tempel Ende des 5. Jh.s und ist etwas jünger als der Parthenon, obwohl manche Experten ihn für älter halten. Nach Pausanias war er ein Werk des Parthenon-Architekten Iktinos. In der Tat deutet vieles auf Genialität und den Mut zu unkonventionellen Lösungen hin. So ist der Tempel nach Norden – nicht, wie üblich, nach Osten – ausgerichtet, und für seine Breite ist er außergewöhnlich lang (15 × 6 Säulen): Vermutlich in Nachahmung des archaischen Apollontempels in Delphi. Sehr tief sind die Vorhallen, einzigartig die Cella mit beiderseits 5 ionischen Dreiviertelsäulen und Zungenmauern sowie mit ihrer besonderen Behandlung des Volutenkapitells. Die hinteren Zungenmauern laufen in einem Winkel aufeinander zu, dazwischen erhebt sich eine freistehende Säule, und hier trifft man auf die ältesten korinthischen Kapitelle

der Baugeschichte. Es gibt auch keine Cella-Rückwand, sondern einen zur Cella hin offenen Raum mit einer eigenen Tür nach Osten hin. Er lag wohl über einer älteren, kleineren Kultstätte, die – wie gewöhnlich – nach Osten gerichtet war, in deren Zentrum (oder an deren Westwand) das Kultbild stand und die der Architekt in seinen Bau einbeziehen mußte. Er tat dies auf geniale Weise und brach dabei sowohl mit der üblichen Cella-Gestaltung als auch mit der Ost-West-Ausrichtung des Ganzen. Morgenlicht fiel durch die Seitentür und ließ das Götterbild in Apolls eigenem Widerschein erstrahlen.

Außerhalb des Tempels stand noch eine Kolossalstatue Apolls. Innen lief einst über den ionischen und korinthischen Kapitellen ein ionischer Fries entlang. Er zeigte Lapithen im Kampf gegen Kentauren sowie Herakles im Kampf mit Amazonen (heute größtenteils im Britischen Museum). Da die Aufnahmen für sich sprechen, ist statt einer Erläuterungsskizze ein Tempelgrundriß (nach Cockerell) beigefügt.

Vravron/**Brauron**

Nachdem Iphigenie und ihr Bruder Orestes mit einer Holzstatue der Artemis aus Tauros (von der Krim) geflohen waren, führten sie den Kult dieser Göttin in Brauron, etwa 24 km südöstlich von Athen, ein. Eine weitere Kultstätte der Artemis Tauropolos entstand in Halai, 6,5 km im Norden davon. Euripides *Iphigenie in Tauris* »prophezeit« die Gründung des Artemiskultes an beiden Plätzen. Schon in spätmykenischer Zeit (um 1300 v. Chr.) verschwand die Stadt Brauron. Bestehen blieb das Artemis-Heiligtum. Vom 8.–3. Jh. v. Chr. sind hier religiöse Aktivitäten belegt, bis Überschwemmungen allem ein Ende machten. In den örtlichen Überlieferungen verschmolz eine ältere, vorgriechische Muttergottheit mit Artemis. Unter anderem zeigte sich dies darin, daß man ihr Mädchen aus Attika weihte, die auf die Tötung eines ihrer heiligen Bären vorbereitet wurden. Im Klassischen Altertum entwickelte sich daraus ein alle 4–5 Jahre abgehaltenes Zeremo-

niell, bei dem Mädchen von 5–10 Jahren in safranfarbenen Gewändern ›Bären‹ (*arktoi*) darstellten. Die von Papadimitriou durchgeführten Grabungen (1946–1963) haben bezaubernde Marmorstatuetten solch junger Gottgeweihter ans Licht gebracht, dazu schöne Relieffelder, Keramik und Goldschmuck. Der Artemistempel liegt auf einer Erhebung am Südrand der Trümmerstätte – am Bergfuß bei der spätbyzantinischen Georgskirche (Ajios Jeorjios/Hagios Georgios), die eine heidnische Kultstätte quasi ›taufen‹ soll, wie man es in Griechenland und Italien so oft findet. Nur Reste vom Tempelsüd- und -ostteil sind noch erhalten. Ihnen zufolge hatte der Tempel an seiner Ostfassade eine Säulenvorhalle, ein *adyton* (Allerheiligstes) an seiner Rückwand, dazwischen eine dreischiffige Cella mit doppelter Innensäulenreihe. Das Bauwerk war dorisch, maß 10 × 20 m, stammte wohl aus dem 5. Jh. und ersetzte einen älteren Bau aus dem 7. oder 6. Jh.

v. Chr. Eine alte Stützmauer im Norden ist zweifellos die von Euripides erwähnte »heilige Treppe zu Brauron«. Der Altar lag wohl im Osten innerhalb der Temenosmauer des archaischen Heiligtums. Unter der Nordwest-Tempelecke entsprang der heilige Quell. Neben einer kleinen Grotte am Berghang südöst-

lich des Tempels befinden sich Ruinen – wohl das sogenannte ›Grab der Iphigenie‹ neben dem Haus einer Priesterin. Dieser Kult geht bis mindestens auf das 8. Jh. v. Chr. zurück. Um 425 v. Chr. wurde das Heiligtum durch Hinzufügung eines dorischen Säulenhofs und einer 29 m breiten Stoa erweitert. Sie hat 9 Säulen an

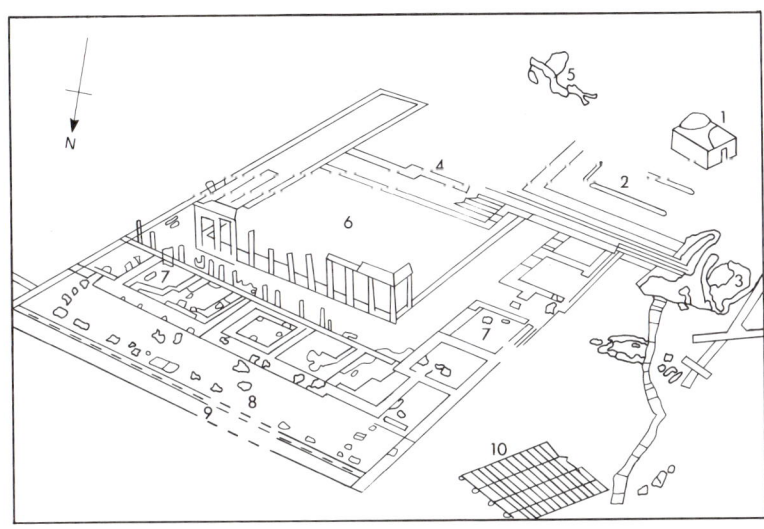

1 Georgskapelle Hagios-Georgios-Kapelle)
2 Artemistempel
3 Heiliger Quell
4 Temenosmauer
5 ›Grab der Iphigenie‹
6 Säulenhof
7 Räume für die ›Bärinnen‹
8 Ost-Propylon
9 Stelen- und Weihgeschenk-(Statuen-)Basen
10 Altgriechische Brücke

der West-, 15 an der Ost- und 11 an der Nordseite (Säulenhöhe 3,66 m, darüber Architrav
und Fries). An der Nord- und Westseite gab es
Räume mit Bett- und Tisch-Einlässen: Wohl für
Artemis' kleine ›Bärinnen‹, zumal athenische
Inschriften von einem *Parthenon* (wörtlich:
›Mädchen-Raum‹) sprechen. Am Nordrand vor
dem Ost-Propylon befinden sich Eintiefungen
für Stelen. Hier kamen auch die ›Bärinnen‹-Sta-
tuetten zum Vorschein. Vor der Nordwestecke
liegt eine Steinbrücke. Ihre Stützmauern liefen
parallel zum Bachbett. Es ist die einzige erhaltene Brücke Griechenlands aus klassischer
Zeit. Welche Bedeutung der Kult hier hatte,
zeigt, daß es auch auf der Athener Akropolis ein
Heiligtum der Artemis Brauronia gab.

Xerxes' Kanal/**Athos-Kanal**

Der östliche der 3 ›Finger‹, die die Chalkidike in
die Ägäis ausstreckt, hieß im Altertum Akte
und wird heute wegen seiner Häufung orthodo-
xer Klöster *Ajion Oros*, bzw. *Hagion Oros* (=
›Heiliger Berg‹) genannt. An seiner Südspitze
ragt die Pyramide des *Athos* 2033 m aus dem
Meer.
Bei seinem Versuch, dieses Kap 492 v. Chr. auf
der Strafexpedition gegen Eretreia und Athen
zu umrunden, hatte Dareios' Flotte unter Mardonios im Sturm Schiffbruch erlitten. Als Xerxes seinen viel massiveren Vorstoß nach Griechenland unternahm, wollte er dieses Risiko
vermeiden.
Aus diesem Grund ließ er die Halbinsel an ihrer
schmalsten Stelle bei Akanthos durchstechen,
so daß 2 Triremen nebeneinander hindurchfah-
ren konnten. Unsere einzigen Quellen hierfür
sind Herodot (7, 22–24) und einige verblüffende
Funde am Schauplatz der Handlung. Reisende
des frühen 19. Jh.s (Leake, Bowen und Spratt)
wollten eine Reihe flacher Tümpel in einer
Senke gesehen haben, die beim Dorf Ierissos
(wohl dem Lageplatz des alten Akanthos) nach
Westen lief.
Einige Uferhügel scheinen Aufschüttungen
(Abraumhalden vom Kanalbau?) zu sein. Der
Boden besteht aus Mergel und Sand, was nicht
nur den Durchstich, sondern auch die spätere
Verlandung des Kanals durch jahrhunderte-
lange Auffüllung mit Verwitterungsprodukten
und Ackerkrume erklären würde. Iuvenal und
mit ihm einige andere antike Autoren bezwei-
feln die Existenz dieses Kanals. Dennoch gab es
ihn wohl. Seine Länge betrug weniger als
2,5 km, das Gelände war niedrig, der Boden
weich – ganz anders als der etwa 78 m dicke
Fels am Isthmos von Korinth! Herodot (7, 24)
hielt diesen Kanal in erster Linie für eine persische Machtdemonstration. Doch der Bau hatte
auch praktischen Wert. Xerxes standen ja genug
Kräfte zur Verfügung, anderseits hätte es viel
länger gedauert, seine Flotte quer über die
Halbinsel zu ziehen. Xerxes soll den Bau 3 Jahre
vorher angeordnet haben, und seine Bautrupps
versorgten sich auf einem improvisierten
Markt auf einer Wiese an der Baustelle mit Ge-
treide.
Beachtung verdient auch ein Hort von 300 persischen Dareiken, die im vergangenen Jahrhundert hier in der Gegend gefunden wurden.
Nur die phönikischen Arbeiter sollen den An-
stich oben breiter gemacht und nach unten hin
abgeschrägt haben. Die Wände der anderen
Trupps stürzten immer wieder ein. Zwei
Zuchtmeister beaufsichtigten das Werk, und
auch die Knute fehlte nicht, wie Herodot (7, 22)
verächtlich bemerkt. Einer der Aufseher starb,
als Xerxes in Akanthos weilte (Herodot 7, 117).
Er erhielt ein Staatsbegräbnis. Die mächtige
Flotte segelte dann durch den Kanal: Artemision sowie ihrer Demütigung und der Katastrophe bei Salamis entgegen.
Der prahlerische Kanalbau hatte seine ein-
schüchternde Wirkung verfehlt. Die Griechen
erstarrten nicht in Unterwerfung. Und da später sein Wert für die Schiffahrt in keinem Verhältnis zur Mühe stand, ihn schiffbar zu halten,
verschwand er buchstäblich von der Bildfläche
und lebt nur bei Herodot, dem ›Vater der Geschichte‹ (und dem Vater der europäischen Pro-
saliteratur) weiter . . .

Xerxes' Kanal (Athos-Kanal)
1 Plati-(Platy-) Vorgebirge (Kap Arapis der Athos-Halbinsel
2 Ierissos (Hierissos [das antike Akanthos?])
3 Wahrscheinlicher Kanalverlauf
4 Strymonischer Golf (Akanthischer Busen = Bucht von Ierissos)
5 Singitischer Golf (Bucht von Ajion Oros)
6 Halbinsel Akte (= Nordteil der Athos-Halbinsel)

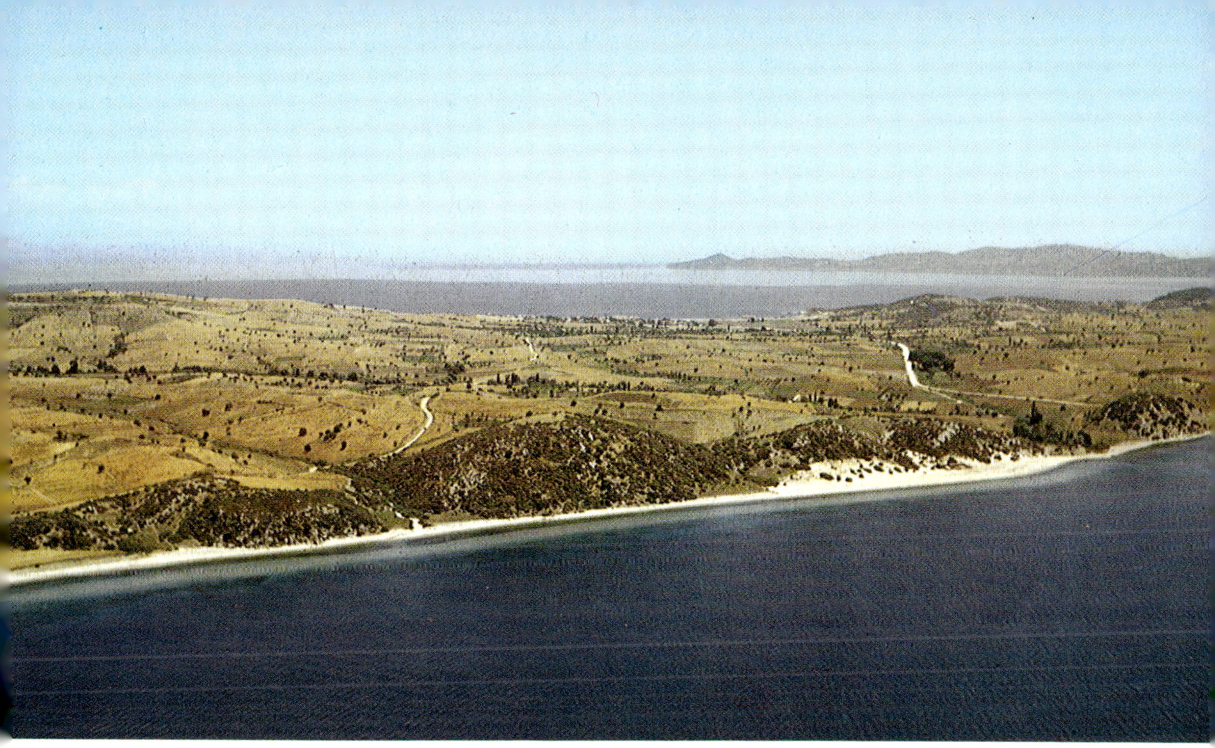

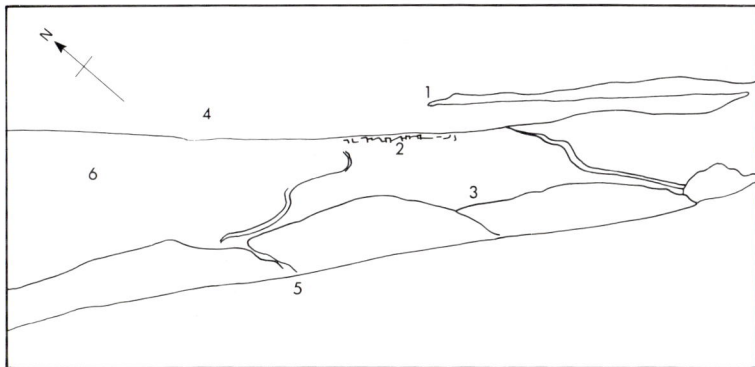

Zakros/**Zakro (Kato Zakro)**

Bis vor wenigen Jahren war die Existenz eines größeren minoischen Palastes an Kretas Ostküste unbekannt, ja kaum jemand hätte sie vermutet. Historische oder literarische Überlieferungen fehlen, und seine Entdeckung durch Professor N. Platon war einer der großen Glücksfälle der modernen Archäologie. Deutlich zeichnet sich der Palastplan ab, und da die Anlage nach der Katastrophe um 1450 v. Chr., der auch die anderen minoischen Paläste zum Opfer fielen, nicht wieder besiedelt wurde, ist sie von größter Bedeutung für die Aufhellung mancher Aspekte kretischen Bauens und Lebens. In den Ruinen barg man Kunstgegenstände – kostbare Zeugnisse minoischer Kultur, auf die Zakro in so vielfacher Hinsicht Licht wirft. Zusätzlich ist es als alte Hafenstadt von archäologischer Bedeutung, als Stadt, die von ausgedehntem Außenhandel lebte. Die Grabungen sind noch nicht abgeschlossen, doch der Palast-Haupteil liegt nunmehr frei, dazu ein Annex nach Nordwesten sowie ein

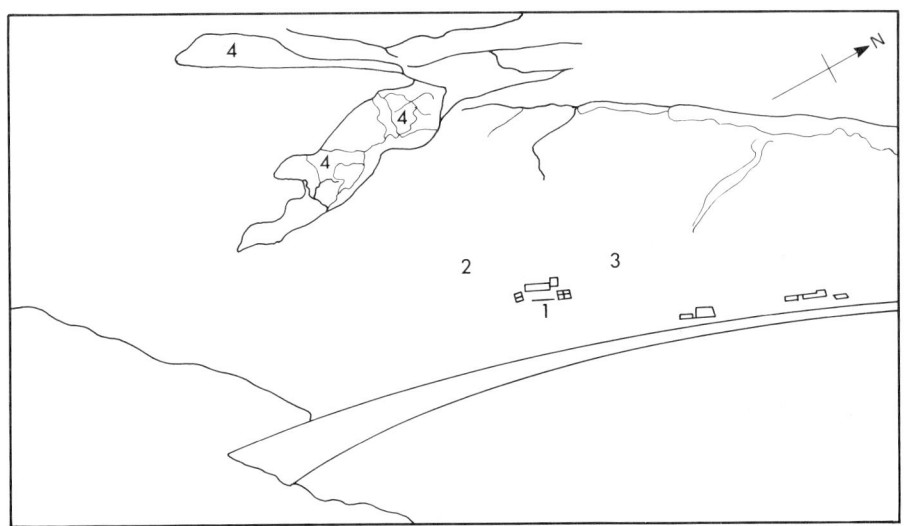

1 Palast
2 Lage der ›Südwesthäuser‹
3 Nordosthang (Hogarth)
4 Totenschlucht
5 Palast-Zentralhof
6 Gemächer der Königin?
7 Gemächer des Königs?
8 Halle der Zisterne
9 Brunnen mit Stufen

10 Magazine
11 Empfangshalle
12 Zeremonienhalle (Säulensaal)
13 Bankettsaal
14 Werkstätten
15 Stufenrampe
16 Innerer Pflasterhof
17 Passage zu den Nord-Anbauten
18 Küche und Speiseraum

19 Nordabschnitt: Wohnungen
20 Nordwestabschnitt: Wohnungen
21 Archiv: Linear-A-Täfelchen
22 Zentralheiligtum
23 Reinigungsbecken
24 Heiligtums-Schatzkammer
25 ›Südwesthäuser‹

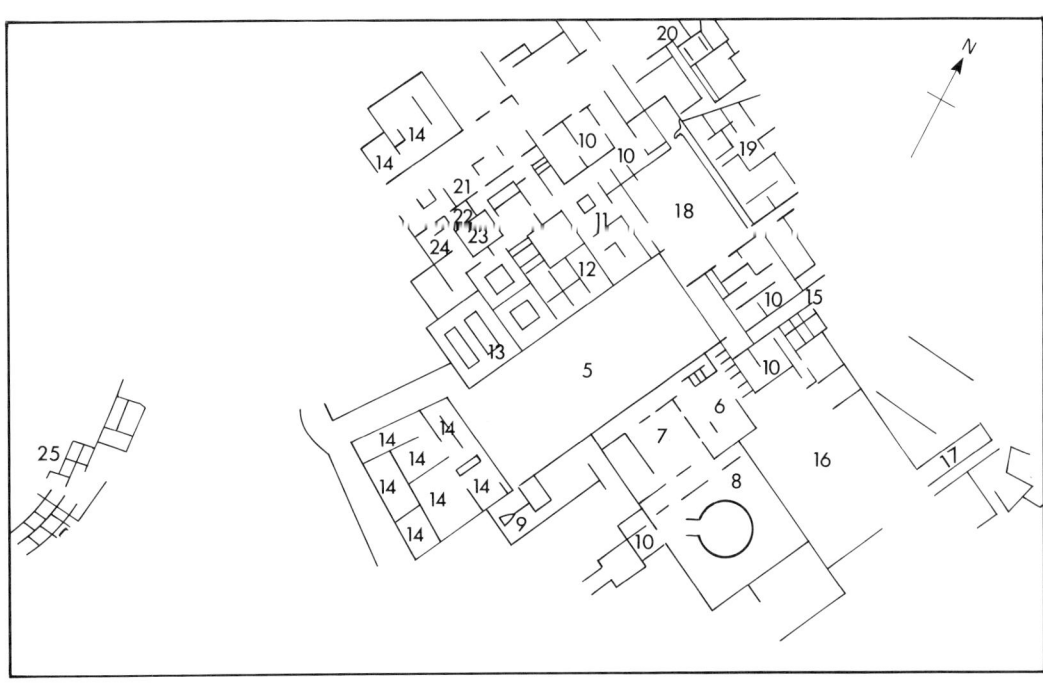

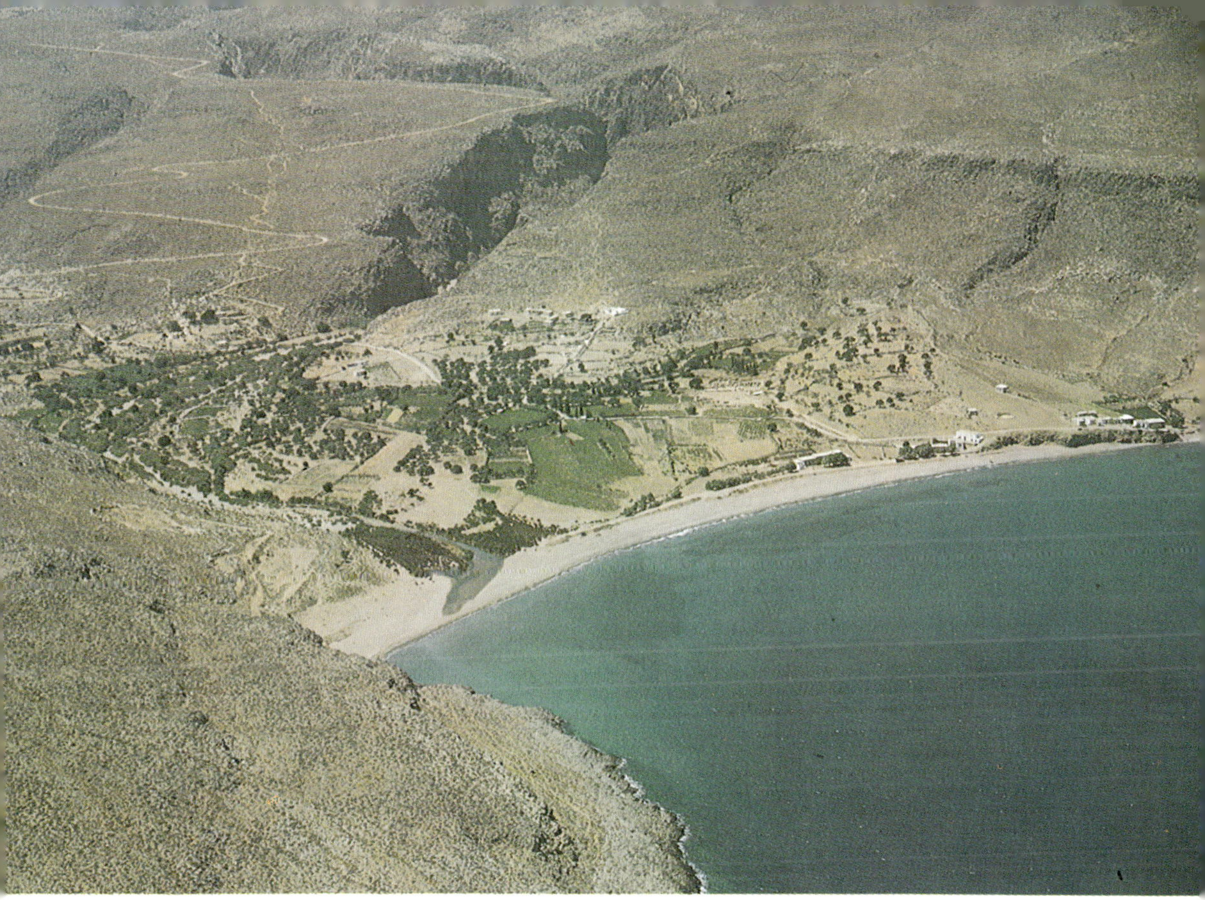

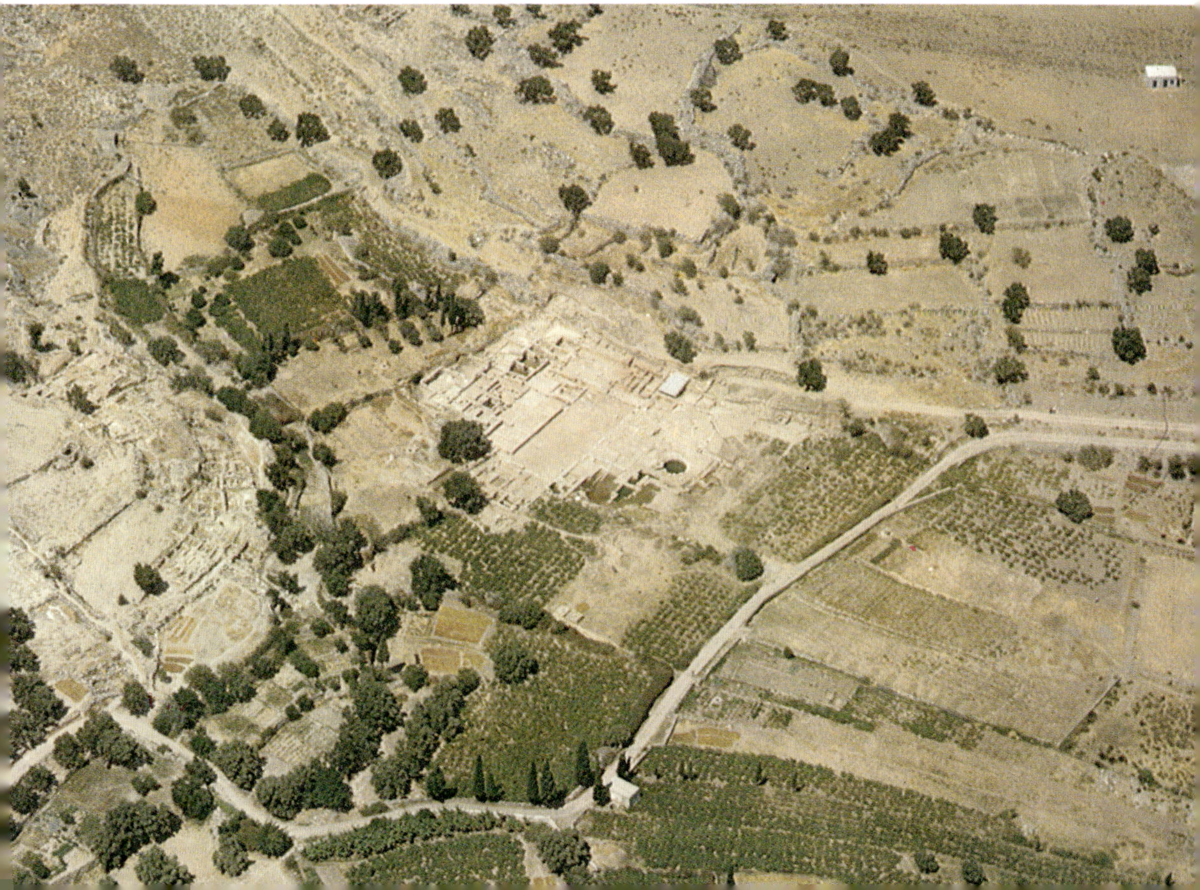

Häuserblock an Kopfsteinstraßen nach Südwesten hin – hier grub Platon, bevor er den Palast selbst fand. Die Luftnahme zeigt die seit 1967 ausgegrabenen Räume im Norden und Nordosten noch nicht, ist jedoch noch immer aktuell, da die Hauptbauten damals bereits freilagen. Die alte Anlage war weit eindrucksvoller als das heutige Kato Zakro mit seinen paar Häusern, Cafés, Höfen und seinem Gasthaus, obwohl es noch immer am gleichen herrlichen Strand liegt, von den gleichen Bergen umrahmt. Gesteigert wird der Eindruch erhabener Abgelegenheit noch durch die wildromantische Totenschlucht im Hintergrund mit ihren minoischen und jüngeren Gräbern. Britische Ausgräber unter Hogarth entdeckten 1901 am Nordosthang einige Häuser, die man für mykenisch hielt, dazu einige Artefakte, doch erst 60 Jahre später stieß Platon aufgrund verschiedener Hinweise und eigener Intuition auf die Südwesthäuser (1962 dann auch auf den Palast). Noch gräbt man an weiteren Bauwerken im Norden, und sicherlich liegen noch mehr Bauten nach Osten zum Meer hin begraben. Faszinierend lesen sich Grabungsberichte und Funddeutungen. Einige Räume im Norden und Nordwesten gehen bis auf das Ende des Frühminoikums bzw. die Proto-Palastphase zurück, doch der vorgefundene Palast selbst entstand nach 1600 v. Chr. und wurde nach einem verheerenden Erdbeben (Ende des 16. Jh.s) weitgehend neugebaut. Der große Zentralhof ist – wie alle anderen kretischen Paläste – von Nordosten nach Südwesten ausgerichtet. Östlich des Hofs lagen wohl die königlichen Privatgemächer. Zu der großen Halle hinter ihnen (vielleicht einem Audienzsaal) gehörte eine Zisterne für Quellwasser. Sie und ein steingefaßter Brunnenschacht (mit 8 Stufen hinab zum Wasserspiegel) stellen ein in kretischen Palästen einmaliges Wasserversorgungssystem dar. In einer Schale am Boden des Brunnens fand man noch Oliven! Von einem Pflasterhof im Osten führte eine Passage zu den Anbauten im Nordosten. Beim Reinigungsbecken westlich des Hofes lag das Palastheiligtum mit Bänken für Götteridole an den Innenwänden. In der Schatzkammer daneben gab es prächtige Kultgefäße aus Stein und Kristall. Tontafeln mit Linear-A-Schrift fanden sich im Archiv. Ein Speisesaal und ein Zeremonialraum grenzten im Westen an den Hof. Den großen Raum nordöstlich vom Hof identifizierte man aufgrund seiner Einrichtung als Küche – die einzige, die man bisher in einem minoischen Palast gefunden hat!

Der größte Teil des Palastes hatte ein Obergeschoß. Sein Inhalt stürzte bei der Katastrophe auf den Boden herab. Es gab Treppen und Lichthöfe, Magazine und Werkstätten für Elfenbeinschnitzerei, Steinschneiderei, Kristallschleiferei und Töpferei. Die Räume waren freundlich. Viele Wände trugen Stuckreliefs (oft weiße Spiralen auf blauem Hintergrund, im Zentrum eine Rosette). Seltsam eine Bodentäfelung (Stuckleisten, dazwischen rote Füllung).

Zeittafel: Der Mittelmeerraum im Altertum

(Daten = v. Chr. nach Platon, Hammond, Mylonas, Michalowski; einige Daten umstritten)

Naher Osten usw.	Kreta	Griechenland
	Jungsteinzeit	
Çatal Hüyük, Jericho: 7500 Prädynastisches Ur: 3400–2500 Älteste Schrift (Sumer): um 3300 Gilgamesch-Epos: um 3000 Troja I: um 3500– 	Endsteinzeit: ca. 6000–2600	Endsteinzeit: ca. 3900–2900 (bis 2200 im Norden) »Pelasger« um 3200–
	Frühbronzezeit	
Troja II: um 2800– Sumer: 1. Dyn. (um 2500) Sargon (Akkad): um 2350– Troja III: um 2300– Babylon u. Assur gegründet: um 2200 Gudea (Lagasch): um 2080–	*Vorpalastzeit/frühminoisch* 1 (= FM 1): 2600–2400 2 (= FM 2): 2400–2250 3 (FM 3): 2250–1950 (MM 1a): 1950–1900 (Bilderschrift)	*Frühhelladisch* (Vorgriechisch) 2600–1900 Lerna: »Haus der Ziegel« (um 2200; zerstört um 2100)
	Mittlere Bronzezeit	
Hethiter-Expansion: 1800– Hammurapi (Babylon): um 1792–1750 (1728–1686?) Troja VI: 1800– Erfindung des Alphabets in Syrien: um 1500	*Ältere Palastzeit/mittelminoisch* (erste Paläste) 1 (= MM 1b): 1900–1850 2 (= MM 2a): 1850–1750 3 (= MM 2b): 1750–1700 (Kamares-Keramik) (Paläste zerstört: um 1700) *Jüngere Palastzeit/mittel- bis spätminoisch* 1 (MM 3a): 1700–1650 (MM 3b): 1650–1550 (Paläste wieder aufgebaut; Linear-A-Schrift)	*Mittelhelladisch* (erste Griechen) MH 1: 1900–1650 Achäer (um 1900 [aus Kleinasien?]) Minyische Keramik MH 2: 1650–1580 (erste Schachtgräber: Ring B in Mykene)
	Spätbronzezeit	
Katastrophe von Thera? um 1450 (Kretische Paläste zerstört) Troja VII A: um 1300– Urartu (Ararat, Armenien): 13. Jh. Ramses II. einigt sich mit Hethitern (1269); Seevölker: um 1230 Grch. Theben zerstört: um 1230 Trojanischer Krieg: um 1210 bis 1200? Thera-Explosion: um 1175? Tiglatpilesar I. erobert Babylon: um 1080 Neuassyr. Reich: 885– Gründung Karthagos: um 800 Angebl. Gründung Roms: 753 Cumae, 1. griech. Kolonie im Westen: um 750 Mederreich: um 650–550 Troja VIII (griech.): um 700– Sennacherib vor Jerusalem: 701	2 (= SM 1a): 1550–1500 3 (= SM 1b): 1500–1450 (Höhepunkt der kretischen Macht; Palastzerstörung um 1450) 4 (= SM 2): 1450–1350 (nur in Knossos; Wieder- aufbau unter mykenischer Kontrolle; »Thronsaal«; Linear-B-Schrift) *Nach-Palastzeit/spätminoisch* 1 (= SM 3a): 1350–1300 2 (= SM 3b): 1300–1225 3 (= SM 3c): 1225–1120 (1190 keine Griechen mehr)	*Späthelladikum* (= mykenische Kultur) SH 1: 1580–1500 (Ring- und Kuppelgräber) SH 2: 1500–1400 (griechische Kolonisten auf Zypern und in Syrien) SH 3a: 1400–1300 (Mykenische Paläste) SH 3b: 1300–1190 (Atreus um 1250?) (Pylos zerstört um 1190) SH 3c: 1190–1120 (»Dorische Wanderung«: Mykene usw. um 1120 zerstört)
	Eisenzeit	
Zerstörung Babylons: um 689 Nebukadnezar, König von Babylon: 605/4–562 Perserreich/Kyros: 550– Alexander d. Gr.: 336–323 Hannibal: 247/6–183 Zerstörung Karthagos: 146 Troja IX (römisch): 45–	*Subminoikum* (»dunkles Zeit- alter«): 1120–1000 *Protogeometrisch:* 1000–850 *Dorierzeit:* 8.–7. Jh. *Klassik:* 6. Jh.– *Römerzeit:* 67 v. Chr. *Byzantinisch:* 5.–9. Jh. n. Chr.	*submykenisch:* 1120–1000 *Protogeometrisch:* 10. Jh. *Geometrisch:* etwa 9.–8. Jh. *Archaik:* etwa 750–480 *Klassik:* 480–323 *Hellenismus:* 323–146 *Römerzeit:* 146– *Byzantinisch:* 395 n. Chr.–

Erklärung besonders häufiger Fachausdrücke

ABATON (›unbetretbar‹) Heiligtum. In Epidauros eine langgestreckte Halle, wo die Kranken liegend auf Erleuchtung oder Heilung warteten.

ADYTON (›unbetretbar‹). Allerheiligstes eines Tempels oder Kultschreins.

AKROTERION (›Spitzen-‹ oder »Kanten-Aufsatz«) Giebelbekrönung (Skulptur) auf dem First und den Ecken eines (Tempel-)Giebels.

ANAKTORON (›Herren-Palast‹) In Samothrake ein rechteckiger Kultbau.

ANTEN (lat. ›Pfeiler‹) Vorspringende Seitenwände einer Tempelcella.

ARCHEGESION (›Anführer-Stätte‹) Auf Delos Kultbau für Apollon Archegetes und den sagenhaften Stadtgründer Anios.

ARCHITRAV (›Hauptbalken‹) Auf Säulen ruhender, Giebel oder Dach tragender Querbalken.

ARTEMISION Artemis-Heiligtum (wie auf Delos).

ASKLEPIEION Asklepios-Heiligtum (Asklepios, lat. Aesculapius = Gott der Heilkunst).

BOULEUTERION/BULEUTERION (›Rats-Haus‹) Rathaus.

CAVEA (lat. ›Höhlung‹, griech. koilon) runder Zuschauerraum mit Sitzrängen (Theater etc.).

CELLA (lat. ›Kammer‹) Zentralraum eines Tempels mit Kultbild.

DIAZOMA (›Gürtel‹) Horizontaler Rangumgang in einem Theater.

DIATEICHISMA (›Trennmauer‹) Trennmauer unterschiedlicher Bestimmung.

DIOLKOS (›Durchzug‹) Schiffsgleitbahn quer über eine Landenge.

DIPYLON (›Doppeltor‹) Doppeltor.

DROMOS (›Lauf‹, ›Gang‹) Bei manchen Grabtypen von Mauern flankierter Zugang.

EPISTYL (›auf Säulen‹) andere Bezeichnung für Architrav.

ESCHARA (›Feuerstätte‹) Herd oder Brandopferaltar, besonders in minoischen Palästen.

EXEDRA Säulenhalle mit Sitzbänken oder Statuenpostament mit Sitzbank.

HELIAIA Volksgericht in Athen und dessen (angeblicher?) Tagungsort an der Agora.

HEROON Monument bzw. Kultstätte eines Heros.

HIPPODROM (›Pferderennbahn‹) Eine Art Stadion für Pferdewagenrennen.

HYPOSTYLE HALLE (›Halle unter Säulen‹) Überdachte Säulenhalle (mit Innensäulen).

ISCHEGAON (›Erd-Halter‹) Tempelterrassen-Stützmauer (z. B. in Delphi).

KERATON (›Horn-‹, ›Hörner-‹) Bau für Altar mit Hörnern (auf Delos).

KOILON (›Höhlung‹) Andere Bezeichnung für *Cavea*.

KORE (›Mädchen‹) Archaischer Gewandstatuentyp.

KOUROS/KUROS (›Jüngling‹) Archaische Statue eines nackten Jünglings.

MANTEION Orakelstätte.

MARMARIA (›schimmernd‹, ›aus Marmor‹) Unterer Heiligtumsbezirk in Delphi.

MEGARON (›Großraum‹, ›Herrenhaus‹) Zentralraum mykenischer Paläste; alter Tempel.

METOPE (›Stirn‹) Meist reliefierte Platte zwischen den Triglyphen eines dorischen Gebälk-Frieses.

NAISKOS (›kleiner Kultschrein‹) Kleiner, tempelähnlicher Aufbau auf Gräbern usw.

NAOS (›Tempel‹, ›Heiligtum‹) Innenraum (= Cella) eines Tempels, bzw. der Tempel selbst.

NEORION (›Schiffsplatz‹) Jeder Schiffliegeplatz, Dock usw.

ODEION (›Liederhalle‹, ›Singhalle‹) Konzerthalle (theaterähnlich).

OPISTHODOMOS (›hinterer Raum‹) Rückwärtige (meist westliche) Tempelvorhalle.

ORCHESTRA (›Tanzplatz‹) Fläche vor der Theaterbühne, meist teiloder vollrund, für den Chor (früher überhaupt Spielplatz).

PALAISTRA (›Ringkampfstätte‹) Säulenumgebene, viereckige, unüberdachte Sportstätte.

PARADROMOS (›Lauf neben . . .‹) Unüberdachte Laufbahn längs einer Gymnasion-Kolonnade.

PARASKENION (›Neben der Bühne‹) Flügel oder Nebengebäude der Bühne, oft auf die Orchestra vorspringend.

PARODOS (›Seitenweg‹) Seitlicher Zugang zur Orchestra zwischen *Koilon*-Wange und Skene.

PELOPION Pelops-Heiligtum (so in Olympia).

PERIPTEROS von Säulenstellung umgebener Tempel.

PERISTYL (etwa ›säulenumgeben‹) Säulenreihe um ein Gebäude (Tempel) oder einen Hof.

POLYANDREION (etwa: ›Für viele Männer‹) Massengruft (mit Denkmal).

POMPEION (›Prozessions-Haus‹) Magazin für Prozessions-›Ausrüstung‹.

PROHEDRIA (›Vordersitze‹) Ehrensitze für prominente Theaterbesucher.

PROPYLON (›Vorhalle‹) Prunktor. Praktisch gleichbedeutend mit ›Propyläen‹.

PROSKENION (›Vor der Bühne‹) Plattform mit Säulen zwischen Orchestra und Bühnenhaus.

PROSTOON (›Vordach‹) Säulenvorhalle.

PRYTANEION (etwa ›Vorsteherhaus‹) Magistratsgebäude.

PYTHION Heiligtum des Pythischen Apoll.

SEBASTEION (griechisch für lateinisch *Augusteum*) Kaiserkult-Heiligtum (*sebastos* [griech.] = *augustus* [lat.] = ›erhaben‹ [Kaisertitel]).

SKENE (›Zelt‹, ›Bude‹) Bühnenhaus eines Theaters (früher: ›Schaustellerbude‹).

SKENOTHEKE (›Zelt-Magazin‹) Magazin für Bühnenutensilien, Kostüme usw.

SPHENDONE (›Schlinge‹, ›Schleuder‹) Bezeichnung (vor allem des runden Endes) einer Rennbahn.

STOA (›Säulenhalle‹) Überdachte Kolonnade, Portikus.

STYLOBAT (›Säulenstuhl‹) Oberste Stufe des Säulenunterbaus.

SYNEDRION (etwa: ›gemeinsame Sitzrunde‹) Ratsversammlung, Tagungsstätte.

TELESTERION (›Ort der Vollendung‹) Halle für Einweihungsriten (in Eleusis).

TEMENOS (›Herausgeschnitten‹) Sakraler Bereich eines Heiligtums, ›Heiliger Bezirk‹.

THERSILEION Große hypostyle Versammlungshalle beim Theater in Megalopolis.

THOLOS (›Rundbau‹) Rundbau für sakrale oder profane Zwecke. Auch Vor- und Frühstufe mykenischer Kuppelgräber.

TRIGLYPH (›dreifach gekerbt‹) Zierelement dorischer Gebälkfriese (Nachahmung herausragender Holzbalken-Enden).

XENON (›Gästelogis‹) Hospiz, Gästehaus.

XOANON (›geschnitzt‹) Holzschnitzerei, (primitives) Kultidol.

XYSTOS (etwa: ›elegant‹) Überdachte Kolonnade in einem Gymnasion oder einer Villa usw.

Literaturverzeichnis

Abkürzungsliste

AAA	Athens Annals of Archaeology
AJA	American Journal of Archaeology
Ath. Mitt.	Athenische Mitteilungen des Deutschen Archäologischen Instituts
BA	Biblical Archaeologist
BCH	Bulletin de Correspondance Hellénique
BSA	Annuals of the British School at Athens
EAA	Enciclopedia dell'Arte Antica
ILN	Illustrated London News
JDAI	Jahrbuch des Deutschen Archäologischen Instituts
JHS	Journal of Hellenic Studies
PAE	Praktika tis Archäolojikis Etärias
SA	Scientific American

Nachstehendes Literaturverzeichnis erhebt keinen Anspruch auf Vollständigkeit. Es würde sonst einen eigenen Band füllen. Angeführt sind nur Werke von besonderem Interesse und besonderer Eignung als ausführlichere Informationsquelle zu den von uns erwähnten Stätten. Vorzug haben englischsprachige Arbeiten, doch auch französische, deutsche, griechische oder italienische Werke werden zitiert. Grabungsberichte wurden nur aufgenommen, wenn andere, allgemeine Darstellungen fehlten. Von Bedeutung erscheinen uns Hinweise auf Skizzen, die sich zur Ergänzung unserer eigenen Skizzen, ja selbst der Luftaufnahmen eignen. Antike Quellen sind in der Regel nicht angegeben, obwohl sie oft von Interesse sind. Deutsche Übersetzungen von Herodot, Pausanias und Strabo sind jederzeit greifbar. Ihre Lektüre sei zur Ergänzung unserer Angaben wärmstens empfohlen. Auch auf Angabe der jeweiligen Seiten in den nachstehenden Führern wurde verzichtet, die man ohnehin stets zur Hand haben sollte. Gerade wegen ihrer Verfügbarkeit konnte ich selbst mich einschränken und auf Wiederholung alles dessen verzichten, was die betreffenden Werke bringen.

The Princeton Dictionary of Classical Archaeology, hrsg. von R. Stillwell (Princeton, geplant für 1975): Alphabetische Auflistung aller klassischen Stätten mit kurzem historischem archäologischem Kommentar sowie Kurzbibliographien.
Griechenland von R. Boulanger (Paris: Hachette 1964): Handlicher Abriß aller Stätten Griechenlands, oft mit Plänen.
Greece von S. Rossiter (*Blue Guides* London: Benn 1973): Ähnlich wie das Werk zuvor, nur aktueller und z. T. detailreicher.
Griechenlandkunde von Kirsten/Kraiker (5. Aufl., Heidelberg: Winter 1967): Teilweise sehr gut, manches fehlt. Hervorragende Einzelbibliographien am Schluß (doch leider einige Irrtümer).

Oxford Classical Dictionary, hrs. v. Hammond und Scullard (Oxford 1970): Kurzartikel über bedeutendere Plätze, doch unvollständig.
Real-Encyclopaedie der Classischen Altertumswissenschaft, hrsg. v. Pauly, Wissowa, Kroll (u. a.; Stuttgart 1893–1971): Zahlreiche Bände u. Supplementbände, Geschichte und Beschreibung aller Stätten; gelegentlich Pläne.

ÄJINA (AEJINA) /AIGINA
Berve, H., und G. Gruben: *Griechische Tempel und Heiligtümer* (München 1961) Details und Pläne.
Furtwängler, A.: *Aegina: Das Heiligtum der Aphaia* (2 Bde., München 1906).
Webster, T. B. L. *The Temple of Aphaia at Aegina* in *JHS* 51 (1931) 179–183 (nur über Skulpturen).
Welter, G. *Aigina* (Berlin 1938): 64–90 nur über den Aphaiatempel, der Rest über andere Stätten und über Kunst.

ÄGOSTHENA/AIGOSTHENA
Benson, E. F. *Aegosthena* in *JHS* 15 (1895) 314–324 (mit Plan).
Scranton, R. L. *Greek Walls* (Harvard 1941): 81, 167, 176.
Winter, F. E. *Greek Fortifications* (Toronto 1971): 142, 165, 189.

AJIA TRIADA/HAGIA TRIADA
Banti, L. *Haghia Triadha* in *EAA* 3 (1087–1093) mit Fotos und Plan.
Graham, J. W. *The Palaces of Crete* (Princeton 1962): 49–51 (Plan).
Halbherr, F. *Scoperti ad Haghia Triadha presso Phaestos* in: *Monumenti Antichi* 13 (1903) 6–74.
Marinatos, S. *Crete and Mycenae* (London 1960): 58–62, 135–137. (Fotos, Bantis Plan).
Mosso, A. *The Palaces of Crete and their Builders* (London 1907): 69–91 (mit Fotos früher Funde).
Nauert, J. P.: *The Haghia Triadha Sarcophagus: aniconographical study* in *Antike Kunst* 8 (1965) 91–98.
Pernier, L., und L. Banti *Guida degli scavi Italiani in Creta* (Rom 1947) 28–38.

AMFIARION/AMPHIAREION
Coulton, J. J. *The Stoa of the Amphiareion at Oropos* in *BSA* 63 (1968) 147–183.
Petrakos, B. *Oropos kä to Ieron tu Amphiarau* (Athen 1968): Allgemeine Darstellung (neugriechisch) mit Plänen.
Versace, F.: *Der Tempel und die Stoa im Amphiareion bei Oropos* in *Ath. Mitt.* 33 (1908) 247–272.

AMFIPOLIS/AMPHIPOLIS
Broneer, O. *The Lion Monument of Amphipolis* (Harvard 1971).
Pelekides, K., und D. Lazarides in *PAE* 1920, 1956, 1957, 1959, 1961, 1962 und 1965 (Grabungsberichte [neugriechisch]).
Pritchett, W. K. *Amphipolis* in *Studies in Ancient*

Greek Topography, Bd. 1 (Univ. of California 1965): 30–48 mit Fotos u. Geländekarte.

ARGOS

Courbin, P. *Discoveries at Ancient Argos* in *Archaeology* 9 (1956) 166–174 (Gräber aus mykenischer und geometrischer Zeit).

Roux, G. *Les Sanctuaire d'Apollon sur l'Aspis* in *L'Architecture de l'Argolide aux IV et III Siècles* (Paris 1961): 65–82.

Tomlinson, R. A. *Argos and the Argolid* (London 1972): Allg. Geschichte, Fotos und Pläne.

Vollgraff, W. (u. a.) *Le Sanctuaire d'Apollon Pythéen à Argos* (Paris 1956): Pläne und Fotos.

Vollgraff, W. (u. a.) *Le Sanctuaire d'Apollon Pythéen à Argos* (Paris 1956): Pläne und Fotos.

Vollgraff, W., zus. mit J. Deshayes, P. Courbin, G. Roux und G. Daux in *BCH* 1904, 1906, 1907, 1920 sowie jährlich seit 1954 (Grabungsberichte mit Plänen).

AFINÄ/ATHENAI (ATHEN)

The Athenian Agora: Results of the Excavations conducted by the American School of Classical Studies in Athens: Zahlreiche Bände, wird fortgesetzt (Princeton: 1953 ff.); ausführliche Angaben, Fotos und Kartenmaterial.

Berve, H., und G. Gruben: *Griechische Tempel und Heiligtümer* (München 1961) mit Plänen.

Bowra, C. M. *Periclean Athens* (London 1971): Historischer und kultureller Hintergrund.

Collignon, M. *Le Parthénon: Histoire, Architecture, Sculpture* (Paris 1926): Detaillierte Darstellung.

DeSolla Price, D. *The Tower of the Winds*, in: *National Geographic Magazine* (April 1967) 587–596.

Dinsmoor, W. B.: *Observations on the Hephaisteion* (Princeton 1941) = *Hesperia* Supplement 5.

Gouvoussis, J., und A. N. Oikonomides: *The Acropolis* (Athen 1965): Plan und dreidimensionale Rekonstruktionszeichnungen, Beschreibungen u. Quellenangaben.

Hill, I. T. *The Ancient City of Athens* (London 1953): Gute Zusammenstellung von Quellen und Sekundärliteratur.

Hopper, R. J. *The Acropolis* (London 1970): Beschreibung, zahlr. Aufnahmen.

Judeich, W. *Topographie von Athen* (2. Aufl. München 1931): informiert umfassend, z. T. etwas überholt.

Karo, G.: *An Attic Cemetery: Excavations in the Kerameikos at Athens* (Philadelphia 1943).

Oikonomides, A. N. *The Two Agoras in Ancient Athens* (Chicago 1964): informiert über frühe Lokalisationsversuche.

Pickard-Cambridge, A. W.: *The Theatre of Dionysos at Athens* (Oxford 1946).

Plommer, W. H. *The Archaic Acropolis: Some Problems* in: *JHS* 80 (1960) 127–159.

Stevens, Gorham P.: *Restorations of Classical Buildings* (Princeton 1958): Akkurate Zeichnungen vieler Bauten.

Derselbe: *The Setting of the Periclean Parthenon* (Princeton 1940): *Hesperia* Supplement 3.

Stuart, J., und N. Revett: *The Antiquities of Athens* (4 Bde. London 1762–1816): Wichtige Dokumente

über den Zustand der Baudenkmäler im 18. Jh. (mit Beschreibungen).

Thompson, H. A. (Hrsg.): *The Athenian Agora: A guide to the excavations and museum* (Athen 1962).

Thompson, H. A., und R. E. Wycherley: *The Agora of Athens* (Princeton 1972): Zusammenfassung (Funde, Angaben usw.).

Travlos, J.: *Pictorial Dictionary of Ancient Athens* (London 1971): 721 Fotos, kurze Angaben zu allen Monumenten, Literaturauswahl.

Wycherley, R. E.: *The Olympieion at Athens* in: *Greek, Roman and Byzantine Studies* 5 (1964) 161–179. Ein Akropolis-Modell in *Archaeological News* (*Archaeology* 13 [1960] 217): Aufn. eines maßstabgerechten Modells in Toronto.

AVDIRA/ABDERA

Graham, J. W.: *Notes on Houses and Housing Districts at Abdera and Himera* in: *AJA* 76 (1972) 295–301.

Lazarides, D., in: *PAE* 1950, 1952, 1954, 1955, 1956, 1966 (Grabungsberichte/neugriechisch).

Lazarides, D., und K. Doxiadis: *Abdera kai Dikaia* (Athen 1971): Allg. zusammenfassende Darstellung (neugriechisch) mit Plänen.

MacDonal, W. A. *The History of Abdera* (Baltimore 1943).

AVLIS/AULIS

Daux, G.: *Chronique des Fouilles, 1961: Aulis*, in: *BCH* 86 (1962) 776–779 (mit Plan des Tempelgeländes).

Psarianos, O.: *O Archäos Limin tis Avlidos*, in: *Polemon* 3 (1948) 155–160 (über den Alten Hafen / neugriechisch).

Threpsiades, I., in: *PAE* 1956 (94–104), 1958 (45–54), 1959 (26–33) und 1961 (41–44): Grabungsberichte (neugriech.).

DELFI/DELPHOI (DELPHI)

Berve, H., und G. Gruben: *Griechische Tempel und Heiligtümer* (München 1961) mit Plan. Coste-Messelière, P. de la, und G. de Miré: *Delphes* (Paris 1943): 248 gute Aufnahmen der Ruinenstätten und Kunstwerke.

Dinsmoor, W. B.: *Studies of the Delphian Treasuries*, in: BCH 36 (1912) 439–493, sowie 37 (1913) 5–83.

Feil, G.. *Delfi*, in: *FAA* 3, 27–44 (mit Plan, Aufnahmen).

Flacelière, R.: *Greek Oracles* (London 1965): 33–59 über Delphi.

Haywood, R.: *The Delphic Oracle*, in: *Archaeology* 5 (1952), 110–118.

Holland, L. B.: *The Mantic Mechanism at Delphi*, in: *AJA* 37 (1933) 201–214.

Hoyle, P.: *Delphi* (London 1967): Gesamtdarstellung Delphis, ausführlich auf das Orakel eingehend (mit Fotos).

Parke, H. W., und E. W. Wormell: *The Delphic Oracle* (2 Bde. Oxford 1956): Geschichte, überlieferte Orakelsprüche.

Picard, C., und J. Replat: *Sur la Tholos du ›Hieron d'Athéna Pronaia‹*, in: *BCH* 48 (1924) 209–263.

Poulsen, F.: *Delphi* (London 1967): Guter Gesamtüberblick.

Ridgway, B. S.: *The West Frieze of the Siphnian Treasury*, in: BCH 86 (1962), 24–35.
Derselbe: *The East Pediment of the Siphnian Treasury*, in: AJA 69 (1965) 1–5.
Roux, G.: *Delphes* (Paris 1970): Allgemeine Erörterung des Orakels und der Monumente (französisch); Fotos und Plan. Umfassendstes Material, Pläne, Rekonstruktionen usw. in: *Fouilles de Delphes* (Paris, seit 1902): Zahlreiche Bände (noch in Vorbereitung).

DILOS/DELOS
Berve, H., und G. Gruben: *Griechische Tempel und Heiligtümer* (München 1961): Mit Plan.
Bruneau, P., und J. Ducat: *Guide de Délos* (Paris 1965): Zusammenfassung mit Fotos und Plänen.
Courby, F.: *Le Sanctuaire d'Apollon Délien*, in: BCH 44/45 (1921/1922) 174–241.
Deonna, W.: *La vie privée des Déliens* (Paris 1948).
Laidlaw, W. A. *A History of Delos* (Oxford 1933).
Laurenzi, L.: *Delo*, in: EAA 3, 45–58: Zusammenfassung mit Fotos und Plänen.
Reinach, S.: *Le Colosse d'Apollon à Délos*, in: BCH 17 (1893), 129–144.
Vallois, R.: *L'Architecture Hellénique et Hellénistique à Délos* (2 Bde. Paris 1944 u. 1966).
Derselbe: *Topographie Délienne*, in: BCH 48 (1924) 411–445 u. 54 (1929) 185–315. Am ausführlichsten (mit Plänen u. Fotos): *Exploration Archéologique de Délos* (Paris seit 1909): Zahlreiche Bände, wird fortgesetzt.

DODONI/DODONA
Berve, H., und G. Gruben: *Griechische Tempel und Heiligtümer* (München 1961): Über Orakel und Ortsgeschichte.
Carapanos, C.: *Dodone et ses Ruines* (2 Bde. Paris 1878).
Dakaris, S.: *Dodona* (Iannina 1971): Umfassender Führer mit Plänen, Skizzen, Fotos.
Gardner, P.: *New Chapters in Greek History* (London 1892) 402–412.
Nicol, D. M.: *The Oracle of Dodona*, in: *Greece and Rome* 5 (1958) 128–143.
Parke, H. W.: *The Oracles of Zeus* (Harvard 1967): 1–163, 259–286.

ELEFSIS/ELEUSIS
Berve, H., und G. Gruben: *Griechische Tempel und Heiligtümer* (München 1961).
Kerenyi, C.: Eleusis: *Archetypal Image of Mother and Daughter* (New York 1967).
Kourouniotis, K.: Eleusis: *A Guide to the Excavations and Museums* (Athen 1936).
Mylonas, G.: *Eleusis and the Eleusinian Mysteries* (Princeton 1961): Mit Fotos und Plänen.
Mylonas, G., und K. Kourouniotis: *The Hymn to Demeter and her Sanctuary at Eleusis* (St. Louis 1942).
Noack, F.: *Eleusis* (Berlin 1927): 2bändige umfassende Studie mit Fotos und Plänen.
Travlos, J.: *The Topography of Eleusis*, in: *Hesperia* 18 (1949) 138–147 (mit Plänen).

EPIDAVROS/EPIDAUROS
Berve, H., und G. Gruben: *Griechische Tempel und Heiligtümer* (München 1961): Mit Plänen.

Burford, A.: *The Greek Temple Builders at Epidauros* (Liverpool 1969): Interessante Einzelheiten über Planung, Aufsicht, Finanzierung, Handwerker usw.
Gerkan, A. von, und W. Müller-Wiener: *Das Theater von Epidauros* (Stuttgart 1961): Umfassende Angaben, Pläne.
Kavvadias, P.: *Fouilles d'Epidaure* (Athen 1891): Grabungsbericht mit Fotos u. Plänen.
Lechat, H., und A. Defrasse: *Epidaure: Restaurations et description des principaux monuments du sanctuaire d'Asclépios* (Paris 1895): Plan, gute Rekonstruktionen, informative Beschreibungen.
Papadimitriou, J.: *Le Sanctuaire d'Apollon Maléatas à Epidaure*, in: BCH 73 (1949), 361–383.
Roux, G.: *L'Architecture de l'Argolide aux IV et III Siècles* (Paris 1961): 83–315.
Schoder, R. V.: *The Theater at Epidauros as a Work of Art*, in: *Greek Drama: Festival Papers*, hrsg. von L. Beede, Univ. of South Dakota (1967) 13–39 (Fotos, Daten)

ERETRIA/ERETREIA
Auberson, P., und K. Schefold: *Führer durch Eretria* (Bern 1972): Allgemeiner Führer.
Eretria: Fouilles et Recherches (Bern, seit 1968): Bd. I: Apollon-Tempel; Bd. III: Heroon am Westtor.
Fiechter, E.: *Das Theater in Eretria* (Stuttgart 1937).
Richardson, R., und andere: Reihe von Arbeiten über Geschichte, Topographie, Theater, Dionysostempel, Gymnasion usw. nach ersten Grabungen in: *Papers of the American School of Classical Studies at Athens*, Bd. 6: 1890–1897 (Boston 1897); Abdruck aus AJA 5–11.
Schefold, K.: *The Architecture of Eretria*, in: *Archaeology* 21 (1968) 272–281: Untersuchung mit Fotos.
Schefold, K. (und andere): Grabungsberichte mit Fotos und Plänen in: *Antike Kunst* 1964, 1966, 1968, 1969 u. 1971. Besserer Plan in *Archaiologikon Deltion* 17 (1961/62) 153.

FÄSTOS/PHAISTOS
Graham, J. W.: *Phaistos: Second Fiddle to Knossos?* in: *Archaeology* 10 (1957) 208–214 (mit Fotos).
Derselbe: *The Palaces of Crete* (Princeton 1962) 34–41 (Photos und Plan).
Derselbe: *Egyptian Features at Phaistos*, in: AJA 74 (1970) 231–239
Hood, S.: *The Minoans* (London 1971) 72–75 (mit Fotos und Plan).
Hutchinson, R. W.: *Prehistoric Crete* (London 1962) 190–195: Mit Plan.
Levi, D.: *Recent Excavations at Phaistos* (Lund 1964): Zusammenfassung m. Fotos u. neuem Plan.
Marinatos, S.: *Crete and Mycenae* (London 1960): 131–135 Mit Fotos u. Plan.
Pernier, L., und L. Banti: *Il Palazzo Minoico de Festos* (2 Bde. Rom 1935 u. 1951): Ausführl. Informationen, sämtliche Daten, Pläne.

FILI/PHYLE
Chandler, L.: *The Northwest Frontier of Attica*, in: JHS 46 (1926): 3–6.
Scranton, R. L.: *Greek Walls* (Cambridge 1941) 177.
Skias, A.: in: PAE (1900) 38–50 (Grabungsbericht / neugriechisch).

Winter, F. F.: *Greek Fortifications* (Toronto 1971) 43, 139–140, 161f. (mit Plan u. Rekonstruktion).

Wrede, W.: *Phyle*, in: *Ath. Mitt.* 49 (1924) 153–224 (umfassendste Darstellung mit Fotos und Rekonstruktionsskizze).

Wrede, W.: *Attische Mauern* (Athen 1933) 28, 55, 63 u. 66f.

FILIPPI/PHILIPPI

Collart, P.: *Le Théâtre de Philippes*, in: *BCH* 52 (1928) 74–124.

Derselbe: *Le Sanctuaire des Dieux Egyptiens à Philippes*, in: *BCH* 53 (1929) 70–100.

Derselbe: *Philippes: Ville de Macédoine* (2 Bde. Paris 1937): Ausführlich, mit Fotos und Plänen.

Ducoux, H., und P. Lemerle: *L'Acropole et l'Enceinte Haute de Philippes*, in: *BCH* 62 (1938) 4–19.

Hoddinott, R. F.: *Early Byzantine Churches in Macedonia and Southern Serbia* (London 1962).

Krautheimer, R.: *Early Christian and Byzantine Architecture* (London 1965): 97–98, 182f. Plan.

Lemerle, P.: *Palestre Romaine à Philippes*, in: *BCH* 61 (1936) 86–102.

Lemerle, P.: *Philippes et la Macédoine Orientale à l'Epoque Chrétienne et Byzantine* (Paris 1945).

O'Sullivan, F.: *The Egnatian Way* (London 1972).

Roger, J.: *L'Enceinte Basse de Philippes*, in: *BCH* 62 (1938) 21–41.

GLA

Gomme, A. W.: *The Ancient Name of Gla*, in: *Essays and Studies Presented to William Ridgeway* (hrsg. von E. C. Quiggin, Cambridge 1914) 116–123.

Mylonas, G.: *The Citadel of Gla*, in: *Mycenae and the Mycenaean Age* (Princeton 1966) 43f. u. 84f. (Fotos u. Plan).

Ridder, A. de, in: *BCH* 18 (1894) 271–310: Grabungsberichte mit Plänen.

Threpsiades, J., in: *PAE* (1955–1961): Grabungsberichte (neugriechisch).

Tsountas, C., und J. Manatt: *The Fortress of Gla and other Minoan Works at Lake Copais*, in: *The Mycenaean Age* (London 1897) 374–382.

GORTYN

Colini, A.: *Ripresa dello Scavo del Pretorio a Gortina*, in: *Annuario di Scuola Italiana a Atene* 32 (1970) 439–450: Neuer Plan.

Levi, D.: *Country Life in Minoan Crete: II Gortyna*, in: *ILN* (2. Jan. 1960) 16–18.

Pernier, L.: *L'Odeum nell'Agora di Gortina*, in: *Annuario di Scuola Italiana a Atene* 8 (1925) 1–69.

Pernier, L., und L. Banti: *Guida degli Scavi Italiana in Creta* (Rom 1947) 15–27 (Fotos u. Plan).

Savignoni, L. (u. a.): *Nuovi Studi e Scoperti in Gortyna*, in: *Monumenti Antichi* 18 (1907) 177–383.

Taramelli, A.: *Gortyna*, in: *AJA* 6 (1902) 101–165. Untersuchung mit Plan.

Willetts, R.: *The Law Code of Gortyn* (Berlin 1967).

GOURNIA/GURNIA

Graham, J. W.: *The Palaces of Crete* (Princeton 1962) 47–49 (mit Plan).

Hawes, H. B.: (u. a.) *Gournia, Vasiliki, and other Prehistoric Sites on the Isthmos of Hierapetra, Crete* (Philadelphia 1908): Umfassend, mit Fotos und Plan.

Hutchinson, R. W.: *Prehistoric Town Planning in Crete*, in: *Town Planning Review* 21 (1950), 199–220.

Derselbe: *Prehistoric Crete* (London 1962) 190, 287–289 (mit Plan).

Matz, F.: *Crete and Early Greece* (London 1962) 106–109 (mit Fotos und Plan).

Pendlebury, J. D. S.: *The Archaeology of Crete* (London 1939) 61, 191 u. 228.

HALIEIS

Jacobsen, T.: *Halieis*, in: *Archaiologikon Deltion* 23 (1968) 144–148.

Derselbe: *The Franchthi Cave near Porto Cheli: Halieis, 1967–1968*, in: *Hesperia* 38 (1969) 343–381.

Jameson, M.: *Excavations at Porto Cheli: Halieis, 1962–1968*, in: *Hesperia* 38 (1969) 311–342 (Pläne).

Young, J. H.: *A Migrant City in the Peloponnesus*. Univ. Pennsylvania Museum: *Expedition* 5 (1963) 2–11 (Fotos von der früheren Grabung).

CHALKIS

Bakhuizen, S.: *The Two Citadels of Chalkis on Euboea*, in: *AAA* 5 (1972) 134–146.

Dondorff, H.: *De Rebus Chalchidensium* (Halle 1885): Historischer Abriß, lateinisch.

Pappavasileiou, P., in: *PAE* (1900, 1901, 1906, 1910 u. 1911): Grabungsberichte (neugriech.).

HERAION/DAS HEILIGTUM DER ARGIVISCHEN HERA

Berve, H., und G. Gruben: *Griechische Tempel und Heiligtümer* (München 1961) mit Plan.

Blegen, C. W.: *Excavations at the Argive heraeum, Heraeum, 1925*, in: *AJA* 29 (1925) 413–428.

Derselbe: *Prosymna: The Argive Settlement Preceding The Argive Heraeum* (2 Bde. Cambridge 1937).

Caskey, J., und P. Amandry: *Investigations et the Heraion of Argos, 1949*, in: *Hesperia* 21 (1952) 165–274.

Waldstein, C. (u. a.): *The Argive Heraeum* (2 Bde. Boston 1902/1905), m. Fotos u. Plänen.

CHAERONEA/CHAIRONEIA

Anti, C., und L. Polacco: *Nuove Ricerche sui Teatri Greci Archaici* (Padua 1969) 17–44 (m. Plan u. Fotos vom Theater).

Arias, P.: *Il Teatro Greco fuori di Atene* (Florenz 1934) 64–66.

Dilke, O. W.: *Details and Chronology of Greek Theatre Caveas*, in: *BSA* 45 (1950) 21–62 (35–37 über Chaironeia).

Hammond, N. G. *Two Battles of Chaeronea*, in: *Klio* 31 31 (1938) 186–218.

Lethaby, W. R.: *Greek Lion Monuments*, in: *JHS* 38 (1918) 37–44.

Pritchett, W. K.: *Observations on Chaeronea*, in: *AJA* 62 (1958) 307–311.

ISTHMIA/DIE STÄTTE DER ISTHMISCHEN SPIELE

Berve, H., und G. Gruben: *Griechische Tempel und Heiligtümer* (München 1961), mit Plan.

Broneer, O., in: *Hesperia* (1953, 1955, 1958–1960 u. 1962): Grabungsberichte m. Fotos u. Plänen.

Derselbe: *The Isthmian Sanctuary to Poseidon*, in: *Archaeology* 8 (1955) 56–62 (m. Fotos/Plan).

Derselbe: *An Archaeological Enigma*, in: *Archaeology* 9 (1956) 134–137 u. 268–272 (über die Startschwellen im Stadion).

Derselbe: *Isthmiaca*, in: *Klio* 39 (1961) 249–270 (Plan/Fotos: gute allgemeine Übersicht).

Derselbe: *The Apostle Paul and the Isthmian Games*, in: *BA* 25 (1962) 2–31.

Derselbe: *The Temple of Poseidon (Isthmia Excavations I*, Princeton 1971): Fotos/Pläne.

Gebhard, E.: *The Theatre at Isthmia* (Chicago 1972): umfass. Darst., Fotos/Pläne.

Pearson, L.: *Pausanias on the Temple of Poseidon at Isthmia*, in: *Hermes* 88 (1960) 498–502.

Wiseman, J. R.: *A Trans-Isthmian Fortification Wall*, in: *Hesperia* 32 (1963) 248–275.

ITHAKI/ITHAKA

Bérard, V.: *Ithaque et la Grèce des Achéens* (Paris 1947).

Brewster, F.: *Ithaca, A Study of the Homeric Evidence*, in: *Harvard Studies in Classical Philology* 31 (1920) 125–166.

Burrage, C.: *The Ithaca of the Odyssey* (Oxford 1928): m. Karte.

Dörpfeld, W.: *Alt-Ithaka: Beitrag zur Homer-Frage* (2 Bde. München 1927).

Fraser, A. D.: *Homer's Ithaca and adjacent islands*, in: *Classical Philology* 23 (1928) 213–238.

Gell, W.: *The Geography and Antiquities of Ithaca* (London 1807).

Heurtley, W. A. (u. a.) in: *BSA* (1930, 1932/33, 1934, 1938, 1948, 1952–53): Grabungsberichte; Zusammenfassung: *BSA* 1939/40, 1–13.

Rodd, R.: *Homer's Ithaca: A Vindication of Tradition* (London 1927).

Derselbe: *The Ithaca of the Odyssey*, in: *BSA* 33 (1932) 1–21.

KABEIRION/KABIRENHEILIGTUM

Bruns, G.: *Das Kabirenheiligtum bei Theben*, Archäologischer Anzeiger in: *JDAI* 1939, 581–596; *JDAI* 1964, 231–265 (Fotos/Plan); *JDAI* 1967, 228–273.

Cook, R. M.: *Greek Painted Pottery* (London 1960) 102–103 (über Kabiren-Vasen).

Dörpfeld, W., und W. Judeich: *Das Kabirenheiligtum bei Theben*, in: *Ath. Mitt.* 13 (1888) 81–99.

Winnefeld, H.: *Das Kabirenheiligtum bei Theben, III: die Vasenfunde*, in: *Ath. Mitt.* 13 (1888) 412–428.

Wolters, P., und G. Bruns: *Das Kabirenheiligtum bei Theben, I.* (Berlin 1940): Fotos/Pläne.

Wolters, P., und E. Szanto, in: *Ath. Mitt.* 15 (1890) 355–419 über Architekturfunde u. Inschriften.

KALYDON

Dyggve, E.: *A Second Heroön at Calydon*, in: *Studies Presented to David M. Robinson* (Bd. 1 St. Louis 1954) 360–364.

Dyggve, E., zus. m. F. Poulsen u. K. Rhomaios: *Das Heroon von Kalydon* (Kopenhagen 1934) m. Fotos/Plänen.

Dyggve, E., und F. Poulsen: *Das Laphrion: Der Tempelbezirk von Kalydon* (Kopenhagen 1948) m. Fotos/Plänen.

Lawrence, A.: *Greek Architecture* (London 1957) 220 = Plan u. Rekonstruktion d. Heroon.

KEA (KEOS)/AJIA IRINI (HAGIA EIRENE)

Caskey, J. L.: Grabungsberichte in: *Hesperia* 31 (1962); 33 (1964); 35 (1966) u. 40 (1971).

Derselbe: *The Early Bronze Aga at Ayia Irini in Keos*, in: *Archaeology* 23 (1970) 339–342.

Lewis, D.: *The Federal Constitution in Keos*, in: *BSA* 57 (1962) 1–4.

KENCHREÄ/KENCHREAI

Hawthorne, J. G.: *Cenchreae: Port of Corinth*, in: *Archaeology* 18 (1965) 191–200.

Scranton, R. S.: *Glass Pictures from the Sea*, in: *Archaeology* 20 (1967) 163–173.

Scranton, R. S., und E. S. Ramage: *Investigations at Kenchreai*, in: *Hesperia* 33 (1964) 134–145; 36 (1967) 124–186 (m. Plänen).

Shaw, J. W.: *Shallow-Water Excavation at Kenchreai*, in: *AJA* 71 (1967) 223–231.

KORFU/KERKYRA: PALAIOKASTRITSA (PALÄO-KASTRITSA)

Bérard, V.: *Les Phéniciens et l'Odyssée* (2 Bde. Paris 1902/1903): bes. 523–541 zur Lage des Alkinoos-Palastes (m. Geländekarte). Vgl. vom gleichen Autor: *Les Navigations d'Ulysse* (Paris 1927–1929) Bd. 4, S. 9–92; *Chez Alkinoos* (bes. S. 45 f.; Karte gegenüber S. 41).

Borrelli, L. V.: *Corfu*, in: *EAA* 2, 832–836 (Übersicht, Funde, Übersichtskarte, Fotos).

Dondas, G.: *Le grand sanctuaire de Mon Repos à Corfou*, in: *AAA* 1 (1968) 66–69.

Johnson, F., und W. Dinsmoor: *The Kardaki Temple*, in: *AJA* 40 (1936) 46–56.

Rhomaios, C.: *Les Premières Fouilles de Corfou*, in: *BCH* (1925) 190–218.

Rodenwaldt, G. (u. a.): *Korkyra: Archaische Bauten und Bildwerke* (2 Bde. Berlin 1939–1940). Neugriechische Berichte über spätere Grabungen in Palaiopolis u. im Gebiet von Mon Repos in: *PAE* (1939 u. 1955–1961) sowie in: *Archaiologikon Deltion* (1962/1963).

KNOSSOS

Evans, A.: *The Palace of Minos at Knossos* (London 1921–1936 [7 Bde.]): Umfassend u. mit Illustrationen.

Graham, J. W.: *The Palaces of Crete* (Princeton 1962) 23 33, 51–58 (Pläne).

Hood, M. F.: *The Last Palace and the Reoccupation at Knossos*, in: *Kadmos* 4 (1965) 16–44.

Hood, S.: *The Minoans* (London 1971) 67–72 mit Plan.

Hutchinson, R. W.: *Prehistoric Crete* (London 1962) 164–166, 170–181, 270–279 (Plan).

Marinatos, S.: *Crete and Mycenae* (London 1960) 121–130 (Fotos u. Plan).

Palmer, L. R.: *A New Guide to the Palace of Knossos* (London 1969): Fotos u. Plan.

Derselbe: *The Penultimate Palace at Knossos* (Rom 1969) m. Angaben zur Chronologie.

Pendlebury, J.: *A Handbook to the Palace of Minos* (London 1954) m. Fotos u. Plan.

KORINTHOS/KORINTH

Carpenter, R., und O. Broneer: *Ancient Corinth: A Guide to the Excavations* (6. Aufl. Athen 1954): geschichtl. Abriß, Beschreibungen, Plänen, Fotos, Rekonstruktionen.

Corinth: Results of Excavations (= Grabungsberichte der *American School of Class. Studies at Athens* [Princeton, seit 1929; wird fortgesetzt]).

Dewaele, J. J.: *Corinthe* (Paris 1961): sehr nützlich, m. Plan, Rekonstruktionen, Fotos.

O'Niel, J. G.: *Ancient Corinth, with a topographical sketch of the Corinthia, to 404 BC* (Baltimore 1930): Histor. Überblick, doch vor den größeren Grabungen.

Robinson, H. S.: *Corinth: A brief history of the city and a guide to the excavations* (Princeton 1964): Kürzer, doch aktueller (2. Aufl. 1969).

Derselbe: *The Urban Development of Ancient Corinth* (Athen 1965) m. Fotos u. Plänen. Grabungsberichte v. J. Wiseman (Gymnasion-Bereich) sowie R. Stroud u. N. Bookides (Demeter-Heiligtum) in: *Hesperia* (1965, 1967–1969 u. 1972 [m. Fotos u. Plänen]); desgl. Wiseman, J.: *Ancient Corinth: The Gymnasium Area*, in: *Archaeology* 22 (1969) 216–225.

KOS

Bean, G., und J. M. Cook: *Cos*, in: *BSA* 52 (1957) 119–127 (historische Daten).

Herzog, R., und P. Schazmann: *Kos: Ergebnisse der deutschen Ausgrabungen und Forschungen: Bd. I: Das Asklepieion* (Berlin 1932): Umfassend m. Fotos, Plänen, Rekonstruktion.

Laurenzi, L.: *Coo*, in: *EAA* 2, 794–800 (Fotos u. Pläne)

Derselbe: *Nuovi contributi alla topografia storico-archeologica di Coo*, in: *Historia* 5 (1931) 592–626 (zum Odeion, weitere Funde).

Modono, A. N.: *L'Isola di Coo nell'antichità classica* (Rhodos 1933).

Morricone, L.: *Scavi e ricerche a Coo, 1935–1943*, in: *Bolletino d'Arte* 35 (1950) 54–75, 219–246 u. 316–331 (Fotos u. Pläne).

LERNA

Caskey, J. L.: *An Early Settlement at the Spring of Lerna*, in: *Archaeology* 6 (1953) 99–102.

Derselbe: *The House of Tiles at Lerna: An Early Bronze Age Palace*, in: *Archaeology* 8 (1955) 116–120.

Derselbe: *Excavations at Lerna*, in: *Hesperia* (1954–1958), jüngster Plan hier 1958, S. 128.

Derselbe: *Where Hercules Slew the Hydra*, in: *ILN* (12. Jan. 1957) 68–71.

Derselbe: *Lerna in the Early Bronze Age*, in: *AJA* 72 (1968) 313–316.

LINDOS

Blinkenberg, C. (u. a.): *Lindos: Fouilles de l'Acropole* (Bd. I–III Berlin 1931–1960).

DeVita, A.: *Lindos*, in: *EAA* 4, 638–644 (m. Plan).

Kähler, H.: *Lindos* (Zürich 1971): Zusammenfassung m. Fotos u. Plänen.

MALLIA

Banti, L.: *Mallia*, in: *EAA* 4, 796–02 (m. Plan).

Gallet de Santerre, H.: *Mallia: Aperçu historique*, in: *Kretika Chronika* 3 (1949) 363–391.

Graham, J. W.: *The Palaces of Crete* (Princeton 1962) 41–46; 62–68 m. Plänen/Rekonstruktionen.

Tiré, C., und H. van Effenterre: *Guide des fouilles françaises en Crète* (Paris 1966) 3–80 (Fotos u. Plan). Umfassende Publikation (mit Fotos u. Plänen) in: *Etudes Crètoises* (Bd. 1–2, 4–7, 9, 11–13 u. 16–18 [Paris 1928–1970]).

MANTINEA/MANTINEIA

Arias, P.: *Il Teatro Greco fuori di Atene* (Florenz 1934) 95–97.

Dilke, O. A. W.: *Details and Chronology of Greek Theatre Caveas*, in: *BSA* 45 (1950) 45–47.

Fougères, G.: *Mantinée et l'Arcadie Orientale* (Athen 1898): Umfassende Darstellung mit Karten, Fotos und Plan.

Pritchett, W. K.: *The Battles of Mantineia*, in: *Studies in Ancient Greek Topography II* (Univ. of. California 1969) 37–72.

Winter, F.: *Greek Fortifications* (Toronto 1971) 216f., 227, 240 u. 272f.

Woodhouse, W. J.: *The Campaigns and Battle of Mantineia in 418 BC*, in: *BSA* 22 (1916–1918) 51–84.

MARATHON

Burn, A. R.: *Persia and the Greeks* (London 1962) 239–256.

Marinatos, S.: *Further News and Discoveries at Marathon*, in: *Athens Annals of Archaeology* 3 (1970) 63–68; 153–166 u. 349–366: über den Tumulus von Plataiai und andere Gräber bei Marathon.

Pritchett, W. K.: *Marathon*, in: *Univ. of California Publications in Classical Archaeology* 4 (1960) 137–190.

Derselbe: *Marathon Revisited*, in: *Studies in Ancient Greek Topography I* (Univ. of California 1965) 83–93; desgl.: *The Deme of Marathon* (ebenda II, 1969, 1–11: m. Plan).

Vanderpool, E.: *A Monument to the Battle of Marathon*, in: *Hesperia* 35 (1966) 93–106 (mit Geländeplänen).

MEGALOPOLIS

Arias, P.: *Il Teatro Greco fuori di Atene* (Florenz 1934) 100–112 (zum Theater).

Bather, A. G.: *The Development of the Plan of the Thersilion*, in: *JHS* 13 (1892/1893) 328–337.

Benson, E. F.: *The Thersilion at Megalopolis*, in: *JHS* 13 (1892–1893) 319–327.

Bury, J. B.: *The Double City of Megalopolis*, in: *JHS* 18 (1898) 15–22.

Dinsmoor, W. G.: *The Architecture of Ancient Greece* (London 1950): 242f. u. 249f. zum Thersileion u. Theater.

Gardner, E. A. (u. a.) *The Theatre at Megalopolis*, in: *JHS* 11 (1890) 294–298.

Derselbe: *Excavations at Megalopolis, 1890–1891* (London 1892) m. Plänen.

MESSENE

Borrelli, L. V.: *Messene*, in: *EAA* 4, 1082–1084.

Leake, W.: *Travels in the Morea* (4 Bde. London 1830), Bd. 1, 366–383 = Schilderung vor den Grabungen.

Scranton, R.: *Greek Walls* (Cambridge 1941) 80–81; 112f.; 128f.

Winter, F.: *Greek Fortifications* (Toronto 1971) 31 f., 111 ff., 164 f., 173 ff.
Neugriechische Grabungsberichte in: *To Ergon tis Archäolojikis Etärias* (1958–1964 u. 1969–1971 [m. Plänen]).
Zusammenfassung der Grabungsresultate (m. Plan) in: *AJA* 75 (1971) 309–310.

MYKENE/MYKENAI
Graham, J. W.: *Mycenaean Architecture,* in: *Archaeology* 13 (1960) 46–54.
Marinatos, S.: *Crete and Mycenae* (London 1960) 154–161 (Pläne/Fotos).
Mylonas, G.: *Mycenae and the Mycenaean Age* (Princeton 1966) 5–8, 15–35 (zur Zitadelle), 58–83 (Paläste u. Häuser), 89–110 (Grabkreise), 120–125 (Tholoi); m. Fotos u. Plänen.
Derselbe: *Mycenae: A Guide to its Ruins and its History* (4. Aufl. Athen 1973); Fotos/Pläne.
Mylonas, G., u. J. Papadimitriou: *The New Grave Circle at Mycenae,* in: *Archaeology* 8 (1955) 43–50.
Samuel, A.: *The Mycenaeans in History* (New Jersey 1966).
Schliemann, H.: *Mykenae* (1878).
Taylour, W.: *The Mycenaeans* (London 1964).
Verdelis, N.: *A Private House at Mycenae,* in: *Archaeology* 14 (1961) 12–17.
Wace, A.: *Mycenae,* in: *Antiquity* 10 (1936) 405–416.
Derselbe: *Mycenae: An Archaeological History an Guide* (Princeton 1949) m. Fotos u. Plan.
Wace, H.: *Mycenae Guide* (6. Aufl. Athen 1971): Fotos, Plan u. Kurzangaben.

NAXOS
Bent, J. T.: *Aegaean Islands* (London 1885): Kap XIV (329–371) = allg. Übersicht.
Casson, S.: *An unfinished Colossal Statue at Naxos,* in: *BSA* 37 (1936) 21–25.
Curtius, E.: *Naxos* (Berlin 1846).
Gruben, G., und W. Koenigs: *Der »Hekatompedos« von Naxos,* in: *Archäologischer Anzeiger* 83 (1968) 693–717 u. 85 (1970) 135–153 (m. Plan).
Kontoleon, N.: Neugriech. Grabungsberichte in *PAE* (seit 1937, wird fortgesetzt). Pläne vor allem 1970, 146–155.
Welter, G.: *Altionische Tempel,* in: *Ath. Mitt.* 49 (1924) 17–22 (mit Plan des Inseltempels).

NEMEA
Berve, H., u. G. Gruben: *Griechische Tempel und Heiligtümer* (München 1961) m. Plan.
Blegen, C.: Grabungsberichte in: *Art and Archaeology* 19 (1925) 175–184 u. 23 (1927) 189.
Derselbe: *Excavations at Nemea 1926,* in: *AJA* 31 (1927) 421–440.
Daux, G.: *Chronique des fouilles et découvertes archéologiques en Grèce en 1964,* in: *BCH* 89 (1965) 703–706 (Überblick über die Grabungen von 1964 m. revidiertem Plan).
Clemmensen, N., und R. Vallois: *Le Temple de Zeus à Nemée,* in: *BCH* 49 (1925) 1–20.
Hill, B. H.: *The Temple of Zeus at Nemea,* hrsg. von C. Williams (Princeton 1966): Umfassende Beschreibung u. mehrere große Pläne.

NIKOPOLIS
Hammond, N. G. L.: *Epirus* (Oxford 1967) 62 (Beschreibung).
Kahrstedt, U.: *Die Territorien von Patrai und Nikopolis in der Kaiserzeit,* in: *Historia* (1950) 549–561 (hist. Überblick).
Kitzinger, E.: *Mosaics at Nicopolis,* in: *Dumbarton Oaks Papers* 6 (1951) 83–122.
Leake, W. M.: *Travels in Northern Greece* (Bd. 1 London 1935) 186–199 (Beschreibung, Plan).
Philadelpheus, A.: *Nicopolis: Les Fouilles 1913–1926* (Athen 1933): Zusammenfassung m. Fotos.
Philadelpheus, O. (u. a.) in *PAE* (1913–1930, 1937–1938, 1940, 1956, 1959 u. 1961): Grabungsberichte (neugriechisch).

OLYMPIA
Ashmole, B., und N. Valouris: *Olympia: The Sculptures of the Temple of Zeus* (London 1967).
Berve, H., und G. Gruben: *Griechische Tempel und Heiligtümer* (München 1961) m. Plan.
Curtius, E.: *Olympia* (Leipzig 1935): Überblick.
Dinsmoor, W. B.: *An Archaeological Earthquake at Olympia,* in: *AJA* 45 (1941) 399–427 (über Datierung von Skulpturen usw.).
Drees, L.: Olympia: *Gods, Artists, Athletes* (London 1968): Vorzügliche Bebilderung, Plan.
Gardiner, E. N.: *Olympia: Its History and Remains* (Oxford 1925): Gesamtüberblick.
Kunze, E., und H. Weber: *The Olympian Stadium, the Echo Colonnade, and an Archaeological Earthquake,* in: *AJA* 52 (1948) 490–496.
Morgan, C. H.: *Pheidias and Olympia,* in: *Hesperia* 21 (1952) 295–339 u. 24 (1955) 164–168.
Richter, G. M. A.: *The Pheidian Zeus at Olympia,* in: *Hesperia* 35 (1966) 166–170.
Saflund, M.-L.: *The East Pediment of the Temple of Zeus at Olympia* (Göteborg 1971).
Trendelenburg, A.: *Pausanias in Olympia* (Berlin 1914).

OLYMP
Baud-Bovy, D.: *La Grèce Immortelle* (Genf 1919) m. Kapitel über den Olymp.
Heuzey, L.: *Le Mont Olympe et l'Acarnanie* (Paris 1860).
Kern, O.: *Nord-Griechische Skizzen* (Berlin 1912) 47–77: *Olymp und Helikon.*
Kurz, M.: *Le Mont Olympe* (Paris 1923): Beschreibung, Erforschung, Karten, Fotos.
Phoutrides, A., und F. Farquhar: *With the Gods on Mt. Olympus,* in: *Scribner's Magazine* (Nov. 1915) 558–577 (m. Fotos).

OLYNTHOS/OLYNTH
Boethius, A.: *Ancient Town-Architecture and the New Material from Olynthos,* in: *American Journal of Philology* 69 (1948) 396–407.
Gude, M.: *A History of Olynthos* (Baltimore 1933).
Mylonas, G.: *The Olynthian House of the Classical Period,* in: *Classical Journal* 35 (1940) 389–402.
Robinson, D. M. (u. a.): 14 Bände Grabungsberichte (Baltimore 1929–1952): sämtl. Angaben, Fotos, Pläne.

Scichilone, G.: *Olinto*, in: EAA 5, 661–667 (Überblick m. Fotos u. Plänen).

PELLA

Petsas, P.: *New Discoveries at Pella, Birthplace and Capital of Alexander*, in: Archaeology 11 (1958), 246–254 (m. Fotos).
Derselbe: Pella: *Literary Tradition and Archaeological Research*, in: Balkan Studies 1 (1960) 113–128.
Derselbe: *Ten Years at Pella*, in: Archaeology 17 (1964) 74–84 (m. Fotos/Grundriß usw.). Jährliche Zusammenfassungen der Grabungsergebnisse (mit Fotos) in BCH (1958–1962 sowie 1966 u. 1968).

PERACHORA

Coulton, J. J.: *The Stoa by the Harbour at Perachora*, in: BSA 59 (1964) 100–131.
Derselbe: *The West Court at Perachora*, in: BSA 62 (1967) 353–371.
Dunbabin, T. J.: *The Oracle of Hera Akraia at Perachora*, in: BSA 46 (1951) 61–71.
Hammond, N. G. L.: *The Heraeum at Perachora and Corinthian Encroachment*, in: BSA 49 (1954) 93–102.
Payne, H. (u. a.): *Perachora: The Sanctuaries of Hera Akraia and Limenaia* (2 Bde. Oxford 1940 u. 1962). Umfassend, Fotos u. Pläne am Schluß v. Bd. 1.

PYLOS

Alsop, J.: *Pylos*, in: New Yorker Magazine (24. Nov. 1962): Langer Bericht über Blegen u. seine Funde.
Blegen, C.: *The Palace of King Nestor*, in: Archaeology 5 (1952) 130–135 u. 6 (1953) 203–207.
Derselbe: *King Nestor's Palace*, in: SA (Mai 1958) 110–118 (mit Fotos).
Blegen, C., und M. Rawson: *Guide to the Palace of Nestor* (Cincinnati 1962).
Blegen, C., zus. mit M. Rawson und M. Lang: *The Palace of Nestor at Pylos in Western Messenia* (2 Bde. Princeton 1960 u. 1969). Fotos, Rekonstruktionen, sämtl. Angaben (Palastplan Bd. 2/Taf. 142).
McDonald, A. W.: *Where Did Nestor Live?* in: AJA 46 (1942) 538–545.
Mylonas, G.: *Mycenae and the Mycenaean Age* (Princeton 1966) 52–58 (mit Plan).

PIREEFS/PIRAIEUS (PIRÄUS)

Amit, M.: *Le Pirée dans l'histoire d'Athènes à l'époque classique*. In: Bulletin de l'Association Guillaume Budé: Lettres d'Humanité 20 (1961) 464–474.
Fiechter, E.: *Das Theater im Peiraieus* (Stuttgart 1950) m. Plan.
Lorenzen, E.: *The Arsenal at Piraeus* (Kopenhagen 1964).
Scranton, R.: *Greek Walls* (Cambridge 1941) 14, 42 u. 114–120.
Ulrichs, H.: *Topography of the Harbours and position of the Long Walls of Athens* (London 1847). Außerdem neugriech. Grabungsberichte in PAE (1835; 1933–1935, 1951 u. 1953 m. Plänen).

PLATÄÄ/PLATAIAI

Burn, A. R.: *Persia and the Greeks* (London 1962) 519–546 (über die Schlacht).
Grundy, G. B.: *Topography of the Battle of Plataea and the City of Plataea* (London 1894).

Pritchett, W. K.: *New Light on Plataea*, in: AJA 61 (1957) 9–28 m. Karte.
Washington, H. S.: *Description of the Site and Walls of Plataia*, in: AJA 6 (1890) 452–462 (m. Karte u. Plan; Grabungen ebenda 445–452).
Derselbe: *Discovery of a Temple of Archaic Type at Plataia*, in: AJA 7 (1891) 390–407.

RAMNOUS/DIE KÜSTENFESTUNG RHAMNUS

Dilke, O. W.: *Details and Chronology of Greek Theatre Caveas*, in BSA 45 (1950) 21–62; 28–30.
Dinsmoor, W. B.: *The Architecture of Ancient Greece* (London 1950) 89, 181–183, 363.
Derselbe: *Rhamnountine Fantasies*, in: Hesperia 30 (1961) 179–204: Über Peristyl-Täfelung.
Orlandos, A.: *Le Sanctuaire de Nemesis*, in: BCH 48 (1924) 305–320 (m. Fotos u. Plan).
Plommer, H.: *Three Attic Temples*, in: BSA 45 (1950) 66–112 (bes. 94–109).
Pouilloux, J.: *La Forteresse de Rhamnonte* (Paris 1954).
Trevor Hodge, A., und R. Tomlinson: *Some Notes on the Temple of Nemesis at Rhamnous*, in: AJA 73 (1969) 185–192.

RHODOS

Bradford, J.: *Fieldwork on Aerial Discoveries in Attica and Rhodes*, in: Antiquaries Journal 36 (1956) 57–69 (Akropolis-Aufnahme aus großer Flughöhe u. Plan).
Kondis, J.: *Zum antiken Stadtbauplan von Rhodos*, in: Ath. Mitt. 73 (1958) 146–158 (m. Luftaufnahmen des Hafengeländes und der Akropolis).
Laurenzi, L.: *I Monumenti dell'antica Rodi: Memorie dell'Istituto Fert di Rodi I* (1938).
Maiuri, A.: *Note sulla topografia antica di Rodi*, in: Annuario della Scuola Italiana 3 (1921) 259–262.
Derselbe: *La topografia monumentale di Rodi*, in: Clara Rhodos 1 (1928) 44–45.
Maryon, H.: *The Colossus of Rhodes*, in: JHS 76 (1956) 68–86 (m. Skizzen).
Matton, R.: *Rhodes* (Athen 1959) Beschreibung der Stadt und der sonstigen Insel-Fundstätten (französisch).
Morriconi, L.: *Rodi*, in: EAA 6, 743–754 (m. Plan u. Bibliographie).
Rostovtzeff, M.: *Rhodes*, in: Cambridge Ancient History 8 (1930) 619–642: Historischer Gesamtüberblick.

SALAMIS

Burn, A. R.: *Persia and the Greeks* (London 1962) 540–575 (m. Karte).
Green, Peter: *The Year of Salamis* (London 1970): Historische Zusammenhänge.
Hignett, C.: *Xerxes' Invasion of Greece* (Oxford 1963) 193–239, 397–417 m. Karte.
McLeod, W.: *Boudoron, An Athenian Fort on Salamis*, in: Hesperia 29 (1960) 316–323.
Pritchett, W. K.: *Toward a Re-Study of the Battle of Salamis*, in: Transactions of the American Philological Association 63 (1959) 251–262.
Derselbe: *Salamis Revisited*, in: Studies in Ancient Greek Topography 1 (Berkeley u. Los Angeles 1965) 94–102.

Wallace, P.: *Psyttaleia and the Trophies of Salamis,* in: *AJA* 73 (1969) 293–303.

SAMOS
Berve, H., und G. Gruben: *Griechische Tempel und Heiligtümer* (München 1961), mit Plänen.
Borrelli, L. V.: *Samo* in: *EAA* 6, 1091–1101; mit Fotos und Plänen.
Brent, J. T.: *An Archaeological Visit to Samos'* in: *JHS* 7 (1886), 143–6.
Goodfield, J.: *The Tunnel of Eupalinus,* in: *SA* (Juni 1964) 104–12: mit Fotos und Plan.
Reuther, O.: *Der Heratempel von Samos* (Berlin, 1957): Zusammenfassung in: *AJA* 64 (1960), 89–95.
Tölle, R.: *Die Antike Stadt Samos* (Mainz, 1969) kurzer Führer (ohne Heraion).
Walter, H.: *Das Griechische Heiligtum: Heraion von Samos* (München 1965) mit Fotos und Plänen.

SAMOTHRAKE
Hemberg, H.: *Die Kabiren* (Uppsala, 1950) über den Kult.
Lazarides, D.: *Samothrace and its Peraia* (Ancient Cities 7), Athen 1971: mit Karten und Plänen.
Lehmann, K.: *Samothrace: A Guide to the Excavations and the Museum,* (3. Aufl.) Locust Valley, N. Y., 1966): Pläne, Rekonstruktionen, Fotos, Kurzangaben und Geschichte.
Lehmann, K. u. a.: *Samothrace: Excavations Conducted by the institute of Fine Arts of New York University,* (New York, 1958) bisher 4 Bände des Gesamtberichts mit Plänen und Fotos.
McCredie, J. R.: *Samothrace: Preliminary Report on the Campaigns of 1962–1964, an 1965–1967.* In: *Hesperia* 34 (1965), 100–25 and 37 (1968), 200–34, mit neuestem Plan und Fotos.

SPHAKTERIA
Burrows, R. M.: *Pylos and Sphacteria,* in: *IHS* 16 (1896), 55–76, 18 (1898), 147–55, 28 (1908), 148–50.
Comton, W. C. und H. Awdry: *Notes on Pylos and Sphacteria,* in: *IHS* 27 (1907), 274–83.
Gonne, A. W.: *Thucydides and Sphacteria,* in: *IHS Classical Quarterly* 17 (1923), 26–40.
Grundy, G.b.: *Investigation of the Topography of the Region of Pylos and Sphacteria,* in: *JHS* 16 (1896), 1–54; 18 (1898), 232–5.
Marinatos, S., über die mykenische Tholos in: *Crete and Mycenae* (London, 1960): 161 und Tafeln, xxxii–iii.
Pritchett, W. K.: *Pylos and Sphacteria* in: *Studies in Ancient Greek Topography,* I, (Berkeley und Los Angeles, 1965) 6–29 mit Karte.

SIKYON
Fossum, A.: *The Theatre at Sicyon.* In: *AJA* 9 (1905), 263–76.
Guerrini, L. *Sicione.* In: *EAA* 7, 276–9: mit Plan.
McMurtry, W. L., W. Earle, C. Brownson, C. Young: Berichte über die Theaterausgrabung, in: *AJA* 6 (1889), 267–92; 7 (1892) 281–2; 8 (1893), 388–409.
Philadelpheus, A.: *Note sur le Bouleutérion de Sicyone.* (BCH 50 (1926), 174–82.
Roux, G.: *Pausanias en Corinthie* (Paris, 1958) 133–61 mit Fotos und Plan.

Skalet, C. H.: *Ancient Sicyon* (Baltimore, 1928) Geschichte, Monumente, Kunst, mit Photos und Plan.

SUNION
Berve, H. und G. Gruben, *Griechische Tempel und Heiligtümer* (München 1961).
Kenney, E. J.: *Ancient Docks at Sunium,* in: *BSA* 42 (1947), 194–200.
Oikonomides, A.: *The Makeshift Temples of Poseidon and Athena at Sounium,* in: *Athene* 24 (1963), 3–8.
Plommer, W. H.: *The Temple of Poseidon at Sunium,* in: *BSA* 45 (1950), 73.94; 55 (1960), 218–30.
Thompson, H. A., und W. B. Dinsmoor: *The Sanctuary of Athena at Sounium* (Princeton, 1974).

SPARTA
Chrimes, K. M. T.: *Ancient Sparta* (Manchester, 1949).
Dawkins, R. N.: *The Sanctuary of Artemis Orthia at Sparta* (London, 1929).
Jones, A. H. M.: *Sparta* (Oxford, 1967).
Oliva, P.: *Sparta and her Social Problems* (Amsterdam, 1969).
Soteriou, G., in: *PAE* (1939) 107–18: über christliche Bauten über dem Theater (neugriechisch).
Grabungsberichte in: *BSA,* besonders: 12 (1905) 277–479; 13 (1906), 1–218; 13 (1907), 1–158; 15 (1908), 1–157; 16 (1909), 1–61; 26 (1923), 116–310; 27 (1925), 173–254; 28 (1926), 1–106; 29 (1927), 1–107; 30 (1928), 152–254.

STRATOS
Bonacasa, N.: *Stratos,* in: *EAA* 7, 516–7: mit gutem Plan.
Courby, F., C. Picard (u. a.): *Recherches Archéologiques à Stratos d'Acarnanie* (Paris, 1924) Umfassend, analytisch, mit Plänen, Rekonstruktionen.
Martin, R.: *L'Urbanisme dans la Grèce Antique* (Paris, 1955) 194–195.
Orlandos, A.: *Ho en Strato Naos Dios,* in: *Archaiologike Ephemeris* 8 (1923), 1–51: umfassend mit Grundrissen usw.
Winter, F. E.: *Greek Fortifications* (Toronto 1971) 34, 112–113, 224.

TEGEA
Berve, H., und G. Gruben, *Griechische Tempel und Heiligtümer* (München 1961) mit Plan.
Dugas, C.: *Le Sanctuaire d'Aléa Athéna à Tegée avant le IVe Siècle,* in: *BCH* 45 (1921), 335–435.
Dugas, C., J. Berchmans, M. Clemmensen: *Le Sanctuaire d'Aléa Athéna à Tegée au IVe Siècle* (Paris, 1914) ausführlich mit Plänen, Fotos, Rekonstruktionen.

THASOS
Bernard, P. (u. a.): *Guide de Thasos,* Athen, Ecole Française 1968: kurze Angaben, Fotos, Pläne.
Launey, M. (u. a.): *Etudes Thasienues,* Athen, Ecole Française 1944-: bisher 8 Bände, 6 (1959) über die Agora.
Lazarides, D.: *Thasos and its Peraia* (Ancient Cities 5) Athen, 1971: Pläne, Karten.
Pouilloux, J.: *Thasos: Cultural Crossroads.* In: *Archaeology* 8 (1955) 198–204: mit Stadtplan.

THERMON

Berve, H., und G. Gruben, *Griechische Tempel und Heiligtümer* (München 1961) mit Tempelplan.

Borelli, L. V.: *Thermos*, in: *EAA* 7, 825–7.

Croon J. H.: *Artemis Thermia and Apollo Thermios*. In: *Mnemosyne* 9 (1956), 193–220

Payne, H.: *On the Thermon Metopes*. In: *BSA* 27 (1925/26), 124–32.

Poulsen, F.: *Thermos* (Kopenhagen, 1934) Gesamtübersicht mit Plänen.

Robertson, D. S.: *Handbook of Greek and Roman Architecture* (Cambridge, 1929) 51–3, 66–7, mit Plan des Megaron B und des Apollo-Thermios Tempels, 52.

Soteriadis, G.: *Greek Excavations at Thermos*. in: *Records of the Past* I (1902), 172–81.

THERMOPYLAI/THERMOPYLEN

Burn, A. R.: *Thermopylae and Callidromon*, in: *Studies presented to David M. Robinson*, I, (St. Louis, 1951) 480–9: mit Karte.

Derselbe: *Persia and the Greeks* (London, 1962) 362–422, mit guter Karte, 408.

Daskalakis, A.: *Problèmes historiques autour de la Bataille de Thermopyles* (Paris 1962).

Evans, J. S. A.: *The Final Problem at Thermopylae*. In: *Greek, Roman, and Byzantine Studies* 5 (1964), 231–7.

Derselbe: *Notes on Thermopylae and Artemision*. In: *Historia* 18 (1969), 389–406.

Grant, J. N.: *Leonidas Last Stand*. In: *Phoenix* 15 (1961), 14–27.

Marinatos, S.: *Thermopylae: An Historical and Archaeological Guide*, (Athen, 1951).

Pritchett, W. K.: *New Light on Thermopylae*. In: *AJA* und Tafeln 62 (1958), 202–13; 54–5.

THESSALONIKI/THESSALONIKE (THESSALONICH, SALONIKI)

Kinch, K. F., *L'Arc de Triomphe de Salonique* (Saloniki) (Paris, 1890).

Makaronas, C.: In *PAE* (1950) 303–21 und *Archaiologikon Deltion* 20B (1965), 407–9; 21B (1966), 331–4; 22B (1967), 387–91: mit Plan; 24B (1969), 294–7.

Papadopoulou, P.: In: *Archaiologikon Deltion* 18B (1963), 196–9: 19B (1964), 329–31; 22B (1967); 379–84; Pläne; 23B (1968), 328–30; 24B (1969), 294–5.

Petsas, Ph.: *The Agora of Thessaloniki*, in: *AAA* 1 (1968) 156–161.

Tafrali, O.: *Topographie de Thessalonique* (Paris, 1913).

Vacalopoulos, A. E.: *A History of Thessalonike*, (Thessalonike, 1963).

THIRA/THERA (SANTORIN)

Borrelli, L. V.: *Thera*, in: *EAA* 7, 821–823 (mit Stadtplan).

Dörpfeld, W. *Das Theater von Thera. Ath. Mitt.* 29 (1904), 57–72: mit Plan.

Hiller von Gaertringen, F. (u. a.): *Thera: Untersuchungen und Ausgrabungen*, 4 Bände Berlin, 1899–1909.

Kindlberger, L. *Santorin*, München 1965.

Luce, J. V.: *Atlantis – Legende und Wirklichkeit* (Bergisch Gladbach 1969) viele Photos.

Marinatos, S. *Excavations at Thera*, I–V, Athen 1968–1974.

Derselbe: *Treasures ot Thera*, Athen 1972.

Vermeule, E.: *The Promise fo Thera*. In: *Atlantic Monthly*, Dezember 1967.

THIWÄ/THEBEN

Cloché, P.: *Thèbes de Béotie: des origines à la conquète Cloché, P.: Thébes de Béotie: des Origines á la Conquéte romaine*, (Löwen/Namur, 1952).

Gonne, A. W.: *Literary Evidence for the Topography of Thebes*. BSA 17 (1910–11), 29–53.

Keramopoullos, A. Grabungsberichte in: *Archaiologikon Deltion* 3 (1917), 1–503.

Mylonas, G.: *Mycenae and the Mycenaean Age* (Princeton, 1966) 9–10, 82, 201–4, 226–8.

Platon, N.: in: *JLN* 11.11. und 5.12. 1964.

Spyropoulos, T.: *The Discovery of the Palace Archives of Boeotian Thebes*. In: *Kadmos* 9 (1970), 170–2.

Vian, F.: *Les Origines de Thèbes: Cadmos et les Spartes*, (Paris, 1963).

THORIKOS

Arias, P. E.: *Il Teatro Greco fuori di Atene* (Florenz 1934) 24–32 mit Plan.

Bieber, M.: *History of the Greek and Roman Theatre*, (2. Auflage, Princeton, 1961) 57, mit Plan.

Dilke, o. A. W.: *Details and Chronology of Greek Theatre Caveas*. In: *BSA* 45 (1950), 21–62: 25–8.

Miller, W. und L. Cushing: *The Theater of Thorikos Papers of the American School of Classical Studies at Athens* 4 (1885–6), 1–34.

Mussche, H. F.: *La Forteresse maritime de Thorikos*. In: *BCH* 85 (1961), 176–205.

Derselbe: *Recent Excavations at Thorikos*. In: *Acta Classica* 13 (1970), 125–36.

Mussche, H. F., J. Bingen, J. Servais, u. a. *Thorikos: Rapport Préliminaire*. (Brüssel, 1968); bisher 5 Bde.

TILISSOS/TYLISSOS

Graham, J. W.: *The Palaces of Crete* (Princeton, 1962) 59–62 mit Plan.

Hazzidakis, J.: *Tylissos à l'Epoque Minoenne* (Paris, 1921).

Derselbe: *Les Villas Minoennes de Tylissos* (Paris, 1934).

Hutchinson, R. W.: *Prehistoric Crete* (London, 1962) 239, 243.

Platon, N.: *Tylissos*. In: *EAA* 7, 1042–3.

TINOS/TENOS

Cristofani, M.: *Tino*, in: *EAA* 7, 869–70.

Demoulin, H.: *Fouilles de Tenos*. In: *BCH* 26 (1902), 399–439.

Demoulin, H. und P. Graindor. In: *Musée Belge* (1904), 64–100; (1905), 286–91; (1906), 309–61; (1907), 5–51; (1908), 213; (1910), 5–53.

Kontoleon, N. In: *PAE* (1949), 122–34; (1950) 264–8; (1952), 531–46; (1953) 1 258–67; (1955), 258–62;

Levi, D.: *Annuario della Scuola Italiana di Atene* 8–9 (1926), 202–34.

Orlandos, A. In: *Archaiologike Ephemeris* 1937 B, 608–20.

Picard, C. In: *Comptes Rendues de l'Académie des Inscriptions et Belles Lettres* 1944, 147–52.

TIRYNS

Daux, G.: *Chronique des fouilles et découvertes archéologiques en Grèce en 1962.* In: *BCH* 87 (1963), 751–5.

Frickenhaus, A., G. Rodenwaldt, K. Müller, G. Karo: *Tiryns: Ausgrabungen des Deutschen Instituts* 4 Bände Berlin/Athen, 1912–38.

Karo, G.: *Der Schatz von Tiryns.* In: *Ath. Mitt.* 55 (1930), 119–40.

Marinatos, S.: *Crete and Mycenae* (London, 1960) 84–92, 172–6, Tafel 152–5.

Mylonas, G.: *The Citadel of Tiryns.* In: *Mycenae and the Mycenaeon Age* (Princeton, 1966) 11–15 mit Plan; *The Palace of Tirins'* ebenda 46–52.

Schliemann, H. *Tiryns.: The Prehistoric Palace of the Kings of Tiryns.* (New York, 1885).

Voigtländer W.: *Tiryns,* (Athen, 1972).

TROIZEN/TRÖZEN

Cristofani, M.: *Trozene,* in: *EAA* 7, 981–2.

Dodwell, E.: *A Classical and Topographical Tour Through Greece During 1801, 1805, 1806* (London, 1819) Band 2: 265–71.

Frickenhaus, A. und W. Müller, *Troezenia* In: *Ath. Mitt.* 36 (1911), 31–5.

Jameson, M.: *A Decree of Themistocles from Troezen.* In *Hesperia* 29 (1960), 198–223; *A Revised Text fo the Themistocles Decree.* In: *Hesperia* 31 (1962), 310–15.

Derselbe: *Waiting for the Barbarian: New Light on the Persian Wars.* In: *Greece and Rome* 8 (1961), 5–18.

Derselbe: *The Provisions for Mobilization in the Decree of Themistocles.* In: *Historia* 12 (1963), 385–403.

Legrand, P.: *Fouilles à Troezène.* In: BCH 21 (1897), 543–51; 29 (1905), 269–318.

Welter, G.: *Troezen und Kalaureia* (Berlin, 1941)

VASSÄ/BASSAI

Berve, H. und G. Gruben: *Griechische Tempel und Heiligtümer* (München 1961).

Cooper, F. A.: *The Temple of Apollo at Bassae. New Observations on its Plan and Orientation.* In: *AJA* 72 (1968), 103–11.

Dinsmoor, W. B.: *The Temple of Apollo at Bassae.* In: *Metropolitan Museum of Art Studies* IV/2 (1933), 204–7.

Derselbe: *Sculptured Friezes from Bassae.* In: *AJA* 60 (1956), 401–52.

Roux, G.: *L'Architecture de l'Argolide* (Paris, 1962). 21–56.

Scully, V.: *The Earth, Temple, and Gods.* (Yale, 1962), 122–9.

VRAVRON/BRAURON

Papadimitriou, J. In: *PAE* (1945, 1949, 1950, 1955, 1956, 1957, 1959) Grabungsberichte (neugriechisch).

Derselbe: *The Sanctuary of Brauron.* In: *SA* Juni 1963, 110–20.

XERXES'KANAL (ATHOS-KANAL)

Burn, A. R.: *Persia and the Greeks* (London, 1962) 295, 318, 338.

Bowen, G.: Mt. *Athos, Thessaly and Epirus* (London, 1852) 56–7.

Green, P.: *The Year of Salamis* (London, 1970) 53, 75, 89.

Herodot: 7, 22–24, 37, 122.

How, W. und J. Wells.: *A Commentary on Herodotus,* 2 Bände. Oxford, 1928: 2. 135–6.

Leake, W.: *Travels in North Greece,* 3 (London, 1835) 143–7.

Spratt, Colonel, in: *Journal of the Geographic Society* 17 (1847), besonders 145–8.

ZAKROS

Huxley, G.: *The Ancient Name of Zakro.* In: *Greek, Roman, and Byzantine Studies* 8 (1967), 85–7.

Platon, N.: *Zakros: The Discovery of a Lost Palace of Ancient Crete* (New York, 1971).

Derselbe in: *Ancient Crete,* hrsg. von S. Alexiou (London, 1967).

Derselbe in: *Archaeology* 16 (1963), 269–75, und *Horizon* 1965, 76–80.

Spanakis, S.: *Crete: A Guide* (Iraklion, 1968) 368–78.

Vollständigster Plan in: *To Ergon tis Archäolojikis Etärias* 1971, 232.

Register